作者近照

庹国柱农业保险文集(第三卷)

TUOGUOZHU NONGYE
BAOXIAN WENJI（DISANJUAN）

庹国柱　著

中国农业出版社
北京

图书在版编目（CIP）数据

庚国柱农业保险文集. 第三卷 / 庚国柱著. —北京：
中国农业出版社，2022.6（2022.8重印）

ISBN 978-7-109-29496-7

Ⅰ.①庚… Ⅱ.①庚… Ⅲ.①农业保险—中国—文集
Ⅳ.①F842.66-53

中国版本图书馆 CIP 数据核字（2022）第 094902 号

中国农业出版社出版

地址：北京市朝阳区麦子店街 18 号楼
邮编：100125
责任编辑：赵　刚
版式设计：杜　然　责任校对：沙凯霖
印刷：北京中科印刷有限公司
版次：2022 年 6 月第 1 版
印次：2022 年 8 月北京第 2 次印刷
发行：新华书店北京发行所
开本：700mm×1000mm　1/16
印张：24.75　插页：1
字数：500 千字
定价：98.00 元

致　　谢

本书出版得到上海太安农业保险研究院和南开大学农业保险研究中心的大力支持，作者在此表示衷心感谢！

前　言

收集在本卷中的文字，是 2018 年 1 月到 2021 年 12 月四年间发表的作品，一共有 73 篇。记录了中国农业保险在这四年中快速发展中的点点滴滴。

这四年间，中国农业保险发展中有许多值得回顾和记忆的篇章。从中央的宏观指导方针来说，每年一度的中共中央国务院的"1 号文件"，都有关于农业保险的要求和指导意见。2019 年，经过中央"全面深化改革委员会"批准，并由财政部、农业农村部、银保监会和林草局等部门联合发布的《关于农业保险高质量发展的指导意见》和 2021 年中国人民银行等六部门联合发布的《关于金融支持新型农业经营主体发展的意见》是继 2012 年《农业保险条例》颁布之后最重要的导引性文件。期间，财政部、银保监会也发布了不少关于规范农业保险市场的重要政策性文件，特别是通过精算师协会发布的《稻谷、小麦、玉米成本保险行业基准风险损失率表（2022 版）》和中国农科院农业风险研究中心《农业风险地图》的发布，为更科学合理地经营农业保险，迎来一缕阳光，即开启一个新的篇章。

在《农业保险条例》和一系列政策文件的指引下，这几年的农业保险继续以很高的速度发展，2020 年保险费的市场规模已经超过一直稳居第一的美国，成为全球第一农业保险大国。2021 年再创 965.18 亿元人民币的新高，仍然超过美国 136 亿美元（预估数）的保险费规模。这些发展成就足以让国人自豪，也为农业和农村发展，为国家食物安全做出了独特的保险贡献。

在四年里，农业保险市场仍然是各家财产保险公司重视的领域，一方面是因为响应党中央和国务院的号召，为脱贫攻坚和乡村振兴要尽一份义不容辞的责任，另一方面也是财险公司摆脱车险经营困境的出路之一。已经有超过 30 家公司涉足农业保险市场，表现得非常积极和活跃。不过，因为不同公司在农业保险技术和经验数据积累方面相差较大，加之农业保险战线太长，范围太广，公司之间，地区之间，业务质量参差不齐。加之，地方政府，特别是县级政府越来越多地干预农业保险经营，就出现了诸多具有中国特色的棘手问题。例如，招标设租、不当干预定价和保额确定，直接插手承保、左右定损和理赔，长期大量截留挪用上级和本级政府拨付的保险费补贴等。保险经营机构为了扩大经营规模，也通过搞假承保、假理赔、假费用（所谓"三虚"）、重复投保等手段，套取财政保险费补贴。也有人为压低赔付、封顶赔付、假投保人名义领取赔付等现象，侵害被保险人的合法权益。因为缺乏科学合理的经营规则，例如，长期吃一省一费率、一省一保额的"大锅饭"，投保人的逆选择和道德风险问题，在某些地区和领域也呈现增长趋势，保险纠纷也多起来了。由于制度和规则的粗糙和很不完善，在某些方面无法有效遏制这些市场乱象，更有甚者，因为制度规则存在对地方政府，特别是县级政府的监管真空，难以约束有很大行政权力的地方官员，使一些问题难以得到较好解决。

跟其他国家比较起来，中国的农业保险制度比较特殊，最特殊的地方是多级政府参与其中，政府财政补贴就涉及中央、省、地（市）、县四级，拨付和结算的程序复杂而漫长，特别是县乡政府，既出钱还要出力，不仅参与宣传、动员和组织，甚至直接介入承保和理赔。这种政府的深度介入，好处是对动员那些风险偏好者和风险中性者参加保险，提高保险覆盖率有重要意义，负面的影响则是使我们的政策性农业保险制度的形象和效率大打折扣。

这四年来，作为一个农险发展的见证者和爱好者，我学习了党和政府发布的这些重要文件和政策，也结合自己的调查，撰写了一些学习心得体会，做了一些评论，对于制度建设、政策调整和保险经营改善方面的热点、难点，谈了自己的一些意见和建议。当然，这里面讨论过的一些机制问题、政策问题、操作问题，比如，费率厘定和调整问题，县级政府长期拖欠给农户保险费补贴的问题，协议赔付问题、"三虚"问题、协保员问题、费用控制问题等，都还在解决的路上。

中国农业农村发展问题，食物安全问题是国家长期的战略，作为较好解决这个问题的政策工具之一的政策性农业保险，为农业农村产业安全和农民增收提供风险保障，是相对有效的，也必须是可持续的。所以，随着法律的完善，政策的调整，经营的变化，还会有许许多多的问题需要研究和寻求解决。我还会尽微薄之力继续跟进，与同仁们一起深入调查研究，携手前行，为农险行业的健康和高质量发展鼓与呼，继续贡献自己绵薄之力。

我的这些文字大多是就事论事，都很肤浅，缺乏理论性和学术性，观点和论证也难免有失偏颇甚至错误，欢迎朋友们和同仁们不吝赐教。

庹国柱

2022 年 1 月 18 日

目　录

前言

2021

2020

2019

2018

把农业保险高质量发展进行到底*

庹国柱 李 慧

摘 要： 2021 年的农业保险发展可圈可点，保险保障进一步提高，保险市场规模继续超越美国。业务推展最大的亮点是政策支持力度进一步加大。包括提高了政府的保险费补贴力度，扩大了产粮大县完全成本保险和收入保险的试点范围，优化了工作机制，制度建设也迈出了新的步伐。新的一年，农险界必须提高对国家食物安全战略意义的认识，同时重视和解决好应收保费问题，科学合理设计完全成本保险问题，技术创新规范问题，用更好的规则来助力保险经营费用控制问题，以及稳步地将"小农险"向"大农险"推进的问题。

关键词： 农业保险；高质量发展；应收保费；完全成本保险；科技创新

刚过去的 2021 年，跟随乡村振兴的脚步，中国农业保险依然是高歌猛进，继 2020 年市场规模（以保险费计）超越美国成为全球第一之后，又迎来一个高速发展的年份。据财政部公布的数据，2021 年中国农业保险保费收入达到创纪录的 965.18 亿元，同比增长 18.4%，仍然高于美国 136 亿美元（约合 870 亿元人民币）（预估）农业保险总收入。为 1.88 亿户次农户提供风险保障共 4.78 万亿元，其中中央财政拨付保费补贴 333.45 亿元，同比增长 16.8%。这些数据是令人振奋的。虽然没有公布赔付数据，但据估计，赔付率比较高，投保农户获得更多更好的保险保障。在这一年里，政府部门对农业保险的支持力度继续加大，农险规章制度不断完善，市场进一步规范，服务范围继续扩大，服务质量有所提高，农业保险的高质量发展有了新的进展。

---

* 本文的合作者李慧，为中国保险学会编辑部编辑。撰写于 2021 年 12 月，发表于《中国保险》2022 年第 2 期。

一、政策支持力度加大是 2021 年农险发展最大的亮点

（一）加大补贴力度

2021 年 1—11 月，全国一般公共预算支出累积 213 924 亿元，同比增长 2.9％。其中，中央一般公共预算本级支出同比增长 2.7％，地方一般公共预算支出同比增长 3％。然而，同一时期，仅中央财政部门给农险的补贴数额就达到 333.45 亿元，比 2020 年增长了 16.8％[①]，各级地方政府也都加大了对农业保险的财政支持力度。作为影响政策性农业保险发展最重要的因素，各级财政补贴决定了农业保险的发展前途，不断增加的财政补贴是农业保险扩面、增品、提标的基础，是推动我国农业保险由保物化成本迈向保收入的关键。

（二）扩大试点范围

2021 年 6 月，财政部、农业农村部、银保监会联合发布的《关于扩大三大粮食作物完全成本保险和种植收入保险实施范围的通知》（财金〔2021〕49 号），将农业特别是主粮作物的保险保障提高到一个空前的高水平，对于鼓励种植农户积极投保，稳定粮食作物的生产，起到了重要促进作用。

（三）优化工作机制

在 2020 年财政部、农业农村部发布《关于加强政策性农业保险承保机构遴选管理工作的通知》（财金〔2020〕128 号）之后，2021 年全国各省市区先后举行了农险经营机构的遴选，减少了遴选层级，延长了经营期限。这将大大减少各地层层招标、频繁招投标给经营机构带来的困扰，有助于稳定农险经营市场，保险经营机构将会增加在自己经营区域农险服务网络的投入。

（四）加快制度建设

在中央政府的支持下，我国农业保险巨灾风险分散机制建设加快，作为这一机制制度的重要构成，中国农业再保险公司（以下简称"中国农再"）于 2021 年初正式挂牌营业，开始接受分保业务，很快就与 35 家直保公司签约，动作之大，行动之快，也是令人非常高兴的。尽管有的直保公司对某些问题持有异议，但是随着时间的推移，一些操作层面的不完善将会在实践中逐步改进，基本认识将逐渐得到统一。特别是在 2021 年赔付率较高的背景下，直保公司从中国农再和其他再保险人那里获得了约定的分保利益，体现了再保险对于农业保险的价值。作为保险的保险，再保险是与原保险共命运的。

---

① 《中国银行保险报》，2021 年 11 月 16 日。

2021年农业保险的发展有目共睹，但还有许多需要解决的问题，我们在此就几个重要问题做一些讨论。

二、必须提高对国家食物安全战略意义的认识

作为支持我国"三农"发展的政策工具和一种财政转移支付手段，政策性农业保险的发展应紧紧围绕其政策目标，那就是：保障农业可持续发展，维护国家粮食安全；促进农业现代化进程，保障农户收入稳定增长；控制农产品质量，保障国民廉价安全的食物供给；降低农业生产成本，增强中国农产品的国际竞争力；让农业保险在实现脱贫攻坚战略中发挥重要的作用等。[①] 维护国家粮食安全，是我国农业保险的重要目标之一。

2021年12月25日，习近平主席在中央农村工作会议上指出："应对各种风险挑战，必须着眼国家战略需要，稳住农业基本盘、做好三农工作，措施要硬，执行力要强，确保稳产保供，确保农业农村稳定发展。"并强调："保障好初级产品供给是一个重大战略性问题，中国人的饭碗任何时候都要牢牢端在自己手中，饭碗主要装中国粮。"对于食物安全，特别是粮食作物、油类作物、糖类作物、肉类、蔬菜等这些初级产品的供给安全，习近平主席强调说，这是国家"重大战略性问题"。农业保险就是为这些农业初级产品提供风险保障的事业。所有农业保险参与者，无论是政府部门、农险经营主体还是广大农户，都必须进一步领会这个国家战略的重大意义，不遗余力地拓展农业保险，把政府的农业保险政策用足，努力为粮、棉、油、糖、肉、蛋、奶等的供给提供更多、更好、更全面的风险保障，在面对国内外各种风险挑战的时候，为国家的安全尽一份力，这也正是政策性农业保险制度建立的意义所在。

提高对国家粮食安全战略意义的认识，需把实际行动也统一到这一战略上来。对于农业保险来说，落实"中国人的饭碗任何时候都要牢牢端在自己手中，饭碗主要装中国粮"，就是要使农户敢种能种、敢养能养，一方面防范化解生产风险、市场风险，另一方面促进信贷等对农业的支持，缓解农民贷款难、贷款贵的问题。

然而，目前我国农业保险的发展水平还不够高，要使农民敢种能种、敢养能养，需要有高质量的农业保险来支持。首先，要把中央财政补贴目录中的保险项目做好，努力扩大覆盖面，实现应保尽保。目前的覆盖面还是有待提高。尽管三大主粮作物的保险覆盖率超过70%，但是其他列入中央补贴目录里的保险标的，承保覆盖面还是不高。其次，要逐步扩大各地特色产品的种类和覆盖面。地方特色农业保险产品种类虽然不少，但覆盖率都比较低，大多数险种的覆盖率不到

---

① 庹国柱，张峭. 论我国农业保险的政策目标 [J]. 保险研究，2018（7）：7-15.

20％。在现有政策之内，还有很大的努力空间。各地要将中央的"以奖代补"政策用足，适应当地农业农村发展和农户的需求，尽可能创造条件，努力扩大承保，同时保险经营机构也要不断改进和提高服务质量，真正把农业保险做大做好做强。第三，需要做到真保真赔。而真保真赔，还要重视和解决好一系列问题，包括下列几个问题。

三、"应收保费"问题事关农业保险的持续健康发展

农业保险的"应收保费"问题虽是最近几年被披露出来的，但这个问题存在已经有十多年了。近两年，财政部和银保监会对于历年积压的"应收保费"问题进行了调查清理。2021年，财政部根据国务院意见对这一问题进行了专项治理，严格进行督导和检查，收到了一定的效果。但在一些省份这个问题依然存在，不仅积欠的"应收保费"收不回来，新的"应收保费"还在继续累积。据调查，有一个省2021年的农业保险费总共18亿元（11月估计数），但是截至9月底，行业应收保费累计24亿元，占该年总保险费的135.6％。另有一家保险公司，应收保费累计约42亿元。其中2019年及以前应收保费约2.7亿元，应收率（应收保费占总保费的比例）约为2％；2020年应收保费约5.6亿元，应收率约为9％；2021年应收保费约33亿元，应收率达42％。应收保费有增无减。

这个问题为什么受到国务院的高度重视？因为这是农业保险可持续经营的基本条件之一。保险公司作为风险补偿者，收到的保险费扣除管理费用之后所形成的赔偿基金，就是补偿被保险人损失的源泉。收不到保险费，难以形成补偿基金池或者基金不足，保险公司拿什么来补偿受灾农户的损失呢？保险公司经营农业保险可以微利抑或无利，费用也可以控制，但是不可能长期亏损经营。

这一问题难以解决，根源在于地方政府部门在这一制度中所担任的多重角色——既是裁判员，又是运动员，既承担监管之责，又是承保定损理赔等保险活动的亲自参与者。加上法律法规的不健全，存在监管真空，没有强有力的规则很好地约束和惩罚那些地方违规政府官员，截留挪用中央和地方对农业保险的财政补贴资金也就难以制止了。目前，不少地方政府财政困难是事实，但补贴保险费实际是对于农户的补贴，截留或拖欠保险费，实则是从农户口袋里拿钱，这与乡村振兴、兴农富民宗旨完全是背道而驰的。

解决这个截留挪用保险费补贴的问题无非是两条：其一，坚持政策法规的严肃性，严厉查处那些截留挪用甚至贪污保险费补贴的地方官员，在未来修改《农业保险条例》或者立法中，必须明确作出地方政府官员在农险中的职责、权利和处罚规定；其二，改变目前的补贴结算制度，由省级财政部门直接与在本省各地经营农险的公司结算保险费补贴，不给县级政府截留和挪用的机会。

我们在这里也建议，以后，政策性农业保险的赔付率计算时，要在分母中去

掉应收保费，还给公众一个真实的赔付率和承保利润率，免得继续造成公众的误解。在此后的年份里根据应收保费收回的情况再调整此前的赔付率。这样也便于管理和监督机构更准确地评估政策性农业保险的效果和效率。

四、做完全成本保险必须讲科学讲规则

完全成本保险和收入保险试点开始于 2019 年，在内蒙古等 6 个省份的 24 个产粮大县展开，到 2021 年已扩大到全国 13 个粮食主产省份的 500 个县。据统计，2019—2020 年，6 省份试点险种投保面积合计 2 703.88 万亩[①]，投保农户合计 195.36 万户。2019 年简单赔付率是 62.86％，2020 年简单赔付率是 96.15％，这表明 2020 年的完全成本保险是严重亏损的。[②]

2022 年，完全成本保险和收入保险还是重头戏。根据财政部通知，完全成本保险和收入保险要在 13 个粮食主产省份的产粮大县全覆盖，扩大到 812 个县。有的省，例如河南，还决定将完全成本保险覆盖全省所有县，可见这些产粮大省对完全成本保险和收入保险寄予了极大的期望。政府部门的重视和政策支持是完全成本保险和收入保险发展的重要动力和基础，但还有许多问题必须加以重视：一个是保险金额的确定，一个是科学合理定价。

合理确定完全成本保险和收入保险的保险金额，并允许农户在物化成本保险和完全成本保险之间自愿选择，极其重要。目前，有的省份参考国家发改委编制的《全国农产品成本收益资料汇编》来确定当地的完全成本保险金额。然而，每个省的成本监测点有限，公布的数据也只是该省的平均数，而一个省内各地区的生产水平差异很大，成本和产量差异也不小。而且不同地区的地情不同、种子选择不同和种植水平不同，投入成本和产量也很不一样。不能一省一保额，无视地区之间风险大小的差异。例如，2020 年，某省玉米完全成本保险统一保额为 700元/亩，这对于该省西部地区玉米正常年份单产 600 斤[③]/亩而言就太高了，但对于该省另一个县玉米正常年份单产 1 300 斤/亩而言，就太低了。保额设定还要考虑土地流转成本的地域性差异。如某县土地流转成本在北部山区仅 300 元/亩左右，在平原湖区高达 800 元/亩左右，每亩相差 500 元以上，而该县确定统一的保险金额是 1 100 元/亩，值得研究。如果一个地区的保险金额与产值相当甚至超过产值，这不仅有违保险的基本原理，道德风险也难以避免。应根据本省不同地区的生产水平和生产成本实际，有差异地确定保险金额，防止道德风险的

---

① 亩为非法定计量单位，1 亩≈667 平方米，下同。
② 张宝海，等. 三大粮食作物完全成本保险和收入保险试点情况调研报告 [J]. 保险理论与实践，2021 (6)：1-12.
③ 斤为非法定计量单位，1 斤＝500 克，下同。

发生。

完全成本保险实质上是产量保险，对于其如何科学合理厘定费率问题一直有争议。在现行"精算定价＋协商定价"制度下，保险公司要按照精算平衡定价规则，特别是要参考中国精算师协会发布的《稻谷、小麦、玉米成本保险行业基准纯风险损失率表（2020版）》或者中国农科院信息研究所农业风险管理研究中心编制的《中国农业生产风险区划地图册》来合理精算确定。地方政府在缺乏依据的情况下，对于专业和技术问题不应运用行政权力强行定价，这对于农业保险的健康和高质量发展没有益处。这方面也有案例，如在某产粮大县，由于实行无差异化费率，低风险地区的很多种田大户不愿投保，尽管有不小比例的保险费补贴，但参保率也仅有51％。事实上，不仅投保农户会有逆选择和道德风险问题，保险公司也会发生逆选择和道德风险行为，这些逆选择和道德风险损害的都是投保农户的利益。科学合理的政策和政府行为，会大大降低政策性农业保险中的这类风险，最终保证投保农户的最大利益，保证农业保险的政策目标的实现。

这些问题不能仅停留在讨论和呼吁的状态中，风险区划和费率分区对保险金额的确定和费率厘定都很重要，应作出硬性要求和规定，得到普遍实施，同时需要有相关规则来约束。因为在不科学保额确定和费率厘定的条件下，根本做不到真保真赔。政府部门想通过风险再分配和保险再分配的方式，实现财政支农资金转移支付的高效率目标，在这种情况下很难实现，农业保险的高质量发展也就很难实现。

五、技术创新规范的制定有待加快

技术创新已成为当今农业保险发展的主题之一。农险科技，特别是"3S"技术（遥感、地理信息和空间定位）的应用近年来受到广泛关注，保险经营机构大幅增加了在这方面的投资，有的公司每年都在迭代升级应用技术系统，这是农险发展的技术方向和潮流，然而其在发展中也存在诸多问题。

问题之一是，数据孤岛问题始终难以解决。尽管《关于加快农业保险高质量发展的指导意见》（以下简称《指导意见》）中提到"加强农业保险信息共享"，但是农业保险所需要的数据，如耕地确权、地理信息、气候气象、产量、价格、保险业务、空间遥感等数据分别被农业、国土资源、气象、发展改革、监管、航空航天等多个部门掌握，不仅这些部门之间有壁垒，数据难以共享，保险公司想要获取数据，更是难上加难。这一问题直接影响了农业保险的工作效率，如保险公司为了核查承保信息，想要得到土地确权数据，或是无法得到，或是成本很高。

另一个重要的问题是，农险科技没有标准，缺乏规范，也因此而不被认可。在某省一桩小麦保险理赔纠纷的案件审理过程中，保险公司出具的应用遥感技术所做的损失评估结果，没有被法庭采纳①。还有，一个村的果树保险，地方政府和农户请第三方公司应用科技手段定损，也没有被保险公司接受和认可。事实上，利用遥感技术进行承保和定损，在技术上已经很成熟，精度也已经能够满足需要。然而由于缺乏标准和规范，应用科技承保、核保，查勘定损，都可能出现纠纷，"裁判员"也难以判断。尽管各家保险公司和相关科技公司都有积极性，但规范的缺乏阻碍了农险科技的广泛和有效利用。

可喜的是，在制定农险科技应用的规范方面，相关部门已有动作。监管部门正在研究制定小麦、水稻、玉米保险的标准条款，中国保险行业协会也组织了各方技术力量正在制定农业保险遥感技术查勘定损的应用规范，国家林草局也组织专家制定了森林保险查勘定损的技术规程。这是一个很好的开端，未来科技手段在农险经营中的应用将更加广泛，更加顺畅，更加有效。

六、费用控制需要有相应的制度规范支持

2021年发布的《关于扩大三大粮食作物完全成本保险和种植收入保险实施范围》文件中，提出了两个重要要求：农险经营"保本微利"和"综合费用率不超过20％"，而且将根据这两个要求对保险公司进行考核。政策性农业保险作为政府购买的农业保险服务，花的是纳税人的钱，成本应合理控制，讲求资金使用效率，这是对纳税人负责。

试点政策性农业保险之初的几年，保险公司的费用率很低，甚至不到10％，令人惊讶。经过调查才了解到，那时公司的基层工作人员很少，而县乡村干部协助保险公司展业、定损、理赔都是义务的。然而如今情况已大不一样，有的县政府直接向保险公司要协办费用，10％甚至到15％，在这样的情况下，保险公司想把总费用控制在20％以内，是很有难度的。也有的省监管部门规定，协办费用不超过5％或者6％，这对于保险经营机构来说，费用控制难度就小了不少。政府部门应出台相关标准，助力农业保险的提效、控本、降费。

协保员的费用支付直接也关系到控费降本问题，但一直是个没有规范而难以控制的问题。根据银保监会的调查统计，我国这个特殊的协保员群体已经有47万之众，但是对其费用支付至今没有具体规定，有的乡村干部因为拿了天经地义的协办工作费用而受到纪检部门的查处。保险公司采用多种方法发放这笔费用，其实也是很担风险的。

防灾防损费用也是问题。只有少数省份规定了防灾防损费用的具体比例，而对于使用方式没有规范，因此各地监管部门就自由裁量了。有的地方规定，防灾

---

① 庹国柱. 遥感数据不被采信，是个遗憾［OL］. 中国银行保险报网，http：//pl. cbimc. cn/2021-02/04/content_381594. htm.

防损只能发防灾物资不能发防灾费，发防灾费就是违规。某公司在非洲猪瘟期间，向部分养猪场的投保人发放了防疫费用，结果被开出了多张罚单。本来，违法违规受罚是没问题的，可是发放防灾费违规的依据是什么呢？可能有人认为是基于《保险法》116条第四款：保险公司不能"给予或者承诺给予投保人、被保险人、受益人保险合同约定以外的保险费回扣或者其他利益"，可这个条款显然是错误的，需要修订（不在此详细讨论）。再者，《保险法》本身对于政策性农业保险只有参照作用，不必遵照执行。当然，关键是发放防灾防疫物资和发放防灾防疫费没有本质区别。将后者定位犯规实在没有道理。

希望就费用控制问题可以出台相关制度和规定，例如协办费用由谁领，支付比例是多少，防灾费比例是多少，可以发防灾防损物资，也可以发防灾费。在农业保险没有实行政府统一定价的背景下，如果没有具体的法律制度规定，费用控制难以及监管和被监管之间"打架"的问题还是不好解决。

七、"大农险"的实现要有一个过程

最近听说，某个省为了加快乡村振兴的步伐，正在讨论"农业保险＋"，打算以农业保险为依托，盘活农村金融，把信贷、担保、期货、农业全产业链、林业经济等全部纳入其中。省委领导也都作了批示，要求推进。还有一个县，也提出了要将农业产业链的产前、产中、产后的产业，全部装上政策性农业保险的战车，进一步还要整合农村金融，都要纳入政策性农业保险的轨道。这些设想和规划是非常振奋人心的。

"大农险"是基于中国农业农村发展和乡村振兴战略的实际提出的，就是要在现在的政策性保险（主要是做种植业保险、少量养殖业保险和林业保险，简称为"小农险"）的基础上，将覆盖范围扩大到更加广阔的农林牧渔生产领域。尽可能地将农民的主要财产，例如，农房、农机、渔船、农业设施等，以及人身意外伤害纳入政策性农业保险的范围。真正为国家的食物安全，而不仅仅是粮食安全，提供更广泛的风险保障，也为农民的基本财产和人身提供保险保障服务。但是希望政策性农业保险能将几乎农业产业链和农村信贷、担保等金融，以及所有农村产业，都纳入政策性农业保险的范畴，这就值得讨论了。

第一，政策性农业保险与商业性农业保险是有区别的。农村有很多产业是商业性保险需要开拓的市场，不能都放在政策性保险的篮子里。"农业保险＋"，就笔者的理解是指"政策性农业保险＋"，如果是这样，这个加号后面的内容不能是随意的，哪些标的要加进去，需要论证。如果《农业保险＋"中的农业保险泛指农业保险，既包括商业性农业保险，也包括政策性农业保险，那就没有了意义。而商业性保险是保险公司根据市场需要来供给的，只有政策性农业保险才需要政府给予支持，并通过政策性农业保险制度来提供保障。

第二，对于政策性农业保险而言，需要不少政府补贴，而补贴资源是有限的。不可能一下子将所有需要纳入政策性保险保障的标的都放进来。我国政府部门根据实际财力，将16类、20余种标的列入中央财政补贴目录中，而这些标的都是最重要的农牧业产品。随着保险业务的推进和财力状况的改善，可能逐步纳入一些农林牧渔产业的标的或者农村其他财产保险标的。除这16类之外的地方特色产品，对各省的农业农村发展有重要意义，但是怎样支持，支持力度多大，需要统筹考虑。目前实行的"以奖代补"政策就是统筹考虑的结果，既照顾到省级的实际困难，也考虑了中央财政支付能力。所以，政策性农业保险标的的扩大应是逐步的，也是有限度的。同样，省级财政支持农业保险的能力也是有限的，这也是目前特色农产品政策性保险发展缓慢的主要原因。

有人指出，美国、加拿大、日本等农业保险发达国家纳入政府支持的农险标的很多，如美国几乎囊括所有作物，日本的标的也很广泛，蔬菜花卉保险都被纳入了政府补贴范围。事实上，美国做政策性农业保险82年来，前70几年政府只支持农作物保险，而且标的也是逐步增多的，做生猪、肉牛、肉羊、牛奶保险也只近几年的事，且规模不大。日本在20世纪40年代末开始发展政府支持的农业保险时，涉及的标的也就不到十种。加拿大至今也主要是做政策性农作物保险，生猪的收益保险做了十多年，规模也不大。这些国家的财政预算也不可能无限度地支持农业保险。

所以，中国的政策性农业保险要有远大目标，还要有实事求是的精神。从"小农险"到"大农险"，不仅要明确范畴，还要稳步推进。这是一个科学，也是一个过程。

与上证报的友情，从几年前的一个农险问题说起*

一

记得那是 2013 年 8 月的一天，我跟上海证券报的记者黄蕾交流起农业保险经营中的一些问题，特别是农业保险中的"寻租"问题。黄蕾非常敏锐地感觉到，这个问题对于正在蓬勃发展的政策性农业保险非常重要。她马上着手开始写内参，后来这份内参受到了国务院相关领导的重视并做了批示。之后上证报又做了一系列这方面的跟踪报道。在这个过程中，黄蕾受报社委托向我约稿，希望我对农业保险的相关问题发表深度文章，2013 年 9 月 27 日，上证报在《上证观察家》栏目全文刊发了我撰写的《农险中的政府行为存在监管真空》，还将我的另外几篇文章的观点缩编在《农险寻租：不得不说的故事》中，用一个整版的篇幅进行呈现。

为什么会提起这个事情呢？那是因为我有几个"没想到"。最没想到的是，作为证券行业的主流媒体，对于农业保险这样一个"小而专""专而偏"的细分领域，也会给予如此高度的关注。当时，我的很多金融圈朋友都给我发信息，反馈我这个报道的影响力以及对此事的支持。农业保险唯一的适用法规是《农业保险条例》，但条例只有对于保险双方当事人的监管规则，恰恰没有关于各级政府特别是地方政府在农业保险活动中的行为规范。而与一般商业保险不同，政策性农业保险的特殊性之一，就在于这个经营活动中，各级政府特别是地方政府参与其中，而且有很大的话语权和操作权。

接下去，上证报又在当年 9 月 10 日刊发了黄蕾采写的《农业保险寻租利益链揭秘》的深入报道。对于这些有力度的报道，监管部门非常重视，先后组成联合检查组到各地检查，对于遏止有损农业保险健康发展的问题进行深入调研和检

---

* 本文原载《上海证券报》2021 年 12 月 30 日。

查，不仅查处了一些严重的寻租问题，也查处了不少利用虚假承保、虚假理赔、虚假费用（以下简称"三虚"）套取国家财政补贴的案件。

黄蕾了解到这些情况后迅速跟进，又于当年11月采写报道了《保监会严打农险寻租利益链》，对乱象治理情况及时进行报道，有力地配合了农险市场规范和乱象的治理。

二

上证报作为国内主流权威财经媒体之一，应当充分发挥社会监督作用，敏锐反映问题，深入探寻根源，积极提出建议，支持问题解决，促进事业发展。这是对党对人民负责，对行业对社会进步的促进。揭露行业存在的缺陷和漏洞，并促进这些问题的解决，这是非常重要的，也是非常难得的。

我之所以事隔八年，还要借这个机会，旧话重提，有两个原因。

一是，因为在农业保险活动中，虽然经过这么些年的发展和治理，农险市场远比早期规范多了，"三虚"问题也少多了，但是在监管地方政府的规则方面，可以说依然是空白的。如何更好地规范地方政府在农业保险活动中的行为，仍是一个有待于解决的重要问题。在2019年由财政部、农业农村部、银保监会等共同发布的《关于加快农业保险高质量发展的指导意见》中，对于"明晰政府与市场边界"做出了要求，指出"地方各级政府不参与农业保险的具体经营"。但由于缺乏可操作性，一些来自基层的实际问题仍然没有充分解决。

二是，我觉得媒体既要调查反映问题，为政策制定提供第一手的素材和依据，还要对于实施中的政策效果进行跟踪报道，为政策执行和完善做出独特贡献。遗憾的是，现在有些媒体只会唱赞歌，不敢正视问题。八年前上证报敢于披露的问题，如今似乎没有太多媒体有这个"担当"。

两年前，我在基层调研中发现，一些基层相关部门存在截留挪用政府补贴农业保险的保费的嫌疑，一些保险公司账上有大量积欠多年的"应收保费"，干了活却拿不到钱。有的保险公司和我反馈说，拿着文件跟地方相关部门要这个"应收保费"，无功而返。我把这个情况不仅报告给监管部门，也在媒体上进行了发声。监管部门很重视，为解决这个问题，下发了不止一份文件，差不多两年过去了，但可惜的是，到现在这个问题还没有完全得到解决。

三

我是一个保险研究的爱好者，一个退休多年的教师。跟黄蕾认识和业务交往也有十多年了，我们成了很好的朋友。

我们会经常交流保险行业的发展以及发展中出现的一些问题，我总是把自己调查到的最新情况和看法与黄蕾进行交流。黄蕾也经常让上证报其他几个保险记者采访我，就一些行业、市场人士关注的问题让我发表一些看法。为了记者们写稿方便，我对他们提出的问题，总是一条一条地写出来发给他们，方便他们快速整理和写稿。毕竟保险是非常专业的领域，有时候他们写好的稿子也会发给我，我也会非常仔细认真地帮他们修改。他们就像是我的学生，我也很乐意帮助他们成长。

说起来我跟媒体还有些缘分。20 世纪 60 年代，我先后在一家省报和省广播电台做过不长时间的记者，后来在一个县政府做过多年的通讯干事，体会到做记者的不易。记得，我第一次接受报社的任务下去采访时，因为记不全采访对象的话，加之对专业的不熟悉，回来写不出稿子的情形，那个尴尬至今难忘。

反观当下，上证报的记者朋友们所拥有的装备早已现代化了。但是，年轻记者不可能对任何领域的专业知识和相关政策都有深入掌握和了解，常常需要"急用先学"。作为采访对象和专家学者，我也觉得有义务在回答记者问题的同时，针对他们各自媒体的情况，适当地给他们多讲一些背景知识，有助于他们对某些政策的来龙去脉了解得更多、更深入一些，帮助他们提炼主题，准确把握政策要点和和受众的关注点。

笔耕不辍，持之以恒；友情不断，终身相伴。在此，我衷心祝愿上海证券报保持自己的风格，越办越好，为金融行业的不断繁荣壮大，做出自己的独特贡献。我这位古稀老人，也愿意继续做上海证券报的热心作者、"粉丝"和"老友"，默默支持他们。

就农业保险定价和完全成本保险等问题答金融时报记者宋钰遐问

（2021 年 12 月 30 日）

记者： 财政部负责人在国务院政策例行吹风会上明确，农业保险业务综合费用率不高于 20%。您如何看待 20% 这个比例？以我国目前的农险发展情况看，这个比率是否有参考性和可行性？

庹国柱： 在正常情况下，农业保险 20% 的费用率是可以接受和做到的。目前的情况是有的公司能达到，有的公司有点困难。有的公司费用率达到 25% 甚至更高。影响费用高低最大的因素是"公关费用""协办费用"。根据我两年前的调查，有的公司"公关费用"就占保险费的 5%。保险公司有为数不少的"协保员"，全国大概有近 50 万。各公司的"协保员"有很大差异。协保员主要是乡镇的公务人员和村里的村委会主任、会计等。"协保员"的费用，因为没有统一规定，各地要价很不一样。有的要 10%（保险费），有的要 8%，也有的只花 5% 就可以搞定。还有的地方，保险公司在扶贫过程中，找一些建档立卡的贫困户做"协保员"，每月支付费用 1 000 元（他们把这叫"带贫"）。某公司在某省一年的保险费不过 17 亿元，这部分"带贫"费一年就是 1 亿元。应该说这对于扶贫来说，是一个很好的创新案例。但是这就将保险公司的成本推升了很多。一般来说，保险公司的"人吃马喂"的费用在 10%～11%（大公司可能低一点）。这样算起来，20% 的费用率的确很紧张。但并不是做不到。根据我在某省的调查，该省主要是一家农险公司在做业务（他们在全省占的区域份额有 80%，前几年更高）。2020 年农业保险的费用率就是 17%～18%。我在 2008—2016 年曾在该公司做独立董事，那些年，费用率都不超过 15%。为什么这么低？因为全省主要是他们一家公司的业务天下，不用竞争，不需要花很多所谓"公关费"，说白了不必为了争地盘而寻租。该省因为有好几年都将政策性农业保险作为本省的"民生工程"，并作为各级政府考核指标，各级政府非常支持。我曾经去一个县调研，县财政局长说，保险公司也不容易，给协保员的费用不多，财政局另外给协保员拨款十万元，给予支持和鼓励。这虽然是好几年前的调研，但这位县财政局长的话和他们做的事情，给我留下了深刻印象。因为，现在的场景是有的县财政局不仅截流和挪用上级和本级政府应该补贴给农户的保险费，而且还要跟保险公司要费用，保险公司不仅要支付乡村协保员的费用，还要给财政局付费，保险经营成本费用要控制在20%以内，容易吗？

我猜想，财政部提出20%的费用率要求，也可能是参考了美国的费用补贴率。20世纪90年代以前，美国的农业保险是由联邦政府组建的"联邦农作物保险公司"（简称FCIC）经营，它们预算的管理费就是保险费的20%。90年代之后，FCIC不做直接保险业务了，直保业务就让商业保险公司来做，这个20%的管理费补贴也就给了保险公司。因为美国农场规模大，农户经过半个多世纪的时间也都有风险和保险意识，农险经营比较方便，管理费用都有结余，成为保险公司的重要利润来源。后来政府多次对政府支持的农业保险进行绩效评估之后，觉得它们的实际费用率没有这么高，不能让它们赚这个钱，就逐步把管理费补贴降下来，现在大概是15%~17%的水平。

在我所了解的农业保险发达国家，加拿大的费用率最低，只有6%~8%，而日本，费用率则是超过30%，差异很大。

所以，费用率20%是可以达到的，只要采取措施，减少公司不必要的开支。例如，统一规定协保员的费用不能超过5%。2021年财政部出台保险公司遴选规定，只能在省一级或者市一级进行招投标，不再搞县级招标，乡级招标。而且一次招标至少稳定3年，大大减少了公司参与招标的成本。这在一定程度上有助于降低费用率。

记者： 纯风险损失率表的出台是否意味着主粮保险的竞价空间进一步缩窄？目前，主粮成本保险（物化成本险和完全成本保险）的业务可持续性如何？

庹国柱： 首先要说的是，纯风险损失率表的出台跟价格竞争没有关系。纯风险损失率是保险定价的基础，无论是保险公司定价还是政府定价，都要依据纯风险损失率来定价。目前农险市场上基本上也不存在竞争性定价。都是公司定价然后征求地方政府的意见，我把这种定价方式概括为"公司精算平衡价格＋地方政府协商"定价（简称"公司定价＋协商定价"）。

这种定价方式近年有一些变化。有的省，不管保险公司定价多少，都是强行颁布他们认定的费率。只有少数地方特色产品采取"竞价"的方式定价。三大作物的完全成本保险就是采用前面说的"公司精算平衡价格＋地方政府协商"定价。这种定价方式定价的，保险公司在定价方面的发言权已经很小了。

监管部门通过精算行业协会颁布纯风险损失率表，是我国农业保险领域一个巨大的历史进步。多年来学术界论证和呼吁，即使政策性农业保险也要遵守保险经营的一般规律和原则，定价要根据风险大小，风险大的标的，费率就应该高，风险小的标的，费率就应该低，所以必须实行不同风险区域的差异化费率。经过保险监管部门的多年努力，终于颁布了这个纯风险损失率表，虽然只是到地市一级，粗了一点，但毕竟是一个良好的起点。按照制定纯风险损失率表来分区域定费率，就可以在很大程度上消除目前"一省一费率"的不公平不科学的费率带来的弊病，也可以有效防止有的地方出现的严重逆选择问题。

可持续性是个好题目，政策性农业保险是国家风险管理的工具和政策，必须可持续。因为我们建立政策性农业保险的目的就是要更好地管理农业风险，保证"中国人的饭碗任何时候都要牢牢端在自己手中，饭碗主要装中国粮"（习近平主席在 2021 年 12 月 25 日中央农村工作会议上的讲话），实现国家食物安全特别是粮食安全。

物化成本保险肯定是可持续的，因为无论政府补贴额度还是保险公司的经营风险，都是容易控制的。完全成本保险的保险金额比起物化成本保险金额差不多提高了一倍，即使费率不变（实际上有的省价格费率反而降低了 25% ～ 40%），政府的补贴数额也会大幅度增长，保险公司的风险陡增。据调查，2019 年和 2020 年 13 个主产粮省份完全成本保险的简单赔付率平均为 80.54%，其中 2019 年为 63%，2020 年为 96.4%，2021 年的数据还没有出来。2022 年完全成本保险即将在这 13 个省的 812 个产粮大县全覆盖。因为灾害在年际之间的分布不均匀，一、两年的赔付率高低不足以说明什么问题。但如果在费率方面地方政府继续采取随意降低的做法，不尊重保险的自身规律，不讲科学，在保险费率和保险金额的确定方面不进行区分，不由分说地继续压低价格，就不好说会是什么结果。我不敢断言它的可持续性。关于农险定价机制方面的问题和解决方案，我写了一篇文章：《再论政策性农业保险产品的政府定价》（《保险理论与实践》2021 年第 10 期）。要进一步了解，可以看看这篇文章。

总之，政策性农业保险的可持续性，需要很多条件，但定价是很重要的一个条件。

记者：政策性农业保险从"精算定价＋协商定价"转向政府定价，是否可能出现定价较低而同样影响保障力度和财政资金使用效率的问题？如何避免？

庹国柱：现行"精算定价＋协商定价"转变为"政府定价"，主要是为了消除地方政府对农业保险价格的不当干预。我这里讲的"政府定价"，是由中央政府的管理和监督部门来定价，或者中央政府的管理和监督部门委托第三方技术机构根据农业纯风险损失率加上适当的利润率和控制的费用率来科学合理定价。不会是目前这样，保险公司定价之后，地方政府不相信，又没有什么科学依据地讨价还价，强势降价。所以，我这里所说的"政府定价"并不意味着较低的价格，就某地某种作物标的，可能定价比原来要低，在另一地定价也许比现行价格要高，一切要以当地长期纯风险损失为准。不能是官员在办公室里拍脑袋定价，或者讨价还价。

"政府定价"也不是一次定价就再不变了，风险是在变化的，纯风险损失率也会随着时间的推移发生变化，因此，政府定价之后，也需要三、五年做一次评估，然后对先前的定价做适当调整。这种定价方式其实是所有政府支持的农业保险发达国家共同的经验。我这里没有什么新发明新创造，只是适应国情提出了一些可行方案和路径而已。

记者：您认为有关"三农"的行政数据共享是否有利于农险定价准确性的提升？农险定价与农业信贷决策对数据信息的要求有何异同？目前，地方政府层面与保险公司的数据共享情况如何？

庹国柱：没错，有关"三农"的行政数据共享肯定有利于农险定价准确性的提升。现在的数据孤岛问题对农业保险发展非常不利。有的国家（例如美国）在法律里专门规定，农业保险经营需要的数据，哪怕是国家保密数据也可以使用。我国不行，很多方面的所谓"保密"数据，不能随便给农业保险公司来用。举个例子，国家搞完农业耕地的"二调"之后，这些"二调数据"有农户的所有耕地的经纬坐标和准确面积，对于精准承保和精准理赔非常重要，保险公司因为承保面积的数据不准确（公司自己弄虚作假除外），受到处罚的案例很多。但是公司苦于拿不到这个数据，精准承保是有难度的，因为仅凭农户自己报来的数据很多是不准确的。保险公司为了得到这个准确数据，要花大价钱。有的机构可以提供这个数据，但一亩地就要一元钱。差不多占保险费的 3％～4％。你说公司能承受如此高的数据费吗？国家气象数据也是这样，要么因为"保密"不给保险公司使用，要么需要保险公司花大价钱来买，这种买卖对保险公司的经营来说并不合理。保险公司做政策性农业保险就是"保本微利"，而且费用也要严格控制在20％以内。这种成本应该是可以降低的。

农险做得好，农业信贷肯定受益，因为参加保险的农户有了保险保障，该农户的信用贷款就有了一定的保证，因为保险公司为其贷款做了背书。这也就是农业保险单可以用来质押的道理。一般财产保险的保单因为没有现金价值，不能用来作质押。

至于农险定价与农业信贷决策对数据信息的要求有何异同，我觉得农险定价需要的数据主要是气象灾害、生物灾害、地质灾害等方面的数据。信贷也需要灾害方面的数据，但是更需要贷款农户的征信数据。我们发现，即使农户没有受灾，因为没有信用，所贷的款项也可能不还。这个信用问题农险单独解决不了。如果像现在很多地方那样，农业保险和农业信贷联动，农业保险单上把信贷机构作为第一受益人，发生灾害损失农户的信贷欠款由保险公司直接支付给信贷机构，可以在一定程度上解决农户的信用缺失问题。这就是我们说的农业保险的增信作用。

发展农业保险是农业产业安全和农民致富的重要保障*

　　摘　要：乡村振兴就是要使农村产业快速发展，农村居民收入快速增长，缩小城乡差距。农业保险就是产业发展和收入稳定增长的一种不可或缺的风险管理工具。近15年来，我国逐步建立起有自己特点的政策性农业保险制度，出台了一系列加快农业保险发展的政策，对农村经济和社会初步起到了"保护伞"和"压舱石"的作用。中央正在采取一系列得力措施确保农业保险制度的建设和发展，解决制度运行中的一些缺陷和疾患，不断促进农业保险高质量发展，让农业保险更好为乡村振兴和农业农村现代化保驾护航。

　　关键词：乡村振兴；农业产业；农民致富；农业保险；风险保障

　　我国农业和农村在最近20年发生了重大变化，农村经济和社会极大改观。但与城市和工商业发展速度相比，还是有些不匹配，对农村人均收入增长速度产生一定的影响。这虽然有很多原因，其中之一就是农业产业发展，在很大程度上依然受制于自然，还是"靠天吃饭"，也受市场价格变化的影响。面对这些风险，我们在小农经济条件下的传统农业风险管理工具和方式已经失去意义。

　　为适应农业农村现代化的需要，农业保险这种重要的风险管理工具应运而生，为农业和农村产业提供越来越多、越来越充分的风险保障。我们有必要进一步了解，农业保险对乡村振兴意味着什么，我国农业保险制度和政策都有哪些，如何进一步发展农业保险，真正为乡村振兴保驾护航。

一、乡村振兴离不开农业保险

（一）农业产业面临着各种风险

　　国家的乡村振兴战略已经启动，中央提出"五大振兴"。农业产业振兴是重

---

　　* 这是根据2021年11月在第十一届中国县域现代农业发展高层会议上的发言整理的文稿。

要内容之一，也是其他四大振兴的基础。产业兴旺，经济发展，收入增加，农业农村才能真正兴旺。而农业产业发展，会面临诸多风险，自然灾害、植物病虫害、动物疫病、市场价格下跌等风险和意外事故的重大影响，不仅会导致生产下降，生产经营收入减少，严重的巨大的灾害、流行性疫病会导致再生产的中断，农村居民生活困难。据统计，因灾致贫的贫困农户在全部贫困户中占20％。如果全国多地较大范围发生风险灾害，还会危及国家的食物安全和经济发展。

仅以农作物为例，2010—2020年我国31个省市区农作物受灾面积在1 848万～3 743万公顷，绝收面积在183万～486万公顷，绝收率在7.6％～14.6％，这期间，每年因灾的农作物损失2 500亿元以上。2019年就达到3 271亿元（表1）：

表1　2019年我国31个省市区农作物自然灾害受灾情况

省份	农作物受灾面积（千公顷）	农作物绝收面积（千公顷）	直接经济损失（亿元）
北京	2.5	0.1	5.2
天津	—	—	—
河北	314.7	51.6	23.3
山西	1 473.7	314.2	124.0
内蒙古	1 453.6	110.8	46.8
辽宁	324.7	35.1	47.5
吉林	536.2	64.3	51.7
黑龙江	3 540.7	737.5	221.4
上海	8.7	0.1	1.9
江苏	224.2	18.1	15.6
浙江	353.8	45.7	552.6
安徽	958.0	123.7	85.0
福建	123.1	21.6	117.7
江西	1 200.7	216.8	333.6
山东	1 340.7	198.7	425.3
河南	969.8	97.4	41.9
湖北	1 429.8	202.0	100.7
湖南	997.8	179.5	243.1
广东	144.7	4.5	55.8
广西	247.8	24.9	100.5
海南	3.6	0.5	1.7
重庆	78.3	12.7	19.6
四川	323.8	33.2	340.9

（续）

省份	农作物受灾面积（千公顷）	农作物绝收面积（千公顷）	直接经济损失（亿元）
贵州	141.0	23.9	47.0
云南	1 568.9	122.7	102.1
西藏	5.5	0.4	1.7
陕西	645.1	109.0	58.8
甘肃	173.6	8.3	46.5
青海	70.3	5.9	14.3
宁夏	29.1	3.6	2.9
新疆	572.6	35.2	41.9

资料来源：《中国统计年鉴》2020 年。

而市场价格下跌对农业农村现代化发展的影响也非常大。2017 年的玉米市场价格下跌，使玉米种植农户遭受巨大损失。2021 年以来，猪肉市场价格的"跌跌不休"，给养猪农户和企业造成的损失也相当惊人。从年初到 6 月份因为猪肉价格下跌，给养猪业造成巨大损失，据粗略计算，高达 5 905 亿元（国家统计局公布的数据表明，上半年出栏 33 742 万头。如果每头猪按 100 千克计，年初的价格为 35 元/千克，到 6 月份价格跌幅超过 50%，以 17.5 元/千克计算）。随后几个月，猪肉价格甚至跌破 10 元/千克，实际损失更大。

（二）农业农村现代化意味着农业产业风险升级

农业农村现代化是和规模化、机械化、科学化、集约化联系在一起的。但是越是规模扩大，机械化程度越高，科学技术应用更多更广泛，农户和新型农业经营主体投入会越大，面临的风险就越大，相应的，整过国家的农业和农村风险也会越大。我曾经访问过一户只有 5 亩多耕地的种水稻的农民，我问他买没买水稻保险，他说没有买。问他为什么，他说他不在乎这几亩田的收成和收入。还说，如果在过去，他一家人要靠着几亩田的粮食养活，受灾的话口粮就会有问题。现在，主要劳动力在城里打工，一个月挣的钱就可以买他们一家人一年吃的粮食。我问他，如果大家都不在乎田里的收成，遇到大灾，市场上没有那么多的粮食卖，你到哪里去买你们一家人吃的粮食？他说，他没有想那么多，那么远。那是政府的事。这个农民讲的话，提出了两个课题：第一，小农户，特别是那些农业收入在农户家庭收入中占比重较小的农户，对农业保险的积极性不高。第二，国家需要保证食物安全，特别是粮食安全，也需要通过适当政策，鼓励农民种田，鼓励和引导小农户也积极参加农业保险。这才能保障国家的粮食和食物安全

几个月前，河南省多地遭遇大水灾时，很多人看到过一个令人心酸的视频。河南新郑县某村养牛专业户倪新艳，她家借款养了 50 多头肉牛，因为大洪水淹没了村

庄，也淹没了她的牛舍，50多头牛先后都死了。因为没有买保险（当地也没有这种政策性养殖保险），就不可能得到任何补偿。这让她一夜之间损失一百多万元，几乎是倾家荡产，贷款肯定也还不上了。倪新艳的村子里，还有十几户养鸡、养鸭、养羊专业户，都惨遭同样的灾害损失。如果是小农时代，一家人只养一两头牛，几只羊、几只鸡，遭受灾害，农户不可能承受如此大的损失和压力。因为在小农经营条件下，一家一户还可以通过多种经营来分散自己的经营风险。而在现代化大农业的背景下，专业化、规模化、机械化经营和高投入条件下，无论是对付自然风险还是对付市场风险，较好的选择只能是购买农业保险，灾害损失的很大一部分可以由保险来补偿。

对于农业农村现代化而言，扩大生产规模，实行集约化生产、商品化生产，会有几千上万倍的投资增加，这意味着巨大的风险等着经营者、投资者。而上述各类风险导致的巨大损失和经营失败，都会给经营者，进而对国家的食物安全带来巨大影响。有农业保险提供保险保障和没有这种保障，完全是两种不同的场景和后果。据国家第三次农业普查的数据，各种新型经营主体经营的耕地面积已经占全国耕地面积的30%以上。如果加上近几年耕地托管的发展，规模农户的经营面积已占总耕地面积的40%以上了。

很显然，在农业和农村现代化的过程中，离开了风险保障的乡村发展就是"裸奔"，正如许多在农业保险中受益的农民说，农业保险就是农业农村现代化的"保护伞"和"压舱石"。

二、我国已经初步建立起政策性农业保险制度

我国探索农业保险之路还是很长的，远的不说，就从改革开放以来，通过商业保险公司，进行了24年农业保险试验。直到2007年，中央政府在总结多年试验的经验和教训的基础上，将农业保险费补贴列入财政预算科目，开始在六个省试点水稻、小麦、玉米、大豆和棉花五种作物的政策性农业保险，逐步找到了一条发展中国农业保险的正确道路。

经过15年的努力，我们初步建立起有中国特色的政策性农业保险制度。这个制度主要包括这样一些重要"要件"：

第一，制定了一套初步的法律法规规范。特别是在初步实践基础上，颁布了《农业保险条例》（以下简称《条例》）。《条例》将政策性农业保险与商业性保险相区别，表明由政府支持的政策性农业保险，主要由《条例》来规范。

第二，规定了这个制度的运作模式，即采用"政府＋市场"的所谓"PPP模式"。就是采取"政策引导，市场运作，自主自愿"的原则和方式。政府给一系列的特殊政策，由商业性保险公司自愿经营，农户和各类农村新型经营主体自愿投保，不搞强制投保。

第三，这种政府支持的农业保险，由财政部牵头的包括银保监会、农业农村

部、林草局等政府部门在内的机构统一进行监管，保证这个市场的公平交易，保护投保农户的合同权益，也保证财政资金的合理合规使用和获得期望的政策效应。而且，各级地方政府，特别是县乡政府都会参与这种农业保险活动，帮助宣传组织农户投保，也协助进行灾后损失的测定、监督理赔的顺利进行。

第四，这种政策性农业保险，由中央政府制定规划和实施规则，并制定了一系列配套的支持政策。其中包括财政政策、税收政策、市场组织政策、多部门配合政策、政府建立专门的农业保险大灾风险分散制度的政策等。

第五，依照法规实施政策性农业保险，给投保农户较高比例的保险费补贴，是我国遵守和合理应用世贸组织（WTO）规则，在使用农业直接补贴的"黄箱政策"见顶之后，充分利用规则允许的"绿箱政策"，增加对农民间接的财政补贴的重要举措，充分体现了政府支持保护农业和稳定增加农民收入的政策目标。

三、中央采取了一系列加快农业保险发展的支持政策

如前所述，政策性农业保险有一系列不同于商业性保险的法律法规和政策，引导和推动政策性农业保险按照中央制定的目标和路径顺利发展。

（一）优惠的财政政策鼓励和引导农户广泛参与

在政府的诸多支持政策中，最重要的是财政政策。主要是：

第一，财政支持政策性农业保险，给政策性农业保险以较高份额的保险费补贴，但是对商业性农业保险不予补贴。

第二，中央财政主要对于关乎国计民生的农业生产种类的政策性保险产品，给予保险费补贴，目的是保证食物安全。中央政府确定的保费补贴农林牧生产种类主要有三大主粮作物、棉花、油料作物、糖料作物，以及奶牛、生猪和森林等16类。在中央补贴目录之外，地方政府根据本地农业生产实际，还可以确定本省自己补贴的农林牧渔特色生产项目的保险（目前属于中央补贴的保险标的和地方政府补贴的保险标的参见表2）。

表 2 政府补贴的农业保险项目目录

补贴层级	政府补贴保险费的农业保险标的
中央财政补贴的种植业和林业保险标的	小麦、水稻、玉米、棉花、大豆、油菜、花生、芝麻、向日葵、甘蔗、甜菜、土豆、三大粮食作物制种、森林（公益林和经济林）、天然橡胶等
地方财政补贴的种植业保险标的	小米、高粱、燕麦、荞麦、蔬菜（含大棚蔬菜）、柑橘、苹果、梨、葡萄、西瓜、甜瓜、菠萝、香蕉、猕猴桃、大枣、哈密瓜、荔枝、枸杞、茶树等

（续）

补贴层级	政府补贴保险费的农业保险标的
中央财政补贴的畜牧业保险标的	奶牛、生猪、牦牛（西藏、青海）、藏系羊（西藏、青海）
地方财政补贴的畜牧业保险标的	肉牛、肉羊、牛奶产量、鸡、鸭等
地方财政补贴的渔业保险标的	淡水养鱼、海水网箱养鱼、海参养殖、养虾、养蟹、渔民人身短期意外伤害
地方财政补贴的涉农财产保险标的	农房、农业机械设备、农业生产设施、农用仓储设施、渔船、农场雇主责任、农户贷款保证保险等

第三，政策性农业保险项目，政府依据不同标的，提供不同的补贴标准；政府补贴主要是直接保险的保险费，实行的是中央、省、市（地）、县四级财政补贴。部分产粮大县的政府承担的财政补贴责任较小，或者不承担补贴责任。

省政府确定本省的政策性农业保险标的，属于中央支持目录中的标的，中央才提供配套补贴。省政府一般要求地、县政府财政也提供部分保险费补贴（0～15%）。在这个前提（省地县补贴）下，中央财政提供配套的保险费补贴，补贴比例因地区因保险标的而异，种植业东部地区补贴35%，中西部地区补贴45%。生猪保险的中央补贴，东部地区是40%，中西部地区50%。在补贴条件下，农户自己支付的保险费只有20%左右。

第四，对于国有农场、新疆生产建设兵团等，种植业保险中央财政补贴保险费的65%，农场自己支付35%的保险费。养殖业，中央财政补贴80%，农场自己支付20%。总之，各级政府的保险费补贴加起来，约占保险费的80%。

中央支持的补贴目录之外的保险标的，省里自由决定支持哪些保险标的的保险和补贴多大比例的保险费。对于省里自行决定的保险标的的保险（所谓"特色产品"），中央财政也给予一定的配套保费补贴。

第五，政府根据农业农村现代化发展的需要，不断增加补贴的标的种类，逐步提高保险保障水平。

第六，因为是政策性保险，财政对保险公司的要求是"保本微利"经营。"微利"是通过两个方面控制的：一方面规定农业保险的费用率不能超过20%；另一方面，农险当年的经营"盈余"，只能有25%可以进入公司当年的利润分配，其余的75%要进入公司的"利润准备金"的专项账户，这是公司"大灾风险准备金"的组成部分。有了这个大灾准备金，可以在一定的灾害条件下，保证保险公司能赔得起。

第七，在财政支持下，我国也正在建立和完善农业保险的大灾风险分散体系。这个体系，除了公司建立"大灾风险备金"之外，中央财政控股成立了中国农业再保险公司，为各家保险公司提供再保险，分散经营风险。进一步，中央还要建立国家一级的大灾风险准备基金，以便保证在更大更广泛的灾害损失条件下，投保农户的补偿权益得到充分保障，农业保险经营也能持续发展。

（二）中央持续提出新的指导意见不断推动农业保险创新发展

对于农业保险问题，党中央和国务院非常关心和重视，从 2004 年到 2021 年的 18 年里，每年的中央 1 号文件都会有关于试验和发展农业保险的指导意见。政策性农业保险制度的建立及其一系列相关支持政策，就是在这些意见的指导下设计和出台的。

2019 年，经过中央深改委的批准，财政部、农业农村部、银保监会和林草局四部门联合发布了《关于加快发展农业保险高质量发展的指导意见》（以下简称《指导意见》），《指导意见》提出了政策性农业保险在未来 10 年内的发展目标、要点和具体实施意见。提出了要不断"扩面、增品和提标"，就是要不断扩大农业保险的覆盖面，让更多农户，特别是新型农业经营主体参加保险，真正实现广覆盖，有计划地增加政府补贴的农业保险的标的，增加新的更加适应农户需要的保险产品。同时，对现有的保险金额比较低的"物化成本保险"逐步提高其保险保障水平，让保险为农户提供更加充分的风险保障，努力在 2030 年实现"补贴有效率、产业有保障、农民得实惠、机构可持续"的发展目标。为贯彻《指导意见》，近两年来，中央采取了两项重要的推进政策。

一是"以奖代补"政策。考虑到各地财力的实际情况，对于各省自行确定的本省"特色农产品"的保险项目，中央以奖励的形式，也给予每省三种标的的财政补贴支持。这对各省农业保险的发展将起到重要推动作用。

二是在全国 800 多个产粮大县，逐步试验保险金额较高的"完全成本保险"和"收入保险"。这两类保险的保险金额，不仅覆盖了种子、化肥、农药、机耕机收等物化成本，还能覆盖土地租金和劳动力成本。在投保农作物绝产条件下，农户也能从保险公司的赔款中获得大约 80% 的收成或者收入损失。该政策在 2022 年将实现所有产粮大县全覆盖。接下来完全成本保险和收入保险，将会逐步向其他农牧业保险产品扩展。

这里的"收入保险"不仅解决了农业生产产量损失的补偿问题，也在一定程度上解决了农产品市场价格下跌给农业生产者带来的损失补偿问题。

2015 年以来，中央政府在进行最后几种仍然实行价格保护的大宗作物（水稻、小麦、玉米、棉花、大豆）的定价机制改革时，就希望价格放开之后，农业保险也能为农户提供价格风险的保障，减少农户的市场风险损失。为此，除了上面提到的收入保险试点之外，中央也非常关注和支持"保险＋期货"的试点，充分利用期货市场的价格发现机制，通过保险与期货交易的结合，让农产品的价格风险在期货市场得到分散。这方面的试点在近 7 年中也取得了不错的成绩，参与试点的农户从中获得了风险损失补偿的实惠。据不完全统计，在 2016 年至 2021 年 5 月近 6 年时间里，"期货＋保险"项目一共做了 1 574 个，涉及 31 个省区市的 260.03 万户农民，农牧业标的有玉米、大豆、棉花、白糖、天然橡胶、饲料、鸡蛋、苹果、红枣、花生等 10 类，种植面积 4 194 万亩，交易货量 1 494.69 万吨，总保费 25.59 亿元，总赔付 13.68 亿元。

四、不断改革创新推动农业保险高质量发展

我国农业保险在这 15 年里，取得了举世瞩目的发展成就。在 2007 年财政开始支持农业保险的前一年，即 2006 年，全国农业保险费收入只有 8.46 亿元，为农业提供的风险保障只有不到 200 亿元，到 2020 年，全国农业保险费收入已经达到 815 亿元，提供的风险保障达到 4.1 万亿元（表 3）。以保费计算的市场规模，已经超过一直稳居全球第一的美国，2020 年美国的农业保险保费总收入不过 768 亿元人民币（按 1 美元＝6.4 人民币的汇率计算）。

表 3　2007—2020 年中国农业保险发展统计

| 年份 | 农业保险保费收入 | | 农业保险赔付金额（亿元） |
	总保险费收入（亿元）	其中：各级政府的保费补贴（亿元）	
2007	51.8	40.6	32.8
2008	110.7	78.44	70
2009	133.9	99.7	101.9
2010	135.7	101.5	100.6
2011	173.8	131.3	89.0
2012	240.13	182.72	142.2
2013	306.7	234.95	208.6
2014	325.7	250.7	214.6
2015	374.7	287.84	260.1
2016	417.12	317.86	348.02
2017	477.72	362.69	366.05
2018	571.41	428.00	423.15
2019	672.48	505.00	506.34
2020	814.93	603.00	616.59

资料来源：根据银保监会历年公布的数据整理。

我们发展农业保险用了 15 年时间，走过了很多国家半个世纪还没有走完的路。如今中国已经是一个农业保险大国，但还不能算是农业保险强国，农业保险的广度和深度都还需要不断提升。要下好农业农村保险这盘大棋，真正为农业农村现代化保好驾，为乡村振兴护好航，还要付出极大的努力。

（一）不断健全农业保险法律法规

我们虽然在农业保险初步实践基础上颁布了《农业保险条例》，根据该条例，也出台了一系列部门规章和其他规定，但是从实践效果来看，目前的立法层次还比较低，现行法规、部门规章还不完善，许多规定还比较粗略，缺乏可操作性，执行起来有些方面难以把握，对于农业保险的目标和意义还需要进一步扩展。对地方政府参与农业保险活动的行为，尚需进一步明确规范，目前还存在监管真空。对于保险机构经营活动的监管规则，也还存在缺失和漏洞，对于保险经营的某些方面还缺乏规范。因此，经营和监管双方的"自由裁量权"有时候缺乏适当约束，这就难以更好地保护投保农户的正当权益，也难以发挥政府支持的最大政策效果。

因此，需要在认真总结经验的基础上，尽早修订《农业保险条例》，并加快《农业保险法》的前期调研，尽快完善农业保险的法律法规体系，使农业保险经营活动的参与各方都认识到位，规矩清晰，行为边界明确，才能保证政府资金顺利到位，市场运作有序顺畅，实现"补贴有效率、产业有保障、农民得实惠、机构可持续"的目标。

（二）加快改革农业保险经营机制

实践表明，对于政府支持的这种政策性农业保险，各级政府都非常支持，各类经营机构的参与积极性也都很高。参与经营的市场主体从最初的 6 家，到 2021 年已经有 35 家。如前所述，目前的市场规模已经跃居全球第一，主要农作物（三大粮食作物）的保险覆盖率超过 70%，已经接近农业保险发达国家的水平。这是各家经营机构充分发挥其积极性和主动性的结果。但是，市场主体增多，也带来一些诸如某些地方和环节市场竞争秩序不够好，经营费用较高，经营效果欠佳，投保农户权益受损的问题。要进一步改善这种状况，在完善法律法规的同时，也要加快改革农业保险的某些市场机制，使制度中的各方在更加合理的机制下高效运转。

1. 改革监管机制，变多元化监管为一元化监管

政策性农业保险不同于商业保险，它只是政府农业农村发展政策和财政转移支付政策的工具，要达到的也是政府的政策目标，而不是商业保险公司的盈利目标。所以，监管涉及的部门就比较多。这十多年来，监管机制没有完全理顺，多元化监管带来很多弊端，诸如，部门之间的意见不一致，甚至政出多门，影响到农业保险的顺畅和高效运转。必须按照《指导意见》的要求，逐步实现一元化监管体制，统一监管意志，统一监管规则，统一监管方向，统一监管尺度，才会起到事半功倍之监管效果。

2. 改革竞争机制，让无序竞争变得有序

竞争本来是个很好的市场机制，通过竞争可以使保险服务更加到位，符合保

险的需要。但农险市场经营主体多了，为了尽可能多获得经营区域，激烈和无序竞争不可避免。在一些地方，这种竞争多有不规范的地方。监管部门正在采取措施，从规范经营主体遴选入手，初步统一了遴选规则，减少了遴选层级，注重服务质量评价，正在产生积极影响。同时，也通过对经营机构的费用控制，减轻经营机构的负担，并尽可能减少竞争中的寻租问题，逐步实现有限竞争、有序竞争的设想。

3. 改革定价机制，使农险经营变得透明化简单化

目前的农业保险定价机制是市场化的，也就是让各家经营机构自行定价，再征求地方政府和投保农户的意见。实践表明，这种市场化的定价机制对于政策性农业保险来说弊端较多。因为保险定价的专业性技术性比较强，就是监管机构，目前也没有足够的技术力量来审查其科学性和合理性。所以，在实践中就产生一系列的问题，特别是地方政府与公司不断博弈，要么定价过高，公司有不当得利，要么政府压价过低，影响正常业务的开展。将市场定价改为中央政府定价势在必行，这样，在科学的公平的价格体系下，公司不再忌讳这方面的监管约束，免受价格不被信任之苦，可以充分调动其积极性，采取更多有利于业务发展的方式展业、防灾防损和定损理赔，更好保证投保农户的合法权益。

（三）持续在"扩面、增品、提标"上发力

要实现政策性农业保险的政策目标，就需要让更多的农户参与，提高参与率；有更多的农业生产项目纳入保险保障范围，提高覆盖率：不仅重视自然风险的保险保障，也逐步将市场风险纳入农业保险保障：让保险金额满足简单再生产和扩大再生产的需要，提高保险保障水平。这四个方面，再加上优质的保险服务，就是我们想要的有效率的农业风险管理的蓝图。

不过目前的农业保险，除了种植小麦、水稻、玉米的800多个产粮大县，明年可以全部试点保障水平较高的完全成本保险和收入保险之外，大多数农林牧业保险产品还都是继续实行"物化成本保险"，保险金额也就是预期亩收入的40%左右，这是比较低的。而且，中央补贴目录中的标的还是太少，各地的特色农林牧渔生产项目和标的，大多没有纳入政策性保险的范围，省里选中的一些特色保险产品，也因为地方财力的约束，承保的覆盖率普遍只有20%多。除此之外，应该在市场风险保障方面做更多的努力，在加快试验农作物收入保险的同时，对解决肉食安全具有重要意义的生猪、肉牛、肉羊等牲畜的收益保险（或收入保险），也应该加紧部署，这对于更好更有效地解决农业产业安全和食物安全具有重要意义。

就目前来看，政策性农业保险的承保能力应该没有问题，所以，"扩面、增品、体表"的主要矛盾和矛盾的主要方面都在于政府的支持力度。

（四）努力提高农户风险管理的主动性

严格意义上的保险合同只有双方当事人，即投保方和保险方。相比之下，农户，包括各类新型农业经营主体的积极性，是国家农业保险计划实施效果的重要约束之一。目前的状况是，农户因为对于农业产业风险管理的认识不到位，生产逐步规模化、机械化和科学化了，但对于风险和风险管理的观念还停留在小农经济的场景里，不少人的侥幸心理和依靠国家救济的观念挥之不去，所以，参加农业保险的热情并不高，加之农业收入在家庭收入中的比重越来越低，有的地方不到 20%，他们也不在乎农业的灾害和收成的丰歉，当然，农业保险保障水平太低，投保"没意思"也是原因之一。

所以，发展农业保险，还是那句老话，即"教育农民"。要加大农业农村现代化建设和乡村振兴意义的宣传教育，不断加强农业产业安全和风险管理重要性的宣传教育；也要结合灾害损失和保险理赔的场景，进一步做好农业保险知识的宣传教育，努力提高农户参加农业保险，做好农业风险管理的积极性和主动性。只有这样，农业保险这个好工具才会有人爱有人买。

加强监管是高质量发展农业保险的必要保证*

我国政策性农业保险顺利发展 15 年了，取得了举世瞩目的成就。15 年里，保险经营机构参与农业保险经营的热情日益高涨，地方各级政府的积极性也被充分调动起来，特别是在脱贫攻坚的那些年里，保险经营机构和地方政府密切配合，通过风险补偿的独特方式，为贫困地区和农户灾后送去了一份份珍贵的"礼物"，为这些地区和农户脱贫致富做出了贡献。

农业保险这些成就的取得，除了中央政府的英明决策和不断出台一系列利好政策，广大农户和保险经营机构的积极参与这些内生变量之外，保险监管的不断加强是其重要的不可或缺的外生变量。

一、保险监管规范了农业保险市场秩序

中国的政策性农业保险，采用的是"政府＋市场"的所谓"PPP 模式"。这个市场的监管的目的主要是三个：一是维护市场合法合规的公平交易，二是保护消费者（被保险农户）的正当权益不受侵害，三是保证党和政府支农惠农政策落实到位。而要实现这三个目标，就需要加强监管。需要受到监管的是三方参与者：保险经营者、政府和投保农户（包括各类新型农业经营主体）。在对这几个方面的监管中，保险监管都发挥了非常重要的不可或缺的重要作用。

在政策性农业保险发展过程中，保险经营机构的积极性空前高涨，参与经营主体从 2007 年的 4 家增加到 2021 年的 35 家。这是一个令人高兴和兴奋的数字变化，充分反映了保险企业对于参与农业、农村现代化建设和脱贫攻坚、振兴乡村事业的满腔热情和责任担当。但是，因为各种原因，有的公司做农业保险不够专业，有的甚至在农业保险经营中投机取巧、浑水摸鱼，产生了一些"虚假承

＊ 本文原载《中国银行保险报》2021 年 11 月 8 日。发表时有删节。

保、虚假理赔和虚假费用"等套取国家财政补贴的所谓"三虚"问题。监管部门及时发现这些问题，重拳出击，给予坚决处罚，抑制了这些违法违规和套利行为，保证了农险资源的合理合法和有效使用，使政策性农业保险市场秩序得到较好规范和维护。

中国的特殊国情决定了地方政府多方参与农业保险活动。但是，地方政府的行为也需要受到规范、制约和监管。一个时期以来，因为缺乏对政策性农业保险的深刻理解，地方政府，特别是不少县级政府，无视法律法规和政策规定，截留、挪用了不少上级政府和本级政府补贴农业保险保费的财政资金，影响到政府政策的顺畅贯彻，更影响到农业保险的可持续经营，客观上也侵害了广大投保农户的保险权益。中央政府及其监管部门了解到这个情况后，采取了坚决和得力措施，几次下发专门文件，督促、检查和清理拖欠保险经营机构的"应收保费"。经过近三年的努力，使一度严重存在的"应收保险"问题得到较好解决。据调查，2010年以来，这种问题已经受到极大遏制，基本上解决了这个问题。

实际上这些年，作为保险合同当事人的投保人和被保险人，也有不少违法违规和欺诈问题发生，有的欺诈甚至是与个别保险员工合谋实施的。监管机构也都依法依规做出了合乎法律法规也合情合理的解决，维护了公平的市场秩序，也教育了更多的投保农民。

对于一些政策性农业保险中出现的新事物新情况，在没有现成规则的情况下，监管部门也给予了最大的容忍，提供了宽松环境，鼓励和促进创新。比如，"价格保险＋期货"产品的创新，跨越保险和期货两个行业和部门，其中涉及不少证券保险两个领域和部门的规则，这都是对原有规则的挑战，两个部门对"保险＋期货"的创新，给予了充分的规则空间，支持这类新事物不断在创新实践中得到完善、提高和发展。如今，"收入保险＋期货"创新产品已经试验了一年多，期望能总结出新的更适合农业收入保险发展的途径。

二、加强农险监管制度建设很有必要

政策性农险的监管建设在过去的15年里有了长足发展和进步，也在此期间颁布了主要是规范政策性农业保险的《农业保险条例》，根据这个条例，也制定了一系列部门规章和文件，初步建立了法律法规等规则体系。但是，随着政策性农业保险的深入发展，实践中暴露出许多新的问题，不少问题在现行法规或者部门规章中从未涉及或者不够明确。比如，农业保险的重要参与方政府，特别是地方政府，其活动范围和边界就是一个非常重要的期待解决的问题。2019年，由财政部、农业农村部、银保监会和林草局联合发布的《关于加快农业保险高质量发展的指导意见》中，就特别指出，要"明晰政府与市场边界"，原则上提出

"地方各级政府不参与农业保险的具体经营。在充分尊重保险机构产品开发、精算定价、承保理赔等经营自主权的基础上，通过给予必要的保费补贴、大灾赔付、提供信息数据等支持，调动市场主体积极性。基层政府部门和相关单位可以按照有关规定，协助农户和保险机构办理农业保险业务。"但是，这些重要意见在执行中仍存在不少问题，特别是由谁来监督地方政府按照这些规定来参与农业保险活动，依然有问题需要解决。是通过法规细化，还是通过监管部门发布《农业保险操作手册》或者《农业保险操作指南》来规范，都是尚在探讨中的题目。

另外，对保险机构经营活动的监管，规则也很不完善，监管本身还有不规范不专业的问题，有些方面也存在监管失责和自由裁量权太大的问题。曾经在全国引起广泛议论的一件事，就是，某省政府部门要求保险公司降低本省贫困地区农业保险的价格，而在保险公司无奈降低价格之后，还要求公司根据降低的费率，退回前几年"多收"的保险费。我们的基层监管机关竟然同意了这种错误的要求，有失公正的判断。笔者就此曾在本报发表过文章进行讨论（参见庹国柱：《要重视农险费率的纠纷问题》，中国保险报 2020 年 9 月 14 日，第 2 版）。

还有一些问题，也是目前监管规则的"灰色地带"，在法律法规不明确或者有争议的情况下，如何把握监管力度，也值得研究。比如，有的保险经营机构出于对投保农户的让利，不收取或者退回农户负担的那 20％的保险费。为了加强防灾防损，减少保险标的的损失，保险经营机构给投保农户发放防灾防疫费或者物资。这些行为，在正常的商业保险业务中，可能会违反《保险法》第 116 条第 4 款和第 131 条第 4 款的规定。但这两款规定实际是备受争议的。保险人优惠投保人和被保险人这有什么不对呢？而且实践中，比如车险中，就我所知，几乎所有投保人都得到了保险人给予的合同外"利益"，虽然保险公司也有受到处罚的情况。但在，政策性农业保险不是商业性保险，要不要执行《保险法》的这个备受争议的规定，完全可以讨论。这个问题，我和李志刚曾发表过一篇文章，做过讨论（参见《关于农险中农户自交 20％保费问题的思考——兼论政策性农险产品政府定价的必要性和可行性》，《保险理论与实践》2020 年第 4 期）。对这类违规，有不止一种解释：一是给农户免收或退回自交 20％的保险费、发防疫费，构成上面所说的"合同外利益"，从而构成不正当竞争；二是认为有"套取财政补贴嫌疑"。这两条理由都值得研究和讨论。更有意思的是，有人认为，防灾防损，发放防灾防疫物资没错，这是保险经营者管理风险的必要手段。但是发放防灾防疫费用就有错，就构成"合同外利益"，就该受罚[①]。这个逻辑还真是有点费解。对于这个说法，笔者理解，原因可能不在一般保险活动本身，而在政策性

---

① 曾有公司在当地政府和投保农户对"不能发防灾费"的质疑下，监管机关给出的答案是，发物资可以，发钱不可以。一定要发钱只能从其他商业保险业务中开支，不能从农业保险中支付。

农业保险有财政补贴保险费这个重要因素之中。其思维逻辑可能是：发放防灾防疫费用（或者返还农户自交保险费）＝公司厘定的保险费率有水分＝变相增加了政府的保险费负担＝变相套取财政补贴资金，所以当罚。这个逻辑，不仅无法律法规依据，也是对现行费率和条款设计主体及其报备和审批制度的挑战。这些方面规则不完善，监管者自由裁量权太大，法不责众，必然影响经营主体和投保农户的积极性。

可见，农业保险监管制度建设需要解决的问题不少，都需要探讨和逐步加以解决。加强农业保险的监管制度建设，加快法律法规体系完善很有必要。

三、加强农险监管制度建设的几点建议

政策性农业保险高质量发展，需要高水平的监管制度和手段做后盾，没有完善的有力的监管制度和体系的维系，农业保险市场不可能健康和可持续发展，农业保险的制度目标也很难顺利实现。为此，笔者建议：

（一）尽快启动《农业保险条例》的修订，早日制定《农业保险法》

《农业保险条例》是目前农业保险的主要法规，该《条例》从 2002 年颁布，已经实施了 8 年。这 8 年里，农业保险迅猛发展的实践，提出了许多新问题，这些问题在这部法规中找不到依据。《条例》现有的条款也因为受起草时的条件和实践所限，不那么细致和具体，给实施带来很多不便，也给监管带来一些备受争议的"自由裁量权"。显然，现行《农业保险条例》已经无法适应农业保险的进一步发展，修订《农业保险条例》势在必行。无论是政府还是业界都已积累了足够的信息，修订《农业保险条例》的时机已经成熟。人们也迫切盼望什么时间能启动《中华人民共和国农业保险法》的调研和起草，使中国的农业保险能在更高的法律规范之下开创新天地。

其实，《保险法》的第 116 条第 4 款和第 131 条第 4 款，也需要修订和删除。如果要拿来规范政策性农业保险的话，更不合理。当然这需要另外讨论。

（二）加快农业保险监管体制改革，对农业保险实行一元化监管

因为历史的和法律法规的原因，现行农业保险监管体制不大顺畅。《农业保险条例》中的相关规定有模糊的地方，造成多头监管，不同监管部门意见和步调有时不完全一致，甚至有政出多门互相打架的现象。实践表明，这种体制不利于实施农业保险的一元化的有效监管。对于农业保险的市场效率的提升影响很大。需要在中央深改委批准的，财政部、农业农村部、银保监会和林草局联合发布的《关于加快农业保险高质量发展的指导意见》的指导下，加快农业保险监管体制的改革，不断提升监管效率和制度效率。

（三）提升监管机构和人员的政策和法律水平，保证监管质量和效果

监管人员的政策和法律水平，直接决定着监管执法的水平和效果。目前财政部门、银保监部门监管力量相对薄弱，一些地方监管执法机关基层工作人员，不少人是新手，对农业保险的目标、业务和法律法规，还不是很熟悉，执法专业性、准确性和力度的把握，也常常有欠缺，特别是对于没有现成规则可用的情况下，对自由裁量权的使用有不够慎重的地方。所以，近几年来，监管部门都在加强对监管人员的专业培训，让他们进一步了解中央大力举办农业保险的重要意义，熟悉农业保险的法律、法规和政策，了解政策性农业保险的目标和特点，提高执法者的法律和法规意识，尊重被监管者的申述权利和意见，慎重考虑执法后果，使监管执法既让被监管者心服口服，还要以儆效尤，对行业发展起到积极作用，使监管工作更好地促进农业保险的高质量发展。

中国农业再保险问题的若干思考*

摘　要：中国农业再保险公司创立一年了，其再保险业务也开展起来了。在政策性农业再保险实践中，出现一些大家普遍关心的问题，例如，政策性农业保险和《保险法》的关系，和WTO的关系，怎样更好更顺利地走出符合中国国情的农业再保险的道路问题，中国农业再保险如何发挥其政策性职能的问题，尽早完善对于中国农业再保险的监管规则问题等。本文试图阐述一些个人的看法，希望大家参与讨论，为完善我们的政策性农业再保险制度共同努力。

关键词：政策性农业保险；再保险；保险法；农业保险条例

中国农业再保险（以下简称"中国农再"）成立的时间不长，正在改变中国农业再保险的市场格局，也正在影响着农业保险市场的发展。对于中国农再自身以及中国农再所采取的一些再保险规则，引起了各方的关注和谈论。这些问题，有的是法律问题，有些是实践问题。笔者根据自己的学习和理解，对其中几个问题做一些探讨，跟学界和业界同仁们交流，也供有关部门参考。

一、农业保险和再保险与《保险法》的关系问题

商业性保险遵循《保险法》，政策性农业保险不由《保险法》规范。这就是它们的关系。

如果说《中华人民共和国保险法》（以下简称《保险法》）是《农业保险条例》的上位法的话，它的最大的意义是，《保险法》不管农业保险（严格地说是不管政策性农业保险）。2012年修订版《保险法》第184条称："国家支持发展为农业生产服务的保险事业。农业保险由法律、行政法规另行规定。"这就是说，

---

* 本文原载《中国保险》2021年第11期。

农业保险不由《保险法》规范。

大家都知道，《农业保险条例》第一条就称"根据《中华人民共和国保险法》《中华人民共和国农业法》等法律，制定本条例"。但是据此，我们不能简单地认为，农业保险就完全由《保险法》和《农业法》来规范，特殊的地方按照《农业保险条例》来执行。这样理解就违背了《保险法》184条的本意。

如果对《保险法》只管商业性保险，基本上不管政策性农业保险的上述理解是正确的话，自然的推论就是，农业保险的再保险，原则上也不能用《保险法》的视角来考量。

因为《农业保险条例》中没有专门讲农业再保险问题，所以，政策性农业再保险的法律定位、实施方式和操作规范，实际上是空白的。《农业保险条例》没有关于再保险的具体规定。第十六条称："本条例对农业保险合同未作规定的，参照适用《中华人民共和国保险法》中保险合同的有关规定。"但这里不能理解为按照或遵照《保险法》里关于再保险的规定执行。

用《保险法》来要求农业再保险，特别是要求中国农再，恐怕还是不适用。我国加入WTO之后，就修改了1995年的《保险法》，逐步取消了商业性保险的强制再保险的规定。政策性农业保险是不是也不能实施强制再保险？这个问题不能从《保险法》里面找依据。结合《保险法》第184条和《农业保险条例》第16条的意思，这里的"参照"《保险法》执行，只是指某些经营方式，合同规范（例如，投保单、保险单、保险凭证、批单、保险条款等）、再保险合同方式（比例分保还是非比例分保）等保险的基本操作规则等，《农业保险条例》没有具体规定的，可以"参照"保险的一些规则，不必完全"遵照"《保险法》的所有规则。

所以，中国农再对各家直保公司实行所谓"约定分保"的规定没有错误和正确之分，只是一种创新实践，如果将来实践效果好，可能会写进修订的《农业保险条例》或者《农业保险法》。也可能通过实践对"约定分保"加以完善或者改变方式和规则。

二、"强制分保"是否违反 WTO 相关规定问题

中国农再一开始就实行了要求所有经营农业保险直保业务的公司与其签订《标准农业再保险协议》。有的人认为这种"协议分保"就是"强制分保"，有违《保险法》和 WTO 的规定。这种看法我觉得是不对的。为什么不对呢？上面我讲过了，协议分保与《保险法》没有关系。那么是不是跟 WTO 也没有关系，其他国家是什么政策呢？这里，我认为：

因为政策性农业保险和再保险不由《保险法》规范。它在本质上不是商业性保险，只是利用商业性保险公司产品形式和经营形式，实现政府的农业农村发展和财政转移支付政策所要达到的目的。如上所述，虽然《农业保险条例》中没有

对农业再保险做出专门规定，而从其他国家的实践来看，不同国家也不一样，有的是自愿，有的也是强制。间接说明政策性农业保险和再保险跟 WTO 的农业协议没有冲突。其他政策性农业保险做得好的国家，再保险政策和规则比较灵活，体现在：①再保险都是政府提供的再保险为主，分给国际市场（包括本国商业再保险人）的再保险业务在全部再保险业务中占比较小。例如，2019 年美国的农业保险总分出保费约为 49.86 亿美元，占其当年纯保费的 41%，分到国际再保市场的分保业务约为 12 亿美元，在全部分出保费中占 24%。就是说分给联邦农作物保险公司和各省分保的保险费占 76%。日本的农业保险直接保险采取的是相互制，其分保业务全部由都、道、府、县的相互社联合社和政府的农林省吸收，没有分到商业再保险市场。而印度的直接保险，因为经营农业保险的国企业务质量不好，私企经营管理虽好，但资本金有限，所以有超过 80% 的业务分出（表 1）。②有的国家是完全市场化的，对于向国际市场分保的业务是自由的，愿意分给谁就分给谁，不管是政府的再保险机构，还是市场上的商业再保险机构，如美国，加拿大。也有的国家是强制在国有专门公司分保一定比例，例如，印度政府强制分保给印度国家再保险公司（GIC）。日本实际上也是强制再保险，没有任何分保给商业再保险市场，这可能跟它们的法律规定有关。③在那些实行市场化分保的国家，之所以政府所有的再保险公司的再保险有吸引力，最大的原因是，这些国有公司因为有政府的管理费和再保险费的补贴，其再保险费率有比较强的吸引力，直保公司只把一些特殊业务分给商业再保险市场。

表 1   2019 年部分国家农业保险市场再保险保费分出情况

单位：百万美元

国家	直保市场保费	再保市场保费	总再保分出百分比	其中分出至国际再保险公司保费	其中分出至国际再保险公司保费占比	备注
美国	12 200	4 986	41%	1 200	10%	再保费包括分出至 FCIC 部分
印度	4 345	3 476	80%	2 086	60%	再保费包含强制分保 5% 至 GIC 部分
加拿大	1 800	190	11%	190	11%	参见表后的作者注
日本	927	64	7%	64	7%	大部分风险自留在本国的互助保险公司以及财政部门；这里的再保险主要以水产养殖和畜牧业的商业农险业务为主

资料来源：瑞士再保险北京分公司。

注：上述加拿大的分保数字可能不全面。其中，分出 1.9 亿元（占保险费的 11%）应该只是分保至国际再保险人的份额，不包括分给各省财政部和联邦财政部的部分。

事实上，WTO 的《农业协议》中关于"绿箱政策""黄箱政策"的规定，也不约束各国农业保险的直保和再保的经营方式和操作规则，只是针对农业补贴方式和补贴数额①。

三、探索符合中国农险国情的再保险道路问题

各国农业再保险制度都不大一样，都是大家根据本国实际探索出来的。就说比较受到各国关注的美国农业保险，也是经过半个多世纪的实践不断完善的。我国的农业再保险在中国农再成立之前，已经经过了两段试验，第一段就是完全市场化的再保险，第二段是"农共体"的试验，都有很好的值得总结的经验。

中国农再成立之后，正在探索一条不同于一般商业再保险公司的新的农业再保险的道路和制度。"20％的成数分保协议"是这种尝试的一部分。这种统一性有助于解决直保公司的逆选择问题（这种逆选择曾经是前"农共体"经营效率不好的重要原因），但是，也需要进一步精细化操作和管理，因为不同公司的业务结构和区域结构有很大差异，按道理讲，费率和手续费返还也应该有所区别。当然，这仅仅是开始，合适不合适，现在来评论为时过早。有了一些实践经验的积累，才可以根据实践效果来加以改进和完善。

另外，像目前一些关于标准再保险协议的内容，也需要在实践中逐步改进和完善。例如，协议规定"保险＋期货"内的业务不接受分保，是需要具体分析的。"期货＋保险"在这几年的发展中，实际上有两类业务：一类是"价格保险＋期货"，另一类就是"收入保险＋期货"。如果说"价格保险＋期货"我们不接受分出业务，但是"收入保险＋期货"业务，也不一定要拒之门外。至于是采取成数分保还是超赔分保的方式，都可以进一步研究。

对于《政策性农业保险再保险标准协议》中的其他一些内容，各方面从不同

---

① WTO《农业协定》在附件 2 第 7、8 条对属于"绿箱"措施的农业保险是这样规定的：

收入保险与收入安全网措施属于"绿箱"政策范围必须同时符合以下条件：①农户当年的收入损失超过了其前 3 年平均收入的 30％及其以上；②该类型保险的赔付额度不能超过其当年收入损失的 70％；③此类农业保险不能与品种、价格、产量等特定生产要素挂钩，保险产品具有普惠性质，农户均可以无门槛地获得。

自然灾害类保险要符合"绿箱"政策范围必须同时符合以下 3 个条件：①当年的损失达到了前 3 年平均损失的 30％及其以上；②该类保险的赔付额度不能超过当前损失的 100％，且保险内容不能与特定的品种、产量等要素挂钩；③如果同时享受了收入保险或收入安全网措施的农户，保险总赔付额度不能超过其损失的总和。

符合上述两个类型且同时符合各自 3 个条件的农业保险项目属于"绿箱"政策的范围，其保险补贴不受限制。

如果不属于上述两个方面的农业保险，均属于"黄箱"政策的范围，其保险补贴应当受到限制。如果按照这个标准，产量、收入、利润、价格等农作物保险均与特定产品、产量等生产要素挂钩，而且不属于普惠性保险，补贴的针对性强，应该都属于"黄箱"政策范围，不符合"绿箱"政策的范围。

角度也发出一些不同的声音，比如，是不是应该实行"一对一"结算，需要讨论和研究。因为这也许更符合再保险的通行惯例，和各个分出人承担的风险相匹配，更能体现市场条件下的个体差异和鼓励分出公司精细化管理自身经营风险。省级赔付率超赔的起赔点和分保额度，目前也是一刀切。各公司能不能根据自身条件有所选择，成数分保手续费返点数总体来讲不应该有争议，特别是2021年财政部提出费用率不超过20%之后，进一步肯定了这个手续费返还的必要性。当然将来对于不同经营水平的公司，是否可以有不同的对待，可以研究。因为，一般来说分保业务风险大的业务，手续费低，风险小的业务，分保手续费高，这都是再保险的一般规律。目前，种植业和养殖业保险的直接保险业务的风险暴露有很大差异，可不可以区分种植业养殖业，甚至分省来确定手续费呢，这也值得探讨。我想，随着事件的发展和数据的积累，逐步掌握了各公司各个地区的特点，这个问题会逐步精细化。

还有，再保险费率的分保费率是否要参照商业再保险市场的行情来确定，适当考虑不同公司的经营管理精细化程度等，也是需要在实践中探讨的。现行《政策性农业保险再保险标准协议》的"大口袋"办法和不够细致的规定，也都跟中国农再刚刚成立，尚未掌握充分的信息有关。需要通过经营实践积累数据信息，掌握整体市场和各地区各公司的实际风险状况和经营水平，才能逐步求得解决。

我们常用使用"优化"这个词，中国农再的再保险整体安排和再保险方案都需要优化，但怎么优化，需要有一个探索过程。就像我国1995年颁布《保险法》的时候，规定20%的强制分保一样。当时，起草《保险法》的人都是人保的元老，替国有保险公司考虑，毕竟当时我们还没有专业再保险公司。事实上也还没有形成一个真正的保险市场。我国加入WTO之后，逐步取消了强制分保，国内在中再诞生之后又先后成立了好几家专业再保险公司，再保险市场的组织结构、业务结构以至整个国内外市场结构就逐步优化了。当然，政策性农业保险的市场结构优化和业务结构优化，还需要有一个过程。

四、进一步拓展中国农再的政策性职能问题

尽管目前中国农再的股份制性质及其需要承担的某些政策性职能有一定冲突，要发挥更多的政策性职能会受到监管部门的约束。但是，毕竟中国农再是一个担负政府一定行政职能的公司，这是在批设这家公司的时候，国务院就明确了的。这家公司不仅仅是做再保险，还要担负组建和管理中央级农业保险大灾风险基金、为农业保险提供最终风险屏障的任务。建立国家农业风险数据平台，不仅为农业保险，也为农业和农村风险管理提供全面的信息。除此之外，还担负着推动完善农业保险制度，有效承接国家相关惠农政策，条件成熟时，结合农业价格保险、收入保险等试点情况，探索试点粮食直接补贴改革。这里面的信息量很

大，任务也非常宏观。我国每年支农惠农资金有2万多亿元，用于农业直接补贴的资金也有几千亿元，而目前用在农业保险上的政府补贴2020年总共也就603亿元（其中中央财政补贴285亿元），在整个支农惠农资金中仅占2.5%，份额很小；在农业直接补贴资金中也占比很小，而且大量的补贴资金使用效率不高。中央政府有意寻求更有效率的补贴途径，包括进一步加大对农业保险的资金投入，增加农业保险补贴的规模和力度。这需要有专门机构来做，来摸索、实践和探讨，政府不可能盲目投入。这件工作，这个重要职能就历史性地落在了中国农再的身上。政府部门和行业各方应当了解这些，应当支持它们。支持它们就是支持中国农业保险的长远发展。当然，我这里并不是说支持中国农再就一定要损害包括直保机构在内的有关方面的利益，而是要相互理解和沟通，要尊重再保险的一般规则和惯例，也要充分照顾双方的利益和可持续发展，求得多方共赢。在这个基础上去努力实现中央政府的长远构想和更好惠农的目标，才是我们所期待的。

除了直保公司的配合，在没有具体的法律和法规的条件下，监管政策也需要宽松。应该允许和支持中国农再的各种业务的、行使政策性职能的尝试和探索，毕竟这是一个新的事情，没有现成的路可走，如果哪些环节出错，也不奇怪，没有先例啊。试错成本是很正常的成本支出。这应该是中国农再，以至中国农业保险长远高质量发展的探索之路。如果没有一定的宽松环境，没有一定的组织形式，没有权威机关的认可，中国农再很难担当和实施国务院所赋予给它们的重大使命，也会非常困难和尴尬。受到影响的也不止中国农再，而是中国农业保险行业和中国农业风险管理制度能否更有效率地发展。

五、农业保险巨灾风险基金建设问题

建立中国农业大灾风险管理制度，已经喊了十多年了，也迈出了一小步，初步建立了公司级大灾风险基金。但是，国家层面的农业保险大灾风险基金的建立问题，在中国农再成立之后，已经明确了，中国农再将肩负建立国家层面的农业保险大灾风险准备基金的重任。

当务之急是需要在理顺各方面关系的条件下着手设计这个制度，尽早拿出一个方案。包括基金的规模、基金层级、基金筹集规则、使用规则，以及基金的管理和投资等。我这里说的理顺关系，就是要明确中国农再是这个国家基金的组织者和管理者，也是基金使用的操作者。我想这也许已经列入相关部门和中国农再的"十四五"规划之中。

在全球气候变化剧烈和灾害损失增大的现实背景下，农业保险经营的风险有不断增大的客观可能性。所以大家都很关心国家的这个大灾风险基金的建立问题，有必要加快建立的进程，这是整个农险界的期盼。

但是也有一种观点，认为国家大灾基金不着急，可以慢慢来。远的不说，就从 2007 年以来的 15 年农业保险的经营中，赔付率也不算高，的确没有发生过全国性的超赔。这种看法实际上也有现实基础。的确，从表面上看来，全国 15 年的简单赔付率超过 70% 的年份只有 7 年，尚没有一年超过 100% 的。但是各省份的情况差异就大了，不止一个年份有不止一个省份的赔付率超过 100%，例如，2019 年有 11 个省超过 80%，有四个省超过 100%。

还有一个大家都心知肚明的问题，就是我们现在的农业保险赔付率并不能准确反映真实的保险损失。我在 2019 年发表的一篇文章中，根据 2007—2018 年的数据略地计算了一下，我们年际简单赔付率的变异系数是 13.4%，而根据全国同期绝产面积计算的变异系数是 38%，同期美国农业保险赔付率的变异系数是 42.2%，与我国灾害损失状况比较一致[①]表明，我们的农险赔付有人为压低的可能性（这跟久治不愈的"协议赔付"有很大关系）。所以，不能简单地根据这些年赔付率不高来判定保险经营的大灾风险的概率很低，从而得出建立大灾风险基金不着急的结论。如果往后要加强精准理赔方面的工作，包括监管，这个问题就会逐渐凸显出来。所以，我们在抓提高保险服务质量，特别是精准承保精准理赔的同时，也要加快国家大灾风险基金的建设步伐，对农业保险健康和可持续发展才是比较安全的。

六、关于对中国农再的监管规则问题

因为中国农再采取了"股份制保险公司"的形式，监管机关现在是按照商业保险公司来监管的。就我自己了解到的一些不完全的信息，运作期间在一些问题上，监管与被监管之间的关系多少有些不协调，甚至是尴尬的。这其中有当初组建公司的时候考虑不够缜密的原因，也有相关法律法规滞后的原因。

我觉得，中国农再虽然是股份制保险公司的形式，但如上所述，它确实是要承担国务院赋予的政策性职能的一个特殊的保险公司（除非在某个政府部门专门成立一个类似美国"农业风险管理局"那样的机构，剥离赋予该公司的政策性职能），必须通过修订《农业保险条例》，对中国农再的职能作出明确定位，特别要明确按照政策性机构来管理和监督，或者不按照《保险法》实施监管，并将国务院要其承担的行政性职责规定清楚。不然的话，监管机关拿《保险法》的规则来"公事公办"地做出要求，作为监管对象的中国农再恐怕是不好争辩的。如果这样，国务院赋予它的再保险之外的职责就不好执行了。现在的一些关于约定分保、招投标规则、建立农业保险信息平台等问题上已经产生一些分歧，都跟法律

---

① 参见：庹国柱、韩志花. 农险经营中值得重视的几个问题——一个农险赔案引发的思考［J］. 中国保险，2019（7）.

法规缺失有关。没有合理可行的法律法规，中国农再可能还会继续处于进退维谷之中。

所以，对于中国农再的监管，如何在不同法律法规之间进行协调，需要大家的智慧。也可以学习借鉴其他国家（例如美国、加拿大、日本等）的政策性农业保险及其保险和再保险机构的监管制度和规则。当然，最好的办法是加快修订《农业保险条例》，能在修订的条例中对监管做出具体的操作性较强的具体规定，以利于中国农再的发展和完善，也利于整个农业保险的顺畅和高质量发展。

监管问题实际上跟前面说的法律问题是一回事，法律问题解决了，监管问题也就好解决了。

科学设计完全成本保险和收入保险产品*

最近，扩大完全成本保险和收入保险试点的政策和政府的推进力度，前所未有，令整个农险界为之振奋，广大农户为之雀跃。各方呼吁多年，政府也经过慎重论证和准备，不断扩大提高农业保险保障水平的试验范围，确实是推动农业保险高质量发展，促进农业现代化和提高农业生产风险保障的多赢之举。

扩大三大作物的保险保障水平绝对是利国利农利民的好事。最近了解到，各地先后出台了本地扩大完全成本保险和收入保险的实施方案，保险经营机构也在积极响应和准备，以便及时拿出科学合理的产品。不过对于这类高保障产品的一些重要问题，还有不同意见，需要广泛讨论，以求认知的统一，以求产品设计的科学合理，经营的风险可控。

一、完全成本保险金额要合理确定

完全成本保险的保险金额，普遍大大提高了。例如，不少地区的水稻完全成本保险，保额普遍提高到 1 000 元以上，有的高达 1 700 元，是原来物化成本保险金额的 3 倍，这的确是好事。但是，怎样做到科学合理，需要慎重决策。

有一个地区，政府将拟议中的小麦完全成本保险的保险金额定为 850 元。但是据有关调查表明，这个地区的稻茬麦亩产量最高也就 600～700 斤，产值不过 800 元左右，保险金额 850 元甚至超过产值，就有很大问题：第一，这样承保，有违保险的保险利益原则，不符合《保险法》第十二条的规定，也不符合保险经营的基本规则。第二，因为存在不当得利的空间，道德风险和逆选择就难以防范。这不仅不利于保险的健康经营，也会助长不良道德和投机心理，无助于公民建立社会主义核心价值观。

---

* 本文原载《中国银行保险报》2021 年 9 月 2 日。收入本书时略有修改。

因此，在确定保险金额的时候，需要进行多方调查，依据充分，考虑生产模式不同而造成基差风险的基础上，征求农业等专业部门意见，倾听散户及新型农业经营主体的意见，尽量做到符合实际，科学合理。

二、确定完全成本保险金额要客观对待依据

目前，各地给完全成本保险确定保险金额的时候，都依据的是国家发改委每年编制和出版的《全国农产品成本收益资料汇编》。但是，如果仔细研究，就会看到，这个成本收益是根据各地定点调查资料编制的，发布的数据是以省为单位。也就是说，这本《汇编》公布的数据，只是一个省的平均数。没有不同地市和县的数据，没有不同的生产方式的数据，没有不同的生产主体数据，没有不同的耕地等级的级差数据。比如，就我所知，某省的春小麦产量高的有 800 斤，但是同一个省有的地方产量只有 200 多斤，它们的成本也肯定不会相同。因为这个原因，前几年还发生过赔付纠纷，因为保险合同确定的保险金额是 200 元，比实际成本高出两倍还多，接近产值了，极不合理。

完全成本保险金额的确定，虽然可以参考《全国农产品成本收益资料汇编》中发布的"平均值"，但对于一个省来说，省内不同地区差别很大，要确定不同产粮大县的保险金额，还要做进一步调查和分析，需要农业专业及统计部门的据实调查的数据支持。因为即使同一种作物，一个省内各个地区产量也不会相同，成本也不会一样，必须因地制宜地来确定。这个问题与我们喊了 30 年的农业保险风险区划和费率分区问题，道理是一样的。一个省不能是一个费率，同样一个省也不能是同一个保险金额。除非能够证明一省之内的产量完全相同，成本无差别。

三、完全成本保险和收入保险定价要尊重精算规则

农业保险定价是各方都非常关注的问题。农户和政府是买单者，自然希望定的低些，保险经营机构自然希望按照精算平衡定价，那就是要根据不同标的的风险损失概率和适合的大灾模型计算纯费率，再加上经营费用等。就是零利润，零积累，也要考虑农业灾害发生的不平衡性，至少不能让企业亏损，让企业能持续经营，这是"人"之常情，也是企业之理性。就是说，定价还是要尊重科学合理和公平的原则，尊重农业风险发生的规律。

在目前"公司精算平衡定价＋协商定价"和"行政性定价"的普遍"模式"之下，公司实际上在很多地区是没有定价权的。最近，有的地方出台的完全成本保险和收入保险的方案，定价都不大听公司的意见，虽然《农业保险条例》中规定："属于财政给予保险费补贴的险种的保险条款和保险费率，保险机构应当在

充分听取省、自治区、直辖市人民政府财政、农业、林业部门和农民代表意见的基础上拟订。"但是实际上有点反转。因为完全成本保险、收入保险的保险金额比物化成本高了两三倍，保额的提高，意味着保险经营风险增大，其费率应当比原来物化成本保险经营的风险更高才对，但是有的地方政府不仅不允许提高费率，反而要求公司降低费率，维持物化成本保险原来的费率都不行，为的是在试点扩大后，减少政府的补贴预算。还有的地方甚至"以支（财政预算）定收（保险费率）"，要求公司根据本地财政的预算额度和需要支持补贴的承保面积，反推保险费率应该是多少。把一个复杂的精算问题，变成一个简单的算术题。通俗是通俗，但是让人啼笑皆非了。更有甚者，个别地方对于财政补贴的农险产品还搞起了竞价，这就更离奇了。

这种不尊重科学和市场规律的思维和强制行为，要是被各地政府普遍接受，将会加剧公司和地方政府的农险经营各方面的博弈，耗费无意义成本，后果如何还难以预料。

看来，我们目前的"公司精算平衡定价＋协商定价"和"行政性定价"的定价制度模式，恐怕需要从根本上改改了。关键是"协商定价"和"行政性定价"因为地方政府缺乏科学依据而使农业保险达不到想要的政策效果，在定价机制体系上要尊重科学和尊重规律。这种情况不可再任其蔓延了，至少要回到上述文件规定的道路上来。不然的话，地方政府在缺乏科学依据下的强制定价，只会带来更多麻烦，使农业保险达不到想要的政策效果。

四、完全成本保险和收入保险可以实行绝对免赔

免赔是财产保险经营一个普遍使用的风险管理工具。就是要让投保人和被保险人承担一部分风险损失责任，以加强其对于承保财产的责任心，减少和防止道德风险。农业保险也不例外，也实行免赔制度。不过至今实行的是"相对免赔率"规定，不是大家通常采用的绝对免赔率（或者绝对免赔额）制度。

在我国农业保险发展初期，因为政策性农险普遍推行的是物化成本保险，考虑到保险金额很低了，只有标的单位收益的三分之一左右。所以，在中国保监会、财政部、农业部2015年发布的《关于进一步完善中央财政保费补贴型农业保险产品条款拟订工作的通知》中，规定"种植业保险及能繁母猪、生猪、奶牛等按头（只）保险的大牲畜保险条款中不得设置绝对免赔。同时，要依据不同品种的风险状况及民政、农业部门的相关规定，科学合理地设置相对免赔。"根据上述通知精神，各家公司都采用的是"相对免赔率"的规定，相对免赔率的界限是20%或者30%。就是说，损失低于20%（或者30%）不予赔偿，超过20%（或者30%）就不再免赔，损失是多少就赔多少。

在现今试验和将来推广完全成本保险和收入保险的条件下，考虑到保险金额

普遍达到甚至超过单位标的收益的 80％，很可能引发比较多的道德风险和逆选择问题。到底是继续实行相对免赔还是改变为绝对免赔规定，需要认真研究和确定了，这不是无足轻重的小事情。实际上，此前在有的地方，因为保险费率的无差异化，不少地区已经发生不少典型的道德风险和逆选择问题，也有不少这方面的调查和研究成果发表。现在，除个别地方外，依然实行的是"一省一费率"，如果再加上"一省一保额"，而且是高保额，继续执行相对免赔规定，农业保险经营防控风险的压力必然会加大。

所以，笔者建议各地在设计完全成本和收入保险产品，制定保险条款的时候，可以不再执行"相对免赔率"的规定，对于种植业保险，可以选择采用绝对免赔率，养殖业保险可以采用绝对免赔额的规定。这也是很多国家政策性农业保险的成熟和宝贵的经验。

饲养肉牛是否能纳入政策性保险*

最近看到记者实拍河南水灾的一个视频，河南新郑县肉牛养殖农户倪新艳家50多头肉牛，被大水淹没，只救出来了6头。后来听说，救出来的6头也死了。损失上百万元。这的确令人揪心，也引人深思。因为他们不算小的规模化养殖，但没有保险保障。因为那里没有政策性肉牛保险。

据倪新艳说，他们村里像她这样的专业养殖户还有五六家，有养牛的，有养羊的，有养鸡鸭的，都没有买保险。实际上他们就是想买，这里也没有肉牛、肉羊和鸡鸭养殖保险。

我国政策性农业保险从实验到全国普遍实行，已经有15年时间了，取得举世瞩目的成就。但是，纳入中央财政补贴的养殖业保险的标的还是太少，只有能繁母猪、育肥猪、奶牛几种，在青海、西藏，还有藏系羊和牦牛。而饲养量很大的肉牛、肉羊这些大小牲畜和鸡鸭等家禽养殖，没有纳入中央财政补贴的目录之内。应该考虑将饲养肉牛保险纳入中央财政补贴范围了。

一、牲畜养殖政策性保险需求巨大

能否纳入中央财政补贴的农业保险标的，主要考虑这种产品在餐桌上的重要性，也要考虑中央财政的财力许可。目前，中央财政补贴目录中主要是粮棉油料、糖料作物和上面提到的生猪、奶牛。是因为考虑到这些作物和牲畜是国人饭碗里不可缺少的，最重要的。且不说三大主粮作物的重要性，就拿生猪来说吧。2020年我国生猪出栏5.3亿多头，猪肉产量4 113万吨，占全球猪肉生产量的42%。同时还进口了430.41万吨鲜、冷、冻猪肉和126.69万吨冻猪杂碎，在中国人的肉食消费中地位非常突出，是"把饭碗牢牢端在自己手里"的重要内容，

---

* 本文原载《中国银行保险报》2021年8月12日。

将能繁母猪和育肥猪列入中央财政补贴目录顺理成章。2020 年，投保的能繁母猪和育肥猪生猪 4.1 亿多头，保险保费规模 157 亿元，占政策性农业保险总保险费的 19%。特别是在这几年非洲猪瘟流行的时期，为养猪农户和大型养猪场提供了宝贵的风险损失补偿。

二、发展肉牛产业离不开政策性保险

不过，随着经济的快速增长，城乡居民收入水平的不断提高，食品文化和饮食结构逐渐改善，仅仅是猪肉产品已不能满足广大社会消费者的需要。牛肉低脂肪高蛋白，富含亚油酸、镁、铁、锌等矿物质，和维生素等，对人体健康非常有利，营养专家也主张多吃牛肉。根据第三次农业普查数据，20 世纪 80 年代，我国肉牛出栏一年不过几百万头，到 1990 年才突破 1 000 万头。2011 年我国肉牛出栏达到 4 200.6 万头，牛肉产量为 610.7 万吨。2019 年肉牛出栏量达到 4 533.9 万头，牛肉产量是 667 万吨，因为无法满足消费需求，进口了 211.83 万吨牛肉。2019 年牛肉消费量为 832.93 万吨，人均消费量 5.94 千克，这是 2011 年 4.53 千克的 1.31 倍，但仍低于 6.4 千克的世界平均水平，远低于欧美等一些国家（美国 36 千克、欧盟 15 千克）的消费水平。中国人的牛肉消费水平必将进一步增长。

牛肉消费的增长，促使肉牛产业较快发展，规模化养牛场迅速增加。肉牛产业的发展对于农户收入增长的影响也越来越显著。内蒙古通辽市养殖的肉牛就有 30 多万头，肉牛的规模化饲养，投入不菲，一般都需要贷款。这种情况下，灾害疫病和市场价格波动等经营风险就不是小事，没有保险保障，就是"裸奔"。就像本文开头提到的倪新艳，如果她的 50 几头牛都买了保险，即使每头肉牛的保险金额只有 1.2 万元（实际上值 2 万元），这次洪水造成的死亡，也可以获赔 50 多万元。至少大部分成本可以得到补偿。这个道理养殖户都懂。

三、中央财政可以支持肉牛保险

肉牛保险目前只是个别省份作为"以奖代补"项目获得中央财政 30% 的补贴，没有纳入中央财政补贴目录。

如果把肉牛保险增加到中央补贴目录之中，肯定增加财政预算支出。就是按照 2019 年存栏 9 138 万头的一半投保计算，费率假定 3%，保险金额每头牛 1 万元，中央补贴 30% 保险费 90 元计，就需要 41 亿元，地方政府配套 30%，也需要 41 亿元。要按 2020 年全国保费 815 亿元计算就占到 10%，的确是一个不小的数字。但是从全国食物安全的角度和支持农村产业发展、振兴乡村的目标来看，也不是不可以考虑安排的。

就农业保险大盘子来说，我国的财政给予农业保险的补贴已经不少。2020年，中央财政的补贴就有 285 亿元。但是，这个预算额度，面对整个国家的农业农村产业发展，实际上还远远不够。我国给予农业保险的财政补贴只占农业补贴总额的 2.5%（2020 年）。而其他发达国家对农业保险的补贴要占到其农业补贴的 8%～9%。尽管这种比较也不一定适合我国，但其中有些道理是值得我们重视的。那就是农业保险这种符合世贸组织"绿箱"补贴政策，又有比直接补贴更好效果的政策手段，应该更多运用。所以，调整我国农业补贴结构，大幅度增加对农业保险的补贴，还是有可探讨的空间的。

从中央对农业农村发展和乡村振兴的部署来看，要确保粮、棉、油、糖、肉的增产保供，对于日益增长的牛肉消费需求和肉牛产业的迅猛发展，政策性保险如果不能跟上，这对肉牛产业发展将是一个掣肘。因为让规模化养牛业"裸奔"是有后顾之忧的。发展政策性肉牛保险，既保牛肉的供给，又稳定和增加了饲养农户的收入，两全其美，何乐而不为？

四、其他国家肉牛保险的实践经验可以借鉴

这几年，美国的政策性牲畜收入保险发展迅速，这跟灾害和疫情有关。考虑到肉食和乳品生产的稳定和农民的收入稳定问题，过去并不重视牲畜养殖保险的美国，近几年大力发展牲畜收入保险，政府给予纯保费和管理费补贴的标的主要是架子牛、育肥牛、肉羊、生猪和牛奶。2020—2021 年度，肉牛收入保险的保费收入 1.73 亿美元，政府补贴纯保费 6 332 万美元。对于肉牛收入保险，政府根据免赔率的多少，采取的是差异补贴方式，当每头牛免赔 70 美元及以上时，政府最高补贴 50% 纯保费，免赔额越低，纯保费补贴越低，选择"无免赔"的时候，纯保费补贴只有 18%，平均补贴率约为 36%。

我国如果补贴肉牛保险的话，也可以借鉴这种差异化补贴方式。

我国目前肉牛生产的区域比较广泛，差不多有 18 个省份，包括四大产区，中原产区有山东、河南、河北、安徽，东北产区有内蒙古、吉林、黑龙江、辽宁、河北部分地区，西北产区有新疆、甘肃、陕西、宁夏，西南产区有四川、云南、重庆、贵州、广西等。如果纳入中央财政补贴的盘子，惠及全国大部分省份，而这些地区多在中西部地区，特别需要扶持。期望早日将肉牛保险纳入中央补贴的范围，不要让倪新艳这样无风险保障的养殖户继续"裸奔"了。

再论政策性农业保险产品的政府定价*

摘　要： 我国农业保险发展的 40 年时间里，农业保险的定价方式和机制，在市场化的道路上，经历一个从"以投保人支付能力定价"，到"精算平衡定价"，再到"精算平衡定价＋协商定价"的市场定价的演变过程。现行"精算平衡定价＋协商定价"的方式和机制，显露出许多弊端，无法适应政策性农业保险的快速推进需要，不利于农业保险高质量发展。本文讨论了政策性农业保险产品由政府定价的理论和实践上的科学性和积极意义，也论证了目前已经具有比较充分的可行性。

关键词： 政策性农业保险；市场定价；政府定价

我国自 2007 年以来，试验和全面实行政策性农业保险已经 15 年了，取得的成就举世瞩目。农业保险迅猛发展的政策效果是明显的，它为我国农业生产和农村产业提供了日益提升的风险保障，有力地支持了农业农村的产业发展，在保证粮食安全方面做出了贡献，也在一定程度上稳定和增加了农户，特别是新型农业经营主体的农业收入，有力地支持了脱贫攻坚，为乡村振兴战略的实施做出了独特贡献。这些成就受到各级政府的肯定和广大农民的认同。

政策性农业保险实施过程中，也还存在不少的问题，其中定价机制失当是其重要问题之一。目前政策性农业保险实行的是市场定价（公司定价），实行这种制度，似乎政府省了事，却带来很多问题，包括，产生政府与公司之间误事的博弈，无法评估和监督费率的科学合理性，为日益难医的寻租竞争提供了便利等。有必要研究改变这种定价机制和制度，实行政府定价。我曾经在与李志刚在

---

* 本文原载《保险理论与实践》2021 年第 10 期。发表时有修改。

2020 年合作的一篇文章①中，初步讨论了其必要性与可行性。这里做进一步的探讨。

一、我国农业保险现行定价机制的演变

从"以支付能力定价""精算平衡定价"到"精算平衡定价＋协商定价"，这是我国农业保险 40 年间市场定价制度和机制的基本演变路径。

我国改革开放以来的农业保险试验始于 1982 年，前 25 年完全是在商业性保险的框架下进行的，此期间政府除了在一些文件中加以鼓励之外，基本上没有介入，更没有财政支持。试验的种植和养殖业保险产品，都是由市场定价，也就是由公司定价。因为缺乏数据积累和考虑到投保农户的支付能力，价格确定大部分没能遵循精算公平的原则，实际上是"以农户的支付能力定价"，一亩田一元钱、两元钱。而且是"大一统"的费率。在这种情况下，赔付也常常是"量入而出"。即使如此，大多数年份，经营是亏损的。据统计，原中国人保从 1982 至 2003 年，如果加上 20％的管理费的话，前 13 年里，只有一年不亏损。后来逐步放弃了"以农户支付能力定价"的错误规则，开始实行"精算平衡定价"和风险选择，险种减少，赔付率降了下来，但是农户投保积极性受到影响，有效需求减少，经营规模也减小了。到 2003 年，其保费规模差不多只有 1993 年的 28％（参见附表 1）。

当时的农业保险实际上是国有保险公司根据政策精神进行支农的一种手段，开始的时候，并不要求业务条线盈利。中国人保也是当作所谓"政策性业务"来做的。严格说来，这 20 多年的农险试验，产品定价的主要依据就是"农民买得起"和"公司不盈利"的原则。当时公司有一句最著名的话就是"保费高了（农民）买不起，保费低了（公司）赔不起"。集中反映了当时的定价原则和依据。针对当时这种以支付能力定价的问题，我在 1986 年中国保险学会年会上发言时，曾提出，农业保险定价应该根据精算平衡原则进行，不能根据农户的支付能力来定价。"买不起"的问题需要另外寻求出路。

2004 年，人保退出农业保险经营之后，直到 2007 年之前，几家新成立的农业保险专业公司登场。它们的产品定价，与人保当时定价最大的不同是，原则上不是考虑农户买得起，而是考虑精算平衡，也考虑盈利。至于精算费率如果农户不能接受怎么办，那就另找门路。当时的解决途径是，让龙头企业和地方政府为投保农户出一部分保险费。这些办法，很快就反映到中央 1 号文件里去了。

2007 年以后，因为财政部门还没有把财政支持的农业保险当作政策性农业

---

① 庹国柱，李志刚．关于农险中农户自缴 20％保费问题的探析——兼论政策性农险产品政府定价的必要性和可行性［J］．保险理论与实践，2020（4）．

保险，指导思想上认为，这只是政府出点钱解决农民"买不起"农业保险的问题，以此"撬动农业保险市场"。所以，农业保险产品定价自然是保险公司的事。这个时候，保险公司定价的原则应该是明确的，那就是在有适当利润条件下的精算平衡，也就是根据风险损失率确定纯费率，而在附加费率中要有适当利润。这种思路和实践一直持续至今。不过，自从《农业保险条例》（以下简称《条例》）发布后，上面所说的公司定价原则和方式发生了变化。《条例》规定："属于财政给予保险费补贴的险种的保险条款和保险费率，保险机构应当在充分听取省、自治区、直辖市人民政府财政、农业、林业部门和农民代表意见的基础上拟订"。在实践中，就出现保险公司定价和政府砍价的博弈，这种情况下的市场定价，已经演化成在精算平衡基础上的"协商定价"，也就是"精算平衡定价＋协商定价"的制度，而不完全是根据精算平衡原则定价了，这种定价方式和机制，必然产生出各种问题。

实际上，在不少省份，目前已经不是"精算平衡定价＋协商定价"了，有的省政府干脆自己定价了，不一定征求或采纳保险公司的意见，直接发红头文件规定什么保险险种的费率是多少。就是说，在这些地方市场定价已经变成"地方行政性定价"[①]。

二、政策性农业保险产品市场定价的优势和弊端

（一）市场定价的优势和在实践中的问题

政策性农业保险产品的开发和定价问题，既是政府政策问题，也是保险经营问题，涉及财政资金的使用效率，也关系到保险经营机构的实际利益，还关系到投保农户的负担轻重和参与积极性等。

鉴于我国政府建立政策性农业保险制度初期，缺乏思想准备和制度基础，考虑到经济体制问题和改革开放的背景，强调发展市场经济，同时，我们没有一个强有力的研究风险和能进行产品开发、费率厘定的行政性技术机构的支撑，一开始我们就将农险产品定价权交给了保险经营机构，而不是由政府定价。

由保险经营机构定价的好处是，在一定条件下，可以充分利用保险经营机构的技术、人力资源和调动经营机构的积极性。但是因为政府一直拿不出政策性农险精算定价的规则，无法规范公司定价的原则和程序，监管机构实际上也无力对公司报来的产品，特别是产品定价进行实质性的审查与核验。"公司定价＋协商定价"的制度和机制，就显露出诸多弊端。

一是在缺乏审验和有效监督条件下，公司可能会基于自身利益的考虑，利用

---

① 地方行政定价，是地方政府在不具有精算定价条件的情况下，仅凭不完备的行政经验而不是根据标的风险损失率的精确测定的定价。这与本文后面所界定的"政府定价"完全不是一回事。

自身信息优势，使定价难以做到科学、公平、合理。特别是在政府缺乏依据的砍价条件下，公司定价不得不考虑政府砍价的力度和自身的利益。

二是政府监管部门虽然也审查产品和费率，但缺乏足够的技术力量，对价格的合理性也难以做出正确判断和评定；现行的产品报批和审查，监管机构只是就条款的规范性合理性加以审核，对费率的厘定模型和估计，是无力审查验证的。

三是因为对公司定价缺乏信任，往往存在地方政府跟公司讨价还价。这种博弈因为政府缺乏技术依据，反而会驱使公司定价的非科学合理化。有的地方政府因为对公司定价缺乏信任，竟然采取竞价办法来定价，这种加剧恶性竞争的方法造成的后果就是公司选择性做业务，对公司有利的项目积极地做，不利的项目应付着做，赔钱的项目尽量不做。竞价中标后只是象征性地做点业务，并不是个别现象。这种尴尬局面参与竞价的公司都心知肚明，地方政府却不明就里，耽误的是农业保险的顺利开展。

四是公司定价的数据资源有限，掌握相关信息资源的政府部门，常常以各种借口不让数据共享，公司要从它们那里获得足够数据，难度很大，成本较高，定价的精确性就难以保证。因此也常常有拍脑袋定价的情况，特别对一些地方特色产品的定价。

五是很多违规问题，实际上跟公司定价密切相关。不少公司因为不收或者退回农户缴纳的20%保险费，受到监管处罚。防灾防损是农业保险经营的风险管理措施，不少公司因为发给投保农户防灾防疫费用，而不是发器材药物等实物，也受到监管处罚。按道理讲，保险公司免收20%的保险费或者发给投保农户防灾防疫费用是惠农措施，而之所以受到处罚，背后的原因是公司定价，在监管者看来，此举表明公司定价不实。

《条例》的上述关于"精算平衡定价＋协商定价"的规定，虽然强化了"协商定价"的"规范"，但是因为这种"规范"缺乏可操作性和可监督性。征求政府和投保农户的意见是没有意义的。而根据两、三年赔付率较低或者较高，来判断费率高了或者低了，也是不专业的。农业风险在年际之间会有很大变化，而费率精算是要根据几十年的风险损失变化，通过适当数学模型来估计的。所以，在"精算平衡定价＋协商定价"条件下，上述《条例》的规定和最近有关文件中提到的，关于政策性农险经营"微利"和费用率20%的要求，都是难以监测和判断的。

（二）农业保险发达国家的政策性农险定价实践和经验

在其他政策性农业保险发达国家（例如美国、加拿大、日本、菲律宾等），其政策性农险产品都是政府定价的。美国实行政策性农业保险已经82年，从一开始就是政府设立的联邦农作物保险公司（FCIC）定价和经营。20世纪80年代之后，美国农业保险经营体制进行了调整，农险的直接保险经营交给商业性保险公司，但是至今产品定价权仍然在 FCIC。当然他们也鼓励经营公司自己开发新产品，不过这是辅助性的。而且公司自己开发的产品，费率也是要由 FCIC 按照精算规则审查验证和批准的。加拿大从 1959 年开始，各省先后建立起本省政府所有的农作物保险公司或者农业保险公司，直到现在体制也没有改变。它们经营权和定价权一直在政府所有的公司手里。日本的农业保险虽然经营主体是基于其农协的农业保险合作社，但是农险产品开发和精算定价，也一直是由农林省负责农业保险监管的财务部门负责。

我与这些国家有关专家教授有过对该问题的交流，他们也认为，政策性农业保险（他们叫"受政府支持的农业保险"，区别于商业性农业保险）由政府定价是公平的和有效率的，也是对财政资源的负责任。

三、政策性农业保险产品由政府定价的理论和实践依据

（一）有关政策性农险定价的几个理论和法律问题

政策性农业保险在本质上是政府的农业发展政策，只是利用了保险的形式和保险再分配机制，也是政府购买的农业风险管理服务。政策性农业保险和商业性农业保险有本质区别（其主要区别见附表2）。

基于这些主要区别，有几个基本原理需要说明：

第一，政策性农业保险既然不是商业保险，政策性农险产品没有市场竞争的问题。本质上是一项农业发展政策，或者农业补贴政策，是一种政府部门的公共服务采购，不存在价格垄断问题，也就不存在违反《反不正当竞争法》的问题。

第二，政策性农业保险和商业性农业保险的精算定价原理是相同的，其费率包括两个部分，即风险损失率和附加费率，纯费率基于风险损失率，费用率基于经营费用和税收、利润等。如果本着诚实守信原则，不管是政府定价还是公司定价都是一样。只是如上所述，公司定价在缺乏技术手段和能力（信息不对称），以及缺乏有效监管的条件下，不能保证其公平合理和准确性。这有可能影响到政府投入的财政资金的使用效率。

第三，政策性农业保险费率不可能通过竞价达到公平合理和节约公共资源。物质产品的生产，通过市场竞争可以促进技术进步。竞争者通过研发和应用新的技术，大大降低成本，从而实现经济效率和福利提升，有利于市场发展和社会进步。政府购买物质产品也可以通过招标竞价实现费用的节省。

但是基于风险损失率确定的农业保险纯费率，是客观的，是根据几十年的风险损失数据和适当的数学模型估计出来的，精算技术和方法的改进，可以提高纯费率的精度，但不可能改变风险损失概率的客观结果，纯费率也就不能通过竞争或者"协商"来降低。而经营费用率这一块存在竞争空间，但是增减空间非常小，如果有了对费用率的控制和规定，更不能通过竞争达到降低的目标。因此，

采用协商定价或者竞价来确定农业保险的费率，只会得到跟政府预期相反的结果。无论是"协商定价"，还是竞价，公司永远是弱势一方，如果通过这种定价机制和方式，把保险费压低到精算平衡费率之下，只能迫使经营者千方百计来压低赔款，最终倒霉的还是投保农户，也会引发更多的赔付纠纷。

第四，农业保险再保险多是采取市场定价，分出人和分入人之间的价格博弈是合理的和可取的。因为再保险交易双方地位是平等的，信息基本上是对称的。都是基于同一类数据，只是对于未来气候变化影响下，针对巨灾带来可能发生的损失的判断差异估计风险损失的方式和模型不同。

（二）政府定价及其好处

所谓政策性农业保险的政府定价，就是由政府或者政府建立（或指定）的专业机构，根据法律、法规和精算平衡定价原理，利用农业专业知识和保险技术手段，为约定政策性农业保险产品确定符合科学依据的公平合理的费率。

政策性农业保险的政府定价主要有下面几个好处：

第一，政府定价减少了信息不对称问题，能保证定价的公平性与合理性。政府可以使用手里的充分数据，进行符合政府意愿及精算规则的公平定价。可以大大减少在信息不对称条件下，政府与公司之间的无效或者效率极低的博弈，节省了大量的经营成本和监管成本，实际上就是节约了政府的宝贵资源。

第二，政府根据政策需要，确定产品开发和定价，更能实现政府的政策目标。政府需要重点支持的项目，定价可以适当宽松一点，加以引导和鼓励。

第三，政府拥有较丰富的数据资源，定价相对方便和成本低廉，相较于公司定价，会更加科学合理，成本可以降低。政府部门掌握着较多的气象、灾害损失和农业生产的历史数据，这些数据，有的涉及保密，让公司使用有不便之处，但是政府定价时用起来就有便利之处。某些国家在法律上就明确规定，农险所需要的精算数据，即使保密，也对农业保险定价机构开放，因为是政府定价。

第四，政府定价才能真正实现农业保险计划的成本控制，要求公司"微利"和费用成本控制在 20% 才有可能达成。我们目前的规定是，公司经营的利润"不超过财产保险行业的平均利润率"和"微利"，又规定费用率要控制在"20%以内"。如前所述，在公司定价的条件下，这些规定是不是在公司厘定的费率中得到准确体现，比较难以监测。即使公司是根据这个要求定价的，政府也不相信。但如果是政府定价，就容易在定价中加以体现，也省去地方政府的疑惑和不信任。

第五，政府定价便于讨论和决策已久的费率分区和差异化费率的实施，这将大大减少保险经营中农户和公司的逆选择，减少寻租空间，增加农业保险经营的科学性和公平性。

第六，政府定价将会减少久治不愈的经营"违规"顽疾，提高监管效率。如前所述的"协议赔付"、保费返还等。政府定价确定的费率失去了弹性，公司就不会接受地方政府的协议多赔的要求，公司也不会找政府帮忙压低和减少赔付，久治不愈的"协议赔付"可能得到根治。如果公司愿意减少农户的保费支付份额，优惠农民，不仅不会受到处罚，还应该鼓励。防灾防损，无论是发放防灾防疫物资或者资金都悉听尊便。这样既增加了保险机构的经营自由度，也给监管部门减少许多工作负担。还有，政府部门不必要直接审查费率，也不用在价格监管这一头多花精力，可以把更多精力用在定损理赔，可以解决某些地区和某些险种长期存在的赔付问题，就更能保证投保农户的利益，更好达成政策目标。

第七，政府定价之后，就可以放开公司在服务方面的竞争了，这对建立农险市场的良性和有效竞争机制创造了较好条件。

第八，政府对农险直保产品定价，也有利于中国农再的分保精准定价和再保险业务的管理，提高再保险业务的效率。这对再保险双方都有好处。

四、政府定价的中国方案设想

鉴于中国农业保险制度和发展的实际情况，一下子实现政府定价是不现实的，因为这需要政府的农业保险主管部门和监管部门建立一个有足够技术力量的专门机构（类似美国农业部的"风险管理局"），从事农业风险的调查和评估、风险区划和费率分区，在此基础上根据政府的农业保险发展规划，开发产品和精算定价。但要让政府（例如，财政部、银保监会、农业农村部、林草局等）建立这样的专门机构，难度比较大，可行性较小。

可行的替代方案是，利用独立于政府和公司之外的社会第三方的专业和技术力量，按照政府的需要和要求对农险产品定价。

（一）现有技术基础

根据我的考察了解，经过10多年的努力，在国内已经有相当多的农业保险研究机构和人才，可以承担政府所需要的这些技术服务工作。

现在，已经有几个农业保险的研究中心或者研究所，已经初具规模，它们都拥有不少农业保险研究力量和众多的研究成果，以及农业灾害风险建模能力。只要政府计划需要，得到政府的扶持和适当组织，它们应该很快就能适应这种需要。

这些研究机构有中国农科院信息研究所的农业风险和保险研究中心；中国农业大学经管学院的农业保险研究中心；西南财经大学保险学院的农业保险研究中心；南开大学金融学院的农业保险研究团队；浙江大学公共管理学院的农业保险研究团队；河北经贸大学的农业保险研究中心；南京农业大学金融学院农业保险研究团队；内蒙古农业大学农业保险研究中心；北京林业大学的林业保险研究团

队；以及山东农业大学的农业保险研究团队等。

还有一些可利用的农险研究的技术力量，例如中国财产再保险公司、北京师范大学灾害和风险研究团队、中国气象科学研究院农业风险研究团队等。这些机构都有不同的专业和技术特点。

（二）两类操作方式

要充分发挥和利用这些社会上的技术资源，实现政府所需要的政府定价目标，可以有两种不同操作方式：

第一种方式，是由政府农业保险的主管部门在考察的基础上，直接委托或者合作，建立几个农业风险管理和保险研究基地（例如上面提到的研究中心和团队），通过合同方式委托它们从事包括风险区划与评估，制定费率分区和实施方案，开发保险产品和进行费率精算，评估保险经营和财政资金的利用效率等。

第二种方式，发挥中国农业再保险公司的特殊作用，通过中国农业再保险公司以及全球领先再保险公司的农业巨灾的风险建模以及农业大数据分析能力，与这些研究机构共同建立农业风险管理和农业保险研究基地，承担上述计划和工作。

（三）计划推进路线

鉴于刚刚开始还缺乏经验，如果让被选择的基地为政府农业保险发展计划开发农险产品和进行费率精算，需要循序渐进。

可以先从最重要的三大主粮作物和棉花、大豆、生猪、奶牛等主要保险产品开始，实行政府定价，取得经验之后，再逐步扩展到大部分重要农产品的政府定价；有个三、五年实践就会初具规模，建成这个技术服务体系；最终实现以政府定价为主，公司定价为辅的定价制度和体系。

（四）尚需各方配合

如果中央政府能通过适当的法律法规或部门规章，做出政府定价的决策，让这些研究基地发挥在农业保险研究，特别是实现政府定价的主力军作用，需要有关政府部门（例如财政部、农业农村部、林草局、银保监会、国家气象局等）的密切配合，特别是要给予数据支持，否则实行起来是有困难的。

（五）颁布精算规则

农业保险有其自身精算特点和要求，还与一般财产保险的精算定价有很大区别。但是迄今为止没有颁布农业保险精算定价制度或者规则，这是一个遗憾。2020 年银保监会就组织力量制定，并通过精算师协会发布了《稻谷、小麦、玉米成本保险行业基准纯风险损失率表（2020 版）》。但是，因为没有精算规则做要求，下面没有多少人响应。这也是迄今为止市场定价中出现许多问题的原因之一，公司也好，地方政府也好，依然我行我素。所以，颁布精算定价的规则，以及阶段性回顾调整，由于受到气候变化以及农业设施完善的影响，费率可能会不充分或者过高，建议 5 年回顾一次。这也是实行精算机制改革的重要条件之一。

（六）政府市场结合

笔者论证和建议的政府定价，不是政府包揽全部农险产品的定价。政府定价只是涉及中央政府管理和监督部门确定的重要农险标的及其保险产品的定价。部分地方特色产品仍然由公司定价，但是需要政府确定的第三方专业机构进行验证和审定。这样就可以充分利用公司精算定价的丰富资源。

即使实行政府定价的产品，第三方专业机构在需要的时候，也可以聘请保险公司的精算专家参与。

五、现实条件下解决定价问题的替代方案

要实现政府定价，需要一个过程，在政府定价的方案被接受和实施之前，需要对现行定价制度做一定的改革。那就是在现在公司"精算平衡定价"的基础上，实行定价的实质性审查和批准。

第一，要禁止政府在无精算依据条件下的"地方行政定价"，也禁止价格竞标式的定价。因为要让地方政府随意定价或者竞价招标，将使政策性农业保险走上歧途。假如保险公司不被信任，它们的基本利益得不到保证的话，保险公司会有千万对策，最后倒霉的肯定是受灾农户，政策性农业保险的实施效果就会大打折扣，政府"省钱办农险"的想法必将落空。

第二，在原来的条款费率审查制度基础上，加以完善。通过组建专家团队，将费率审查交由专家团队，根据产品申报公司提供的数据和模型，进行真正的实质性的审查。这样，既避免了地方政府对农险经营的不必要干涉，也使政策性农业保险费率厘定更加公平公正，更加科学，高质量发展农业保险的目标才能顺利实现。

持续地长久地推进政策性农业保险，是实现乡村振兴的重要支撑，也是国家食物安全的重要保障手段，有计划有组织地建设农业保险研究基地，是国家在农业保险方面的发展和决策的重要基础和依托，也是实现政府对农业保险产品定价可行的重要途径。

本文的结论就是，在我国实施政策性农业保险 15 年之后的今天，无论是广泛的理论研究还是丰富的经营实践都表明，结束政策性农业保险的市场定价，实施政府定价，既有必要性也有可行性。

附表 1　原中国人民保险公司 1982—2003 年农业保险经营状况表

单位：万元，%

年份	保费收入	赔付支出	净赔付率	管理费用（以毛保费 20%计）	总赔付率
1982	23	22	95.7	4.6	116
1983	173	233	134.7	34.6	155
1984	1 007	725	72.0	201.4	92
1985	4 332	5 266	121.6	866.4	142
1986	7 803	10 637	136.3	1 560.6	156
1987	10 028	12 604	125.7	2 005.6	146
1988	11 534	9 546	82.8	2 306.8	103
1989	12 931	10 720	82.9	2 586.2	103
1990	19 248	16 723	86.9	3 849.6	107
1991	45 504	54 194	119.1	9 100.8	139
1992	81 690	81 462	99.7	16 338.0	120
1993	82 990	96 849	116.7	16 598.0	137
1994	50 404	53 858	106.9	10 080.8	127
1995	49 620	36 450	73.5	9 924.0	93
1996	57 436	39 481	68.7	11 487.2	89
1997	71 250	48 167	67.6	14 250.0	88
1998	61 721	47 681	77.3	12 344.2	97
1999	50 820	35 232	69.3	10 164.0	89
2000	45 200	30 700	67.9	9 040.0	88
2001	39 800	28 500	71.6	7 960.0	92
2002	34 064	25 041	73.5	6 812.8	94
2003	23 585	20 840	88.4	4 717.0	108
合计	761 163	664 932	—	152 232.6	
平均	—	—	87.4		107

资料来源：中国人民财产保险公司。

附表 2　政策性农业保险和商业性农业保险主要区别

政策性农业保险	商业性农业保险
1. 政策性农业保险对于现代农业来说必须有	商业性农业保险可以有，可以没有
2. 政策性农业保险有其政策目标，那就是保障国家的粮食安全，增进农户收入的稳定性，提高本国农产品的国际竞争力等	商业性农业保险的主要目标，就是企业利润最大化，社会目标是次要的

（续）

政策性农业保险	商业性农业保险
3. 政策性农业保险需要专门的制度安排，专门的法律法规和其他监管规则	商业性农业保险不需要专门的制度安排，只需要服从规范商业保险的《保险法》的规则即可
4. 政策性农业保险需要政府多层面的参与	商业性农业保险不需要政府的多层面参与，主要是依靠其产品的吸引力
5. 政策性农业保险是按照政府的农业发展计划实施的	商业性农业保险，是根据商业性公司的目标开发的，即使适应政策需要，也必须以盈利为前提的
6. 政策性农业保险可以根据农业支持计划的要求，适应政府和农户需求的实际，补贴大部分甚至全部保险费	商业性农业保险，不需要政府补贴。即使政府给予补贴，也不可能是大部分甚至是全部保险费
7. 政策性农业保险由政府根据政策需要进行风险选择和被保险人选择，一般是要求承保一切重要风险	商业性农业保险，根据商业保险公司自己的经营目标和对风险的评估，来选择承保风险和投保人
8. 政策性农业保险是以政策为中心，以农业和农户为中心，目标是国家利益和农户利益的最大化	商业性农业保险其目标函数是个人和公司利益最大化
9. 政策性农业保险需要按照政府设定的目标加以考核与评估	商业性农业保险主要按照商业性保险经营的目标，特别是利润考核指标评估
10. 政策性农业保险产品，一般责任比较广泛，农作物多是"一切险"保险	商业性农业保险产品一般只承保单一风险责任，例如冰雹、火灾风险责任
11. 政策性农业保险可以实行市场定价，也可以实行政府定价	商业性农业保险都是由市场定价

河南的政策性玉米保险该恢复了*

河南最近一段时间的暴雨水患，造成严重风险损失。其中，种植玉米遭受的灾害和可能的损失备受当地农民关注。省委领导在视察某地农作物灾情时，看到泡在水里的玉米植株，非常痛心。当问到买没买保险时，农民说，都没有买，都不能买。因为省里从2017年以来就取消了政策性玉米保险。在如今全国三大主粮作物由中央财政给予高比例保费补贴的条件下，河南省取消了政策性玉米保险五年，这在全国是绝无仅有的。在这五年时间里，保险机构和农户一再呼吁恢复种植玉米的政策性保险，但是无效。

河南是全国重要的农产品生产大省，小麦种植面积和总产量位居全国第一。玉米是其第二大作物，每年有5 500万亩左右的种植面积，对于这些种植玉米的农户来说，这是他们的重要农业收入来源。玉米种植保险是他们获得风险保障的重要手段，根据农业保险相关政策，中央政府给河南的玉米种植保险提供47.5%（省财政直管产粮大县）和45%（非省财政直管产粮大县）的保险费补贴，加上省级政府和市县财政补贴，农民只需要交20%的保险费，也就是每亩4元保费就可以获得329元物化成本的风险保障。这对广大种植玉米的农户来说，是多大一个利好啊！但是这五年，河南的玉米种植农户不能获得。

河南省政府取消政策性玉米种植保险，也有其特殊的背景，那就是2017年中央政府决定对玉米的定价机制进行市场化改革，取消政府兜底收购价，实行"价补分开"政策。同时规划了玉米最佳种植区。河南的玉米不在规划的"镰刀湾"区域。省政府想通过取消政策性玉米保险的手段，调节生产结构，减少玉米种植面积。出发点也是好的，免得玉米生产因种植面积太大，产品过剩，价格太低，使种植玉米的农户遭受损失。但是因为缺乏调查研究，不了解农民为什么不愿意放弃玉米种植，也不了解这几年玉米的市场价格持续攀升的状况。所以，当

---

* 本文原载《中国三农发布》2021年8月22日。

时设想的政策并没有起到调减玉米种植面积的目的，全省玉米种植面积并没有减少，一直保持在 5 500 万～5 700 万亩。可是，河南省玉米种植农户和新型农业经营主体没有政策性玉米种植保险可买，农民种植玉米的风险损失只能自己承担，好好的政策没有得到充分利用。更不好理解的是，在长达五年时间里，省政府即使看到各种媒体对这项政策的批评意见，也收到来自农户和保险经营机构的建议，却一直不愿意纠正这种有违中央政策和民意的呼声，坚持不恢复政策性玉米种植保险。

在 2021 年 7 月河南遭受的大面积暴雨和洪水的袭击中，截至 7 月 29 日，全省农作物受灾 1 450 万亩，成灾 550 万亩。受灾主要集中在新乡、周口、开封、安阳、焦作、鹤壁、郑州等地。虽然目前正是秋季作物玉米、花生和大豆的生长中期，最终的产量损失还不好准确估计，但是无论秋后评估的损失范围有多大，损失程度多么严重，种植玉米的农户是无法获得保险赔款了，只能让大家感到遗憾。

我们觉得，无论省政府前任领导做过什么决策，后任都应从实际出发，从广大农民的利益出发，及时评估政策效应和效果，对的决策就坚持，不对的决策就坚决改正，这才是我党一贯倡导的实事求是的作风。

我们希望，河南省政府的这个被实践证明错误的决策该纠正了，政策性玉米种植保险该恢复了。只有这样，才能更好地维护广大种植户的最大利益，推动乡村振兴和农业农村现代化的顺利发展。

提升市场风险保障 保驾护航乡村振兴[*]

摘　要：近一个时期，生猪和猪肉价格大幅攀升，引起各界关注，也引起中央高度重视。在实施乡村振兴战略的当下，针对生猪和猪肉价格风险有必要再借鉴国外的实践和经验，并总结我国前9年试点生猪价格保险的经验，进一步做好生猪价格保险和收入保险的试验很有必要。只要经营机构和政府达成共识，试验和推广就是可能的。这不仅对农业保险的高质量发展，也对农产品稳产保供，保证我国食物安全具有重要意义。

关键词：自然风险；市场风险；收入保险；价格保险

最近，国内生猪和猪肉价格大跌，据农业农村部在全国50个采集点采集的数据，活猪平均价格从2021年初的平均每千克35.8元下跌到6月份第三周的15.13元，跌幅将近57.7%，使养猪农户和企业遭受重大损失，持续经营出现困难。猪价涨涨跌跌其实是市场经济的常态，据中国农科院张峭教授等人的研究，价涨价跌平均一个周期大约是43个月（张峭等，2015）。这一轮价格变动，从2018年5月10.57元的最低点到2021年1月35.8元的最高点，再进入下行，似乎还没有见底，尚不知道会跌到什么价格水平。怎样来管理养猪的市场风险，为养猪农户和企业提供比较可靠的风险保障，以便平滑他们的养猪收入，减少他们的风险损失，一直是一个重要课题。加快发展政策性农业保险就是这种降低农户和企业风险的管理途径之一。

从2007年开始，我国逐步试验和建立起政策性农业保险制度，在解决重要农产品自然风险问题上取得较快进展，成就巨大。但是在解决重要农产品价格风险问题方面，还显得缓慢了一些，效果还不大显著。这一波猪价下跌，很少有养猪农户和企业的价格损失能得到保险补偿。这就需要我们加快政策性农业保险的

* 本文原载《中国农村金融》2021年第16期。

发展步伐，特别是加强对价格保险和收入保险的研究、试验和推广，让农业保险在乡村振兴和农业农村现代化事业中发挥更大作用。

一、农业保险可以较好地解决农业生产的价格风险问题

（一）乡村产业亟须自然和市场风险的双保障

2021 年是我国第十四个五年计划的开局之年，也是我国正式实施乡村振兴战略的第一年。2021 年中共中央和国务院发布的 1 号文件对于乡村振兴和加快农业农村现代化发展，做出了全面部署。乡村振兴是解决"三农"问题的根本途径，也就是说不仅要解决粮食的安全和发展问题，更要解决农业的安全和发展问题，农村产业和社会的安全和发展问题，只有这样才能让农民富裕起来，加快缩小城乡差距，实现城乡共同富裕。

传统的政策性农业保险的标的主要是种植业和部分养殖业生产。但是，乡村振兴要实现"五大振兴"，即产业振兴、人才振兴、文化振兴、生态振兴、组织振兴。农业保险要为农村产业的振兴提供风险保障，这种风险保障不仅包括农林牧渔的生产、储藏、运销等环节的风险保障，还要包括涉农的农房、渔船、农机、仓储设施等农村财产的风险保障。不仅要保障这些财产的自然风险的损失，也要尽可能地为这些农村产业和财产的市场风险提供风险保障，才能适应乡村振兴的要求，适应农业农村现代化的要求。

（二）价格变动在一般条件下是不可保风险

鉴于目前类似猪肉价格剧烈变动给养猪农户和养猪产业带来的风险损失，需要在总结经验的基础上，认真研究包括养猪产业在内的农业市场的风险保障问题。

在理论上和商业保险的实践上，价格风险是不可保风险，商业性公司不会承保普通财产的价格风险，即使保险人承保，再保险人也不会提供分保。其理由是价格风险是一种系统性风险，特别是在一个开放性市场条件下，价格的上升或者下降会传导给全国甚至是全球市场。这种风险事故就不是小概率事件，无法在空间上进行分散。本来，因为经济周期性的原因，在时间上这种风险也可以在一定程度上进行分散，如果生猪价格变动周期是 43 个月，一张保单保险期限是 4 年，基本上就能使价格风险得到分散。只是投保人都是短期投保的（一年，或者一种作物或者牲畜的生长期），购买长期保单的可能性很小。而猪肉价格上涨和下跌，有一个过程，投保人可以根据经验加以判断，只会选择在下降期间购买价格保险保单，这种逆选择对保险人的经营来说是灾难性的。

（三）政策性农业保险在一定条件下可以承保价格风险

但是，理论和实践表明，政策性农业保险早已突破了这个不可保风险的界

限，对于有的农产品生产可以承保价格风险。这种承保是通过两种方式实现的。

第一种是保险人出具价格保险单，直接承保价格风险，或者出具收入保险单，同时承保产量风险和价格风险。第二种是保险与期货期权交易相结合，在我国已经试验5年的"保险＋期货"，就属于这种方式。

之所以能够通过价格保险或者收入保险来承保农牧产品的自然和市场风险，主要是保险人可以利用期货市场的价格发现功能，预测远期价格。成熟的期货市场，期货与现货交易价格相关性很强而且偏离很小。参考远期期货价格作为保险单的保障价格（或收入）的定价基础，保险人的经营风险就可以得到适当控制。特别是收入保险自身具有风险对冲功能。普遍的歉收虽然会导致价格上涨，大范围的丰收也会导致价格下跌，收入是单位价格与产量的乘积，就会对冲掉部分价格波动的风险损失。

二、价格保险的国际实践经验

美国从1996年至今，试验和推广的农作物收入保险和牲畜收入保险，加拿大近10年一直在试验生猪价格保险，都为这类承保价格风险的政策性农业保险提供了可以借鉴的范例。

美国的农作物保险发展了83年，前57年都做的是自然风险保险，主要是承保农作物因灾害导致的产量损失。1996年开始试验既涉及产量也涉及价格的农业收入保险。迄今，它们的农作物收入保险已经全面推行，有五大类数十种产品。2020年，全国农业收入保险的保险费收入已经达到总保险费收入的84.5％（表1）。其他的产量保险产品选择的农户大大减少，传统产量保险的保险费收入已经低于20％。这表明既承保产量风险损失也承保价格风险损失的收入保险深受农户欢迎。而且从经营的效果来看，总赔付率（纯保费）也是平稳和合理的[①]。

表1　美国农业收入保险保费占比统计

年份	1996	2000	2006	2010	2014	2020
收入类保险纯保费收入（万美元）	14 184	96 354	251 885	599 834	835 633	876 853
农业保险总纯保费收入（万美元）	183 856	254 016	394 923	759 529	1 003 468	1 037 387
收入类保险纯保费占总纯保费比例（％）	8	39	64	79	83	84.5
年度纯保费总赔付率（％）	93	99	81	36	105	85.7

资料来源：根据美国农业部风险管理局历年农业保险年度报告整理。

---

① 美国的数据都是纯费率，不包括经营费用的补贴。道理上说，这里的赔付率低于100％的部分就是经营机构的纯收入，超过100％部分就是亏损。

与农作物收入保险发展的同时，美国这 10 多年来，也在不断发展牲畜收入保险，包括肉牛、奶牛、肉羊、生猪等收入保险（Livestock Gross Margin insurance）等（表 2）。

表 2 2014—2017 年美国牲畜收入保险承保保单和发生赔付的保单数量

年份	承保件数（件）	理赔件数（件）	保费收入（万美元）	年简单赔付率（%）
2014	2 534	690	2 208.4	46
2015	2 407	1 285	3 281.9	89
2016	1 399	1 075	1 602.3	129
2017	1 774	588	1 804.7	57

资料来源：美国农业部公布的经营数据。

注：承保单件数和理赔件数是 LRP 和 LGM[①] 两种操作方式承保件数之和；这里的牲畜收入保险包括肉牛、生猪、奶牛、肉羊几类保险的综合数据。

近几年来，美国牲畜收入保险发展很快，2019/2020 年度和 2020/2021 年度，仅肉牛的承保头数就达到 79 846 头和 952 509 头，保险总金额达到 355.7 万美元和 5 024.8 万美元，保险费收入 355.7 万美元和 2 559 万美元，赔付总额 542.6 万美元和 644.1 万美元，简单赔付率是 152.54% 和 25%。对于肉牛收入保险，政府根据投保农户选择的免赔金额（0～150 美元[②]）不同，有 18%～50% 的保险费补贴。这些发展数据表明，美国的牲畜收入保险越来越受到养殖农户的欢迎，同时经营的波动还是比较大的，但是经营风险是可控的。

三、需要总结国内生猪价格保险的经验

要解决我国生猪和其他牲畜的价格风险保障，稳定养猪农户和公司的收入，也需要在试验农作物收入保险的同时，继续试验生猪等家畜的收入保险。

早在 2013 年，安华农业保险公司就率先设计和试验以"猪粮比"为指数的生猪价格指数保险，紧随其后，其他公司在很多省份也迅速开发类似产品，为养猪农户提供价格风险保障，一定程度上发挥了补偿价格损失和稳定养猪农户收入的作用。

但是在经历了猪价下跌之后，随着猪价的逐渐上升，这种保险产品就很少有人问津了。在猪价大幅度下跌的时期，由于投保养猪户典型的逆选择，大家趋向于投保，而在猪价走高的时期，养猪农户选择不投保。保险公司在猪价下行的时

---

① 要了解这两种操作方式的区别，参见汪必旺和王克发表在 2019 年《保险研究》第 5 期文章。

② 按照规定，每头牛选择无免赔时，政府补贴 18% 的保险费，选择免赔 10、20、30、40、50、60、70 美元，保费补贴率分别是 20%、23%、27%、31%、36%、43%、50%。免赔额 70～150 元，保费补贴都是 50%。

期，也不敢轻易承保了。这就给我们的价格保险提出了一个尖锐的问题，在人们能够大体判断猪价走势的条件下，价格保险如何能够持续推进？我们的产品设计是不是需要进一步改进？

表3是A公司2013—2019年7年在一些省份试验生猪价格指数保险的汇总表。7年共收保费6 072.40万元，已决赔付是7 089.25万元，总赔付率是116.75%。可以看出，这家公司的产品是在不断改进的。另一家公司B 2018—2020年3年出售生猪价格指数保险，签单保费是54 356.26万元，已决赔款是50 186.38万元，3年合计赔付率时92.33%。这种经营结果虽然也有亏损，应该说也还不离谱。但是随着2019年2月之后猪肉价格节节升高，这类保险单出售极少。

表3　A公司2013—2019年生猪价格指数保险的经营统计

单位：万元

年份	地区	险种	签单保费	已决赔款
2013	北京	生猪价格指数保险（ISA）	491.95	0.00
	山东	生猪价格指数保险（ISA）	2.38	0.00
		合计	494.33	0.00
2014	北京	生猪价格指数保险（ISC）	2 243.09	815.46
		生猪价格指数保险（ISA）	0.00	409.96
	大连	生猪价格指数保险（ISC）	300.30	0.00
	山东	生猪价格指数保险（ISA）	49.08	15.44
		合计	2 593.97	1 240.86
2015	北京	生猪价格指数保险（ISC）	2 424.66	5 126.24
	辽宁	生猪价格指数保险（ISC）	67.58	0.00
	大连	生猪价格指数保险（ISC）	0.00	290.15
	山东	生猪价格指数保险（ISC）	155.10	2.00
		生猪价格指数保险（ISA）	0.00	405.16
	青岛	生猪价格指数保险（ISC）	9.00	
		合计	2 656.34	5 823.55
2016	山东	生猪价格指数保险（ISE）	109.58	0.00
		合计	109.58	0.00
2017	北京	生猪价格指数保险（IAA）	99.10	0.00
		生猪价格指数保险（IAB）	18.47	0.00
		合计	117.57	0.00

（续）

年份	地区	险种	签单保费	已决赔款
2018	北京	生猪价格指数保险（IAA）	117.26	11.34
		生猪价格指数保险（IAB）	12.51	13.48
		合计	129.77	24.82
2019	北京	北京市生猪价格指数保险（IAA）	−29.16	0.00
		合计	−29.16	0.00
		总计	6 072.40	7 089.23

注：ISA、ISC、ISE、IAA、IAB代表随机生成的不同产品的代码。

四、加快生猪收入保险试验是解决
养猪业稳定发展的重要保障

要解决我国生猪和其他牲畜的价格风险保障，稳定养猪农户和公司的收入，除了其他政策措施之外，就保险而言，较好的选择途径是在总结前9年生猪价格指数保险的基础上，继续进行生猪价格保险试点，同时试验生猪收入保险。通过价格保险和收入保险来解决生猪的价格风险保障问题。其理由如下：

第一，价格保险其实也可以继续试验，这种试验可以有两条途径。一条途径是保险公司直接承保价格风险，但是思路需要加以调整，不再沿着"猪粮比"的路子往前走。因为事实证明，这种"指数"很难准确度量生猪或者猪肉价格变动规律。就像2020年以来的全球粮价上升至今，而活猪和猪肉的价格却在大幅下跌。较好的定价方式是参考我国期货市场和芝加哥期货市场的远期期货价格来定价，这样就能较好地反映市场价格的未来变动。另一条途径是使用农作物近7年的试验的"保险＋期货"的方式，通过保险公司与期货界的合作，将生猪价格风险在期权市场中进行对冲和分散，从而实现生猪的价格风险保障。

第二，如前所述，收入保险比起直接价格保险来说，因为在普遍丰收或者普遍的歉收情况下，就会形成价格与产量的反方向变动的关系[①]，这可以在一定程度上对冲风险，从而使收入的波动适当得到平滑，从保险经营的角度来说，经营的风险要相对可控。

当然，无论是生猪价格保险还是生猪收入保险的试验和未来的推广，都需要发挥两个积极性才有可能。一个是保险经营机构的积极性。鉴于前些年的不大成

[①] 在一定条件下（例如仅仅是局部地区的丰收或者歉收），也会出现同向变动关系，例如最近一个时期，我国玉米收成不错，但是受国际市场的影响，玉米市场价格一直比较高，最近才有些降低。需要进一步研究这种变动规律。

功的试验，它们对于开发这类产品还是有一定困难的，特别是对于能不能很好控制经营风险，还有顾虑。二是政府的积极性。开发产品和进行试验都需要政府给予补贴，没有适当的保险费补贴，养猪农户依然是不会购买的，而要增加政府的财政预算，在当前条件下也有一定的困难，特别是地方政府的困难更大一些。

近日，财政部、农业农村部和银保监会联合发布了《关于扩大三大粮食作物完全成本保险和种植收入保险实施范围的通知》，将把试验范围扩大到 500 个种粮大县，到 2022 年，全国 821 个产量大县将全覆盖。这是推进乡村振兴和农业农村现代化的重要步骤。表明中央对于政策性农业保险的快速发展，特别是对扩大以至在全国普遍推行完全成本保险和收入保险寄予厚望。根据这个政策精神，我们完全可以提出一个新的进行生猪价格和收入保险的试验项目，为实现猪肉的稳产保供，同时稳定养猪产业的收入，促进养猪产业乃至整个农业农村的稳定、可持续发展都具有重要意义。

参 考 文 献

[1] 张峭，汪必旺，王克. 我国生猪价格保险可行性分析与方案设计要点 [J]. 保险研究，2015 (1).
[2] 汪必旺，王克. 美国牲畜价格指数保险的经验及局限性 [J]. 保险研究，2019 (5).
[3] 庹国柱，朱俊生. 收入保险：完善农产品价格形成机制改革的重要手段 [J]. 保险研究，2016 (6).
[4] 王克，等. 猪周期、逆选择和我国生猪价格指数保险的发展 [J]. 中国食物与营养，2016，22 (11)：42 - 45.

努力建立多层次多元化的
农业保险产品体系*

2021年5月16日人民银行、中央农办、农业农村部、财政部、银保监会、证监会联合发布的《关于金融支持新型农业经营主体发展的意见》提出，农业保险要"探索构建涵盖财政补贴基本险、商业险和附加险等的农业保险产品体系，更好满足新型农业经营主体多层次、多元化风险保障需求"，这是一个重要的命题，也是一个方向性指导意见。

一、农业农村现代化发展中农户的
风险保障需求是多元化的

中国农业保险要建立一套什么样的产品体系的问题，以往很少有人讨论。我和朱俊生教授曾经撰文提出过"基本险＋附加险"的建议。那就是在提供免费的普惠性"基本险"的基础上，农户根据需要可以对于高于"基本险"保险保障缴纳部分保险费。这是针对普遍的"大田"险种、物化成本保险产品，无法满足农户，特别是农村新型经营主体的不同需求，同时为了提高农户投保的积极性，保证农业保险的高参与率而提出来的。

其实，2019年，财政部、农业农村部、银保监会和林草局联合发布的《关于加快农业保险高质量发展的指导意见》第六条中，这个题目就已经提出来了，要求农业保险业拓宽农业保险服务领域，"满足农户多元化的风险保障需求，探索构建涵盖财政补贴基本险、商业险和附加险等的农业保险产品体系"。但是，两年过去了，似乎对这方面的呼应微弱，大家在这方面的探索力度不尽如人意。

如今，中央几个部门再次提出建立完善的中国农业保险产品体系的问题，而且指出了"财政补贴基本险＋商业险＋附加险"的基本方向，的确是应该好好加

---

* 本文载于《中国银行保险报》，2021年6月21日。

以研究了。这其实是关乎中国农业保险长远发展的问题。

从理论上讲"基本险＋商业险＋附加险"是没有问题的，中国农业农村现代化是在国家经济社会已经进入较高发展水平的广阔背景特别是实施振兴战略下展开的，农业农村现代化需要广范围多层次的风险保障，不仅需要政策性保险产品，也需要商业性保险产品。从政策制定者的视角来看，对于普遍的农户来讲，无论是占农户总数 98％ 的小农户，还是仅占农户总数 2％，却占有 30％ 以上耕地面积的大农户（第三次农业普查数据），有政府支持的政策性农业保险都是必需的。当然这种政策性保险应该是低保障水平的"基本险"（例如物化成本保险），在这个基础上，对于有需求的新型经营主体和产粮大县的农户，可以为它们提供有较高保障的"附加险"。当然，这里的"基本险"和"附加险"在我国农险制度发展的一定阶段和时期可以限定在某些标的范围内，在此范围之外，农户需要提高风险保障的标的，可以走"商业险"的途径。随着农村经济的发展，由财政补贴的"基本险"和"附加险"的范围会逐渐扩容，"商业险"的范围会缩小。

其他农业保险发达国家都经历了这个过程，特别是日本的道路有典型性，1947 年日本实施《农业灾害补偿法》时，由财政补贴的保险标的只限于大麦、小麦、水稻、旱稻、生猪、马和蚕等为数不多的标的种类，保障水平也不高。后来，随着日本经济的发展和保护本国农业农民利益的需要，财政对农业保险的支持力度不断加强，财政补贴的标的几乎扩大到所有农险产品，温室大棚蔬菜和花卉等高附加值标的的保险，都从"商业险"转入财政支持的政策险，保障水平也逐步得到极大提升。当然，它们对于不同标的的政策还是有区别的，重要农产品的保险还是强制性的，其他保险标的的保险是自愿的，而且补贴比例也是有差别的，一般来说对于前者的补贴比例较高，对于后者补贴比例较低。

二、建立多元化的农业保险产品体系需要一定的条件

我们的农业保险目前的产品虽多，面上推行的中央财政补贴保费的保险标的，就有 270 多种保险产品，地方政府补贴的所谓特色农产品的险种就更多了。但是千篇一律都是政府补贴的"基本险"，即物化成本保险，"大灾保险"和"完全成本保险"这类保障水平较高的产品也只限于"试点"。至少目前还很少有"附加险"，更少有"商业险"。在统计数字里，目前"商业险"占有 3％～5％ 的份额，但是根据我的了解，这些"商业险"实际上也是有保险费补贴的，只不过保费补贴的出资人不是中央和省级财政，而是一些政府部门的项目资金，或者地方政府的资金，真正的"商业险"我也见到过，只是有一单就没有第二单，应该可以忽略不计。

这种产品单调的状况，跟商业险的开发和推销难度有很大关系，也与政府相

关部门的决策力度有一定关系。财政补贴的"基本险"和"附加险"的发展之所以有其必要性和可行性，是由农业保险的市场失灵和政府支农惠农和强农政策目标决定的。要不要早点做"附加险"这篇文章，取决于政策制定者对于农业保险政策功用的期望值和在乡村振兴过程中要选择的发力时机，而不在于农业保险经营主体，也不在于农村新型农业经营主体。这一点应该不需要理论和实践的证明。

"商业险"其实不需要规划，只要有需求有市场，经营主体就会自动地开拓这方面业务。就目前我国参与农险经营的几十家主体而言，大部分具有开发和经营"商业险"的水平，也有足够的承保能力，但如果缺乏市场的有效需求，对于商业性保险经营机构来说，它们不可能贸然大力开发这个市场。当然，在一定条件下，有一些试验性的参与是可能的。

这样说来，这个产品体系，应该是"有财政补贴的基本险＋有财政补贴的附加险和商业保险"更为恰当，简单表述为"基本险＋附加险＋商业险"。

三、实现多元化产品体系可以有不同路径

设计和实现"基本险＋附加险＋商业险"这种多层次多元化产品体系，可以有两条不同路径。

第一条路径，就是分别设计单独的"基本险""附加险""商业险"产品，根据农户，特别是农村新型经营主体的需要，可以选择购买多种不同产品，直接在产品上就能显示政策性产品和商业性产品，泾渭分明。

第二条路径，就是把同一种标的"基本险""附加险""商业险"不同的产品，设计在一张保单里，有不同的保障水平和不同的补贴水平，供农户选择。"基本险"补贴比例可以高一些甚至免费。"附加险"的补贴比例因政策的需求而异，有的可以高一些，有的可以低一些。至于"商业险"，也可以采取灵活的政策，可以不补贴，也可以为了鼓励农户投保给予少量补贴，以农户的有效需求而定。在这里，体现政策性和商业性产品的界限并不明显。单从保费补贴这个角度说来，接受财政补贴的部分就是政策性的，没有补贴的部分实际上是商业性的，即使是政策性产品，也有商业性保险的成分，补贴比例越低，商业性越强。

按照后一种思路，农业保险与产品体系就有机地联系起来了，也为农业保险的进一步扩展带来很大空间和便利。我个人是赞成后一种路径的。

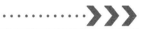

农险保障水平和费率的动态调整机制建设需要加快*

"结合农业产业结构调整、生产成本变动以及农业保险风险区划和农业生产风险地图，加快建立农业保险保障水平动态调整机制与保险费率拟订和动态调整机制"，这是最近由中国人民银行等六部门联合发布的《关于金融支持新型农业经营主体发展的意见》中对农业保险提出的又一个重要指导意见。

最近几年，对于农业保险保障水平的调整和费率制度的建设方面，农业保险界在中央财政部、银保监会、农业农村部的支持下，已经做了一些努力，也有一些成效。但是，总体上还是缺乏规划和实施，也没有完善的实施规则。6 月 18日，李克强总理主持的国务院常务会议上，决定扩大粮食作物完全成本保险和种植收入保险实施范围，增强农民抵御风险的能力。从政府到业界真的需要加快推进了。

一、僵化的机制对农业保险的发展极其不利

建立农险保障水平和费率的动态调整机制，是政策性农业保险制度的重要组成部分，也是政策性农业保险制度健康和有效运行的保证之一。虽然我们试验并推行了 16 年政策性农业保险，也在 2012 年颁布了《农业保险条例》。该条例的第十九条，就指出"保险机构应当公平、合理地拟订农业保险条款和保险费率"，2013 年 12 月财政部发布的《农业保险大灾风险准备金管理办法》中，也提出在一定条件下，要合理调整农业保险保费率。根据发改委和农业农村部的成本调查，实践中物化成本保险的保险金额，大部分地区也有所提高。各地根据财政部的意见，逐步进行"大灾保险"和完全成本保险的试点。但是，我只能遗憾地说，保障水平和费率的动态调整机制至今并没有建立起来。产生的不良后果是大

---

* 本文载于《中国银行保险报》，2021 年 6 月 24 日。

家都看得到的：

农户，特别是新型农业经营主体，对这样低的保险金额，普遍是有意见的，因为受灾，特别是遭受大灾之后，保险补偿无法保障其再生产的可持续，更不能稳定他们的收入。这与我们的农险政策目标不那么吻合，或者难以达到政策目标。不仅保障水平低，也没有任何可选择性，农户只能在"投保"和"不投保"之间选择，不符合投保农户的意愿。长此以往，农户，特别是农业新型经营主体会对农业保险失去兴趣，只会对农业和农村产业发展带来不利影响。

政策性农业保险费率的厘定，要在合理利润条件下实现保险的精算平衡，这是政策性农业保险的一个重要规则，也是维护政策性农业保险制度的科学、合理与公平的重要手段。精算平衡是一种动态平衡，在费率厘定之后需要根据实际风险的变化进行动态调整。坚持这个规则既关系到政府投入的效率，关系到农户的合理负担，也关系到经营机构的经营积极性。如果长时间没有具体实施规范和要求，动态调整无法实施，就会诱发某些严重的逆选择和道德风险，实践中投保农户和经营机构的逆选择和道德风险，都有不少研究成果和典型案例。更有甚者，因为费率的不合理可能产生的不当得利，也会助长农险活动中的寻租和不正之风。这在一定程度上严重影响农险制度的科学性、公平性和效率性。

二、政府决策力度是实行保障水平动态调整的要害

农业保险的保障水平，实际上是两个层面：一是同一种风险保障的保险金额需要在可行范围内提高，二是风险保障种类要根据需要扩展。国务院强调的"扩大粮食作物完全成本保险和种植收入保险实施范围"，就同时强调了这两个方面。粮食作物目前基本上还停留在承保"物化成本"的低保险金额状况，无法足额弥补自然灾害损失。而在农产品完全实行市场化生产条件下，农户也不断地承受着市场价格下跌的风险损失，迫切需要抵御价格风险的收入保险产品。

保障水平的动态调整，下调保险金额的问题基本上不存在，主要是适当上调保险金额，以满足农户，特别是农业新型经营主体的足额补偿需要。上调保险金额，涉及两个问题：一个是政府的补贴负担，一个是保险经营机构的风险承受能力。目前上调保险金额，即使在保险费率不变的条件下，政府的补贴负担也会增加，对地方政府的压力就会提升，在当前情况下，有较大难处。如果提高保额，同一险种保费的总额会增加，有可能迫使地方政府减少地方特色产品的支持力度。不同作物收入保险产品的开发和扩展，需要加快研究和试验，以便找到适合我国国情的产品和实施方式。

对于保险经营机构来说，保额的提高和风险责任的扩展固然有可能增加保险费总额，但是保额的提高和承保风险的扩展意味着保险经营风险的放大，必然加大保险经营机构的经营风险。根据农业农村部农业保险三项试点调查数据，2020

年内蒙古、山东、河南、安徽和湖北5省"完全成本"和"收入保险"试点，承保面积超过1 100万亩，保险面积覆盖率达到了较高水平；2020年试点地区小麦和水稻的完全成本保险亩均保额分别为920元和1 065元，不仅远高于传统成本保险保障水平，较试点地区所在省份大灾保险的亩均保额也提高了50%以上。内蒙古试点地区玉米成本保险和收入保险的保额分别为553元和693元，也明显高于传统成本保险，完全成本保险受灾户户均获赔2 500元左右。安徽和湖北水稻完全成本保险试点地区的受灾户户均获赔金额更是超过了5 900和4 200元，有力弥补了粮农的灾后损失，保护了农民的种粮积极性。但是5省完全成本和收入保险试点总赔付金额4.87亿元，简单赔付率82.45%，总体上是亏损的。

当然，这两方面的问题，前者是主要的。所以，愿不愿、能不能建立保险保障水平的动态调整机制，主要取决于政府，特别是地方政府的决策力度。政府如果能够决策，愿意给予财政支持，保险经营机构对于提升的经营风险可以通过加强风控（包括费率调整）来应对。

三、理顺监管体制是实行费率水平动态调整的关键

费率的动态调整涉及三个方面的问题：其一是由谁来监测和确定费率该不该调整；其二在调高保险费率的情况下政府和农户愿不愿接受；其三，科学合理的差异化的费率由谁来监督执行。这三个问题解决不了，费率的动态调整就是一句空话。

目前农险的费率都是由保险经营机构精算厘定的，总的来说费率基本上是合理的，但不同险种、不同地区不合理不科学的费率还是存在的。而如果想让保险公司自己来调整还是不现实的，调低，皆大欢喜，调高就很难获得支持。在这15年间也普遍做过几次调整，但这几次调整要么是中央部门下了文件，要么是在地方政府讨价还价的背景下被迫调整。谈不上"动态"，机制也不那么顺畅，更没有多少科学性。对于结束一省一费，实施差异化费率的不合理制度的论证，虽然几经努力，花了很大功夫，也拿出了"农业风险地图"，可惜一年又过去了，依然是束之高阁，好不容易在河上修好一座"桥"，可人们照样乘自己的"船"过河，不从"桥"上走。不知道要不要实施，由谁来实施，如何实施。再搁两年原来的计算恐怕又该"动态调整"了，"桥"又该大修了。

谁来制订费率、谁来确认费率的科学合理性，并进行动态调整，按道理讲应该是监管机关，但实际上，监管机关面对几百款产品（中央补贴目录的产品），没有技术力量来核查，自己也没有数据，无法判断哪些产品的费率何时需要调整，动态调整就做不到。何况这件事在多头监管条件下，也是难以协调和操作的。

　　所以，保险费率动态调整是一个正确的命题，但是要能实施，需要先解决上面三个问题。这就要求法律法规完善，以便有依据；监管体制理顺，以便有人管。管理体制和机制没有理顺，即使文件说了也等于没说，好事也难以办好。我倒是觉得，监管体制机制理顺了，费率的科学厘定和动态调整并不难操作，监管机关自己没有足够的技术力量，也可以委托第三方来施行。如今我国农业保险的科技队伍和技术已经不是十五年前的状况了，应该有这个能力。当然，这件事情如果委托中国农再或者中保信来做，也是不错的选择。

努力探索涉农保险"一揽子"综合产品*

最近，中国人民银行、中央农办、农业农村部、财政部、银保监会、证监会六部门发出了一个重要文件《关于金融支持新型农业经营主体发展的意见》。该文件对农业保险如何支持新型农业经营主体发展，提出了一系列重要指导意见。其中之一是要求"探索开展一揽子综合险，将农机、大棚、农房、仓库等农业生产设施设备纳入保障范围"。这对于促进我国政策性农业保险向纵深发展有重要意义。

一、中国政策性农业保险正在向纵深发展

中国农业保险在过去15年里的发展，取得了举世瞩目的成就，弥补了农业风险损失补偿的缺陷，有力地推动了中国农业和农村风险管理制度的建设。在农业保险产品开发方面也进行了不懈的创新，开发出几百款产品在各地实施。这些产品的开发都是围绕农林牧渔业中已经纳入中央财政补贴的农林牧业产品或者各地补贴的特色农林牧渔业保险产品，这是非常必要的和及时的。这些产品中，中央财政补贴的产品，特别是粮棉油糖作物的承保覆盖率比较高。2020年，三大主粮作物的承保面积已经超过播种面积的75％。虽然农户对于保险保障水平方面还不大满意，基本上满足了此前政策的需要。

中国农业保险的发展，包括产品开发，是一个渐进的过程，此前的产品开发适应了当时的政策诉求，以及农户特别是新型经营主体的需要。那就是首先要保证粮食安全。但是，农业保险需要向纵深发展，从实施乡村振兴和农业农村现代化建设的要求来看，政策性农业保险应该着眼于农业农村和农民多方位的风险保障，而不仅仅是粮食的安全。党中央和国务院从国际国内的全局考虑，在国家战

---

* 本文载于《中国银行保险报》2021年6月17日。

略上重点考虑的是"发展与安全"。对于"三农"来讲，在打赢脱贫攻坚战之后，要进一步解决缩小城乡、工农差距，发展乡村产业，促进农业农村现代化建设，解决农业安全和农村产业安全，繁荣乡村，让几亿农民更有幸福感、安全感和获得感的问题。在这个过程中进一步解决国民的食物安全问题，食物安全是国家安全的重要组成部分而且是基础。

从这个意义上讲，政策性农业保险作为乡村振兴和农业农村现代化发展的政策工具，现有的产品就有一些不足。很显然，对于"涉农保险"的发展，我们是瘸腿的，表明农业保险的经营者们视野还不够宽阔，有点缺乏敏锐性和主动性。还没有看到中国农业保险正在从专注农牧业生产的保险保障的"小农险"向涵盖农林牧渔和涉农产业风险保障的"大农险"发展。我们在"小农险"之外的关注度不够。

其实，中央已经不止一次提出农业保险向纵深发展的问题了，在 2019 年财政部等四部门发布的《关于加快农业保险高质量发展的指导意见》（以下简称《指导意见》）中，就提出了进一步发展涉农保险的课题，《指导意见》第六条就提出了"探索开展一揽子综合险，将农机、大棚、农房、仓库等农业生产设施纳入保障范围"。这次中国人民银行、中农办、财政部等六部门的文件，再次将这个问题提了出来，表明政府的态度是明确的，农险部门需要拓展思路，积极跟进，要使农业保险这个政策工具更加称手，更加有力，必须跟上政策的步调，才能彰显这个政策工具的作用和功效。

二、"一揽子综合险"是加快涉农保险发展的较好选择

"涉农保险"最早在《农业保险条例》中就提出来了，指的是种植业养殖业保险之外的"为农民在农业生产生活中提供保险保障的保险，包括农房、农机具、渔船等财产保险，涉及农民的生命和身体等方面的短期意外伤害保险。"实际上就是种植业养殖业保险之外的其他农村财产和短期人身保险。发展"涉农保险"是政策性农业保险的重要组成部分，也是实施乡村振兴的重要保障手段之一。对于各类农村新型经营主体尤其重要。一般来说，随着新型经营主体产业种类增多，产业经营规模的扩大，生产率的提高，财产种类和数额也在不断扩张，风险显然在不断增大，对于保险保障的需求在上升。但是，鉴于这些标的比较分散，单位价值较小，分别设计不同的险种来承保多有不便，特别是农户对于众多的保险产品也不大容易接受。开发"一揽子综合险"用一张保单将这些农户、公司、合作社的诸如房屋、农机、渔船、仓库、烘干设备等大型生产和生活设施纳入风险保障，为这些经营主体解除后顾之忧，必将极大促进农村产业的安全和可持续发展。

其实，在前几年深入扶贫和脱贫攻坚的过程中，有的公司就为贫困户设计过

包括房屋、其他家庭财产和人身短期意外伤害保险的"一揽子"保险保单，在帮助贫困户脱贫中发挥了重要作用。在实施乡村振兴和农业农村现代化的新形势下，对于农户，特别是各类新型经营主体的风险保障需求，需要在吸收以往经验的基础上，开发设计出来有多方面适应性的"一揽子综合保险"保单。前一阵子，我们在北京郊区做了一些调研，参观过几家农业公司和现代化蔬菜工厂，它们的生产效率非常高，产品也很受市场欢迎。但是因为投资比较大，风险也是比较高的，它们对这类保险保障有浓厚兴趣。

三、开发涉农保险"一揽子综合险"需要明确的政策

我同做农险的同仁也聊过这个话题，他们对开发涉农保险"一揽子综合保险"产品很感兴趣，认为从技术层面来说没有多大问题，虽然开发成本可能比较高。其重要意义毋庸置疑，主要是觉得，目前文件上只是提倡，没有看到具体的政策，特别是需要开发的这类产品的属性不明确，是要他们开发纯商业型保险，还是政策性保险，还不知道。这里涉及的最主要的问题是，商业性涉农保险"一揽子综合保险"产品有没有市场还很难说。已有的调研报告表明，某地农村互助保险机构举办的家庭财险产品，在当地政府给予一定保费补贴条件下，农户是愿意购买的，如果政府取消补贴，农户表示就不再参加。那么，对于拥有较多农业生产资料和大型设施的新型经营主体来说，面对涉农保险"一揽子综合保险"，是不是这种情况，还不知道。

所以，这个看似简单的问题，真要付诸实施并不简单。虽然我毫不质疑保险公司的技术水平和承保能力，但是如果没有有效需求，涉农保险"一揽子综合险"也很难受到重视，很难在短时间内开展起来。

我们需要加紧调研，不仅了解新型经营主体的涉农保险标的的种类、风险暴露状况和市场规模，更要了解农户，特别是新型经营主体的支付能力和投保愿望，及其对费率接受水平。如果需要政府补贴，补贴多少是适当的，等等。搞清楚这些问题，才能为政策制定部门提供决策依据。有了号召，也有了具体的支持政策，经营机构就会考虑要不要进行产品开发，以及设计什么样的产品，如何推给新型经营主体等。

期盼对涉农保险"一揽子综合险"尽早出台具体支持政策，争取这个重要农险新市场早日得到开发，将农业保险事业推向新的阶段，更好地服务于乡村振兴和农业农村现代化事业的发展。

健全再保险制度 农业安全才有保障*

——答《农民日报》记者李琭璐问

记者： 2021年中央1号文件中，特别提出了"健全农业再保险制度"的重要课题。您认为当下我国农业再保险的基础是什么？现状如何？

庹国柱： 中央1号文件提出"健全农业再保险制度"是很有针对性的。在我国2007年开始建立政策性农业保险制度之后，我国农业保险的直接保险一直是购买商业性再保险，本来购买商业性再保险也是分散直保业务经营风险的可行选择，但是，我国再保险市场上本国的再保险公司比较少，承保能力也很有限，当时主要依靠国际再保险人。虽然这些国际再保险人很看好中国的农业保险市场，但是作为商业性机构，以营利为目的，稳定性比较差，一旦遇到较大灾害损失，它们没有了盈利甚至亏损，就会退出市场。所以2015年在原保监会的支持下，10多家金鹰农业保险的直保公司就成立了一个由中国财产再保险公司牵头的"农业再保险共同体"（简称农共体），大家组织起来共同接受成员公司的再保险分出业务，后来差不多参加农业保险经营的30几家公司都参加进来了。

"农共体"经营五年，为政策性农业保险的顺利发展做出了重要贡献，但是因为"农共体"的某些局限和规则方面的问题，也没有政府的财政支持，实际上是纯商业性经营。5年来其经营一直处于亏损状态，成员们也有不少意见。为了解决这个问题，使我国农业保险有一个稳定可靠的风险分散制度保障，借鉴其他农业保险发达国的经验，经国务院批准，就由财政部牵头和控股，组建了现在的"中国农业再保险公司"。

记者： 我国农业保险再保险制度与一般的再保险制度有什么区别？

庹国柱： 我国的农业保险是政策性农业保险，这种保险不同于一般商业性保

---

* 原载《农民日报》2021年6月28日。

险业务，它不仅仅是一类农业保险，主要是农业和农村发展政策，只是利用了"保险"这种形式或者外壳。它不以营利为目的，而且政府为投保农户补贴了75%～80%的保险费，等于政府购买的保险服务，为的是保障国家的食物安全，促进和保障农业现代化的顺利进行。所以，农业再保险不能等同于商业性再保险。首先，这种农业再保险，它是整个政策性农业保险制度的重要组成部分，也就是我们常说的农业保险经营的"大灾风险分散制度"的重要组成部分，而一般的商业性再保险就是单纯的分保，这种再保险是以营利为目的的。其次，中国农再所做的分保业务是政策性业务，与直接保险一样也是政策性质的，其费率应该是比市场费率更具优势。就是说，在精算上对利润的考虑是受到严格限制的，甚至是得到政府的财政支持的，比如说管理费可以得到财政的适当支持，第二，这种区别也反映在，中国农再还肩负着国务院赋予的其他重要政策职能和使命。

记者： 2020 年 12 月，中国农业再保险有限公司成立，您认为这标志着什么？公司的成立又有哪些使命？

庹国柱： 中国农业再保险有限公司成立，是完善我国政策性农业保险制度建设的重大步骤，将使农业保险大灾风险分散体系得到健全。此前，我们只是初步建立了公司级别的大灾风险准备金，有了政策性质的农业再保险和再保险之后的国家"农业保险大灾风险基金"，农业保险经营就没有了后顾之忧，保证了农业保险的可持续发展。

根据国务院的批示，中国农再主要使命有四项：第一，就是为农业保险直接保险保驾护航，通过为直接保险提供再保险服务，分散农业保险的大灾风险；第二，就是将由中国农再组建"中国农业保险大灾风险基金"，以解决直保公司再保险之后的超赔责任问题；第三，利用再保险人的身份和有利条件，做好农业保险信息共享和管理，将建立一个农业和农村风险管理的数据平台，不仅服务于农业保险，也服务于国家防灾减灾事业；第四，规划和推动完善农业保险制度，更有效地落实国家相关支农惠农政策，这是一个更加宏大的国家计划，关系到国家农业补贴政策的改革。

从这些使命来看，这家再保险公司就是一家担负国家农业和农村现代化发展特殊使命的政策性公司。

记者： 我国的农业再保险制度与国外相比，有哪些不同？

庹国柱： 首先，国外成熟的农业保险再保险制度，一般都是由政府直接安排（例如加拿大、日本），或者政府组建农业再保险机构（例如美国、印度），来直接经营。我们国家建立的这个服务于农业保险直保公司的再保险公司是一家由财政部门控股的股份制保险公司；其次，其他农业保险发达的国家的政策性农业保险的再保险业务，是有政府财政支持的。比如，美国的农业再保险是由政府所有的"联邦农作物保险公司"提供的，正如上面说的那样，它们的再保险费率是有竞争力的。中国农再会不会得到政府的财政支持，在理论上是可以的，但至少现在还不知道；第三，其他国家的农业再保险是直保公司自愿购买的，可以买政府提供的再保险，也可以在商业再保险市场上购买。当然，因为政府提供的再保险价格有竞争力，直保公司大多选择购买政府的再保险公司的产品。我们国家的农业再保险公司刚刚成立，还没有经验，出于业务需要采取协议承保的方式，给各家直保公司留下的自由安排的空间较小。当然，不同国家有不同国情，这种再保险安排也不存在对错，关键要通过实践来逐步完善，毕竟是政策性农业保险。世界上大多数国家的农业保险（包括美国、加拿大、西班牙、菲律宾等）都是自愿保险，但日本从1947年起，就对主要农业农牧生产的保险实行强制保险，其他农业保险实行自愿投保，直到如今也是如此。我也曾经主张对主要农产品生产实行强制保险，其他农产品生产实行自愿保险。这里主要是讲再保险，我想强制再保险也未尝不可，因为这不是商业保险和再保险，不归《保险法》规范，也不违反2001年我国加入世贸组织的规定。

记者：2021年中央1号文件里，还特别提出要发挥"保险＋期货"在服务乡村产业发展中的作用。您认为这对于农业保险来讲意义何在？目前还有哪些问题待解决？

庹国柱："保险＋期货"是保险业结合期货业的一种金融服务创新，是为了解决农产品的价格风险损失的一种不错的途径。十多年来我们的农业保险产品主要是承保自然风险，因为灾害造成的农林牧生产的损失，由相应的保险产品给予损失保障。但是自从2015年对大豆、棉花、玉米产品实行市场化定价机制改革以来，这些大宗作物就受到市场价格变动的巨大影响，特别是2017年玉米价格改革时。遭受到市场价格大幅下跌，种植户遭受巨大损失，但是对价格又不可能进行保险，因为这是系统性风险，不可保。于是保险机构与期货交易机构创新设计了这种通过保险公司的价格保险保单承保种植农户的价格风险，保险公司通过期货公司的期货合同，将价格风险在期权市场上分散，就能较好解决农户因为市场价格下跌带来的损失。

所以，该产品一问世，就受到中央政府的关注，2016年就写进中央1号文件，而且在其后的五年中也一再指示积极试验。2021年的中央1号文件特别提出要"发挥'保险＋期货'在服务乡村产业发展中的作用"。这个提法与前五个中央1号文件中的提法都不一样。就我的理解，就是希望"保险＋期货"不仅要服务于农业生产，更要服务乡村产业发展的广阔领域。因为，目前的"保险＋期货"虽然只是提供部分农产品生产的价格风险保障，但是，这个保障做好了，农产品市场化价格稳定了，会使农业特色产业，比如特色种植和特色养殖业；乡村生产性服务业，比如土地流转、农产品加工、农资供应、农产品储藏和乡村传统特色产业等都会受益。

我们也不妨将"保险＋期货"的思路和方式，向乡村其他产业领域延伸，组织其他适于参与期货市场交易的产业和生产，例如，仓储、饲料加工等行业也通过"保险＋期货"的方式，参与期货期权的交易，规避价格风险。这不仅是开拓期货市场的思路，也是乡村振兴和乡村产业发展的思路。

当然，我的个人理解也不一定对。

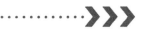

《现代农业保险学》序言[*]

　　林乐芬教授主编的《现代农业保险学》一书即将出版，这是农业保险研究和教学领域的一件值得高兴的事。这部有 40 多万字的作品，倾注了南京农业大学金融学院林乐芬教授领头的农业保险研究团队好几年的心血。这个有实力的团队在近些年里活跃在农业保险的研究田园里，有诸多农业保险领域的优秀成果。这本教材在介绍农业保险的基本知识时，也融入了他们的研究心得和成果。有幸提前阅读和学习这本教材，我感到非常欣慰和欢喜。

　　这本书取名《现代农业保险学》，既有历史感更有时代感。现代农业保险区别于传统农业保险的概念和范畴。传统的农业保险起源于欧洲，最早的农业保险组织是德国农民自己建立的雹灾合作社。但是直到 1939 年以前，传统商业性农业保险，除了雹灾和火灾保险之外，以产量损失为触发的"一切险"保险没有成功的案例记载，所以消失了很长时期。现代农业保险应该是始于 1938 年的美国，那一年，美国颁布了《联邦农作物保险法》，开启了区别于传统商业性保险的由政府支持、主导和参与的现代农业保险，就是我们称之为政策性保险的农业保险。此后，日本、加拿大、菲律宾、法国、巴西、智利、印度等国家，也先后通过立法逐渐加入试验和全面推行现代农业保险的行列，在联合国粮农组织和世界银行等国际组织的倡导和推动下，数十个国家加入现代农业保险的行列。迄今，现代农业保险已经有 80 多年的历史了。

　　在我国，现代农业保险，也就是我们的"政策性农业保险"，是从 2007 年才开始起步的。不过 14 年时间，我们的政策性农业保险取得了举世瞩目的成就，就保费规模而论，2020 年中国已经取代美国，成为世界第一。这一年，我们的以农业保险保费收入计算的市场规模，达到 814.93 亿元。而美国同年市场规模只有大约

---

117 亿美元（约合 750 多亿元）①。这是了不起的成就，值得我们高兴和自豪。当然，这只是从数量上的比较，如果从农业保险的发展质量上来看，例如，保险的规范性、保险深度，保险密度，保障水平、经营和管理水平等方面相比，我们的现代农业保险还处在发展的初级阶段，与现代农业保险的发达国家相比还有相当大的差距。现在的我国，只能说是一个发展现代农业保险大国，还不能算是现代农业保险的强国。

我们正在努力实现国家提出的高质量发展农业保险的要求，为国家实施乡村振兴战略做出更多更好的贡献。在这个从农业保险大国走向农业保险强国的过程中，需要做很多努力，有很多工作要做，包括相关法律、制度和政策的优化，经营环境的改善，经营方式和技术的创新和提高，也包括农业保险教育的加强。从某种意义上说，现代农业保险知识的普及，是法律、制度和政策的完善，经营环境的改善，经营方式、技术和效率的改进和提高，是农业保险大国走向农业保险强国的条件和前提。根据我自己的调研和观察，目前农业保险发展过程中出现的宏观和微观层面的问题，虽然有多方面的原因，但是大多也与投保人、协保员、相关政府官员、基层经营人员缺乏对农业保险基本知识和政策、操作规范的了解和把握有关。特别是农业保险活动中的重要参与者地方政府，因为缺乏对现代农业保险知识的学习和了解，发生了不少违法违规问题，甚至产生犯罪。因此无论从哪个视角来看，推进中国农业保险的健康、可持续和高质量发展，不仅需要培养更多的对农业保险专业知识有系统了解的农业保险专门人才，同时，要使更多与农业保险相关的官员、农业生产者和从事保险经营的员工、协保员等，更多更准确地了解农业保险专业知识，懂得农业保险的政策和法律规范。就是说，除了农业保险的正规教育，很有必要通过各种方式和途径，对相关人员进行农业保险知识培训。这本《现代农业保险学》就是为这些保险专业学生的专业学习和与农业保险相关人员提供的关于现代农业保险专业知识培训的优秀教材之一。

这本《现代农业保险学》是一本概论或者通论型教材，它系统全面地归纳和介绍了现代农业保险的理论、制度、政策、经营管理和主要保险种类的业务知识，并将农业保险的一些最新的发展和研究成果都做了简明扼要的介绍。教材的体系完整，内容丰富，详略得当，现代农业保险专业知识的主要方面和内容都得到反映。文字表述既不失理论和学术性，也比较通俗易懂，可以适应不同层面读者的需要。

祝贺《现代农业保险学》的出版，并向林乐芬教授及其团队的出色贡献表示衷心的感谢。

2021 年 5 月 28 日与北京

---

① 根据美国农业部发布的农业保险年度报告，2020 年美国的农业保险保费收入 100.3 亿美元，加上大约 17% 的管理费补贴，按可比口径计算的保险费收入总共是 117 亿美元左右，按照汇率 6.5 计算，约合 750 多亿元。

加快"完全成本保险"和"收入保险"试点和降低县级补贴的步伐要同步

除了从整体上来理解中央 1 号文件对于农业保险的重要意义之外，中央 1 号文件中，还有多处专门对农业保险提出政策意见。这些意见主要是针对三个方面，那就是"扩面、增品、提标"。

要做好"扩面、增品、提标"，需要不断有新的支持政策。中央 1 号文件直接提到的几项政策意见，其中之一就是"扩大稻谷、小麦、玉米三大粮食作物完全成本保险和收入保险试点范围，支持有条件的省份降低产粮大县三大粮食作物农业保险保费县级补贴比例"。这是两个问题，也是一个问题。

一、扩大完全成本保险和收入保险试点范围很有必要

（一）"完全成本保险"和"收入保险"试点的背景

我国自 2007 年开始试点政策性农业保险以来，对于农作物和家畜的保险一直是将所谓"物化成本"作为保险金额的依据。这个保险金额只有农作物收入的 30%～40%。随着城市化的加速发展，农户家庭收入结构的变动，农村土地流转和新型农业经营主体迅速增长，这种"物化成本保险"越来越不能适应农户的保险需求。2017 年中央出台文件，在我国 13 个粮食主产省开展三大主粮作物涵盖租地成本的"大灾保险"试点，虽然也受到农户欢迎，但是因为只是针对种植大户，跟占主导地位的小农户没有多少关系。而同一年，中央决定在棉花大豆市场化定价机制改革的基础上，进行玉米定价机制改革，这一年，玉米种植农户遭受了巨大的价格风险损失，价格风险的管理问题便提到议事日程上。"大灾保险"显然难以适应日益加快的现代农业发展和农业市场化改革的步伐。

在这种情况下，根据 2017 年和 2018 年中央 1 号文件的精神，2018 年 8 月 28 日财政部、农业农村部、银保监会共同印发《关于开展三大粮食作物完全成本保险和收入保险试点工作的通知》（财金〔2018〕93 号），决定在内蒙古、辽

宁等 6 个粮食主产省的 24 个产粮大县开展三大主粮作物（稻谷、小麦、玉米）的完全成本保险和收入保险试点。开展三大粮食作物完全成本保险和收入保险试点，迈出了我国农业保险由"保成本"向"保收入"的关键一步，对推动提高农业保险服务能力，促进农业保险转型升级，推动农业保险高质量发展具有重要意义。

（二）试点的初步成效

两年试点，已经取得了初步的积极成果。试点方案给予了地方一定自主权，同时取消了县级政府保费补贴配套，极大地调动了地方政府的积极性，取得了较好成效。一是提高了覆盖率。根据农业农村部农业保险三项试点调查数据，2020 年内蒙古、山东、河南、安徽和湖北 5 省"完全成本"和"收入保险"试点，承保面积超过 1 100 万亩，保险面积覆盖率达到了较高水平，如山东小麦完全成本保险承保面积占到了试点县播种面积的 93.7%，安徽 4 个试点县水稻完全成本保险面积覆盖率达到了 95.8%。二是提升了保障水平。2020 年试点地区小麦和水稻的完全成本保险亩均保额分别为 920 元和 1 065 元，不仅远高于传统成本保险保障水平，较试点地区所在省份大灾保险的亩均保额也提高了 50% 以上。内蒙古试点地区玉米成本保险和收入保险的保额分别为 553 元和 693 元，也明显高于传统成本保险。三是进一步发挥了损失补偿作用。2020 年内蒙古、山东、河南、安徽和湖北 5 省完全成本和收入保险试点总赔付金额 4.87 亿元，简单赔付率 82.45%，完全成本保险受灾户户均获赔 2 500 元左右，安徽和湖北水稻完全成本保险试点地区的受灾户户均获赔金额更是超过了 5 900 元和 4 200 元，有力弥补了粮农的灾后损失，保护了农民的种粮积极性[①]。

（三）扩大"完全成本保险"和"收入保险"的紧迫性

从物化成本到完全成本，一下子把保险金额提高很多，对农户是好事，也是他们期盼的。但是这里面涉及很多问题。一是财政的补贴能力问题。提高保险金额就相应地要提高保费，增加财政补贴数额，在同样的覆盖面的条件下各级财政需要增加多少补贴，是需要各级政府了解的。二是农民要增加多少保费支出，他们的支付意愿如何，也是需要通过试点摸清楚的；三是我们的产品准备好了吗？各地试点拿出的产品设计不尽一致，哪些产品形态是合理可行的，也需要通过不断试验和总结，才能选择比较科学合理的产品；四是产品定价如何做到既稳妥又可行，让各方都能接受，也需要谨慎探讨；五是保险经营机构对于提高保险金额和覆盖面之后的经营风险的增大做好准备了没有。

比如，收入保险，尽管别的国家例如美国，有 20 多年的发展经验，产品也

---

① 参见：张峭，王克. 增强粮农抗风险能力［N］. 中国银行保险报，2021 - 02 - 25.

很丰富。但是中国无法照搬美国的经验。我们怎样取得准确的产量资料，计算收入保险的保额所需要的农产品价格如何确定，这两个最基本的问题我们实际上还没有解决。在试点中，有的地区选择有国家保护价收购的水稻作物来进行收入保险试点，是否恰当？有的地方以当地"政府收购价"或者前几年的市场平均价来确定，是否符合收入保险本身的意义。这些问题没有多方试验，是难以得到很好的解决方案的。

还有一些很实际的问题，在试点地区，能不能让农户在较高保险金额（完全成本）之内有选择权？完全成本是 900 元，"大灾保险"保额是 700 元，物化成本保险的保额是 450 元，我可不可以只投保物化成本保险？要让千千万万农户都吃一种"菜"，只有一种"风味"可选择的历史，应当早点放弃了。

有的同仁认为，在现在直保公司经营利润很不稳定的条件下，考虑保价格风险的收入保险不妨走得慢一点，当前还是在提高保额上面走得快一点，也是一种重要的值得重视的观点。如前所述，保额提高了，风险也会增加。2020 年，5 省"完全成本保险"和"收入保险"试点，总赔付金额 4.87 亿元，简单赔付率82.45%，是亏损的，高于整个农业保险的简单赔付率 75.56%（基本也是亏损的）。

这样说来，扩大试点而不是尽快全面推广是有道理的。

二、县级政府补贴一直是农业保险发展的瓶颈

（一）我国农险的四级补贴体制

我国农业保险的补贴体系，是世界上最复杂的。补贴主体有中央、省、地（市）和县四级。这种补贴体制和体系给政策性农业保险带来了很多额外烦恼，在一定程度上增加了保险成本。不过，这四级补贴主体里，最主要的问题在于很大一部分县的县级财政（县级政府）没有足够的财力。

因为，很大比例的县的财政目前是无法完全靠本级财政吃饭的，需要来自中央的"转移支付"。特别是那些靠转移支付过日子的"产粮大县"，支持和补贴农业保险的能力十分有限。在这些地方，即使中央和省、地（市）均能按照中央财政规定的补贴比例出钱给投保农户补贴，县里拿不出那么多的补贴，这个地方也不可能实现"应保尽保"。覆盖面，特别是三大主粮作物的承保覆盖面，很难提高。全国有 800 个"产粮大县"，其中 13 个粮食主产区 680 个，另外 11 个非粮食主产区 120 个。这些产粮大县是为国家提供粮食的重要基地，无论是从国家还是从农户视角，这些县最需要农业保险为其提供风险保障。

（二）已经有了降低县级补贴的政策

考虑到这种实际，财政部于 2015 年曾经在《关于加大对产粮大县三大粮食

作物农业保险支持力度的通知》中，制定了一些措施，减少这些产粮大县的补贴负担。只要省级政府提高补贴比例，就能降低县级政府的补贴责任。中央财政对于提高的部分承担50%的补贴责任，中央财政对中西部地区的补贴比例，最高可以提高到47.5%。这些政策虽然不是"必须执行"的，而是有弹性，但是还是受到各地的热烈响应，它们做出了很大努力，也在这几年的农险实践中发挥了重要作用。

据笔者了解，河南省，湖南省，已经从2017年起，已经完全取消了产量大县的三大粮食作物的县级财政补贴。安徽省有55个产粮大县，政府根据本省情况，将保险费的县级财政补贴比例从10%~15%降到2.5%~7.5%。黑龙江有71个"产粮大县"，贯彻财政部这个政策之后，也将县级保费补贴从原来的15%减低到7.5%。这几个省近几年农业保险发展都比较快，2020年与2016年相比，保费收入都增长了50%~70%。这与采取降低产粮大县县级财政补贴，使得县级政府以同样多的财政资源增加提供补贴的面积有重要关系。

（三）需要进一步降低县级补贴农险的负担

2017年的政策实施了3年多了，虽然有不错的效果。但鉴于各省的财政状况不同，仍然有一些县级财政对于哪怕是降低后的补贴份额，也还有实际困难。如果想要全面贯彻《关于加强农业保险高质量发展的指导意见》高质量发展农业保险的话，县级的补贴负担会进一步提高。因为不仅现有的物化成本保险扩面需要增加补贴，上面提到的"完全成本保险"和"收入保险"试点的扩大也需要增加财政投入。所以，中央在这里提出"支持有条件的省份降低产粮大县三大粮食作物农业保险保费县级补贴比例"是非常有针对性和及时的。除了那些县级财政比较宽裕的产粮大县之外，其他的产粮大县需要有进一步的财政政策来加以解决。我想，财政部门，特别是中央和省级财政，已经准备好根据这个精神制定进一步的政策了。这些县级政府很期待，我们也应该感到高兴。

总之，扩大完全成本保险和收入保险试点范围与进一步减低甚至取消产量大县县级政府的保费补贴负担，是相联系的，前者要扩大以至在全国800个产量大县推广，县级政府补贴负担的减轻和取消在某种程度上是前提条件。后者解决不了，应保尽保就难以实现。

"保险＋期货"是一个需要继续推进的课题*

2021年中央1号文件里，特地提出要"发挥'保险＋期货'在服务乡村产业发展中的作用。"这不仅是农业保险的任务，也是期货界的重要任务。

一、试点成就显著

"价格保险＋期货"是2015年由大连商品交易所（以下简称大商所）和中国人保财产保险公司共同开发的一种创新型金融产品。这种产品主要是为分散农产品价格风险，不致使农户因市场价格的下跌遭受重大损失。五年来，包括上海商品交易所、郑州商品交易所在内的三大商品交易所，和众多的保险公司，积极加入了"保险＋期货"的试点行列。2019年，试点保费收入14.6亿元，较2016年增长了12.6倍，试点地区由12个省（直辖市、自治区）扩大到26个，试点产品由5个增加到14个。无论是在衔接国家农产品定价机制改革，还是在精准扶贫和脱贫攻坚战中，都发挥了突出作用。

二、明确政策含义

"保险＋期货"对于保险的意义在于保险公司可以将不可保的价格风险，纳入农业保险的行列，但是对于期货界的意义就是让期货期权市场走进农户，更直接地为广大农户和农村服务。期货期权市场，因为其技术的原因，对于广大农户，哪怕是种田大户、农村合作组织等新型经营主体，也是非常陌生的，那些产品太"高大上"。正常情况下他们要想利用这种价格管理工具来规避自己农产品的价格风险，几乎没有可能。但是通过保险公司的价格保险，将农民组织起来进

---

* 本文原载 2021 年 3 月 4 日《中国银行保险报》，原文标题是"一号文件里的'保险＋期货'"。

入期货市场，拉近了期货市场与广大农户的距离，也繁荣了期货市场交易，这就是中国特色的创新。这种创新完全符合政府支农强农惠农的政策精神，受到农民和政府的重视和支持也就是顺理成章的了。

如今，中央政府希望农业保险界扩大农业收入保险的试点，之所以如此，主要是因为外国的收入保险模式和经验还难以在中国照搬照抄，中国的国情是农户缺乏准确的产量和收入的历史数据资料，科学的市场价格也难以确定。怎样的收入保险产品和操作适合中国的国情，需要多方探索。大连商品交易所在几年做"价格保险＋期货"的基础上，2019年进一步开发出"收入保险＋期货"的新产品，试图通过该试点取得经验，在农业收入保险方面趟出一条中国式的新路，是令各界高兴的事情。

三、试点需要扩展

"保险＋期货"本来只是农产品生产的保险问题，为什么中共1号文件将其提到"服务乡村产业发展"的广阔领域呢？笔者理解，这是因为，"保险＋期货"虽然只是提供部分农产品生产的价格风险保障，但是，这个保障做好了，农产品市场价格稳定了，使农业特色产业，如特色种植、特色养殖，乡村生产性服务业，例如土地流转、农产品加工、农资供应、农产品储藏等和乡村传统特色产业都会受益。同时，我们也不妨将"保险＋期货"的思路和方式，向乡村其他产业领域延伸，组织其他适于参与期货市场交易的产业和生产，例如，仓储、饲料加工等行业也通过"保险＋期货"的方式，参与期货期权的交易，规避价格风险。这不仅是开拓期货市场的思路，也是乡村振兴和乡村产业发展的思路。

四、尚需解决问题

当然，要想使"期货＋保险"在服务乡村产业发展中充分发挥作用，还需要解决存在的一些问题。第一是资金投入问题，也就是保费补贴问题。在试点期间主要保险费（也就是期货期权交易费）都是三大商品交易所补贴，也有一小部分是地方政府补贴。假如这种支持格局不变，试点将永远是试点，能不能持续和扩大还不好说。第二个问题是规范，特别是规范政府在"保险＋期货"实施和操作中的行政性干预。有不少的试点都发生政府要求"保险＋期货"如不触发赔付，要求"保底赔付"，有的合同甚至要求很高的"保底赔付"。即使触发赔付，赔少了也不行，政府要求保险公司多赔。这就把保险市场和期货市场交易都扭曲了。有的保险公司无奈地说：我们这是赔本赚吆喝。当然，还有一些问题，例如定价机制尚待完善，期货市场交易农产品品种不多，市场容量有限等，也需要在试点过程中作出多方探索和改进。

只有这些问题得到合理和顺利解决，"期货＋保险"才可能真正在乡村产业振兴中发挥重要作用。

健全我国农业再保险制度[*]

2021 年中央 1 号文件中，特别提出来一个"健全农业再保险制度"的重要课题。这是一个对农业保险的健康、可持续和高质量发展具有重要意义的课题。

就笔者理解，对于我国的农业保险而言，我国农业再保险制度，是一个既包括农业再保险，也包括再保险之后的风险损失吸纳和消化安排的整体制度，是如何完善农业保险大灾风险分散机制问题的一部分。

一、我国农业保险再保险制度既是
一个老问题也是新问题

农业保险的再保险制度不同于一般商业性再保险制度。根据国外农业保险发达国家的经验，农业保险需要一套包括政策性质的再保险安排，和这种再保险之后的超赔责任安排。例如在美国，农业保险的再保险主要是由政府所有的"联邦农作物保险公司"（简称 FICI）提供的，对于这个由政府财政支持的再保险之后，还有进一步的超赔责任安排，那就是可以向其提供贷款的政策性银行"商品信贷公司"。这种完备的安排在我国还没有完全建立起来。2020 年 12 月 30 日之前，我们农业保险的再保险还完全是由商业化的再保险市场提供，尽管我们在 2015 年建立了"农共体"，但仍然是商业化市场化经营，而且也没有得到财政的支持，其经营虽然是有功绩的，但还是有缺憾的。2020 年 12 月 30 日中国农业再保险公司（简称"中国农再"）正式成立，标志着我国农业再保险制度建设有了重要的突破性进展和可能是质的转变。但是，中国农再还是一张白纸，需要在实践中探索中国农业再保险制度建设之路。

---

* 本文原载《中国银行保险报》2021 年 3 月 1 日。

二、中国农再的理念构建是健全农业再保险制度的基础

国务院给中国农再规定了四大使命。第一条就是为农业保险直接保险保驾护航，通过为直接保险提供再保险服务，分散农业保险的大灾风险。

这是"中国农再"的首要责任，也是当前中国农再的当务之急。这其中首先需要处理好中国农再的股份制保险公司性质与其政策性职能之间的可能的冲突。据说中国农再的股东们在下述理念上达成一致，那就是不强调其利润诉求，而注重其服务的政策性或者公益性。这是健全农业再保险制度的重要基础，值得赞赏。同时，如何使再保与直接保险成为利益共同体，既解决直保公司的风险分散，也实现再保险分出以及接受双方的风险和利益的共担共享。这需要智慧，也需要法律法规的规范，并需要在实践中逐渐达成共识。

三、中国农再的其他使命也是健全农业在保险制度的组成部分

中国农再的另外三项使命包括，推动建立并统筹管理国家农业保险大灾风险基金；利用再保险人的身份和有利条件，做好农业保险信息共享和管理；利用再保险的特殊身份和便利条件，来规划和推动完善农业保险制度，更有效地落实国家相关支农惠农政策。以笔者之见，这三项使命也是健全中国农业再保险制度的重要内容。只有中国农再的这四项任务落实完全到位，而且在实践中真正发挥出预期的积极效果，才能谈得上我国农业再保险制度的健全。这四项中国农再的使命，实际上是中国农业保险制度的顶层设计内容的重要组成部分。当然，要完成这些使命，真正使这个制度全部运转起来，健全起来，任重而道远。

再保险之后的大灾风险准备金，目前还只是一个设想，这个大灾准备金如何设计，需要一层还是多层安排；中央一级的基金需要多大规模，能抵御几十年一遇的重大灾害风险；大灾基金如何筹集，又如何使用等，都需要研究出方案并在各方配合之下才能付诸实施。

规划和推动完善农业保险制度，更有效地落实国家相关支农惠农政策，是一个更加宏大的国家计划。国家支农惠农是长期国策，作为实现这一国策的最重要的重要工具和抓手之一，我国农业保险将来能在多大程度上实现支农惠农，在这里将有很大的发挥空间，值得农业、农村和农民期待，也值得农业保险界期待。

四、农业再保险制度的健全需要
相关各方的合作和支持

这也是"健全农业在保险制度"的应有之义。

中国农业再保险制度的建设，必须有各方面的配合、合作与支持。没有这个条件，中国农业再保险制度的健全是很困难的。目前，中国农再刚刚成立，其作为健全中国农业再保险制度最重要的主体之一，在一张白纸上虽然可以画出最美丽的图画，但是，万事开头难，可以借鉴的经验有限。它们需要各监管部门的爱护、支持和指导，需要各直保公司和其他相关部门的理解和包容，在没有经验和现成规则的条件下，可能有些再保险协议、办法和规则不完全有规有矩，不完全符合直保公司的诉求和心愿，双方都要有耐心，要进行广泛、深入的沟通和协商，在磨合中寻求一致，在过程中寻求和谐。中国农再也需要学习其他商业再保险主体，包括国际再保险人的宝贵经验，取得它们的理解、合作与支持。只有这样，才可能使中国农业再保险制度早日健全和完善。

期盼"以奖代补"的政策早点扩大到全国[*]

2021年中央1号文件中，围绕着"全面推进乡村振兴加快农业农村现代化"的中心议题，对农业保险提出了四个方面的意见。其中一个方面就是"将地方优势特色农产品保险以奖代补做法逐步扩大到全国"。就是要求要加快"以奖代补"政策的推进，从试点尽快扩大到全国，以加快农业保险的"扩面、增品、提标"的步伐。这是一个切中农业保险发展要害，非常符合农险发展实际和地方政府期盼的重要政策意见。

在我国农业保险制度中，作为一种引导，中央财政给予补贴支持的农业保险的标的目录，是根据国家的农业发展战略意图确定的。最初确定的只有小麦、水稻、玉米、大豆、棉花五类作物，后来逐步增加到包括生猪、奶牛、森林等农林牧16类20几种农业标的。但是，因为各个省的农业生产布局有差异，对那些没有列入中央补贴目录的本地重要农产品，即所谓"特色"农产品的保险标的的保险，例如，蔬菜、水果、牛羊鸡鸭养殖、水产养殖等保险，就主要依靠省、地、县政府给予保险费补贴。对那些农业大省或者特色农产品比较多的省份，要扩大"特色"农产品的保险覆盖面，财政压力就比较大，往往力不从心。所以这些"特色农产品"的保险发展就受到很大限制，与农户投保的需求形成巨大反差。根据监管部门的数据显示，受到中央和地方共同补贴的那些农产品的保险，保险覆盖率［投保面积（或头数）/播种面积（或存栏头数）］比较高，例如，小麦、水稻和玉米三大粮食作物的承保率超过70%，而只由地方政府补贴的所谓"特色"农产品保险的覆盖率不到20%，远远达不到"应保尽保"的期望，也使很多农户感到遗憾。

中央在统筹考虑中央财政实际状况和拓展、优化农业保险供给侧改革需要之后，为了支持地方特色农产品的生产和保险，想出了一个对各省"特色"农产品

_{*　本文发表于《中国银行保险报》2021年2月25日。}

的保险，实行"以奖代补"的办法，就是对各省"特色"农产品保险也分担一定份额的保费补贴，以减轻地方财政的财务压力，尽可能扩大特色农产品保险的供给，满足特色农产品生产者的保险需求。2019 年，财政部选择内蒙古、山东、湖北、湖南等 10 个省开展中央财政对地方优势特色农产品保险的"以奖代补"试点，每个省可以申请两种本地"特色"农险标的。2020 年起，进一步将试点范围扩大到内蒙古、辽宁、吉林、黑龙江、山东等 20 个省，每一个试点省，可以申报三个本地的"特色"产品，在地方财政至少补贴 35％的基础上，中央财政对中西部地区和东北地区补贴 30％，对东部地区补贴 25％，对新疆生产建设兵团补贴 65％。原则上贫困县县级财政承担的补贴比例不超过 5％。这一政策受到各地的欢迎和响应，有力地调动了各省加快农业保险发展的积极性，对"特色"农产品生产者来说也是一个重大利好，特别是在打赢脱贫攻坚战中发挥了重要作用。

"以奖代补"政策，实际上就是中央财政根据本级财政的实际，挖掘财政资源，努力贯彻财政部等四部委发布的《关于加快农业保险高质量发展的指导意见》的实际步骤和举措之一，因地制宜地有效地推进农业保险的"扩面"和"增品"。因为我国的食物安全，涉及众多农林牧渔业生产的安全，不仅仅是粮、棉、油、糖作物需要风险保障，其他肉、奶、蛋、菜、果和众多的水产养殖等标的，也需要有政府支持的风险保障。但是，考虑到中央政府财力，不可能一下子将所有重要农产品生产的保险，都纳入中央财政补贴的盘子，只能逐步扩大支持范围。各省选择本省的三个重要农产品的保险，由中央财政分担部分保费补贴，既充分考虑到中央财政的实际，也减轻了地方政府的财政负担，更是满足了农户对这些农产品生产的保险需求。

我国农业保险的市场规模在 2020 年达到 814.9 亿元，超过美国 2020 年 765 亿元人民币[①]的市场规模，成为全球第一。我们很希望我国在 2020 年成功登顶全球农业保险市场规模之顶的基础上，2021 年再实现"以奖代补"政策的全覆盖，大大提升对农业农村发展和人民生活有重要意义的农产品的保险覆盖率，并尽可能地让各地的"特色"农产品生产的保险也能实现应保尽保，推动农业保险迈出更大步伐，为更好地服务于乡村振兴和农业农村现代化做出新的贡献。

---

① 据美国农业部公布的数据，美国 2020 年的农业保险纯保费是 100.62 亿美元，加上大约 17％的管理费补贴，总保费大约为 117.7 亿美元，按照 6.5 的汇率计算，折合人民币 765.22 亿元。

遥感损失评估数据不被采信，是个遗憾[*]

一、定损案件的来龙去脉

最近，农险界不少人关注到一个农险理赔的法院判例。某公司 B 将流转来的 12 211 亩土地种植小麦，并向 A 保险公司投保小麦保险，每亩的保险金额 447 元。投保的小麦在保险期间因遭受旱灾减产。在理赔过程中，投保双方因定损发生分歧，诉至法院。在一审中，B 公司通过法院，委托资产评估公司 C，进行小麦损失评估。出具的评估报告显示，小麦减产量为 308.23 万千克，按照每千克 2.24 元计算，损失额为 690.44 万元。保险公司 A 认为该资产评估公司估算损失不专业不准确，遂委托一家专业遥感技术公司 D 使用高分 1 号、2 号和哨兵 2 号卫星遥感数据定损。D 公司出具的鉴定报告，与资产评估公司 C 的损失评估结果有较大差异。但一审法院以遥感技术公司 D 及其制作报告的人员没有司法部认可的鉴定资质为由，不予采信。在二审中，虽然保险公司 A 申请专家辅助人员出庭作证，也无济于事。

在这个案例的介绍材料中，笔者注意到，一审法院并没有说，遥感技术公司 D 的鉴定报告没有科学性和准确性，只是说 D 公司及其提供损失评估报告的技术人员没有司法部门认可的鉴定资质。所以，问题就不是 D 公司提供的损失鉴定报告本身。就报告本身，我想，我们都学习了最近颁布实施的《民法典》，对其技术层面和法律层面都没有疑问。

二、农险中介的尴尬处境

如果在这方面有什么不足的话，那就是监管部门至今没有出台明确规定，承

---

* 本文原载《中国银行保险报》2021 年 2 月 4 日。发表时有删节。

认科技公司利用地理信息、遥感信息等技术服务农业保险的合法性与有效性。目前，包括该遥感技术公司在内的不少科技公司，都加入了农业保险中介服务工作，特别是承保、定损和理赔方面，参与度越来越高，已经显示出科技应用的较好效果和良好前景。但是，这些中介机构及其活动，还没有行政文件来加以肯定和规范。

而曾经有文件规定，政策性农业保险不能给中介机构支付佣金。如今虽然再不提这个规定，再 2019 年四部委发布的《关于加快农业保险高质量发展的指导意见》中也没有再强调这项规定。但是，有关中介，包括有 46 万之众的"协保员"的"工作经费"或者"佣金"，至今没有合法支付的行政文件作为依据，给基层农业保险中介服务工作带来麻烦，多少有些遗憾。对于这个问题，笔者此前专门写过评论文章。

三、农险损失的鉴定资质

本案里提出的问题，其实是保险界普遍存在的问题。那就是，在财产损失和人身伤害事故中，谁有法律部门认定的鉴定资质？人身伤害或者医疗事故造成的伤残等认定，一直以来，法院都是只认它们批准和认可的鉴定机构。所以，一般医疗机构或者研究机构的鉴定结论，法院可以采信，也可以不采信。但对于它们批准和认可的有鉴定资质的机构和专家提供的鉴定报告，它们一般是采信的，除非有重要争议。保险中介机构，例如有合法资质的评估公司，提供的财产损失或者人身伤害鉴定报告，虽然可以作为监管机构进行调节的重要依据，但是一旦进入诉讼程序，法院也常常不予采信。迄今为止，还没有听说哪家保险公估公司得到法院认可的司法鉴定资质。

对于农业保险而言，应用遥感技术查勘定损，目前已经比较普遍，而且，随着卫星遥感数据精确度越来越高，该技术趋于成熟。有的科技公司，比如上面提到的 D 公司，对于应用卫星遥感技术为农业保险查勘定损，不仅有了不少定损理赔的成功案例和经验积累，而且，已经在联合其他同行，共同着手制定遥感定损的行业标准。

所以，问题不在于遥感技术在农业保险中的应用的科学性和有效性，而是在于有关部门，例如银保监部门，是否应该与司法机关加以沟通，讨论农业保险损失评估的特殊性和专业性，以及谁来提供鉴定报告更合理合法，更加科学的问题。资产评估公司，即使是由法律部门认可的法律鉴定资质的资产评估公司，一般来说比较熟悉公司设立、改制、上市、转让、并购、合资、抵押、清算等要求为目的，进行企业资产整体性评估，可对企业单个或单项资产进行评估，如房地产、固定资产、流动资产、无形资产、资源资产、金融资产等，以及对企业股份制改组资产、上市资产、配股资产等进行评估。但对于农业保险的产量损失评

估，一般来说恐怕还不是那么专业，它们提供的鉴定报告恐怕还不那么令人信服。所谓，术有专攻，专业的事还是让专家来做比较好，

所以，笔者认为，是不是可以由司法部门和银保监部门合作，严格选拔一些技术水平较高，技术人员素质较好的这类科技公司，以获得至少在农业保险损失方面的合法鉴定资质。这对有效推进农业保险的健康、更有效、可持续和高质量发展，无疑有重要意义，也对司法机构科学、公正审判这类案件有重要意义。

进而，如果在众多的财产和人身保险范围内也能与司法部门合作，选择一部分优秀的中介公司，例如保险公司公估公司，让它们也取得某些财产损失和人身伤害的司法鉴定资质，是不是对整个保险行业服务水平的提升有重要意义。

四、保险公司的经验启示

这个案件的审理，虽然没有采信遥感评估的数据，但实际上最终也并没有完全根据资产评估公司的评估结果来裁决，而是依照双方质证以后得到的损失率72.545%计算了赔款394万元，而不是资产评估公司评估的690万元。

笔者觉得，这个案例还给保险公司留下一些启示。

司法机关在诉讼过程中，如果涉及鉴定，一般会由一方或者双方向法院申请进行损失鉴定，法院通常会征求双方意见，或者自行按照一定规则，如随机抽取，来确定鉴定机关。在这种情况下需要鉴定的双方也不好拒绝，但是这个时候如果诉讼双方同意了，鉴定结果大大偏离一方的预估，就不会认可这个鉴定结果。从介绍的案例来看，保险公司很可能对于由资产评估公司鉴定损失没有表示反对，鉴定结果出来大大偏离预期，才自己另找这家遥感技术公司另行损失鉴定。但是这既没有得到诉讼乙方同意，也未取得法庭的同意，结果自然不能取得法院的采信。法庭不予采信，不需要辨明鉴定结果的科学性准确性，直接以鉴定资质说事就可以了。

为了防止这样的纠纷发生，保险公司一开始在选择鉴定机构的时候，就需要申请对鉴定机构的鉴定技术和方法进行审查，确认了鉴定机构的鉴定技术和方法之后，才能让它们鉴定。如果前期对选择和确定的鉴定机构没有提出反对意见，后面再自行加以补救就被动了。

对于"保险＋期货"试点发展问题的思考*

庹国柱　李　华

自 2015 年大连商品交易所与中国人保财险公司合作推出第一款农业保险创新产品"保险＋期货"以来，"保险＋期货"受到保险界、政府和农户的广泛关注和青睐。近几年，中央多个文件都支持"保险＋期货"扩大试点，各地政府也积极响应，三大商品交易所和众多期货公司都踊跃加入了试验行列。试点正在不断扩大，也取得了一些积极成果，据不完全统计，仅 2019 年上海商品交易所（以下简称上交所）、大连商品交易所（以下简称大商所）和郑州商品交易所（以下简称郑商所）所支持的"保险＋期货"项目就有 30 多个，支持的资金 3 亿多元，对于助力乡村振兴和脱贫攻坚发挥了重要作用。

在几年的试验中也出现了一些值得重视的有争议的产品设计和实际操作问题，这个创新试验，能不能可持续，有没有发展前景都值得关注和探讨。

一、"保险＋期货"的创新背景和做出的贡献

"保险＋期货"的创新产品是在国家对棉花、大豆、玉米等重要农产品实行定价机制改革的背景下出台的。为了适应我国市场经济和农业现代化的发展，也为了遵守世贸组织的规则，从 2015 年起中央政府根据"价补分开"的指导方针，逐步放开这些农产品的价格，变政府"兜底价"为"随行就市价"，深化农业供给侧改革，逐步改变和增强价格机制对这些农产品供给需求的调节作用。为了适应和配合这个重大改革，帮助农户分散其因为定价机制改革带来的市场价格波动风险，稳定农户农业收入，充分发挥保险和期货在这方面的重要职能和作用，"保险＋期货"就诞生了，其创意应该说是不错的。期货公司和保险公司合作设计这种产品，既可以保证保险公司不会因为价格风险的系统性而陷于财务危机，

---

* 本文发表在《保险理论与实践》2021 年第 1 期，发表时有删改。

又可以利用期货期权市场来分散或对冲农产品价格风险，逐步繁荣农产品期货市场。

特别是对于期货业来说，终于找到了一个支持农业产业发展和乡村振兴，助力脱贫攻坚的有力工具和良好渠道。

该产品一旦问世就受到多家保险公司和大连、郑州、上海三大商品交易所以及众多期货公司的热烈支持和响应。大连、郑州和上海三大商品交易所联合多家保险公司，开发出玉米、大豆、棉花、橡胶、苹果、大枣等农产品的"保险＋期货"产品，并拿出公司的自有资金补贴参加试验地区的农户大部分保险费，选择试点，展开试验，试验产品和农作物品种逐年增加。

2015—2019 年，大商所在"保险＋期货"和"农保计划"试点中投入自有资金 4.07 亿元，撬动地方政府及其他社会资本 2.85 亿元，累计推动 56 家期货公司、11 家保险公司在 23 个省份、100 余县开展 227 个"保险＋期货"试点，覆盖 1 525 万亩种植面积，涉及农户 61.46 万户。

2016—2019 年，郑商所所累计支持开展"保险＋期货"试点项目 75 个，涉及棉花、白糖、苹果、红枣 4 个品种，覆盖新疆、广西、甘肃等 11 个省份及 32 个国家级贫困县，累计支持资金约 1.1 亿元，惠及农户 10 万余户、建档立卡贫困户 4.57 万人，累计赔付金额超过 1 亿元。2020 年，郑商所在白糖、苹果、红枣 3 个品种上支持立项项目 31 个，计划支持资金 8 200 万元。目前项目正在实施过程中。

上交所从 2017 年起，已经连续三年开展"保险＋期货"精准扶贫试点，已累计向近 19.3 万户次贫困胶农补偿价格损失 1.6 亿元，其中建档立卡贫困户约 7.6 万户次。2019 年"保险＋期货"精准扶贫项目赔付总额为 7 034.83 万元，平均赔付率达到 78.16%，场外期权产业扶贫项目赔付总额为 1 341.24 万元，平均赔付率为 83.82%。2020 年，该所总计投入 1.5 亿元，将为全国 25 个产胶县的 18.95 万吨天然橡胶提供价格保险，预计为超过 10 万户胶农提供价格托底保障。

期货界和保险界的成功合作，创新和试点"保险＋期货"，无论对乡村振兴还是脱贫攻坚都做出了值得肯定的贡献。

二、"保险＋期货"试点中一些值得讨论的问题

"保险＋期货"的试点在逐年扩大，试点项目越来越多，政府、保险、期货、农户各方的关注度越来越高，在取得上述成就的同时，实践中也提出了一系列值得探讨的问题：

（一）在"保险＋期货"的经营里，作为中介的保险人有没有做保险

一种观点认为，在"保险＋期货"的产品设计中，保险机构其实只是充当了

期货期权交易经纪人的角色，因为它所签订的"保险单"并没有任何风险承担和风险分散的功能和作用，只是组织农户，集合农户的特定农产品进入期货市场，依靠期货公司做期货期权交易，规避农产品价格风险。规避或者对冲价格风险的活动是由期货公司通过商品交易所的场外交易实现的。保险公司的中介地位和作用可以由任何经济组织所替代。在这里，正如有些保险公司的朋友说的，"我们就是不赔本，赚个吆喝"。

组织农户进入期货市场做期货期权交易，规避农产品的市场风险，在国外是期货公司或者其他经纪公司在做中介人，也有大农场主自己进入期货交易市场直接参加期货期权交易，在那里是有实物交割的。我国保险公司当这个期货市场的中介人，在当时是充分利用了农业保险的影响和农户对价格保险的接受程度。但是迄今为止，保险公司的期货交易中介业务资质仍然悬而未决，证监会尚未正式表态和批准。保险公司的这部分保险费收入是证券经营收入还是保险费收入也还不明确，有的公司是作为保险费收入和赔付处理，交给期货公司的资金和从期货公司赔付的钱分别作为"投资支出"和"投资收益"处理。

另一种观点认为：目前实际在推的"保险＋期货"模式主要分为两类，一是"价格保险＋期货"，以期货价格作为承保和理赔的依据；二是"收入保险＋期货"，以期货价格作为形成目标收入的价格参考，也以期货价格作为计算实际收入的价格参考。

对于"价格保险＋期货"来说，保险公司在整个承保过程中利用保险产品易于接受的特性和保险公司广泛的客户群体，看起来像是起到了"中介"的作用，但实际上并不尽然，卖给农民的是保险产品，是保险公司承担了赔付义务，而不是期货公司，期货公司只跟保险公司发生关系，所以"价格保险＋期货"看起来保险公司稳赚不赔，但实际上是把自己摆进去，也承担了风险。不过保险公司把自己承担的这种风险责任转移给期货市场了。

对于"收入保险＋期货"来说，目前可以说是保险公司承担了更大的风险，构成收入的价格和产量就不好准确细分，在对于"收入保险＋期货"没有统一再保险的情况下，期货市场只是探索性地分散了构成收入中的价格波动风险，更多的不确定性留给了保险公司。以 2019 年大商所的收入保险项目为例，项目总赔付 2.937 亿元，其中场外期权赔付（价格赔付）为 1.023 亿元，占比 34.84%；产量赔付 1.914 亿元，占比 65.16%。可以说，在这种"收入保险＋期货"的模式中，保险公司承担了重要的无法替代的风险分散职能。如果说，在"价格保险＋期货"中，保险人主要是一个通道，扮演了"中介"角色的话，在"收入保险＋期货"的模式中，保险公司已经不是"中介"的角色。2019 年财政部等四部委联合发布的《关于加快农业保险高质量发展的指导意见》中指出，要将收入保险发展成为我国农业保险的重要险种，农业保险深度达到 1% 以上。未来，无论收入保险如何发展，均离不开期货和保险两大主体发挥各自优势，各司其职，二者缺一不可。

我们认为后者的观点是正确的。何况在有些情况下，保险公司承担了额外的赔付或者通融赔付。现在这种"收入保险＋期货"有了保险的更多风险责任，这肯定是保险。而且，未来其他收入保险的试验和发展也会学习美国、加拿大、日本的经验，确定收入保险保障标准的"保障收入"也需要参考期货市场的期货价格，产品运行中离不开期货市场的套期保值等手段。实际上，不管是"价格保险＋期货"还是"收入保险＋期货"，保险人从事的都是为农业生产分散风险，稳定农户收入的活动，是不是"中介"已经不重要了。

(二)"保险＋期货"的"保底赔付"违背市场规则吗

"保险＋期货"本来是为了分散和对冲农产品价格风险。当合同约定的保障价格高于约定时间期货市场的实物交割价，投保农户将获得保险保障价格与实物交割价之间的差价补偿。当合同约定的保障价格低于约定时间的期货市场的实物交割价，投保农户没有价格损失，也就不能获得差价补偿。问题是，近年来，有的地方在政府或者交易所的干预下，在保险合同中加入了"保底赔付"的条款，假如没有触发赔付，保险公司（和期货公司）也要赔给投保农户一定金额，相当于保险费的40%～60%。也有的保险合同加上了"封顶赔付"的条款，以免期货公司和保险公司承担过大的补偿责任。

当然，"保险＋期货"项目有了"保底赔付"和"封顶赔付"的条款，投保农户可以"只赚不亏""旱涝保收"。但是价格损失太大，也不会得到实际赔付。据某商品交易所的数据，2019年该所支持的9个"保险＋期货"项目，全部获赔，赔付金额4 330万元，平均赔付率81%，把该所支持的资金（保费补贴）全部"赔"出去了。另一家商品交易所2019年支持了63个项目，补贴的保费资金1.7亿元，所有项目全都触发理赔，赔付总额超过3亿元。虽然投保农户得到了利益，但这种操作和结果，是不是反映了市场的价格波动和期货公司的真实市场操作结果，值得质疑。因为"保底赔付""封顶赔付"条款设计，虽然可以使参与期货交易的农户"旱涝保收"，也不会让期货交易者赔的太多，但是这不仅有违保险的基本规则，也有违期货交易的规则。

为何要设计"保底赔付"条款？据说原因有二：第一，政府投入的补贴，要考核赔付率，赔付率高，得分高，赔付率低，得分就低；第二，期货公司参与交易所的"保险＋期货"项目，商品交易所也要进行"结项考核"，同样，赔付率越高，得分越高，下一次招标容易中标。虽然，考核者的主观愿望是可以理解的，都希望让投保农户受益，但这个考核的科学性与合理性就值得研究。在市场上胜者为王，没有败者为王的规矩。这种条款约定和考核显然是不符合经济学原理的，也不符合企业经营规则的。

（三）期货公司参与"保险＋期货"项目仅仅是代客户保本理财吗

有一种观点认为，几大商品交易所响应政府号召，参与"保险＋期货"的试验，将其作为支农和帮助贫困农户脱贫的重要切入点，值得肯定。它们也花了不少资金补贴农户 60％～80％ 的保险费。问题在于，似乎并没有真正做期货期权交易，而是以"保险＋期货"的名义给农户发点钱。保险公司从中得到了保费增量"数字"和勉强弥补费用的佣金，期货公司也挣了一点中介费。也许，有的期货公司认为是在做期权对冲，在设定目标价格的时候会重点考虑赔付效果，利用盘面价格进行对冲。能不能产生赔付很考验期货公司的水平。这里面涉及期权入场时间、对冲量和期权形式等。单从技术上来说，似乎也很有技术含量。但是，有人认为，这充其量是代客户保本理财，并没有真正解决农产品价格风险问题。返回给投保农户的钱，主要是由交易所或者政府补贴的保险费，至少在农户那里，参保也好，发钱也好，都没有多少感觉。

对于农产品价格风险管理的问题，我们认为：

首先，期货市场能够解决保险市场想要保障农产品价格风险却缺乏合适的公允价格的缺陷，同时提供合适的风险对冲平台。由于期货市场的准入门槛、保险公司的管理要求和期货对冲能力等因素，导致期货公司必然是"保险＋期货"模式中对冲价格风险的关键角色。

其次，"保险＋期货"利用期货市场对冲的农产品价格风险，实际上是一种套期保值行为，期货公司通过动态持有期货头寸的方式模拟场外期权，借助保险公司的通道代替拥有现货的农户进行卖出套保或买入套保的操作，规避农产品价格波动的风险。"保险＋期货"模式并不是脱离了实体经济和农产品现货的投机操作，而始终以防范农产品价格不利变动为出发点而进行的。

最后，期货交易所在开展"保险＋期货"项目的过程中也发挥积极引领作用。2019 年，大商所要求每个项目组必须组织其服务主体至少开展一次期货市场服务"三农"培训会，让农户加深对于期货市场及"保险＋期货"的认识，如何获得赔付；同时通过走进田间地头，引导期货公司提升服务"三农"的社会责任感。

（四）政府过度参与"保险＋期货"经营活动是否合适

为了支农惠农，打赢脱贫攻坚战，政府积极推动和参与"保险＋期货"这是值得肯定的。但是在一些地方政府参与了这种"保险＋期货"产品的交易活动，包括从承保到理赔的很多具体经营环节。组织投保的确不易，政府有的部门就捉刀代笔，甚至找一些机构代垫该由农户缴纳的保费（当然这部分垫交也不会无回报，会从赔付中带利息拿回），政府之所以要求"保底赔付"条款，甚至要求"如果没有触发赔付，要全部退回保险费"。这就有些匪夷所思了。

另外，政府直接主持和干预"保险＋期货"的招投标，亲自"索赔"也是令项目参与机构瞠目结舌。不久前，某地有一款"收入保险＋期货"产品招标，该产品既保价格也保产量，期货公司和保险公司各承担一半责任，各得一半保险费。当地政府直到作物成熟，灾害已成定局，才开始招标。招标结束就启动索赔，而且不经保险公司查勘定损，就让保险公司按照政府报损赔偿，赔付报价高达600％。

有的地方政府还有另外一种干预理赔的手段，那就是凡是觉得保险公司没有赔到位的，都要保险公司多赔一些。岂不知，触发理赔之后，期货公司按规则赔给保险公司了，政府要求多赔，保险公司虽然只是个"通道"，挣的是不超过5％的"通道费"，却不得不自掏腰包赔给农户，明知"师出无名"，也只能无奈地认了。所以，在这种条件下，保险公司"确确实实"承担了承保风险，不过这个风险，不是市场价格风险，而是地方政府的道德风险。

2019年中央深改委批准下发的《关于加快农业保险高质量发展的指导意见》中特别强调：要"明晰政府与市场边界。地方各级政府不参与农业保险的具体经营。"保监会、财政部和农业部在2015年联合下发的文件《关于进一步完善中央财政保费补贴型农业保险产品条款拟订工作的通知》中就禁止"协议赔付"。案例中政府不仅亲自招标，还公开和强行与公司进行"协议赔款"，完全背离了市场活动的基本准则，这里的"保险＋期货"试点肯定变味，也肯定做不好。

（五）"保险＋期货"项目试点是否可持续

尽管不止一个中央1号文件里，都提出要继续进行"保险＋期货"的试点，其他文件也都是这个态度。但是，"保险＋期货"产品五年试点的实践表明，能不能持续进行下去是一个值得讨论的问题。

一种观点认为，要是继续按照目前的思路走，可持续是有困难的。理由是：

第一，这个产品本身就是一个过渡性产品。在其他国家，农产品期货是由相关中介机构组织农户或者农户自己进入期货市场交易的，保险并不参与其中。在我国，农户，哪怕是种养大户或者农业合作组织，都对期货及其交易知识了解甚少，不可能利用这种市场工具来规避农产品价格风险。保险公司正是利用农户对农业保险的熟悉和信任，加入了"保险＋期货"的试点行列。但是实践表明，这种产品存在上述根本性缺陷，是不是应该回归到期货期权交易的本源上来？

第二，这种产品跟政策性农业保险一样，需要大比例补贴"保险费"，否则农户不会参与。目前补贴保险费的主要是地方政府，纳入中央财政补贴的可能性很小。在现实条件下，地方财政的财力在大部分地区非常有限，心有余而力不足。

第三，保费补贴的另一个来源就是几大商品交易所，但是商品交易所是企业，要年年拿出利润的一部分来补贴这个项目，而且不断扩大，恐怕也不现实，哪怕是上级管理部门要求，也很难长久做下去。保费补贴没有可持续性，就看不到这种产品试点的广阔的前景。

第四，我国虽然有三大商品交易所，但是农产品期货种类不多，交易规模有限。就是让三大主粮作物入市，期货交易市场的规模远远不能容纳这些产品的大规模交易。比如说，三大粮食作物和棉花，2019 年的总产量，稻谷 20 961 万吨，小麦 13 359 万吨，玉米 26 077 万吨和棉花 589 万吨（国家统计局统计公报）。目前这些作物的承保面积约为 70%，即使拿出来十分之一做"保险＋期货"，期货市场也不可能容纳得下。所以，即使能继续试点，也很难有推广的可能。

这些观点有一定道理，但是能不能持续和怎样持续，我们觉得，应当这样看待：

"保险＋期货"模式是我国农业保险市场和期货市场在各自发展进程中相互交织的必然结果，同时又带有着独有的农业保险市场和期货市场发展的不匹配性。一是品种不匹配，由于对于标准化程度有严格要求的期货品种不可能会像农业保险那样灵活，期货市场现有的农产品品种远不及农业保险现阶段可承保的品种多。二是服务能力与需求的不匹配。由于期货市场起步较晚且国内现货经纪商对于运用期货市场进行套期保值的能力较弱，具有现货和期货"双禀赋"的期货公司风险管理子公司数量和能力均有限，无法承担巨大的农业风险管理需求。三是认知的不匹配。"期货市场小众、门槛高"是对于期货市场的普遍看法，地方政府通常也是浅尝辄止，普通农户对于期货市场更是望而却步。

"保险＋期货"模式是否可以持续，首先要界定"保险＋期货"的内涵。不可否认，当前以期货交易所牵头，组织保险公司和期货公司作为项目实施方，号召地方政府、龙头企业、银行及担保机构参与的"保险＋期货"模式的确存在保费筹措困难，地方政府过度干预等诸多问题，因而是不可持续的。同时，无论是回溯近年来我国"保险＋期货"项目取得的成效，还是参考发达国家经验，期货市场将在国家农业保险体系中发挥无可替代的作用。也就是说，从更广阔的角度来看，它又是可持续的。当"保险＋期货"的创新符合收入保险的试验方向，并成为其他收入保险试验的精算依据的时候，肯定是可持续的。因为根据美国的经验，收入保险的价格其实就是以期货价格为依据，以此作为全新的"收入保险＋期货"模式，抑或是保险与期货以其他形式融合在一起，都是值得期待的。

2019 年中国玉米、大豆期货的日均单边持仓分别为 101.23 万手和 23.70 万手，相当于 1 012.3 万吨玉米和 237.0 万吨大豆。从当前的项目绝对量来看，或者从期货市场的发展速度来看，未来不存在市场承载力的问题，因为收入保险也有一个试验和发展的过程。

当然我国农业保险也是经历了十余年的发展才取得了今天的成就，虽然期货市场服务"三农"的探索早在 2005 年起步，但是真正取得了一定成效的"保险＋期货"模式仅仅有 5 年的历史，仍有可以发展的空间。期货市场很小时，无法解决农业风险管理面临的复杂难题；期货市场很大时，高效的价格发现功能和风险对冲功能又为未来农业风险管理创造了种种可能。我们应给予更多的耐心，让期货与保险市场更好地融合发展。

三、促进"保险＋期货"改进和创新的建议

综上所述，目前大部分地区试点的这种"保险＋期货"创新产品，无论产品设计还是操作环节，都存在根本缺陷，所发挥的分散农产品市场风险的作用非常有限，必须进行大刀阔斧的改革或者进行产品重构。

（一）严格规范"保险＋期货"的试验

创新"保险＋期货"的目的是帮助农户应对市场风险，减少农户因农产品市场价格下跌造成的损失。这是有必要的，也受到农户欢迎的，在目前农户哪怕是大户，对期货期权市场和交易的知识、原理和操作方式知之甚少，短时期内让他们自己进入这个市场来对冲风险，套期保值，还不现实的条件下，通过保险这个渠道来间接组织农户参与管理价格风险的这个特殊市场，有其必要性和可行性。只要我们组织有序，方法得当，会在这个不断实验的过程中不断提高农户，特别是大户的保险和期货交易的知识。

对于这种产品交易的各方，保险人、期货公司、商品交易所和政府的行为要有严格约束和规范，特别是规范政府的行为和期货公司的行为，既不能让政府部门任意藐视规则，干预试点的业务经营，也要让期货公司有责任担当，

（二）在期货的支持下发展收入保险

保险的专长是管理和分散风险，还是让保险通过自己的专业特长来帮助农户规避自然风险和市场风险。现成的经验就是美国的产品创新发展道路。那就是在传统产量保险的基础上，开发收入保险产品，既承保自然灾害风险也承保市场价格下跌风险。

当然，收入保险产品的开发也需要期货市场的帮助。上面说了，从更广阔的意义上说，这也可以算是"期货＋保险"。这种收入保险产品，设定保险保障收入的时候，要参考期货市场的价格，以便科学确定产品精算中的保障价格。这是农业保险发达国家的成功经验之一。大商所从 2019 年开始，已经在原来"价格保险＋期货"产品的基础上，与保险公司合作开发了多款收入保险产品（收入保险＋期货），这是值得重视和总结的期保合作再创新的经验。

（三）严格限制地方政府对"期货＋保险"的行政干预

地方政府不能参与保险经营，这在财政部、农业农村部、银保监会和林草局

等四部委发布的《关于加快农业保险高质量发展的指导意见》中，已经有明确规定，像上面提到的要求"期货＋保险"项目"保底赔付"、"封顶赔付"，亲自"索赔"以及强迫保险公司合同外赔款等行为，都是属于参与和决策保险经营，应当被严格禁止。但是文件上虽然写了，没有可操作性。财政和保险监管部门如果没有具体的可操作性强的政令文件，这种情况不会被禁止，市场乱象也无法制止，"保险＋期货"的试验很难规范，无论在理论上它是如何美好，能起到的作用却十分有限。

（四）让期货逐步走进农户

期货期权交易还是要走进农村走进农户，不断宣传和普及相关专业知识，让农户逐步了解和认识这个市场和交易的意义和作用，特别是众多的期货公司，作为中介，在参与"保险＋期货"试点的过程中，主动了解农业、了解农户，洞察农业农村的发展变化，逐步开拓农村市场。组织动员那些大的规模种植养殖农户或者合作组织参与期货期权交易，发展和壮大期货市场。实际上包括美国、加拿大这些发达国家的农场主，也是逐步通过期货公司等中介机构，让部分农场主进入期货期权交易市场的。

总之，"保险＋期货"是我们中国农业保险中的创新，要它在过去5年的创新试验基础上，不断前进，必须给它创造良好的环境，包括政策法规的规范，保险、期货以及相关各方的继续努力，以及在一定条件下纳入中央财政的支持范围，这样才可能使"保险＋期货"得到不断完善和优化。

论地方政府在农业保险中的职责和权力*

摘　要： 我国政策性农业保险制度建立和运行14年，为农业的现代化发展和乡村振兴提供了越来越坚强的风险保障。但是制度建设方面也存在不少急需解决的问题。其中，地方政府层面需要研究的问题比较突出。由于地方政府的职责不甚明确，权力使用不当，致使在农业保险政策执行和业务经营中，出现许多职责缺位和越位的突出问题，大大影响了农险的健康运行和效能的释放。其主要原因在于，地方政府官员和相关部门干部缺乏对农业保险知识的学习和了解，法规规制不够明确或者法规文件的某些规定不够严谨，以及地方政府权力的不适当运用。较好地解决这些问题，就需要结合国情对我国农业保险制度进行再认识，同时修订和完善我国农业保险的法规和政策，也要对地方相关干部进行农险基本原理和知识的培训，只有这样，农业保险的"地基"才可能夯实，农业保险才可能健康发展、可持续发展和高质量发展。

关键词： 地方政府；职责；农业保险；法规

中国政策性农业制度建立14年了，这是农业保险发生翻天覆地变化的14年。这个制度下的一系列保险产品虽然还不能为农户提供充分的补偿，但是为中国农业现代化发展在一定程度上解除了风险补偿问题，也为乡村振兴战略的实施提供了越来越坚强的风险保障。刚刚过去的2020年，农业保险为农业提供的风险保障达到4.13万亿元，以保费计算的市场规模达到814.9亿元，为农户提供的风险补偿为616亿元，分别比2019年增长8.57％、21.18％和5.36％。

我们建立的这种政府市场合作的政策性农业保险制度还不完善，作为这个制度主导的政府部门，有许多需要解决的问题，特别是地方政府，到底应该在这个

＊　原载《农村金融研究》2021年第3期。发表时有删节。

制度中发挥什么作用，具体的职责和权力是什么，虽然都知道个大概，但是并不是非常明确，在执行过程中未免失当，影响了农险制度效率的提高。本文主要就地方政府在农险制度中的某些需要探讨的不当权力使用做一些讨论。这里所讨论的地方政府，主要是省级和县级政府。

一、中国农业保险制度的双层机制设计

中国政策性农业保险制度，吸取了美国的"政府＋市场"的制度模式，但是也吸收了加拿大的央地双层机制设计，中央层面负责制度供给，解决体制机制问题，通过立法和制定政府支持的各种政策，特别是财政税收政策、监管政策和多部门配合政策，鼓励和引导地方政府举办符合本地实际的政策性农业保险。省及省以下的地方政府负责实施农业保险。

（一）地方政府担责的法规和政策依据

从这些年的实践来看，就某种意义上来讲，在这个政策性农业保险制度中，中央政府主要决定着农业保险市场发展的方向和速度，地方政府主要决定着农业保险市场发展的秩序和质量。农业保险高质量发展，虽然需要中央进一步的政策支持，但是"重头戏"在地方政府。可以这样说，在法规和政策确定的条件下，农业保险能不能实现高质量发展，取决于地方政府。那么，地方政府，特别是省级政府和县级政府在农业保险中，到底应当发挥什么作用和担当哪些职责呢？

根据笔者对法律法规的理解和十多年时间的观察和研究，对省级政府而言，主要是：①根据关于农业保险的法律法规和政策，确定本省的经营模式和市场组织结构；②根据本省实际情况，制定适合的农业保险发展规划；③针对本省农业发展特点和产业布局，确定本省的保险标的、补贴范围和标准；④依据中央的法律法规和政策，确定农业保险在本省的运行规则；⑤因地制宜地建立本省农业保险大灾准备金；⑥根据法律法规和运行规则，实施对本省农业保险运行的全方位监管。

对县级政府而言，主要是：①因地制宜落实省政府的农业保险发展规划；②选择和接纳经营机构在本县开展农业保险业务；③协助保险经营机构进行组织、宣传和动员，力争实现"应保尽保"；④执行上级政府关于农业保险的法规和政策；⑤代表央地政府给投保农户补贴保险费并与保险公司结算；⑥维护投保农户的权益，力争做到"应赔尽赔"（图1）。

央地双层机制设计，在很大程度上是考虑到我们国家的治理模式以及财税体制的现状。无论是国家治理模式还是财税体制，我国都不同于美国，所以不可能采取美国那种联邦政府单层治理模式。而我国的税务体制，倒是有点类似于加拿

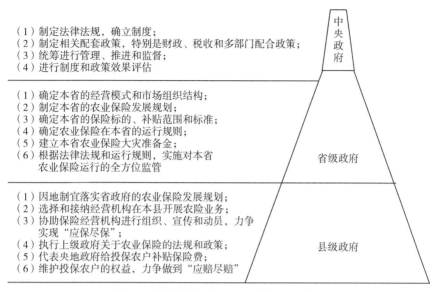

（1）制定法律法规，确立制度；
（2）制定相关配套政策，特别是财政、税收和多部门配合政策；
（3）统筹进行管理、推进和监督；
（4）进行制度和政策效果评估

（1）确定本省的经营模式和市场组织结构；
（2）制定本省的农业保险发展规划；
（3）确定本省的保险标的、补贴范围和标准；
（4）确定农业保险在本省的运行规则；
（5）建立本省农业保险大灾准备金；
（6）根据法律法规和运行规则，实施对本省
农业保险运行的全方位监管

（1）因地制宜落实省政府的农业保险发展规划；
（2）选择和接纳经营机构在本县开展农险业务；
（3）协助保险经营机构进行组织、宣传和动员，力争
实现"应保尽保"；
（4）执行上级政府关于农业保险的法规和政策；
（5）代表央地政府给投保农户补贴保险费；
（6）维护投保农户的权益，力争做到"应赔尽赔"

中央政府

省级政府

县级政府

图 1　中国农业保险央地职责分工示意图

大。加拿大是联邦制，各省有独立的财产权利，也是采取联邦政府和省政府分税制度。所以它们在设计农业保险制度的时候，就采取央地两级立法，联邦政府立法确立农险制度的框架和联邦政府的财政补贴责任以及监管、获取统计信息的权利，地方政府立法负责具体实施，并与联邦政府签订协议，选择省政府补贴的方式和比例，并向联邦政府提供预算和统计信息。我国的农业保险制度的央地双层设计，很像加拿大的体制。

　　我国政策性农业保险制度设计，最初的表达，是在《农业保险条例》的第一章总则里，但是限于实践，只是笼统和概括反映在"政府引导""自主自愿"和"协同推进"几项原则；第三条"省、自治区、直辖市人民政府可以确定适合本地区实际的农业保险经营模式"；第四条"国务院保险监督管理机构对农业保险业务实施监督管理"，"国务院财政、农业、林业、发展改革、税务、民政等有关部门按照各自的职责，负责农业保险推进、管理的相关工作"；第五条"县级以上地方人民政府统一领导、组织、协调本行政区域的农业保险工作，建立健全推进农业保险发展的工作机制。县级以上地方人民政府有关部门按照本级人民政府规定的职责，负责本行政区域农业保险推进、管理的相关工作"等条文中，没有见到更详细的规范，特别是对于县级政府的职责没有提及。

　　这里"政府引导""市场运作""自主自愿""协同推进"几个原则，财政部在《中央财政农业保险保险费补贴管理办法》（以下简称《管理办法》）和《关于加快农业保险高质量发展的指导意见》（简称《指导意见》）中做过几次阐述。我把两个文件中的表述列表如下（表1）：

表 1 农业保险的基本原则

	《农业保险条例》《中央财政农业保险保险费补贴管理办法》	《关于加快农业保险高质量发展的指导意见》
政府引导	财政部门通过保险费补贴等政策支持，鼓励和引导农户、农业生产经营组织投保农业保险，推动农业保险市场化发展，增强农业抗风险能力	更好地发挥政府引导和推动作用，通过加大政策扶持力度，强化业务监管，规范市场秩序，为农业保险发展营造良好的市场环境
市场运作	财政投入要与农业保险发展的市场规律相适应，以经办机构的商业化经营为依托，充分发挥市场机制作用，逐步构建市场化的农业生产风险保障体系	与农业保险发展内在规律相适应，充分发挥市场在资源配置中的决定性作用，坚持以需求为导向，强化创新引领，发挥好保险机构在农业保险经营的自主性和创造性
自主自愿	农户、农业生产经营组织、经办机构、地方财政部门等各方的参与都要坚持自主自愿，在符合国家规定的基础上，申请中央财政农业保险保险费补贴	充分尊重农民和农业生产经营组织意愿，不得强迫、限制其参加农业保险。结合实际探索符合不同地区特点的农业保险经营模式，充分调动农业保险各参与方的积极性
协同推进	保险费补贴政策要与其他农村金融和支农惠农政策有机结合，财政、农业、林业、保险监管等有关单位积极协同配合，共同做好农业保险工作	加强协同配合，统筹兼顾农业经营主体和小农户，既充分发挥农业保险的经济补偿机制和风险管理功能，又注重融入农村社会治理，共同推进农业保险工作

资料来源：财政部：《中央财政农业保险保险费补贴管理办法》（财金〔2016〕123 号）；财政部、农业农村部、银保监会、林草局：《关于加快农业保险高质量发展的指导意见》（财金〔2019〕102 号）。

根据《管理办法》的解释，"政府引导"只是要通过中央和地方政府的"保险费补贴等政策支持，鼓励和引导农户、农业生产经营组织投保农业保险"，央地政府的补贴责任是有具体规定的。"自主自愿"是"农户、农业生产经营组织、经办机构、地方财政部门等各方的参与都要坚持自主自愿，在符合国家规定的基础上，申请中央财政农业保险保险费补贴。"表明除了农户和经营农险公司自愿之外，地方政府也要自愿才行。而"协同推进"则是要求央地"财政、农业、林业、保险监管等有关单位积极协同配合，共同做好农业保险工作。"

可以看出，在 2012 年颁布的《农业保险条例》里只是提出了"政府引导"，2016 年财政部解释了什么是"政府引导"，直到 2019 年的《指导意见》里，才专门强调"明晰政府与市场的边界"，特别是把政府该干的事讲得更清楚了。

在《指导意见》中，对"地方政府"的职责有了一些新的规定，特别是对"基层政府"（笔者理解主要是县乡政府）作出了一些新的规定。其中第八条规定，"地方各级政府不参与农业保险的具体经营""基层政府部门和相关单位可以按照有关规定，协助农户和保险机构办理农业保险业务"等，这就对县乡级基层政府的职责和行为作出了比较明确的规范。就是说，央地双层机制设计是在实践发展基础上逐步明确的，也是在实践中得到丰富和发展的。

（二）基层政府参与和担责是我国农业保险制度的重要特点之一

在国际经验里，我所了解的其他做政策性农业保险国家，一般是中央政府参与和担责，也有上面说的中央和省级政府参与和担责的双层制度安排，但是很少有基层政府参与和担任重要职责的安排。我国赋予县乡基层政府在农业保险制度中较多的参与和责任是我国农险制度的一个特点。就笔者理解，至少有三个原因：

第一，鉴于体制的关系，我国的政治、经济和社会建设，要由基层政府，特别是县乡（城市里是街道办和居委会）来落实和推动，基层政府在社会治理中发挥着重要的作用，担负了重要责任。政策性农业保险通过县乡基层政府来推动和落实顺理成章。而西方国家和一些发展中国家不是这样，经济发展交给市场，社会治理则由宗教、社会团体自己去做。在中央和省级政府之下的经济和社会活动，都是老百姓自己的事，所以无论是商业保险还是政策性保险，都是直接交给市场，基层政府不会插手。这些国家关于农业保险的法律，也不要求地方政府做什么。

第二，我国农户，特别是占总农户数90％以上的小规模经营的农户，不是风险规避者，而是风险爱好者，至少是风险中性者，比较缺乏风险和保险意识，对保险和农业保险的知识掌握不多，农业保险的参保热情并不高，但出于对政府的信任，容易接受政府的宣传和解释，所以，利用政府公信力，由基层政府协助保险经营机构进行组织、动员和宣传，更容易实现农业保险"应保尽保"的经营效果和政策性农业保险的政策目标。

第三，鉴于上面第二条，农业保险经营机构在基层政府帮助下展业和理赔，在理论上，可以降低农险的交易成本，提高农险经营效率。这一点在建立政策性农业保险制度的初期是明显的。各地基层政府动员农户投保，解决了经营机构基层承保人力不足的困难，使农险经营很顺畅，而且费用率不超过15％。

（三）对于地方政府在农业保险中的职责及其监管缺乏规范

虽然，《条例》和其后的有关文件，对于地方政府的职责和权力，有过一些规定，但是对于涉及众多的农业保险事务的地方政府，特别是县级政府来说，并不明确，它们该搞什么，不该干什么，以及干了不该干的事要受到什么惩处，基本上没有规范。例如，在《管理办法》的第三十一条规定"省级财政部门在收到中央财政补贴资金后，原则上应在1个月内对保险费补贴进行分解下达。地方财政部门（应该是指县级财政部门——作者注）应当根据农业保险承保进度及签单情况，及时向经办机构拨付保险费补贴资金，不得拖欠。"第四十条也说了要监督检查。但没说不执行这些规定怎么办。这些年普遍的截留、挪用上级下拨的保费补贴款的问题长期得不到解决，就是在这种既不执行也没有监督和惩罚的情况下普遍地发生了。地方政府其他许多不规范"动作"也同样不奇怪了。

二、地方政府在农业保险运行中职责的规范

（一）省级政府逐步规范各级政府职责

在十多年政策性农业保险制度的运行实践中，虽然现行法律法规不完善，央地在这个制度中的职责划分不那么明确，不那么具体，但是，地方政府都是在创造性地尝试建立本省市区的农业保险体系和机制，有许多很好的经验和案例。例如，有的省尝试本省一家经营的农业保险经营制度，也有的省建立了共保经营的经营制度，还有的建立的是政府和公司联合共保的经营制度。当然更多的省份是采取多主体竞争经营的市场组织形式。各省也因地制宜地开发出几百种地方特色农业保险产品。这都是各省按照《农业保险条例》的要求选择"适合本地区实际的农业保险经营模式"的重要内容。这些试验都需要进一步研究、总结和逐渐完善。

特别是在 2019 年《指导意见》发布后，各省都结合本省实际加快规范省、地（市）、县各级政府在农业保险活动中的行为和职责。有的省建立了省级、市级和县级的管理和监督机构，提出了要制定省级政府支持的重点农险标的等规划。有的省提出"构建财政支持、多方参与、风险共担、多层分散的政策性农业保险大灾分散机制。落实农业保险大灾风险准备金制度。"有的省要求省级和县级要组织开展农业保险保费补贴资金绩效评价工作，在县一级建立相关专家库，并发挥相关部门的积极作用，成立乡镇农业损失核定委员会，强化政策宣传，依法合规协助农业保险经办机构、乡镇损失核定委员会开展保费收取、标的查验、承保公示、查勘定损、赔款到户等工作等。还有的省提出按照"政府组建、多方出资、共享使用"的原则，加大村镇基层协保员体系建设力度，完善农业保险基层服务网络。这表明，地方政府开始意识到规范地方政府在农业保险中的职责的重要性和必要性，并开始做出初步规范。

（二）省、县政府在农险制度中的职责缺位

当然，这只是开始，在很多方面，因为规范不到位，地方政府在承担责任方面不同程度地存在"缺位"和"越位"的问题或者困惑。

职责缺位，有很多种表现，例如：

（1）省级制度方案不完善。有的省还没有制定本省农业保险实施的制度方案，有的省虽然也出台了实施方案，但还很不完善，缺少一些重要的制度要素。例如，缺乏完整的农业保险发展规划，缺乏统一的管理和监督机制，更缺乏统一

的监管意志和执行力。在有些问题上有执行懈怠，监督不力，对基层政府招标指导不到位，对财政补贴资金执行的监督也不到位。

（2）省级决策机制不完善。省级政府虽然有确定本省农业保险标的的"自愿"，但是对于国家重点强调的大宗粮食作物的保险，也不敢随意决定舍弃，但因某个领导人的意见就取消了某种种植面积很大的作物的保险，即使该领导人离任，继任者也不敢恢复，担心前任知道了不大好。因为这个原因，致使每年数千万亩该种作物因为得不到政府的保费补贴无法投保。这实际上是科学合理的决策机制缺位。

（3）县级政府缺乏目标性和主动性。有的县级政府缺乏贯彻省级政府关于农业保险发展规划的主动性，本县的农业保险发展有些盲目，不知道该做些什么，该发展什么项目，完全靠保险公司自发地操作和推动。

（4）拒绝执行相关政策。有的县级政府缺乏执行中央和省级农业保险规则和政策的意识，缺乏对某些政策的理解，不能认真贯彻执行。

（5）对于违规行为缺乏监督治理。有的省、县缺乏对农险展业和理赔的不规范行为的有效监督，甚至漠视或者助长对投保农户利益的侵害。

（6）省级管理和监督机制不健全，难以统一监管意志，在一些重要问题上达不成一致监管意见，使一些市场乱象得不到很好治理。

（三）省、县政府在农险制度中的职责越位

职责越位，也有很多种表现：

（1）无视农业保险规则。有的县级政府自创经营模式未经省级政府批准，自创模式的执行也无人监督。有的县政府与本县保险公司分支机构实行"五五联合共保"，发生灾害损失之后，县政府竟然不按照"共保"协议，支付 50% 的赔款，甚至要求全部赔款由保险公司支付，倒霉的自然是投保农户。

（2）不适当干预公司定价权。有的省份不尊重保险经营机构的保费定价权。《指导意见》第八条规定，要充分尊重保险机构精算定价的自主权。在这些省份，却在没有依据的条件下强行要求保险公司降价，甚至在招标中竞价。更有甚者，今年降价之后，还要按照新价格计算前几年的保险费，并退回前几年"多收"的保险费。这些匪夷所思的越位行为，肯定使那里的农业保险市场扭曲，农险经营出现困难甚至失败。

（3）利用招标设租和报复。县乡政府部门亲自操刀进行农业保险经营范围的招标，通过设租方式分配农险的地域资源，其后果不言而喻。据笔者对有的公司的调查，用于县域招标等方面的所谓"公关"费，几乎要占公司当年签单保费收入的 4%～5%。就在《指导意见》发布后，财政部门三令五申要清理拖欠保险经营机构"应收保费"的背景下，一家在某县多年经营农险的公司，只是依照财政部规定向县政府索取历年积欠的"应收保费"，就在招标中被县政府"赶"出

本县农险经营行列。

（4）县级政府参与和干预农业保险的经营，特别是通过"协议赔付"，践踏保险合同的法律严肃性和公正性。遇到小灾损失，要求保险公司多赔，遇到大灾损失，又同意保险公司少赔，使那里的农业保险失去了本身的意义。有的县政府甚至无视农户的权益，索赔的时候，竟然同意修改保险合同有关条款。某县，在某种作物"倒签单"的条件下，甚至不经查勘就"代表"农户提出近6倍于保险费的索赔要求，把农业保险当成"提款机"。

（5）擅自截留挪用保费补贴款。不止一地县级政府无视财政部《管理办法》要求"地方财政部门应当根据农业保险承保进度及签单情况，及时向经办机构拨付保险费补贴资金，不得拖欠"的规定，长期、大量截留、挪用甚至贪污中央财政和省级财政下拨的保险费补贴款而没有追责和受到处罚。更有甚者，保险机构向现政府索要这笔款项，还遭到报复。这些现象无人过问，无人查处，无法查处，严重损害了农业保险制度的健康运行。

（6）利用权力在保险合同中加入非当事人意愿条款。在一些地区试验的保险产品中，政府要求加入"保底赔付"的条款，即使不触发赔付，也必须给投保农户赔付。触发赔付之后如果赔的不多，强行要求保险机构多赔。

（7）没买保险也要求赔付。保险合同是保险双方当事人自愿订立的法律文件，没有买保险签订保险合同，农户的风险损失本不应由保险公司赔付。但有的地方政府借口"维稳"，让保险公司给没买保险的农户也赔偿，把保险当作政府的财政补助。

三、产生这些不规范问题的根源

上述问题的产生，有其深刻的内在和外在原因。

（一）省县领导人无暇学习农业保险知识

农业保险有其业务性、技术性，它和其他保险业务一样，是一种法律规范下的经济活动，有其专业特点、独特的运作方式和法律规范。这与政府的一般行政活动是有区别的。其实，政府的行政活动也是要按照相关法律和政策规范来行使的。如果不了解保险和农业保险的这些特点，只是按照自己的理解想当然地对待和处理农业保险问题，就可能出现偏差。有一位领导同志，对农业保险很有热情，这本来是好事。遗憾的是，缺乏对农业保险基本知识的了解，想当然地认为，现在的由保险公司经营的农业保险，农民吃亏了，依靠自己的想象，设计了一种保险公司和农民"合作保险"的"创新模式"。这种模式规定，每年保险赔付如果有盈余，就要将盈余返还给农户，并不听保险公司及其行政主管部门的劝阻解释和建议，坚持让公司找两个县来试验这种完全是违背保险经营原理的"创新模式"。幸好公司只找了两个乡进行试验，第一年就赔穿了，农户没分到盈余的钱，试验也就不了了之。岂料该领导奉调另一个省任职后，又找来该省财政、银保监部门、农业部门和多家保险公司的负责人，指示要在这个省大规模试验他的这种"创新模式"，搞得财政、保监部门、农业部门和各家保险公司无所适从。只好"阳奉阴违"地糊弄了一番。可见，地方政府的领导人虽然很忙，也可能对农业保险有深情厚谊，但要处理好农业保险的事，发展好本地的农业保险，还是需要学习一些保险和农业保险知识的，特别是对于农业保险的职能及其实现机制、法律特点、经营规则等要有所知晓。否则，就会发生上述好心办坏事的现象。所谓术有专攻，就是这个道理。

（二）缺乏明确的法规规制或者法规文件的某些规定不够严谨

我国的农业保险制度，既然有自己的国情和特色，就不能简单照搬外国的经验，需要通过我们的法律和法规给出中国的规范。我国因为试验农业保险的时间不长，出于谨慎的考虑，只是制定了一部《农业保险条例》（以下简称《条例》）和一些部门规章和文件，尚未制定和颁布《农业保险法》。而且《条例》里面对很多问题的规定还是很粗略很原则的。特别是对于地方各级政府应当发挥的责任和权力，缺乏详细规定和要求。诸如，对于地方政府在农业保险中的定价和议价权力；对于应当由哪一级地方政府进行招标选择经营公司；对于地方政府可以和应该监督保险经营的哪些活动和行为，不能干预保险公司的哪些经营活动；对于利用行政权力干预农险经营或者其他违法违规行为，该当如何处罚问责等，都没有明确的管理和监督规定（或者列出负面清单）。在很多情况下，地方政府官员是根据自己对保险和农业保险的理解和想象，来参与或者干预农业保险，而不是根据农业保险自身的规则评价和对待农业保险业务活动。

笔者曾经就农业保险实行差异化费率的问题，与一位省级领导有一个简单的对话。我说："保险公司屡屡遇到逆选择问题，表明我们现在这种一省一费率的办法是不合理不科学的，应当在做好风险区划的基础上实行差异化费率。"领导说："我不同意什么差异化费率，它们保险公司做业务，在这里赔了那里赚了，自己平衡去，我管不着。"这位领导这样讲也可以理解，因为他不知道农业风险区划和费率分区是怎么回事，迄今为止，也没有那个文件上说要实行农业保险的风险区划和费率分区，更没有要求地方政府领导们了解和执行。

有些情况下，是现有法规、部门规章或者文件不够准确、不严谨，存在理解上的歧义。比如，财政部发布的《中央财政农业保险保险费补贴管理办法》第十条中说，保险经营机构厘定保险费率"应当在充分听取各地人民政府财政、农业、林业部门和农民代表意见的基础上拟订"，地方政府就依照这个意思，强行要求保险公司降低费率，显然理解是有偏差的。在不止一个省发生因为返还农民自交的那20％的保费，或者保险公司出于防灾减损要求，发给投保人一定"防灾防损费"而受到监管处罚，也显然是值得研究的。还有，《农业保险条例》上面明明规定了，对于协助保险机构开展保险业务的"协保"人员，可以支付适当工作经费。但是因为规定很原则，地方政府执行检查时，使用其他规章来量度，使得部分协保人员和基层政府工作人员因领取了"工作经费"而受到地方政府有关部门的处罚，这些"协保员"和基层政府工作人员是不是也挺冤屈？

（三）行政权力的不适当使用

除了上述原因，还有一个重要原因就是地方政府少数官员缺乏法治观念。习近平主席多次强调，要依法行政，依法执政，要把权力关在笼子里。而有的官员可能还没有牢固树立法制意识，鉴于他们在地方行政方面的权威，对待农业保险中的许多问题，自觉不自觉地还是以我的权力为中心，由我说了算，不适当地使用行政权力来对待农业保险政策和经营问题，必然产生职责和权力缺位和越位的问题。上面讲到的，不合理要求保险公司降价，还要退回今年的费率和前几年费率差价产生的"多"交保险费，就属于对行政权力的不适当使用。还有不少地方，在试点"保险＋期货"时，政府甚至要求保险公司在合同上加上一个"保底赔付"的条款，如无触发赔付，也必须赔给投保农户所交保险费的 $40\% \sim 60\%$。这样罔顾保险规则，用权力说话的现象，真的也让人无语了。

四、严格规范对地方政府职责和行为刻不容缓

进一步明确地方政府在我国农险制度中的职责和权力，刻不容缓，势在必行。当前高质量发展农业保险，从制度建设和完善层面来说，就是要解决好农业保险制度运行的矛盾，而这个矛盾主要集中在农险第一线，特别是地方政府这个主要矛盾的主要方面。中央层面设计的制度和制定的政策，要靠地方政府来落实，如果"最后一公里"有"梗阻"，就很难有顺畅的运行效果和良好的经营效率。各级政府用了这么多功夫，花了这么多的财政资源，要是达不到政策目标，不能为农业、农村、农民提供很好的风险保障，农险运行带不来制度设计者的初衷，得不到应有的效率和效果，无论如何也是很遗憾的事。

（一）要对中国农业保险制度自身特点进行考察和再认识

世界上有很多不同的农业保险的制度模式，例如，完全商业性农业保险制度，公共部门经营（政府）的农业保险体制，和政府市场合作的农业保险体制（表2）。我国虽然采取的类似于美国的"政府市场合作体制"，但我国的国情与美国有很大差别，各州县政府是相对独立的，所以美国的农业保险是联邦政府"一竿子插到底"，只有联邦政府和保险经营机构两个层级。从行政体制上，美国虽然也有联邦、州、县三级政府，但是州、县并不听从联邦政府的行政指令，州

长、县长只为他们选区的选民负责。对于农业保险这种全国性项目，州、县地方政府基本上不参与，地方政府在农业保险中也没有法定责任，不需要"自主自愿"，也不用担"协同推进"之责。

表 2　各国农业保险制度模式一览表

制度模式		主要特征	国家举例
商业性保险制度	纯商业性经营体制	1. 商业或者相互制保险公司（非寿险公司或专业农业保险公司）经营； 2. 积极参与市场竞争； 3. 从国际商业再保险市场上购买再保险	阿根廷、南非、澳大利亚、德国、匈牙利、荷兰、瑞典、新西兰等
政策性保险制度	公共部门（政府）经营体制	1. 通常有唯一的或者垄断的保险人； 2. 政府是唯一或者主要的再保险人	加拿大、塞浦路斯、希腊、印度、伊朗、菲律宾等
	政府市场合作体制　第一类：垄断保险人经营的国家农业保险方案	1. 由商业保险公司（单独或者共同）提供种植业和养殖业保险； 2. 通过单一的实体提供标准保单和统一的费率结构，该实体负责理赔； 3. 政府提供高水平的保费、管理费补贴和再保险支持	1. 私营联合共同保险，例如西班牙、土耳其； 2. 单一国家保险人，例如韩国； 3. 只由保险合作社经营，例如日本
	第二类　较高管制水平下的商业竞争模式	1. 商业保险公司参与市场竞争，但政府严格控制保单的设计和费率的标准； 2. 保险人要向所有类型和所有地区的农民提供农业保险	葡萄牙、美国等
	第三类　较低管制水平下的商业竞争模式	1. 商业性保险公司可以自己选择开展农业保险的地区以及承保风险，并确定保费水平； 2. 政府的主要角色是提供保费补贴（严格说来，这种模式是有补贴的商业性保险模式）	巴西、智利、法国、意大利、墨西哥、波兰、俄罗斯等

资料来源：Olivier Mahul，Charles J. Stutley. Government Support to Agricultural insurance, Challenges Options for Developing Countries ［R］. The World Bank. 2008.

我国政府设有中央、省、地、县、乡五级，如前所述，按照《农业保险条例》规定的原则，从中央到省、县五级政府都有责任和相应的权力。而省、县的农业保险责任和权力更加重大，特别是县政府，直接参与农业保险活动，而这些活动很容易与保险经营联系在一起。再者，因为有"政策性"的定位，加上有各级政府的高达80％的保险费补贴，容易产生权力错觉。当我们在法律法规和行政文件没有明确划定他们的权力边界时，县政府极有可能把行政权力之手伸进保险经营之中，以为政府出了80％的保险费，就应该在保险经营中有较多话语权，这才产生了强制保险公司按照他们的要求赔款，若不按照他说的要求赔款就不许再在本县经营农业保险的"权威"。而有的省政府又产生了另一个极端的认识，以为，对于农业保险，我只要按照财政部的规定补贴25％的保险费就完事，剩下的都是保险公司的事了。这种认识导致那里的农业保险在起初几年里发展得比较缓慢。

不能怪个别县长和省长，因为我们很多人还没有充分认识到中国农业保险制度的上述特点，也没有用法律法规确切无误地告诉省政府和县政府，它们的具体责任有哪些，该干什么不该干什么，那就全凭自己不全面的理解，"跟着感觉走"。

（二）亟须修订和完善我国农业保险的法规和政策

我国《农业保险条例》颁布实施八年了，这个《条例》对我国农业保险制度做了最初的也是很重要的设计和规制，提出了这个制度的基本框架，对政策性农业保险的政策和业务做出了基本的规范。八年的实践提出了许多农险发展问题，包括本文提到的地方政府的责任和权力问题。需要尽快修订完善《条例》和与之配套的一些政策文件，有针对性地对地方政府的职责和权力做出更加明确的具有较强可操作性的规定。或者根据修订的《条例》的要求，拟定《地方政府农业保险工作规范》，出台省、县政府参与农业保险的准则或者负面清单，以及对政府工作人员在农业保险中违规行为的处罚规定。假如违规不受惩戒，这种违规永远无法治理。"应收保费"问题长达数年，却迟迟得不到根治，重要原因之一就是因为没有罚则。

还有一些值得关注的问题，例如农险的产品开发和产品定价规则，《指导意见》中已经明确要"充分尊重保险机构产品开发、精算定价、承保理赔等经营自主权"，"构建农业生产风险地图，发布中国农业保险纯风险损失费率，研究制定主要农作物、主要牲畜、重要'菜篮子'品种和森林草原保险示范性条款，为保险机构产品开发、费率调整提供技术支持"，就需要早日拿出可操作性方案，给地方政府明确的权力界限，减少对农业保险经营的不适当干预。

当然，我们更希望早日制定和颁布中国的《农业保险法》。最近，欣闻财政部将要启动《农业保险法》的前期调研，我们期待这部法律的早日出台，

（三）地方政府有关官员需要多了解一点农险基本知识

地方政府不少部门和干部参与农业保险活动，但是很少向他们普及农业保险

的基本原理和基础知识，十多年来我们各方都埋头做农险业务，对这方面有所忽略。上面列举的那些事例，有不少都是因为不懂农业保险的原理和操作规则导致的。

"协议赔付"的顽疾久治不愈，上面提到的有的官员提出由保险公司和投保农户合作保险的"创新模式"，还有反对实行费率差异化的观点等，在很大程度上都是因为这些官员不懂得农业保险的一些基本原理。保险是一种分散灾害损失风险的工具，这种风险需要在时间维度和空间维度上进行分散，以丰年的保费盈余弥补大灾损失年份的损失。有盈余政府就要拿走一部分，有盈余就要返还给农民，大灾之年保险公司拿什么去补偿农民？保费的厘定虽然也要考虑空间上的损失分散，但是费率厘定的一个统计学前提是风险的同质性，也就是风险损失概率的同概率分布，不同的概率分布，计算出来的纯风险损失率是不一样的，所以不同风险下的区域，保费也应该不同。了解了这些基本原理，就不会反对风险区划和费率分区了。

因此，很有必要对地方政府干部，特别是那些跟农业保险打交道的部门干部，进行必要的农业保险知识培训，使其既要懂得农业保险的制度规则，也要懂得农业保险的基本业务规则，免得再做出那些侵害保险机构利益，侵害投保农民利益的事情。这样，中央政府、地方各级政府和保险公司各司其职，"楚河汉界"分工明确，珠联璧合，农业保险才会健康发展、可持续发展和高质量发展。

参 考 文 献

[1] Olivier Mahul，Charles J. Stutley. Government Support to Agricultural insurance，Challenges Options for Developing Countries [R]. The World Bank. 2008.

[2] 庹国柱. 论政府在农业保险制度中的责任和行为 [J]. 中国保险，2020（1）.

[3] 甘肃省财政厅等五部门. 甘肃省加快农业保险高质量发展的实施意见 [Z]. 2020.

[4] 山东省财政厅等七部门. 关于加快山东省农业保险高质量发展的实施意见 [Z]. 2020.

[5] 广东省财政厅等五部门. 关于大力推动农业保险高质量发展的实施意见 [Z]. 2020.

值得探讨的几个农险产品创新问题[*]

摘　要：农险产品创新是高质量发展农业保险的重要环节和手段。近几年全国各地农业保险产品创新热情高涨，方兴未艾。但无论是微观主体还是主管的政府部门，对于农险产品创新的理解和制度建设意义还停留在自在阶段，创新目的不明确，缺乏整体规划和统筹，尚未建立最适合我国国情和最适应农户需要的产品体系。目前创新和开发的产品，实践中也暴露出不少值得探讨的问题。如何适应乡村振兴和农业现代化发展，进一步做好农险产品的创新和开发，本文就其中一些问题发表了一些粗浅的看法。

关键词：农业保险；产品创新

我国农业保险供给已初步解决了"从无到有"的问题，在高质量发展农业保险的背景下，农业保险的供给需要进一步解决"从有到优"的问题，既要产品优也要服务优。农业保险产品创新正是实现产品及其体系"优"的主要途径。

农险产品创新是近几年的热门话题和热门业务，无论政府还是保险公司都很重视，热情都很高。监管机关非常支持，有些政府部门或者金融机构，例如农业农村部、三大商品交易所和各级政府，每年还专门安排不少资金鼓励农业保险产品创新。

各地的公司在"物化成本保险"的基础上，创新出各种新的保险产品，例如，针对各种作物的各类天气指数保险，区域产量保险，地力恢复指数保险，各类扶贫保险，"保险＋期货"，土地流转履约保证保险等产品，针对牲畜的生猪价格保险，热应激牛奶产量保险，可谓琳琅满目，也令人高兴。不少创新产品实践效果不错，也受到农户欢迎。与此同时，产品创新目前也存在诸如无的放矢，缺乏规划，产品本身可行性、适应性存疑，以及现有产品缺乏改进和完善等问题，

---

* 原载《中国保险》2021 年第 1 期。

这些问题的解决，有助于促进农险的高质量发展。

一、为什么要进行产品创新

为什么要进行产品创新，这是创新产品的首要问题，农险产品创新必须要有明确目的和目标。

而据我观察，对有的保险公司来说，产品创新目的就是为了增加保费收入。公司很少有创新产品的完整思路，政府管理部门也没有规划。各地政府在招投标中获得的"标段"，一般都是循规蹈矩做物化成本保险，也就是"大田"产品。进入政府视野的大灾保险、完全成本保险只是在试点。

对公司而言，在中标的大田业务之外，要想扩大业务多赚保费，就想到了创新，各省的许多所谓"特色产品"，就可以通过创新产品，得到地方政府或其他相关部门的财政支持。

从 2020 年起，那些试点省份，开始申请"以奖代补"的政策支持。中标的保险公司，特别是没有拿到标段的公司，在这些特色产品上做文章，既可以增加保费，又有了创新的名头，两全其美。

在这种思想指导下，农险产品创新就失去了正确方向。为创新而创新，为了多挣保费而创新，为了花哨好看而创新。虽然，为保费而创新也没有什么不对，公司经营受到政策和环境的制约，通过创新产品创造需求，这都可以理解，也情有可原，但是这种创新的方向和动力就值得探讨。

我了解到的一些创新产品，多半是"一锤子的买卖"，今年做了一单，明年就没有下一单（或者是因为当地政府没钱了，或者是因为这一"单"赔了）。设计出来一新产品，能持续多年试验的不多。

在这种情况下，创新产品也在有些地方是粗制滥造，没有经过很好的调查和精算。也不想花很多成本。问题是这些产品的创新价值如何，效率如何，适用性如何？进而从我国农业保险发展的整体而言，产品创新的方向到底是什么？却很少进行研究和讨论。

这些问题的研究和回答，对农业保险的整体决策意义重大。

那么我们为什么要创新？我觉得，农险产品创新应该有下面三个目的：

（1）适应政府农险发展的需求，也适应农户寻求有效风险保障的需求；

（2）寻找适合我国农业保险制度和经营的体系性产品；

（3）提高农业保险的经营效率，降低交易成本。

比如，天气指数保险，区域产量保险，我们如果在一个乡、一个县，甚至更大范围内实施，最终能取代现在的传统经营的成本保险，不是皆大欢喜嘛！但因为目的不在这里，并没有很好研究在我国条件下、在多大范围里适合发展天气指数保险，在哪些地方适宜发展区域产量保险，或者区域收入保险。保险公司各自为政地开发，虽然有其必要性，但，这种"猴子掰苞谷"式的创新，显得很盲目，资源浪费严重。

二、政府在产品创新方面应该做些什么

一般来说，一家公司无力左右本地或者全国的农险产品发展和创新规划，因为除了提供试验经验之外，在一地经营的公司无法保证自己在这里长期经营。

但是农险管理部门完全可以在各家公司试验的基础上，总结和推广最适合本地的保险产品，同时系统总结各地各公司创新产品的经验，加以统筹和系统化，逐步形成本地的优质产品体系。国外就有这方面的正反经验。

美国农作物保险自 1939 年起就只是试验自然灾害的保险。在长达数十年的试验中，因为体制的原因，缺乏产品创新的动力和机制，直到 1996 年，美国在市场化经营的背景下，才打破传统思路，将具有系统性的价格风险也纳入农业保险保障责任范围，开发出各类农作物和农场收入保险产品。这应该看作是农业保险产品创新的较好例证。

世界银行从 21 世纪初就极力推动天气指数保险，2004 年也曾来中国研讨在中国发展天气指数保险。不过中国当时的商业性农业保险正处于低谷，政府还没有说要给予财政的支持，便没有做这篇新文章。真正进行天气指数保险的产品开发和试验，则是 2008 年以后的事了。

美国在 1996 年开始试验收入保险，短短十几年时间，各种各样的收入保险产品就成为保险的主流产品，形成了独特的非常受欢迎的真正符合农险发展目标的产品体系，这类产品占据了 90％以上的市场份额和 83％以上的保险费收入。与此同时，有些地区依然在试验天气指数保险和区域产量保险。

我国农险产品创新对于"大田"产品来说，目前是顺着"成本"往上走，"物化成本保险"——"大灾保险"——"完全成本保险"，这到底是不是方向？需要很好研究，也是政府需要了解的。

我国各地政府，特别是省级政府应该有这个统筹意识，那就是不仅重视所谓"一县一品"的产品方针和偏好，更应当克服公司各自为政、分散经营和分散开发农险产品的弊端和局限，在调查研究的基础上，总结和选择适应性强、受农户欢迎的产品，实现农险产品资源整合，形成本地的一个时期里的优化农险产品体系。

三、值得深入研究的几种创新保险产品

（一）保险＋期货类产品

"保险＋期货"的试验是从 2015 年开始的。该产品一旦问世就受到多家保险公司和大连、郑州、上海三大商品交易所以及众多期货公司的热烈支持和响应。

三大商品交易所和众多的期货公司联合多家保险公司，开发出玉米、大豆、棉花、橡胶、苹果、大枣等农产品的"保险＋期货"产品，三大商品交所拿出公司的自有资金补贴参加试验地区的农户大部分保险费，选择试点，展开试验，试验产品和农作物品种逐年增加。

2015 年以来，大连商品交易所在"保险＋期货"和"农保计划"试点中投入自有资金 4.07 亿元，撬动地方政府及其他社会资本 2.85 亿元，累计推动 56 家期货公司、11 家保险公司在 23 个省份、100 余县开展 227 个"保险＋期货"试点，覆盖 1 525 万亩种植面积，涉及农户 61.46 万户。

上海商品交易所从 2017 年起，已经连续三年开展"保险＋期货"精准扶贫试点，已累计向近 19.3 万户次贫困胶农补偿价格损失 1.6 亿元，其中建档立卡贫困户约 7.6 万户次。2019 年"保险＋期货"精准扶贫项目赔付总额为 7 034.83 万元，平均赔付率达到 78.16%，场外期权产业扶贫项目赔付总额为 1 341.24 万元，平均赔付率为 83.82%。2020 年，该所总计投入 1.5 亿元，为全国 25 个橡胶产胶县的 18.95 万吨天然橡胶提供价格保险，为超过 10 万户胶农提供价格托底保障。

2016—2019 年，郑州商品交易所累计支持开展"保险＋期货"试点项目 75 个，涉及棉花、白糖、苹果、红枣 4 个品种，覆盖新疆、广西、甘肃等 11 个省区及 32 个国家级贫困县，累计支持资金约 1.1 亿元，惠及农户 10 万余户、建档立卡贫困户 4.57 万人，累计赔付金额超过 1 亿元。2020 年，郑商所在白糖、苹果、红枣 3 个品种上支持立项项目 31 个，计划支持资金 9 000 万元。

现在，大商所已经在"价格保险＋期货"的基础上开发出"收入保险＋期货"，它们的创新已经升级了。

但是，"保险＋期货"，是不是保险创新发展的方向？"保险＋期货"有没有可持续性，有没有发展前景？都还是需要在实践基础上回答的问题。特别是"保险＋期货"实施过程中，主要推动者和保费补贴的主角是大连、上海、郑州三大商品交易所和地方政府。三大商品交易所占大头，地方政府占小头，这种现状如果不能改变，没有财政的稳定投入，有没有可持续性，值得探讨。

还有，不少地方的"保险＋期货"要求保底赔付，把这种产品变成了不伦不类的产品，不知道这样"创新"，还跟保险有没有关系，也值得研究。

"保险＋期货"的创新试验，至少在目前看来，是有意义的，也有成功之处，虽然存在一些需要解决的实践问题。特别是在"价格保险＋期货"基础上进一步创新的"收入保险＋期货"，对于创新开发、试验收入保险，或许是一条可供选择的中国道路。

（二）农业信用风险责任类产品

还有一些产品，例如，农业农村贷款保证保险，土地流转履约责任保证保险等，这些产品的主要风险责任是农户的信用风险。不少中央文件上都提到要支持和发展这类农村很需要的保险产品，认为这是农业保险的增信功能的体现。但是这是不是我们政策性农业保险应该承担的风险责任，是不是农业保险产品开发的方向，值得探讨。

我们那么多银行，70多年都解决不了的农村信用风险难题，商业保险公司就凭这种保险产品能解决问题？我想。保险恐怕不可能真正填补这个"空白"。要填补这个"空白"，能不能就靠一纸保险合同，恐怕要有一整套合理的工作程序。土地流转履约保证保险问世之后，因为违约风险比较大，道德风险难以控制，加上政府支持有困难，只有很少地区开办过一两年，就没有再做下去。但是贷款保证保险各地一直在做。下表是一家公司在某省4年经营该产品的情况统计。

可以看出，该类产品现在的实际经营状况很难让人乐观，不少公司该类业务的赔付率同样居高不下。怎样看待这种比较普遍的经营状况，需要从不同角度分析。

有的同仁认为，这个可能是比较普遍的赔付率现状，并不完全说明问题，农业信贷保证保险并不是完全不可以做的"烂"业务，经营管理工作做好了，实际上也可以是好的业务。根据他们的经验，现在这种惨状，主要是公司经营方面的缺陷造成的，公司做信用保证业务，但缺乏专门的队伍做风控，同时，贷款支付方式也不当，直接放贷给农户的是现金，很难知道贷款农户把钱用到哪里去了。如果不支付现金，而是将贷款支付给农户购买生产资料或其他投入品的卖主，在贷款使用环节把好关，也可以很好控制一部分风险。同时，对于投保的借款人，也要进行调查和选择。相对来说，那些种田大户的信用状况远远好于小农户，而且支持了这些大户，还能增加他们的黏性。做好了这类险种，也符合政府解决农户"贷款难、贷款贵"难题的期望，对公司在招投标中加分有帮助。这种意见也有一定道理。

从其他国家的经验来看，农业保险的金融支持功能，应主要体现在农业保险单的质押贷款上面。联系到我国，随着农业保险的保险金额的提高，保单质押价值会得到较大提升，这是农户信用地位提升的重要保证。而信用担保在目前农户实际信用状况下，风险还是比较大的，而保险公司相对于银行来，对于信用风险的控管能力有一定差距，银行将这个风险转嫁给保险公司，保险公司还是难以把控的。何况，保险公司做信用保证保险不断"暴雷"的事实，也进一步说明保险公司在现实信用状况下，承保信用风险，创新这类产品还是要非常谨慎的。整个保险行业都在躲避这个"雷"，我们农业保险能扛得起这个"雷"吗？

如果要做，就要适当选择客户，做好全程的风控，操作层面也需要下很大工夫进行实事求是的改进，只有这样才能真正帮到那些需要资金的农户，也有助于经营这类产品的公司摆脱连年巨额亏损的困境。

某公司 2017—2020 年在某省农业信贷保证保险经营情况统计表

单位：元，%

年份	险种	承保			已决赔款			未决赔款		当年简单赔付率
		笔数	保费	保额	笔数	已决赔款金额	间接理赔费用	笔数	未决估损金额	
2017	个人贷款保证保险	402	2 875 241.97	131 635 840.17	32	8 397 023.67	59 780.66	7	1 527 431.30	294.12%
	个人贷款保证保险	276	21 399.92	2 238 242.10	37	5 014 970.11	103 488.69	7	1 241 226.50	23 918.12%
2018	家庭农场贷款保证保险	71	628 022.20	33 304 449.44	35	8 423 053.13	57 373.18	4	374 307.00	1 400.80%
	企业贷款保证保险	74	972 590.33	67 156 359.05	8	1 984 782.20	149 197.10	5	2 243 747.09	219.41%
2019	个人贷款保证保险	275	14 218.08	1 487 110.36	9	174 853.68	9 148.76	0	0	1 294.14%
	家庭农场贷款保证保险	1	3 986.98	211 310.00	8	308 966.50	16 317.62	4	80 000.00	8 158.66%
	企业贷款保证保险	33	446 608.26	26 792 581.00	14	4 319 590.83	11 328.42	1	400 000.00	969.73%
2020	个人贷款保证保险	276	7 134.19	746 080.70	0	854 779.66	405.95	0	0	11 987.14%
	家庭农场贷款保证保险	9	57 865.97	2 706 135.03	4	588 178.57	958.64	1	0	1 018.11%
	企业贷款保证保险	17	240 776.75	16 215 996.58	4	509 066.58	4 210.30	0	0	213.18%

注：当年赔付率＝（当年赔付＋间接理赔费用）÷当年保费收入。

四、产品创新怎样配合乡村振兴战略

这个问题是与"大农险"相呼应的，我国正在实施乡村振兴战略，农业保险正在从"小农险"走向"大农险"。也就是从传统的种植业养殖业保险，扩展到农林牧渔和涉农保险。

随着乡村振兴战略的实施、农业农村现代化的推进，农业生产将呈现一二三产业融合发展及生产、加工、物流、仓储、营销链式发展的态势，特别是农业与文化、科技、生态、旅游、教育、康养等深度融合形成的休闲农业和乡村旅游等农村新产业、新业态，呈现出主体多元化、业态多样化、设施现代化、服务规范化和发展集聚化的态势。

在这种农村变革面前，如果要做"大农险"而不是"小农险"，那么这个盘子有多大，农业保险产品创新到底如何适应，也值得大家研究。

就目前而言，针对涉农保险（农房、渔船、农机、农业设施、仓储等），农作物收获后的储存、运输过程中的风险保障等需求，是需要逐步开拓领域，创新涉农保险产品。这些由生产领域延伸到农产品储藏和流通领域的保险产品，风险是可控的，而且根据《关于加快农业保险高质量发展的指导意见》（以下简称《指导意见》）的精神，中央财政补贴也有可能逐步扩展到这些方面。《指导意见》里已经提出来了，应该针对这些标的创新产品。

五、产品创新如何适应后扶贫时期的需要

这几年农险扶贫取得了很大成绩，据统计，2016—2019 年，农业保险累计为 9 840 万户建档立卡贫困户、不稳定脱贫户提供风险保障 9 121 亿元，累计为 3 031 万户受灾的农户支付赔款 230.38 亿元，有力地支持了他们脱贫和防止因灾因病返贫。这其中，农险创新产品做出了一份贡献。其中，有不少产品很有特色。脱贫攻坚战结束之后，需要考虑后扶贫时期巩固扶贫成果的问题。

我觉得，为防止脆弱的脱贫人口中因灾返贫、因病返贫，保险机构可以在总结经验的基础上，开发包括农业、农房、家财、意外伤害、疾病等责任一体的"一揽子"防贫保险产品，利用扶贫等资金为他们投保。

笔者新近了解到，安徽省政府的动作就比较快，在全省脱贫攻坚完美收官之后，已经着手开发"防止返贫险"（简称"防贫险"），省政府在 2020 年 11 月就发出《关于开展"防贫保"扶贫综合保险试点工作的通知（征求意见稿）》，有意采取"1＋1＋N"一揽子综合保险产品模式，可以针对不同情况有选择地投保，政府也准备安排财政资金进行支持。这个产品创新的计划站位很高，不是站在一家公司、一个地方的层面，而是站在全省巩固扶贫成果的角度，其目的和思路很

清晰，值得提倡和赞赏。

六、现有保险产品自身要不要创新

现有保险产品自身要不要创新也是一个需要研究的课题。这里面有三个问题：第一个问题是现有"大田"产品要不要更新换代；第二个问题是产品设计模式缺乏弹性因此缺乏适应性；第三个问题是产品，主要是种植业保险产品本身的某些不合理的规则要不要改变。

十三年来，政策性农业保险的主导产品是"物化成本保险"，保险金额也就相当于标的预期价值的 $30\%\sim40\%$。大量调查表明，这种保障产品远远不能适应农户需要，也难以满足政策目标的要求，而"大灾保险"和"完全成本保险"试验的推进速度很慢。

还有，目前所有产品（包括"大田"产品和创新产品）都没有选择性，一种产品一种保障标准、一种费率，相应的补贴也是固定的。产品设计模式也应该创新，给予农户选择权，适应农户有差别的需求。

为适应农户需求和乡村振兴需要，应该将成本保险升级为"产量保险"，并给予投保农户在保险保障水平上的选择权，使产品更加灵活和适应需要。

无论是物化成本保险，还是正在试验的"大灾保险"和"完全成本保险"，都有"分阶段赔付"的不合理规定。应该结束其历史使命了。分阶段赔付，貌似公平，实际上既违背精算规则，也违背农业保险的基本目的，还是对被保险人利益的侵害。除了播种到出苗期间的灾害损失之外，任何阶段的损失都应该按照保险标的最终损失计算赔款。当然这个问题还需做专门研究，即使要废除"分阶段赔付"的旧规，相应的其他规则可能也需要做出调整。比如说，从播种到出苗阶段的风险，怎样提供保障，需要另定规则，也需要改"相对免赔"为"绝对免赔"等。

政策性农业保险产品创新，既是企业行为，也是政府行为，既是业务发展的需要，更是制度优化的需要。所以，企业要明确这些产品创新和开发的不仅仅是业务需要，更要明白它的制度意义。当然不能盲目创新，要有符合农户需求和制度需求的产品的视野，要有农业保险整体发展的站位。政府需要主动介入，并且对市场上的创新要有整体的考虑和规划，既要鼓励和引导创新，还要统筹和整合创新资源，逐步建立本地区最需要的产品体系。这样才能节约财力和人力成本，达到最佳的农险创新发展的效果。

农业保险"协保员"工作经费问题该解决了[*]

庹国柱　冯文丽

最近，到几个省就农业保险经营问题做了一点调研，2020 年在疫情影响严重的条件下，农险市场依然一片繁忙景象，业务规模比上年又有大幅提升。但农险机构在经营中也遇到不少烦心事。广大"协保员"的工作经费支付问题，长期解决不了，就是其中之一。

某省有一个市的纪律监察部门前些日子查处了几个财政所和一些村里的"协保员"，因为他们在领取政府发给他们的工资的同时，又从保险公司获得协助开展农险承保理赔业务的工作经费，违反了有关规定。这些被处罚的协保人员和财政所都觉得很委屈。笔者也认为，他们受到处分有些不公正，这是由于相关政策长期缺位、执法人员对"协保员"工作经费性质不了解所造成的对基层干部的伤害。执法人员只管照章办事，他们并不知道、也不关心这个处罚执行下去，必定会挫伤基层"协保员"协助办理农业保险业务的积极性，会影响这里的农业保险发展、农业发展和乡村振兴。但作为长期研究农业保险问题的学者，必须给这些基层"协保员"说几句公道话。

一、"协保员"工作经费是一个特殊问题

"协保员"是政策性农业保险中出现的新角色，也算是一种制度创新的产物。2007 年，中央开始补贴农业保险的保险费，在六个省试点，开启了我国政策性农业保险的先河，农业保险一下子热起来了。因为保险公司没有足够的业务人员到分散的农户家里宣传展业和理赔，就聘请乡、村干部和农技人员帮忙组织、动员一家一户的农户参保，保险公司与这些村干部或者村委会、乡镇政府有关部门签订合同，按照合同约定支付他们一些辛苦费（有的地方监管部门规定，这部分

---

* 原载《中国银行保险报》2020 年 11 月 30 日，发表时有删节。

人的协办经费不超过保费的 3.5%～5%）。后来这些人有了一个新名称，叫做"协保员"，就是协助保险公司做业务的编外人员，有点像商业保险中的代理人。至于为什么叫"协保员"而不叫代理人，可能跟这些人都是兼职做事、就在本村本乡、业务量有限、还不足以成为职业代理人有关。在 2013 年《农业保险条例》（以下简称《条例》）实施以前，"协保员"直接从保险公司领取工作经费也没有什么问题。有一次，笔者在某省调研时，一位县财政局长说："我们这么大的县，一个村农户也不少，保险公司支付的那点协办费太少了，我们局里还另外拨给他们 10 多万元，给协保员增加一点辛苦费。"

起草《条例》时，把这种事实存在的"协保员"及其费用支付也写进《条例》。《条例》第二十一条规定："保险机构可以委托基层农业技术推广等机构协助办理农业保险业务。保险机构应当与被委托协助办理农业保险业务的机构签订书面合同，明确双方权利义务，约定费用支付，并对协助办理农业保险业务的机构进行业务指导。"本以为《条例》都规定了，"协保员"的工作经费问题有了法律法规依据，再出个配套的实施细则或者部门规章就没什么问题了。因为这些"协保员"是在本职工作之外利用业余时间兼职协助保险公司办理业务，理应获得这份工作的劳务费。这笔费用类似于商业保险中的代理人佣金或手续费，按理来说支付应该顺理成章。但可能制定和执行相关政策的人员对"协保员"工作经费这个"新生事物"理解不到位，把这个简单的工作费问题一下子弄得复杂起来，列入了违规违纪、贪污受贿范围，也成了保险公司的棘手难题。想通过正常的支付渠道和会计科目给"协保员"支付工作费都走不通，保险公司只好，要么让"协保员"白干（这肯定是不可持续的），要么进入单位账户，由单位使用，而不能发给"协保员"本人。也有的公司让"协保员"拿汽油票、餐费等费用发票到保险公司报销，简单问题复杂化，也徒增了许多不必要的成本。问题是将这笔工作经费充公对"协保员"个人来讲，他还愿意继续积极协助做农业保险业务吗？事实上，也有不少地方的监管部门对于直接发给"协保员"工作经费，睁一只眼闭一只眼。他们也明白，"协保员"应该获取这个辛苦费。

二、本来应该有个合法的规章

"协保员"工作经费问题，上级部门其实很早就知道，在《条例》颁布后不久，就起草了相关的部门规章草案。遗憾的是，这个文件在有关部门内部形不成一致意见。一种意见认为，既然《条例》都有了规定，乡镇和村级"协保员"就可以领取协办费用，因为他们为农险业务提供了帮助和服务，付出了劳动和辛苦，获得合理的报酬是应该的；但是另一种意见却认为，公务员有工资，工资之外再拿工作经费，有获取双重报酬之嫌，显然违规违纪。两种意见谁也说不服谁，于是这个文件就在机关里躺了好多年，也没有找到新的解决办法。

保险公司无法可依，无规可循，可农业保险业务年年得做，只要做业务就离不开"协保员"，让他们白干肯定是不行的。于是，各家保险公司"八仙过海，各显神通"，就有了上面说的那些"曲线救国"的门道。协保员在本职工作之外提供劳务、理应获得劳动报酬这么简简单单的一件事，合情合理，但在执行层面被视为不合法，给保险公司和广大"协保员"带来诸多麻烦，甚至有犯错误和违纪的风险。就好比修了一栋新房子，法规上也认可，管理部门因为意见不统一，就是不给发钥匙，逼得人家挖旁门，跳窗户，这是何苦呢！要知道，我国共有47万"协保员"，不能让这么大的一个群体白白工作却没有任何报酬！

规章久不见影，问题久拖不决，对于基层这么多的"协保员"来说，他们的积极性肯定受到影响，那些拿不到或者被要求退回工作经费的地方，"协保员"们对农业保险工作也失去了往日的热情，给整个农业保险的进一步发展也带来很大影响。

三、政府应该为协保员们排忧解难

党的十八大以来，党和政府狠抓作风建设，简化办事程序，取消了数百上千项不必要的行政审批程序，也出台了不少支持经济发展立见成效的法规和政策文件，受到各方赞誉。我想，无论从乡村振兴的视角，还是支持"三农"和食物安全的考虑，都不应该对农业保险"协保员"工作经费这点事置若罔闻。所谓"民生无小事"，对偌大一个农村群体，这些青蘋之末的"小事"加起来，就是关乎农业保险高质量发展的大事。

近一个多月来，各地财政部门加大力度清查历年挪用积欠农业保险费补贴款的所谓"应收保费"问题，农业保险经营机构很受鼓舞，对彻底解决这个问题满怀期盼，因为看到了财政部门的决心和行动。同样，乡、镇、村的"协保员"们，也希望政府能加快进度，尽快解决他们面临的工作经费问题，不要再让他们偷偷摸摸地去领取自己的那点劳动所得或者根本得不到劳动所得。

2019年，经中央深改委批准，由财政部、农业农村部、银保监会和林草局共同发布的《关于加快农业保险高质量发展的指导意见》指出，要营造良好市场环境，深化农业保险领域'放管服'改革，健全农业保险法规政策体系。高质量发展农业保险需要各方共同努力，特别是各级政府为农险发展营造良好的市场环境，包括迅速解决法规制度缺失问题。有关"协保员"的工作经费支付的规章制度，就属于健全农业保险法规政策体系的内容之一，是高质量发展农业保险需要的服务和环境，一定会在落实《关于加快农业保险高质量发展的指导意见》的当下，受到有关部门的重视，得到迅速解决。

告别农险费率"大锅饭"*

——写在《稻谷、小麦、玉米成本保险行业基准纯风险损失率表（2020版）》发布之际

庹国柱　丁少群

近日，中国精算师协会公布了《稻谷、小麦、玉米成本保险行业基准纯风险损失率表（2020版）》（以下简称《基准纯风险损失率表》），表明农业保险费率"大锅饭"问题的解决有了一定依据，或许农业保险发展将迎来"按质论价"的新阶段。我们看到这个文件，非常高兴，也感慨万千。因为打我们从1991年开始研究这个费率分区问题，1993年发表3篇粗浅的研究成果到现在，已经过去了将近30年。

在保险界甚至农险界，也许这不算是多么重大的事情，因为这仅仅是农险经营一个小小环节的改进，但是我们仍然觉得它的意义非凡，代表着一个崭新的科学、公平地经营农业保险的新阶段的开始，向农险高质量发展迈出了重要一步。

一、农业保险实行差别化费率是
保险运行规律的内在要求

保险有保险的固有经营规则和操作方法，政策性农业保险虽然有政策属性，但是从经营操作来讲，定价原理、方法与其他财产保险是一样的。那就是遵循"风险一致性原则"，根据不同标的所处的不同风险环境，按照各自的风险种类、产量水平和损失率高低来确定其保险价格，也就是对不同风险区域的同一种作物实行差别化费率，风险大的标的要比风险小的标的承担较高的保险费缴费负担。这本来是不应该有问题的。

我国农村幅员辽阔，地形以山地为主，具有气候、物种的多样性。农业生

---

* 原载《中国银行保险报》2020年11月16日、23日。

产，特别是种植业生产，不要说一个省，就是一个县，其农作物生产的自然条件、地形地貌、基础设施及其他经济社会风险环境都不相同，不同县、不同乡甚至不同村，同一种作物的产量水平、生产风险高低都是不同的甚至差异很大。同样的灾害袭来，不要说一县与另一县不同，就是一个村，村前村后受到的损失也大不一样。如果要科学地公平地经营保险，不同地区（不同县、乡村）的投保农户应当缴纳不同的保险费率。其实，这些不算复杂的道理，农业保险参与各方都明白。问题是我们长期以来，特别是 2007 年以来，参与政策性农业保险的各方，政府、农户和保险机构为了图省事或者是因为其他利益方面的考量，无意或者是有意忽略了保险经营的上述按质论价的基本规则，都采用的是全国一个价或全省一个价。研究者们已经拿出许多研究成果证明这样"大锅饭"式的经营是不符合保险内在运行规律，并存在一定隐患的；而且，花费了很大力量，使用不同方法，为这种合理的费率分区提供了理论和实践的依据，也专门做出了不同地区的风险区划，对费率进行了分区。但是，要想真正实施却非易事，需要多方达成共识，就这样把问题拖到了今天。

二、"一省一费率"对农业保险发展带来诸多不利

（一）不可避免地出现"逆选择"

对于农业保险业务的开展，说到精算听起来多少有些"高大上"的味道，技术性和学术性也的确比较强一些。但是对于农户来说，虽然他们不懂那么多精算名词和原理，但是看到我们的费率，他们实际上知道自己家的作物面临的灾害大小，久而久之也会清楚投保是吃亏还是占便宜。在我们不少地方，典型的逆选择现象经常发生。就有某地区，农民种麦子经常因旱灾遭受重大损失，而同一省的另一个市农田灌溉建设比较好，有水浇条件，同样的旱灾造成的小麦产量损失却很小。该省实行全省统一的小麦保险费率，前者排队买保险，后者很少有农户愿意主动参保。还有，在东北某地，农户的经营规模大、田块多，由于全省同一个费率，一些"聪明"的农户就选择性地把那些容易受灾的耕地进行投保，而将那些不易受灾的耕地进行风险自留。他们说，本来想把全部耕地都投保以转移风险，但是觉得交一样的费用把那些不易受灾的耕地投保，很吃亏。

（二）经营积极性受挫伤

逆选择的结果，带来许多困惑：政府希望"应保尽保"，尽可能扩大农业保险覆盖面，使尽可能多的作物都得到风险保障，更好地解决农业生产、农民收入的稳定和国家粮食安全问题。但是，大一统的费率自然而然地将一部分低风险农户排除在外，"劣币驱逐良币"，最终可能造成农业保险市场的萎缩，剩下的都是高风险的耕地，保险机构的经营在这些地区将难以为继，也不愿意扩大承保，如

果有机会就想退出这里的市场。在高风险地区，有家公司的经营连年巨额亏损，当地政府还不允许他们退出该地市场，搞得他们很无奈。问题是"拉郎配"能有真"感情"吗？保险公司在这里能好好"过日子"、可持续经营吗？不可能啊！在那些风险灾害较低的地区，因为统一的费率而有利可图，保险经营机构的积极性都很高，竞争也就很激烈。

（三）成为诸多农险经营违规的根源之一

"一省一费率"使保险机构倾向于对不同风险区域的业务选择性承保。对高风险区域承保的业务，因收取的保费无法覆盖实际风险，导致监管部门一再禁止的协议赔付、平均赔付等乱象，久禁不绝。因为只有靠这种违规的协商赔付、少赔偿，才能维持公司的财务平衡，这种违规已经成为部分保险机构无奈的现实选择。就有一家机构，在华北某高风险地区的经营连年严重亏损，保险公司只能在理赔的时候大大压低赔付，监管部门觉得这是违背合同，侵害农户利益，但当地政府部门同意他们少赔，因为那里的官员有某种"负疚"，深知他们是高风险地区。而在低风险区域，由于收取的保费超出了实际风险损失水平，保险机构往往承保时敢于采取非正常手段竞争业务，多收的保险费给他们寻租提供了条件。毫无疑问，这里的农业保险市场肯定会变味。

（四）诱发地方政府与保险公司讨价还价

目前的农险经营有一个非常奇特的现象，就是有的省市县政府往往在保险费率上与保险公司难以达成一致。《农业保险条例》上虽然说了农业保险由经营农险的公司定价，但是部分地方政府总是质疑公司的报价。虽然政府并没有充分依据，还是要来杀价。即使公司说是完全按照精算原则和数据定的价，政府也要砍一刀。公司无奈降了价，假如投保作物遭遇灾害损失，最终"倒霉"的可能还是投保农户，因为公司必然设法压低赔付，所谓"巧妇难为无米之炊"啊！费率"大锅饭"既给了地方政府讨价还价的余地，也给了保险经营机构在费率上真真假假的腾挪空间。可能大家都"心照不宣"。

有了《基准纯风险损失率表》作为依据，各地的公司按照这个纯风险损失率再加上合理的附加费率来明码标价，地方政府就没有理由再跟保险公司讨价还价或者强行要求公司降价，农险经营就会顺畅得多。

三、实施差异化费率还需要解决
各种思想认识和配套问题

有了《基准纯风险损失率表》，只是有了一个工具，关键是要如何使用这个工具来改进农险经营。即使多方面努力，我们觉得，要用好这个工具也并不容易，这不仅需要行政手段，还要解决各有关方面思想认识的偏差和配套问题。因为农险的这一改革，涉及多方利益格局的调整。因此，我们建议：

（一）按照发布的纯风险损失率定价要成为农险经营规则

发布《基准纯风险损失率表》只是为政策性农业保险科学发展提供了一个很好的工具，这个工具关键是要使用。因此，监管机构有必要发布相应的部门规章或者文件，在合适的时候写进《农业保险条例》，确认发布的《基准纯风险损失率表》的科学合理性、权威性和应用方式，并以行政强制方式实施，只有这样《基准纯风险损失率表》才有价值。可能这个《基准纯风险损失率表》还有不完善的地方，我们可以在实践中逐步总结经验，不断修订、不断补充完善。如果该表只是作为各地的参考，还是各自为政自行其是，那就失去了发布这个《基准纯风险损失率表》的意义。

当然这里《基准纯风险损失率表》的强制性实施，可能会有法律障碍，那就是会有垄断嫌疑。曾经，前保监会发布过财产保险的纯风险损失率，在要求各公司执行过程种，遇到过这个问题。我们将来可以通过修订《农业保险条例》来解决这一问题。在修订之前，通过发布部门规章的方式来推行，应是可行的。因为农业保险毕竟是政策性业务，有它的特殊性，不能跟商业保险一样对待，也就是说，它不是《反不正当竞争法》规范的范畴。当然，这需要与相关部门沟通。

（二）做好实施的充分准备，统一经营机构的认识和步调

如何利用《基准纯风险损失率表》科学厘定费率和开展农险业务，还需要结合各省实际进一步深入研究，同时也还需要一些配套条件。我们认为，以该表的338个地市纯风险损失率为依据，需要进一步以省为单位以地级市（最好是县）为基本单元，同时结合预期产量及其稳定性指标，通过风险聚类进行各省的风险区域划分，在此基础上科学确定各风险区域的每亩保障产量、保险金额、保费水平及（农户、中央政府、地方政府）各方分担额。这些都需要提前做好筹划和准备。

另外，对于这个《基准纯风险损失率表》，可能有的公司还会有自己的看法和意见，特别是这里发布的损失率、费率与当地的某些实际有出入，这些地方实施的时候有可能与监管部门讨价还价。但是从总体上要把握原则和节奏，不能有例外。这个《基准纯风险损失率表》合理不合理，科学不科学，要通过实践来检验，然后吸收实践经验，加以修正和完善。

（三）必须做好政府和农户的工作

根据我们的接触，有的地方政府对农业保险费率分区，实行差异化费率是有抵触的。他们认为"这是我们不能接受的，至于哪里风险大哪里风险小，哪里赔

的多哪里赔的少，那是你们保险公司内部'调剂'的事，与我们无关。"也有的地方政府领导担心，"这样一来会不会要我多出钱补贴保费？特别是，废除了平均化，不仅我的事多了，而且下面也不好平衡。"

对于有的投保农户来说，也有一个接受过程。同样的保险金额，费率调低了好说，费率升高的地方，农户因为自己要交的保费增加了，必然会有想法。

当然，这里关键的是地方政府，他们想通了就好办得多。好在，2019 年财政部、农业农村部、银保监会和林草局共同发布的《关于加快农业保险高质量发展的指导意见》中，已经讲得很清楚了，其中第十二条指出：要完善保险条款和费率拟定机制，加强农业保险风险区划研究，构建农业生产风险地图，发布中国农业保险纯风险损失费率，研究制定主要农作物、主要牲畜、重要"菜篮子"品种和森林草原保险示范性条款，为保险机构产品开发、费率调整提供技术支持。当前发布的这个《基准纯风险损失率表》，就是对《指导意见》的落实，应该有推广实施的政策依据和说服力。

（四）要尽快实现以县为单位定价和更多农产品的费率分区

目前的《基准纯风险损失率表》发布的只是三种主粮地市一级的纯风险损失率和费率，虽然比"一省一费率"前进了一大步，但还是比较粗。根据我国实际情况，虽然难以实现以乡或者村为单位定价，但是以县为单位精算确定较为准确的费率，应该是可以做到的。据说银保监会也有这方面的计划和安排。当务之急是需要我们加紧收集全国各县级主要农作物、畜产品生产及其风险的基础数据，建立充分的农业保险大数据中心，在此基础上实现数据资源共享，鼓励各方广泛开展以县为单位的主要农产品风险区划研究。

农险新政来了，我们期盼它的贯彻实施，更期盼它能改善农险经营，促进农险市场更加健康发展、科学发展和高质量发展。

要重视农险费率的纠纷问题[*]

最近，某省因为农险费率问题引起较大争议。因为本地政府财力受限，要求保险公司降低保险费率，不仅如此，降低之后还要将 2018 年以来多交的保险费补贴退回，保险公司无法接受。

其实类似的保险费率问题在其他不少省份也发生过。保险公司定价，政府不信，虽然政府没有依据，但也要求保险公司降价。保险公司难以说服政府，只好乖乖就范。更有甚者，省政府根据自己的补贴财力来"倒推定价"，要求保险公司接受。例如，某种作物的保险费率是 5%，保费 15 元，每亩需要省级政府补贴 25%，即每亩需要补贴 3.75 元，全省 2 000 万亩该种作物投保，需要省政府补贴 7 500 万元，政府没这么多钱，只有 6 000 万元，就要求保险公司将费率降到 4%。有人觉得匪夷所思，但这就是目前的一种无奈。

这些案例涉及的核心问题是政策性农业保险的定价制度问题。

一、农业保险由谁定价

对于一般自愿性商业保险产品来说，尽管保险监管部门对于某些产品也需要审核批准，但大多数产品只是报备，就是说定价完全由保险公司精算确定。至于该产品加了多少"安全系数"或者"安全边际"，监管部门并不管，因为这些产品都是市场说了算，都是让投保人来投票。

但对于有政府较高保费补贴的农业保险来说，产品应该由谁来定价，定价要不要监管部门审批，是另由《农业保险条例》规定的。《农业保险条例》第十九条规定，"保险机构应当公平、合理地拟订农业保险条款和保险费率。属于财政给予保险费补贴的险种的保险条款和保险费率，保险机构应当在充分听取省、自

---

* 本文发表于《中国银行保险报》2020 年 9 月 14 日。

治区、直辖市人民政府财政、农业、林业部门和农民代表意见的基础上拟订。""农业保险条款和保险费率应当依法报保险监督管理机构审批或者备案。"

显然，按照《农业保险条例》规定，农业保险的定价权在保险公司。至于征求省级政府意见和保险监管部门审批或者备案，在理论上说是正确的，但是在实践上没有意义。因为，省级政府和保险监管部门没有精算人员细致审查产品定价的科学性和合理性。政府相关部门提出意见以致审查都不可能通过精算验证来证实还是证伪，因此除了条款本身的审查，对费率的任何意见大都缺乏说服力，只有行政力。在这种情况下，上述费率纠纷就毫不奇怪了。

二、要正确面对农险费率纠纷的挑战

政策性农业保险虽然在性质上有其特殊性，但只要是保险，还是要按照保险的原理、机制和技术来操作才能达到政策想要达到的目标。

但是，现行条件下，我国政府暂时还没有这个定价能力，也没有足够的验证能力，只能依靠保险公司的技术力量对各种农业保险产品做精算定价。当然，也正是因为这种技术优势，虽然大部分精算产品的费率还是合理的，但也不排除有的保险公司或者某些产品精算定价的"安全边际"大了一些，费率中存在一定"水分"，加之2014年之前7年里，也许是因为天公作美，灾害损失不大，也许是某些费率的"水分"所致，农险经营有较好的利润率表现，不仅引来众多保险公司加入农险经营的热情，也给了政府一个费率"水分"的信号。2014年，中央政府采取建立保险公司大灾风险准备金的办法，对农险经营利润加以调节，不使保险公司的农险经营利润率超过财产保险行业平均利润率。这是非常明智和科学之举。但是，此后地方政府跟保险公司关于费率讨价还价的情况还是多了起来。本文开头的一幕是这种矛盾的典型表现。这个问题不能很好解决，对农业保险的长期发展肯定产生不利影响。农业保险的管理部门和监督部门不能不正视这个问题。

三、农险费率矛盾的解决之道

实际上，农业保险的管理和监督部门早已注意到这种情况，也在努力寻求在现有条件之下的解决之道。在2019年财政部、农业农村部、银保监会、林草局联合发布的《关于加快农业保险高质量发展的指导意见》中就指出，各级政府要充分尊重保险机构产品开发、精算定价、承保理赔等经营自主权。就是说，地方政府在没有科学依据的情况下，应当充分尊重保险公司的定价权。但同时考虑到费率制度的现实问题，决定要加强农业保险风险区划研究，构建农业生产风险地图，发布中国农业保险纯风险损失费率，研究制定主要农作物、主要牲畜、重要

"菜篮子"品种和森林草原保险示范性条款，为保险机构产品开发、费率调整提供技术支持。建立科学的保险费率动态调整机制，实现基于地区风险的差异化定价，真实反映农业生产风险状况。这就是说，政府正在努力通过制定风险区划、出台纯风险损失费率和示范条款等措施，来引导主要农业保险产品定价的规范化，逐步使农险定价更科学、更透明、更有公信力。

当然，如果将来条件成熟，笔者还是主张政策性农业保险主要产品由政府定价。政策性农业保险毕竟不同于一般商业保险产品，这不是突发奇想，而是其他农业保险发达国家，例如美国、加拿大、日本等国的共同做法和特征。

"中农再"将在农险市场中实现政府和行业的重托*

今天是个好日子，我们大家欢聚一堂，共同见证和庆贺"中农再"（中国农业再保险股份有限公司）的诞生。作为一个农业保险教育者和研究者，我非常高兴。因为这是我国农业保险制度建设中又一个里程碑式的重要事件。

根据国内外的成熟经验和理论的分析，一个国家建立完整的政策性农业保制度和体系，不能缺少大灾风险分散制度，这是保证政策性农业保险能够持续稳定经营的必要条件之一。我国农业保险大灾风险分散制度，已经走出了第一步，那就是从 2014 年起，逐渐建立了公司层级大灾风险准备金。经过几年的论证和准备，如今，第二个层次的大灾风险屏障，中国农业再保险公司诞生了，接下去，我们还将在这个基础上建立农险大灾风险分散的第三层屏障，也就是再保险之后的超赔责任安排。

"中农再"是一家股份制再保险公司，但是它不是一家普通的再保险公司，而是一家特殊的专业性农业再保险公司，它的服务对象虽然是商业性直接保险公司，但是它本身除了商业性公司的特性之外，同时具有较强的政策职能，要行使国务院赋予它的某些行政管理职责。这种农业再保险机构的双重职能设计，是一种适应我国市场化改革取向的农业保险制度创新。

这种比较特殊的角色定位，给我们提出了许多需要探索的课题。

第一，要完善相关法律法规。目前我国专门的农业保险法规就是《农业保险条例》，该条例对农业保险规定了"政府引导、市场运作、自主自愿、协同推进"的基本原则。我想，这些基本准则，也应该适用"中农再"。但是鉴于"中农再"的特殊职责和市场定位，还需通过对《农业保险条例》进行修订，专门要做出更具体的规范，以便为"中农再"履行特殊职责和市场活动提供法律依据。

第二，"中农再"需要创新业务操作规则。再保险有再保险的一般的业务操

作规则和方式，这些规则和方式有着保险业界的共同特征和约定。我们"中农再"也不例外。但是，应用这些共同规则和约定的同时，也要根据中国的国情和我们的农险制度设计，进行创新和变通。当然这种创新和变通必须是符合市场一般规则的，有利于农险市场蓬勃发展的。

第三，"中农再"要在市场竞争中发展和提高。"中农再"是我国农业直保的强大后盾和主要靠山，同时，中国农业保险市场也需要众多的国际再保险人。一方面，这不仅是因为随着中国农业保险的不断发展，农业灾害的累积风险会急剧增加，需要将农业保险的经营风险在更大的空间分散。国际再保险人在承保、产品创新、灾害研究、信息管理以及为直保公司服务方面，具有很多值得我们学习的经验；另一方面，这也符合我国进一步扩大改革开放的总体战略。

第四，中农再也需要适当的政策支持。"中农再"并不是一家完全商业化的公司，在市场上既要执行和实现国家赋予它们的政策目标，同时在与众多的国际国内再保险人的合作与竞争中，要努力实现自身的经营目标。这不仅需要"中农再"自身不断提高自身的技术、经验和智慧，也需要适当的与其角色定位相匹配的政策支持，这也是"中农再"健康发展必不可少的条件之一。

再次对"中农再"的成立表示祝贺，祝愿"中农再"在股东们的努力和众多直保公司的支持下，创新发展，不断成熟和壮大。

农业保险"协议赔付"该歇菜了

最近，某地玉米作物即将成熟，在灾情已成定局的时候，当地政府决定对玉米保险进行招标，中标公司将依照合同约定，可以获得3 500万元的保险费（包括政府保费补贴）。有意思的是，招标结束不几天，就立即启动理赔。更令人啼笑皆非的是，不等定损展开，政府就向保险公司提出2亿元索赔，似乎没有保险公司商量的余地。最终讨价还价赔多少，虽然现在还不得而知，但是这庄稼快要成熟的时候才启动项目招标，和典型的"协议赔付"却给人们留下了深刻印象。笔者这里暂不讨论招标涉及的不规范问题，仅就"协议赔付"问题，做一些讨论。

一、无理无据的"协议赔付"弊端多多

大概是七八年前，在农业保险推广中，一些地方保险经营中冒出了一种奇怪的现象，在理赔的时候，政府"代表"被保险农户出面跟保险公司就赔付额度讨价还价，完全不顾定损实际结果，明明灾害损失不大，却要增加赔付。后来遇到大灾超赔，保险公司也去找政府领导，要求减少赔款，以减轻保险机构的经营压力。这种怪现象就是备受诟病的农业保险"协议赔付"。

"协议赔付"的弊端很多：

第一，违反《保险法》规定的诚信和公平原则。《保险法》第五条规定："保险活动当事人行使权利、履行义务应当遵循诚实信用原则。"农业保险合同，应该遵循保险的诚信原则，投保人要讲诚信，保险人也要讲诚信。不该赔要求赔、该少赔要求多赔和该多赔却少赔，都无诚信而言，都是违法的。

第二，损害了农户的利益。特别是当发生较大灾害时，投保农民急需要得到损失补偿，才能充分彰显农业保险的意义和作用。在发生灾损的情况下，赔款打折扣，侵害投保农户的利益，农户要这保险何用？

第三，不利于反腐倡廉。政府插手农业保险理赔，里面往往有猫腻，政府官员会得到不该得到的利益，多要的保险赔款，到底进了谁的腰包里，都说不清楚。这无论从党纪还是国法上讲都是不能允许的，也是不能容忍的。

第四，影响保险科技发展和应用，不利于提升保险经营水平。这些年，各家保险公司都在积累经营数据，同时，利用科技手段，特别是利用大数据和训练模型，努力实现精准定损，精准理赔。要是都搞"协议赔款"，哪还需要农险科技？哪还需要精准定损、精准理赔？这样的话，科学发展，高质量发展岂不是一句空话。

第五，人为造成不真实的理赔数据，足以影响准确定价。研究表明，因为"协议赔付"的普遍存在，我国农业保险的赔付数据十几年里赔付波动远远小于灾害损失的波动，这些赔付数据，基本上不能反映灾害损失的真实状况，使得我们依据实际赔付经验精算定价变得不可靠，使我们的农险经营水平难以提高。

二、政府不能再干预农业保险经营了

保险经营是一种商业活动，有其行业规则和市场规则。农业保险虽然特殊，它需要政府的支持，但这种支持主要是通过财政、税收、组织、监管等方面的特殊政策体现的。基层政府可以协助保险机构组织宣传和动员农户投保，也可以在需要的时候协调和处理保险双方的某些理赔纠纷，但不可捉刀代笔，参与甚至主导保险经营活动。否则，保险合同就失去了严肃性，保险也将不是保险了。

其实，对于广受诟病的"协议赔付"，保险监管机构早就有禁止性规定。2015年，保监会、财政部、农业部在其共同签发的《关于进一步完善中央财政保费补贴型农业保险产品条款拟订工作的通知》中，第十条就规定：农业保险"条款中不得有封顶赔付、平均赔付、协议赔付等约定"，这几年也在现场检查中做过多次纠正，甚至处罚过严重违反规定者。

2019年，财政部、银保监会、农业农村部和林草局联合发布的《关于加快农业保险高质量发展的指导意见》中，特别强调：要明晰政府与市场边界。"地方各级政府不参与农业保险的具体经营。在充分尊重保险机构产品开发、精算定价、承保理赔等经营自主权的基础上，通过给予必要的保费补贴、大灾赔付、提供信息数据等支持，调动市场主体积极性。基层政府部门和相关单位可以按照有关规定，协助农户和保险机构办理农业保险业务。"这里已经说得很清楚了，我们有些地方政府官员似乎没有认真学习和贯彻由中央深改委批准发布的这个重要文件，多少令人有点遗憾。

笔者希望，为了农业保险能够高质量发展，真正保护投保农户的利益，为农业发展保驾护航，地方政府不要再干预农业保险经营了，保险公司也不能再在农险赔付上动歪脑筋了，"协议赔付"该歇菜了。

试论"中农再"建立的意义[*]

摘　要： 2020 年 8 月，中国银保监会批准筹建中国农业再保险股份有限公司，这是我国政策性农业保险制度建设的重要步骤和进展。中农再的建立对我国农业保险发展有何重要意义，本文试图进行探讨，并就中农再的历史使命、性质和运作方式展开讨论。

关键词： 中农再；大灾风险分散制度；农业保险；可持续发展

2020 年 8 月，中国银保监会批复同意筹建中国农业再保险股份有限公司（以下简称"中农再"），这是我国政策性农业保险制度建设的重要步骤和进展。中农再由财政部、中国再保险（集团）股份有限公司、中国农业发展银行、中华联合财产保险股份有限公司、中国人寿财产保险股份有限公司、北大荒投资控股有限公司、中国太平洋财产保险股份有限公司、中国平安财产保险股份有限公司、中国人民财产保险股份有限公司 9 家单位共同发起，注册资本 161 亿元人民币。

中农再的建立对我国农业保险发展有何重要意义，本文试图进行探讨，并就中农再的历史使命、性质和运作方式提出个人的一些看法。

一、政策性农业保险需要有政府 支持的再保险制度保障

（一）农业保险需要强有力的大灾风险分散制度

农业风险的高度相关性使得农业保险的经营始终面临巨灾风险，这是世界农业保险发展中的一个普遍规律。农业风险可能在一个较广泛的区域内都是系统性

---

* 本文原载《保险理论与实践》2020 年第 9 期。

的，这被称为相关性风险，使得同一个地区的农户可能同时遭受不利的天气条件带来的损失。这种系统性风险的相关性削弱了保险公司在农户之间、作物之间、地区之间分散风险的能力，使得农业保险的持续稳定经营面临挑战。有研究表明，农业风险事故造成的损失波动很大，其赔付率的变异系数约为一般财产保险赔付率变异系数的 10 倍[①]，直接保险人往往会因为农业巨灾事故的发生而陷入偿付能力不足甚至破产的境地。

相比于其他保险，农业保险对我国来说有着特殊的意义，是国家农业安全政策和发展政策的重要组成部分，所以我国的农险制度被确立为政策性农业保险制度。不同于一般商业保险，这种政策性保险必须可持续而不能中断，这需要有完备的大灾风险分散制度为其提供保障。

（二）完备的大灾风险分散制度需要三个层次的保障

我国的政策性农业保险制度建立时间不长，我们不断地吸收和借鉴世界各国农业保险制度建设的经验。其经验之一，就是要为政策性农业保险的经营提供完备的大灾风险分散制度，这个制度至少要有三个层次：第一个层次是直接保险人的大灾风险准备金制度；第二个层次就是有政府支持的再保险制度；第三个层次是再保险之后的超赔责任安排。

第一个层次的风险屏障我国已经构筑完成。2013 年 12 月以后，我国农业保险经营机构按照财政部印发的《农业保险大灾风险准备金管理办法》的要求，普遍建立起公司层面的大灾风险准备金，这个准备基金在近年的农业保险补偿中已经发挥了重要作用，不止一家公司动用了这个基金应对超赔责任，显示出其重要意义。

现在，经过多年的论证和准备，中农再即将建成落地，表明中国农业保险大灾风险分散制度第二个层次的风险屏障即将构筑完成，这是农险界可喜可贺的大事。本来，众多的国际再保险人也可以为各国农业保险提供重要的风险分散渠道，但是，国际国内的再保险人都是商业性公司，不盈利或者亏损可能就会选择离开。从商业经营的角度，这本来无可厚非。但是，完全依靠商业性再保险公司，就可能使农业保险所需要的再保险市场很不稳定。近十多年来，我国就出现了这种情况，因为农业大灾而严重超赔之后，有的国际再保险人就离开了中国农业保险市场。

世界上建立了政策性农业保险的国家，例如美国、西班牙、加拿大、日本等，都建立了完善的大灾风险分散制度（表1）。这个制度的一个重要组成部分，就是有政府建立的再保险公司或者政府专门的再保险安排。有了强有力的政府背

---

① 参见：Miranda. M. & Glauber. J. W. Systemic Risk，Reinsurance，and the Failure of Crop Insurance Markets [J]. American Journal of Agricultural Economics，Vol. 79 February，1977.

书的再保险支持，再与国际再保险人一起，构成了一个更具有风险分散能力的农业再保险市场，为各国政策性农业保险筑起一道坚实的风险吸收屏障。

表 1 一些国家的农业保险大灾风险管理制度

农业保险的制度模式	代表性国家	巨灾风险分散制度
私营、部分补贴模式	美国	由联邦农作物保险公司以及私人再保险公司共同构成再保险体系，同时法律允许联邦农作物保险公司向"商品信贷公司"借款，也可以发行专项票据或债券融资，偿还因巨灾损失造成的赔款
	西班牙	由国有农业再保险公司为私营农业保险公司提供再保险支持
公共、部分补贴、自愿模式	加拿大	省政府与联邦政府都通过建立再保险基金的方式提供再保险支持，各省的农业保险公司可以选择分保；再保险摊赔以及历年盈余积累仍不足以赔付时，省财政厅与联邦财政部都可以提供无息贷款，保险公司在此后年份逐年偿还
公共、部分补贴、强制模式	日本	由两个层次的再保险体系构成。第一层次再保险是由合作性质的府、道、县农业共济联合会提供，第二层次由中央政府提供

资料来源：庹国柱. 农业保险需要建立大灾风险管理制度 [J]. 中国保险，2013（12）.

二、中农再的历史使命及其实现

（一）"农共体"为中农再的建立积累了经验

2014 年 11 月，为了较好解决再保险承保能力不足的问题，在原保监会的提议和促成下，由中财再和人保财险发起成立了由 24 家（后来发展到 34 家）成员公司参与的"中国农业保险再保险共同体"（以下简称"农共体"）。五年来，农共体承接了全国农险分保责任约一半的份额（表 2）。特别是，农共体为支持农业保险产品创新，对一些风险较大的创新业务提供了再保险服务，有力地支持了农业保险创新发展，作为一种制度创新，其为中国农业保险做出了重要贡献。更重要的是，农共体为中农再奠定了初步的技术和市场运作基础，为其积累了一定的经营经验。中农再成立，"农共体"也就完成其历史使命。

（二）中农再的历史使命

中农再的首要使命，自然是作为中国农业保险市场上最重要的再保险接受人，做直接保险公司的强大后盾，为直保公司保驾护航，也就是通过为直接保险提供再保险服务，分散农业保险大灾风险。至于业务类型来说，成数（或者溢额）再保业务和超赔再保业务应该是最主要的。中农再以其比较强大的资本，承接"农共体"的全部市场份额，应该没有问题。

表 2　2015—2019 年我国农业再保险市场份额统计

年份	直接保险原保费总额（亿元）	再保险实际分出保费总额（亿元）	分出比例（%）	再保市场赔付（包括再保手续费）（亿元）	"农共体"接受业务分保费（亿元）	农共体赔付（包括再保手续费）（亿元）	"农共体"业务占再保险市场份额（%）	其他再保险人接受业务市场份额（%）
2015	374.9	78.98	21.07	85.08	34.49	42.54	43.67	56.33
2016	417.71	94.00	22.50	105.61	49.54	55.56	52.70	47.30
2017	479.06	101.3	21.15	99.69	49.7	48.91	49.06	50.94
2018	572.65	117.4	20.50	125.40	50.8	54.26	43.27	56.73
2019	672	162.6	24.20	180.66	82.0	91.11	50.43	49.57
2015—2019年平均值	503.26	110.86	21.72	119.29	53.31	58.48	47.83	51.99

资料来源：根据"农共体"提供的数据整理。

注：①分出比例＝再保险保费/直保保费；②2019 年度的保险赔款后期还会有一些进展。③这里的"其他再保险人"包括了国外再保险公司和中国人保再、前海再、太平再。

　　中农再作为财政部控股的再保险公司，还有一个重大使命，那就是要推动建立并统筹管理国家农业保险大灾风险准备金。国家农业保险大灾风险准备金作为政策性农业保险大灾风险分散制度第三个层次的保障，虽然还没有提到议事日程上来，但是，建立这道最后屏障的责任，历史性地落在了中农再的身上。20 世纪 90 年代之前，美国的这一屏障是通过法定的特殊融资通道实现的——依法由联邦农作物保险公司公开发行巨灾债券。后来，在多家商业保险公司进入农业保险经营之后，这道屏障改为向"农业商品信贷公司"借款。其实，对于最后的风险屏障，我国也可以有两种选择，即建立国家农业保险大灾风险准备金，或给出一个法定的可靠的融资通道，目前看来，我国有可能选择前者。如果选择前者，中农再则是国家农业保险大灾风险准备金最好的组织者和管理者。关于这个基金是在中农再积累基金的基础上建立，还是另外筹资建立，也是未来要研究的重要课题。

　　中农再的第三个使命，就是要利用再保险人的身份和有利条件，做好农业保险信息共享和管理。一般来说，保险和再保险的信息管理和共享是所有再保险人的业务需要和长项。如果不能获得保险人及其分出业务的详细和真实信息，接受其分出业务是很冒险的。中农再可以依靠再保险的业务优势，建立权威可靠的数据库和信息平台，加强农业保险的信息管理工作，为更加科学有效地发展中国的农业保险和再保险，也为政府的农业风险管理决策奠定坚实基础。

　　中农再的第四个使命，是利用再保险的特殊身份和自身条件，来规划和推动农业保险制度的完善和农业补贴制度改革，更有效地落实国家相关的支农惠农政策。特别是，在当前我国深化农业供给侧结构性改革，调整和改革农产品补贴政策的环境下，如何更充分地利用农业保险这种间接财政补贴手段，促进收入保险的试点和推广，对农业直接补贴政策进行改革，中农再都可以发挥其重要作用。

如上所述，中农再作为国家财政支持的农业大灾风险分散机制的重要组成部分，担负着重要的社会责任和历史使命，即配合国家的乡村振兴战略和农业发展政策，成为加强农业信息管理和农村金融服务的有力支撑、完善农业生产服务体系的有力抓手。

三、中农再的性质及运作方式

大家普遍关心，中农再是一家什么样的公司，是政策性公司还是商业性公司？

从中农再的组织形式上看，这是一家股份制公司，也就是说，它是一家专业性商业再保险公司。这种市场组织形式是为了较好适应我国市场经济制度的发展和完善，也符合农业保险所规定的"市场运作"的基本原则。更重要的是，采用市场化的运作方式，在市场竞争性环境里，才能提升其经营能力和管理水平。

当然，根据其使命，说它是一家实行商业化运营的政策性再保公司，或者负有政策功能的商业性公司可能更为恰当。对于这家公司是不是要完全使用市场化手段，可不可以采取某些行政强制性手段做业务，大家是有不同意见的。有的人认为，如果采取行政行为，缺乏法律依据。不过笔者认为，既然它负有政策性功能，而农业保险本身也不是纯商业性保险，那么，采用某些行政手段也是可以理解和可行的。毕竟政策性农业保险有其特殊性，它作为国家农业政策的重要组成部分，要实现政策的目标，特别是农险作为农业风险的兜底工具之一，与商业性保险和再保险有很大不同。

中农再所做的再保险业务只是中国农业保险市场上农业保险分出业务的一部分，中国农业保险市场离不开国际再保险人的支持。

首先，我国农业保险市场的风险必须在全世界分散。目前，中国的农业保险市场是世界上第二大农业保险市场，将来会成为第一大市场，会有几倍于现在的市场规模。这样一个大市场其累积风险是很大的，我们不能把风险都留在国内，必须在全世界分散。

其次，国内的再保险承保能力无法承受我国全部的农业再保险业务。即使不考虑在国际上分散农业保险原保险的经营风险，就目前我国国内的再保险承保能力来看，也不可能承受全部农业再保险业务的压力。事实上，这些年涉足中国农业保险再保险的外国公司很多，主要包括瑞士再、汉诺威再，慕尼黑再、利宝辛迪加、法国再、法国中央再、信利再、东亚再等45家左右的国际再保险人，它们接受了50%多一些的农业再保险市场份额（表2），摊赔的数额也是很大的。

再次，国际再保险人为我们带来了先进经验和理念。国际再保险人不仅大大增加了我国农业再保险的承保能力，更重要的是带来了国际市场新理念、新技术、新产品以及诸多信息。近几年，瑞士再开发出中国农业风险地图，并借鉴其在其他国家的经验，在我国黑龙江、广东等地试验开发了农业财政巨灾指数保险，就为我国的农业保险创新发展提供了有益参考。过去那种认为容纳国际再保险人就会使"宝贵的保费资源流失"的观念，就显得有些狭隘，也不符合再保险的基本原理和原则。我们相信，中农再将在竞争环境中发展和壮大。

中国的农业保险市场很大，发展很快，前景广阔，中农再的成立是我国农险制度建设的重要进展。中农再将发挥重要的基础性和引领作用，携手众多国际再保险人，为我国农业保险经营构筑坚不可摧的抵御大灾风险的长城。

谈谈我国农业保险的发展现状和前景[*]

在深化经济体制改革，加快我国农业现代化和实施乡村振兴战略背景下，中央财政根据党中央和国务院的部署，从 2007 年开始对农业保险保费进行补贴试点。6 年之后，国务院发布了《农业保险条例》。至此，我国开始建立起政策性农业保险制度。13 年来，我国农业保险取得了举世瞩目的成就。从 2008 年起，我国农业保险市场规模已经跃居全球第二，保持至今。2019 年，农业保险累计为农业提供风险保障 3.81 万亿元，同比增长 10.1%；支付赔款 506.34 亿元，同比增长 19.66%；实现保费收入 672.48 亿元，同比增长 21.83%，农险保费占财产保险行业保费收入的 5.77%；各级财政提供的保费补贴总共 505 亿元，其中中央财政补贴 241 亿元，财政补贴占原保费总收入的 75%。

一、农业保险发展的势头强劲

2007 年以前，农业保险基本上还是在商业保险框架下试验，由于对保障很低、价格昂贵的农业保险缺乏有效需求，涉足农业保险的保险机构不多，试验经营的产品也很少。直到 2006 年，全国保险费收入只有 8.46 亿元。2007 年开始，由财政给农业保险提供 70%～80% 的保险费补贴，保险公司可以按照公平精算费率设计和出售产品，农户的保费负担也能与其支付能力相匹配，农业保险就像脱缰的野马，在我国广阔大地上驰骋起来。

（一）建立和完善了政策性农险制度

在世界范围内，主要的农业保险经营都是政策性业务，商业性业务只有雹灾保险和火灾保险。我国在总结 25 年商业性农业保险试验经验的基础上，设计了

＊ 本文是应华安保险公司之约而作。

中国的政策性农业保险制度。13 年来，这个制度在运行中不断完善和丰富。

2012 年颁布并实施的《农业保险条例》，是我国政策性农业保险的法律和制度规范。这个《条例》所提出的"政府引导、市场运作、自主自愿、协同推进"的原则，集中概括了这个制度框架，归入"PPP"制度模式。

政府引导，就是政府根据农业发展和粮食安全的需要，针对性地通过财政、税收等政策的支持，鼓励保险经营机构参与经营，组织农户投保，增加农业的抗风险能力，减少农户农业收入的波动。

市场运作，就是以经办机构的商业化经营为依托，充分发挥市场机制作用，经营机构自愿参与，自负盈亏，逐步构建市场化的农业生产风险保障体系。

自主自愿，农户、农业生产经营组织、经办机构、地方财政部门等各方的参与都要坚持自主自愿。地方政府自愿是获得中央财政农业保险保险费补贴的前提条件。农户自愿是保险经营机构申请各级政府补贴的前提条件。

协同推进，财政政策与其他农村金融和支农惠农政策有机结合，财政、税收、农业、林业、保险监管等有关单位，积极协同配合，共同做好农业保险工作。这一条为各级政府的参与提供了法律依据。

（二）采取了诸多农业保险支持政策

政策性农业保险，要害是政策。没有一系列政策的支持，这种农业保险是"玩"不转的。我国政府给出的政策，主要有九大类，即：①不同性质的农业保险相区别的政策；②农业保险统一管理的政策；③农业保险的财政支持政策；④农业保险的税收支持政策；⑤农业保险的市场组织政策；⑥农业保险的市场运作政策；⑦农业保险的专门监管政策；⑧多政府部门"协同推进"政策；⑨农业保险经营的大灾风险管理政策。其中最重要的是财政政策、税收政策和监管政策。在这 13 年里，这些政策都在根据农险的发展实践，不断进行调整和完善。

（三）越来越多的保险机构参与经营

最初的商业性农业保险试验，只有很少几家公司。其中中国人保从 1982 年就开始试验，2004 年停止了试验。在这个空当期，前保监会批准了上海安心、吉林安华和黑龙江阳光相互保险几家专业性农业保险公司进行试验，加上从 1886 年就开始经营农业保险的新疆生产建设兵团农牧业保险公司（即现在的中华联合），共有四家保险公司试验经营。

2007 年中央财政补贴农业保险保费试点开始之后，一些财险公司开始关注农业保险，几年时间，就形成了所谓"4＋2"（4 家专业性农险公司，2 家综合性财产保险公司）的经营格局。可能是因为对农业保险重要意义的认识提升，还因为连续多年的农险经营赔付率都不算高的业绩吸引，2007—2019 年 13 年的承保利润分别是－6.48 亿元、9.79 亿元、11.07 亿元、11.10 亿元、23.02 亿元、

15.96 亿元、20.48 亿元、29.49 亿元、26.59 亿元、10.28 亿元、23.85 亿元、17.38 亿元、−0.12 亿元。近 5 年，参与经营农业保险的公司迅速增加，到目前为止，农险市场上的经营主体已经超过 40 家。

但因为各省的政策不一样，进入各省的经营主体多寡有较大差异。上海市场上只有一家（安信）公司经营，但河南省市场上已经有 15 家公司角逐。其他市场主体较多的省份包括内蒙古（14 家），四川（12 家），广东（12 家），山东（11 家）。甘肃（11 家）。

（四）不断扩大补贴标的种类和覆盖面

中央和地方政府财政支持的保险标的，最初只有五种作物，即水稻、小麦、玉米、棉花和大豆。后来，随着需求的增加和中央政府的农业发展政策要求，补贴的保险标的目录不断扩大（表 1）。目前中央财政补贴的标的，有 20 多种，地方政府的所谓"特色"标的超过百种。2019 年三大主粮（水稻、小麦、玉米）的承保覆盖面已经超过播种面积的 70%，其他作物和畜禽保险的承保覆盖面还比较小，有巨大的发展空间。

表 1　财政补贴的农业保险标的种类

保费补贴来源	保费补贴标的
中央财政补贴保费的种植业保险（包括森林）标的种类	水稻、小麦、玉米、棉花、青稞（青海）、大豆、油菜、花生、芝麻、土豆（甘肃）、天然橡胶（海南）、甘蔗、甜菜、森林（公益林、经济林）、玉米制种、水稻制种
地方财政补贴保费的种植业保险标的种类	大棚蔬菜及大棚、大田蔬菜、香蕉、苹果、梨、西瓜、甜瓜、葡萄、柑橘、芒果、猕猴桃、大枣、石榴、中药材等
中央财政补贴保费的养殖业保险标的种类	能繁母猪、奶牛、育肥猪、藏系羊（青海）、牦牛（青海、西藏）
地方财政补贴保费的养殖业保险种类	养鸡、养鸭、养鹅、淡水鱼养殖、养虾、养蟹、海水（网箱）养鱼、养殖海参等
地方财政补贴保费的涉农保险标的种类	农房、渔船、农业机械、农业设施、渔民人身意外伤害等

（五）逐步建立农险大灾风险分散机制

农业保险经营风险比普通财产保险要高得多，研究表明，农业保险的赔付的变异系数是普通财产保险的大约 10 倍[①]。如果没有专门的"大灾风险分散机

---

① 参见：Miranda. M. & Glauber. J. W，Systemic Risk，Reinsurance，and the Failure of Crop Insurance Markets. American Journal of Agricultural Economics ［J］. Vol. 79 February，1977.

制"，经营机构的破产概率很高。所以，其他建立政策性农业保险制度的国家都有一套完备的大灾风险管理制度。我国农业保险的大灾风险分散制度建设，已经有了公司级大灾风险分散基金，并组建了"再保险"共保体，2020 年正在筹备成立公共财政支持的农业再保险公司，以解决农业保险再保险承保能力不足的问题。再保险之后的赔偿责任尚需其他的制度安排。

二、农业保险发展的难题待解

虽然 13 年农业保险市场的发展日新月异，如火如荼，成就巨大，可以说政府、企业和农户基本满意。但我国农业保险的这个新兴市场还存在一系列需要解决的问题。主要是：

（一）体制机制建设尚待完善

农业保险的进一步发展，首先需要的是完善我们的制度，加强体制机制建设。目前的农业保险立法层次较低，缺乏对相关主体权利义务关系的明确规定，对于农业保险的合同规则、经营规则、财政补贴、税收优惠规则、保险监管规则以及大灾风险分散机制等重要内容，规定太笼统，仅仅是表明了国家的支持态度，而与之配套的详细、具体和可操作性实施细则，很不完善，特别是缺乏中央层面和地方政府明确的牵头管理机构。监管机构多元化造成监管效率不高。"协同推进"涉及横向 10 多个政府部门，纵向五级政府，各自的职责并不明确，往往形成"龙多不治水"的局面。

（二）财政补贴政策尚待优化

财政补贴是农业保险最重要的政策。第一，补贴规模较小，这种市场化的农业补贴资金应该在农业支持资金中扮演主要角色，但目前实际上只占全部农业直接补贴资金的五分之一甚至更少。第二，补贴品种较少。如前所述，目前中央补贴目录中只有 20 多种标的，地方政府限于资金约束，"特色"品种虽然不少，但是多不成气候，并不能解决农业全面风险保障问题。第三，补贴责任分担不合理。对于那些农业大省、财政穷省，中央补贴如果不能向它们倾斜，要求它们也实现应保尽保的要求是有困难的。第四，补贴资金拨付不及时不到位。政府补贴的保险费结算往往滞后，保险公司甚至要借贷来支付赔款。更严重的是在很多地方存在故意拖欠、挪用、截留甚至贪污各级下拨的财政补贴资金，造成保险经营机构大量的"应收保费"，影响正常经营。这些问题有待解决。第五，补贴结构需要优化。目前的保费补贴，千篇一律，没有在不同的标的种类之间、不同的保险金额选择之间实行合理的差异化，农业保险的险种和保障水平不符合激励需求。

（三）政府市场边界需要明晰

我国农业保险制度采用的是"PPP"模式，政府参与农业保险的活动，但是政府市场边界不明晰。第一，政府的责任和行为边界不清。不同层级政府，政府有关部门，各自到底应该扮演什么角色，权力和行为边界在哪里，法律法规并不明确，错位和越位的问题频频发生。第二，对于"市场运作"的认知并不一致。市场各方都是凭着自己的理解在活动。加之政府的权力和行为边界不清，从市场准入、展业、定损、理赔到市场退出，所有环节都没有完善的规则和明确的界限，市场乱象频发。

（四）保障水平亟须普遍提高

保险保障水平的高低已经成为需求很强烈的问题了。13年的所谓"物化劳动成本保险"已经受到越来越多的农户的吐槽，因为这种低保障的产品对他们寻求保险保障的购买目的来说，越来越"没意思"，因此也对这种产品越来越失去兴趣。所以，他们希望保险金额能提高到包括租地成本和劳动力成本。尽快普遍推行"巨灾保险"和"完全成本保险"，进而，扩大收入保险的试点，真正解决保障水平问题。

（五）补贴目录需要不断扩充

现在接受中央财政补贴的标的种类目录（以下简称《目录》）已经有20多种。如上所述，更多的蔬菜水果养殖畜禽水产品的保险保障，因为地方政府，特别是那些财政收入有限的各级政府，即使开发出当地的"特色保险产品"，也只能是象征性地做一点，无法满足所有农户投保的需求。还是寄希望于中央政府扩大《目录》里的标的范围，不仅为粮食安全提供风险保障，进一步为食物安全提供风险保障，真正建立起我国的食物安全网。

（六）市场秩序有待加强治理

因为进入农业保险的市场主体越来越多，市场竞争越来越激烈，特别是在那些市场主体很多的省份，恶性竞争、不规范竞争已经是一个亟待解决的问题。在这些地方，虚假承保、虚假理赔和虚假费用的"三虚"问题比较突出，招投标的寻租比较普遍，寻租花的钱总是要从费用中支付，进而在理赔中找回，把一个好端端的保险，变成了两方或者三方分钱的"游戏"。因此，在财政部等四部委发出的《关于加快农业保险高质量发展的指导意见》（以下简称《指导意见》）中，提出要"清理规范农业保险市场"，加强财政补贴资金监管，依法予以处理，实行失信联合惩戒，进一步规范农业保险市场秩序，"加大对保险机构资本不实、大灾风险安排不足、虚假承保、虚假理赔等处罚力度，对未达到基本经营要求、存在重大违规行为和重大风险隐患的保险机构，坚决依法清退出农业保险市场。"

三、农业保险发展的前程似锦

虽然有这么多问题需要解决，但是总的来说，我国农业保险发展基本上是顺利的，成就也是有目共睹的。这些成就不仅令我们自己感到鼓舞，也受到很多国家的瞩目。未来中国的农业保险将稳步前行。

（一）农业保险制度将在实践中不断完善

我国现行的农业保险的政府市场结合模式已经基本确立，在未来这种制度模式会得到进一步完善。一般来说，这种制度模式有四个方面发生重要改变。

一是，制度目标将会更加明确。随着农业现代化和城市化进程的加快，国家乡村振兴战略的深入推进，我国农业保险的政策目标会不断扩展，比如通过农业保险促进脱贫和巩固脱贫成果，保障国家粮食安全，让中国人的饭碗牢牢端在中国人自己手里，稳定农户的农业收入，完善农村金融服务体系，增强我国农产品的国际竞争力等。是否设定这些目标，或者设定更多的目标，与农业保险的发展规模和方向关系极大。

二是，政府的支持方式将得到进一步改进。政府是全方位的支持还是局部意义上的支持，是一道选择题。实际上13年的农业发展历史表明，政府对农业保险的期待越来越高，不仅希望农业保险为农业生产提供自然风险和经济风险的保障，还要让农业保险在农村金融体系建设中发挥更大作用，进一步，希望农业保险将保险的范围进一步向产前、产后两端延伸，将种植业养殖业保险向与农业有关的财产保险扩展，这表明中央政府是会对农业保险实行全方位支持的。所以，财政（补贴保险费、管理费和再保险费，以及超赔责任的分担等）和税收方面的政策支持，还有很大的讨论和发挥空间。

三是，市场组织制度将不断改善。目前我们采用的市场运作，是由市场化的保险机构（商业保险公司、合作制保险机构等）和政府共同提供直接保险和再保险。这种市场格局的安排不会有什么变化。但是，政府正在这个体系中发挥更大的作用，那就是完善大灾风险分散制度的安排，即将挂牌的财政控股的中国农业再保险公司，就是为了增加农业再保险承保能力，这种再保险的供给应该是更具优势的，同时在一定程度上将为直接保险提供"兜底"责任。就是说，市场组织制度将会不断得到完善。

四是，各省的经营模式会不断完善。各省的经营模式的完善问题，也要在将来逐步加以解决。目前，有的省设计了自己的经营模式，有的省还没有自己的经营模式，这都需要各省在《指导意见》指导下，在各省农业保险工作小组的领导下去做。省级经营模式的调整和完善，对各经营机构都会产生不同影响。

当然，制度完善不是目的，主要是要更好地发挥在农业支持保护体系中的作用，更好地服务于国家农业发展战略，特别是乡村振兴战略。

（二）农业保险的密度和深度将不断提高，市场规模快速扩大

目前，由中央财政支持的农业保险项目有 20 多种，2019 年财政部、农业农村部、银保监会和林草局等四部委联合发布的《关于加快农业保险高质量发展》又提出了一些新的涉农保险标的。我相信，将来蔬菜、水果、牛、羊、鸡、鸭、水产养殖、农业机械和农业设施，渔船等种植、养殖项目以及其他涉农保险项目，都可能逐步进入中央政府财政和税收支持的视野，就像美国、加拿大、日本昔日所经历的那样。

农业保险的覆盖面也会扩大，保险保障水平也会提高。从 2017 年起，旨在提高农业保险保障水平的"巨灾保险"开始在 6 个省 200 个县试点，2020 年扩大到 500 个县，完全成本保险选择了 6 个省 20 个县进行试点，还在 2 个省选择 4 个县进行收入保险的试点。为支持各省发展本地优质特色农产品保险，财政部从 2019 年起进行"以奖代补"的试点，2020 年已将这个政策试点扩大到 20 个省。农业保险保障范围也会扩大，保险产品创新的热情会更高，产品会更加丰富多彩。

我国农业保险的市场规模，目前只有美国市场规模的 $60\%\sim70\%$，如果我们的保额（目前只有平均收入水平的 $40\%\sim45\%$）提高到美国那样的相当于产出 $80\%\sim90\%$ 的水平，即使我们现有的承保规模不扩大，市场规模就会超过美国。如果保险标的的范围能够扩大，保险覆盖面提高，农业保险保费占农业 GDP 的比例能达到与美国相同的 5% 的水平，按照 2019 年我国农业 GDP 70 467 亿元计算，我国的保费规模可以达到 3 523 亿元人民币，是 2019 年的 6 倍以上，应该没有问题。因为，虽然我们的农作物播种面积比美国要小一点，但是我们的人口是美国的四倍，粮食安全问题更加严峻，政府加大对农业保险的支持力度势在必行。就我们目前的财力现状和对于补贴结构调整的可能性，农业保险补贴总量成倍提高也是有可能的。

《指导意见》中提出的"到 2030 年，农业保险持续提质增效、转型升级，总体发展达到国际先进水平"是没有悬念的。

（三）农险科技开发和应用步伐必将带来农险的升级换代

农险科技的开发和应用已经引起各家公司的重视，也受到政府监督和管理部门重视。目前的现状是遍地开花，不仅保险公司本身，而且政府管理部门和各类相关的科技公司，都在以极大热情投入试验应用。已有的应用都是零星的、局部环节的，例如，应用地理信息系统精确承保信息，使用移动终端实现网上投保承保，应用遥感技术监测灾害评估损失，应用芯片和 AI 技术提升养殖场承保管理

水平，建立全国和区域信息平台动态监管农险业务等，这些开发和应用正在深刻改变农业保险。在保险经营机构与科技公司的共同努力下，随着科技开发应用的力度加大，成本的下降，农险经营具有科技应用的一体化解决方案，经营和技术有效整合，必将一步步颠覆农险的传统经营模式，也将大大提高监管效率。

（四）市场建设将有较大改观，农险经营效率将得到提升

我国农业保险市场上经营主体比较多，有 40 多家，它们的积极性非常高，也有庞大的代理人队伍（协保员），但鉴于我们的法律法规不健全，制度设计也有缺陷，加上我们大部分农业保险经营机构的经验不足，人才和技术缺乏，数据质量不高，积累时间也太短，经营效率不高。

各方将共同努力推进农业保险的立法，不断提高立法质量和层次，进一步规范政府部门、保险经营机构和投保农户在农业保险活动中的行为，明确政府和市场的责任边界，提高农险经营的科学化和规范化水平。

实现市场环境和市场秩序的改观，除了完善法律法规之外，还将加强监管。需要进一步整合监管机构，协调监管力量，充实监管队伍，统一监管步调，加强对农业保险市场行为、偿付能力和公司治理结构的监管，治理市场乱象，保护广大投保农户的合同利益，提升政府支持资金的使用效果，发挥农业保险的功能作用，较好实现农业保险的政策目标。最近，银保监会出台的《关于进一步明确农业保险业务经营条件的通知》，建立健全农业保险管理机制，就是加强市场监管和治理的重要步骤。

从政府的角度或者财政的角度，都比较关心财政支持资金投入农业保险的效果和效率问题，其他国家也是如此。根据我自己的研究和评估，13 年支持的效益和效率是应当得到肯定的，接下去的问题是在前 13 年积累经验和数据的基础上，通过改进经营，包括保险精算，进一步提高效益和效率。

总之，不远的将来，农业保险定能实现《指导意见》中提出来的"补贴有效率、产业有保障、农民得实惠、机构可持续的多赢格局"。

多层次探讨农业保险制度演进的力作[*]

——评《农业灾害管理制度演进与工具创新研究——基于农业保险视角》

　　孙蓉、汪荣明等学者研究农业灾害管理制度的新作《农业灾害管理制度演进与工具创新研究——基于农业保险视角》（国家社科基金重大项目成果），最近由华东师范大学出版社出版了，为这个历时6年的研究项目，画上了一个完满的句号。这部力作在我国实施农业现代化和乡村振兴战略的背景下，多角度、多层面地深入研究了农业保险这种市场化的农业风险管理工具，分析了其制度演化背景及其制约因素，探讨了农业保险对农户收入、生产行为及种植结构的影响，探索了农业保险的政府行为对农业保险供给的影响，实证了近些年里，包括农业指数保险、期货价格保险、收入保险的农业保险工具创新的功效以及农业保险经营效率等。我怀着极大兴趣，花了一个月时间阅读了这部45万字的专著。该作品其调查之深入，研究之细致，各种研究手段应用之娴熟，都给我留下了深刻印象。这是近年农险研究中少有的重要成果。

一

　　建立在政府支持基础上的现代农业保险制度，实际上在世界上只有80多年的历史，真正受到世界上大部分国家的青睐和采纳，是近30年的事。这种制度和其他任何经济制度的产生和发展一样，都有其产生和演化的轨迹，有它的内在规律和外在条件。本书用了近10万字的篇幅梳理和进一步论证了农业保险这种有效的灾害管理创新工具的社会、政治、经济和人文的原因。特别是对两个典型国家所做的精彩分析，著者认为，作为典型市场经济国家的美国，之所以通过政府干预建立政策性农业保险制度，"既有缓解经济危机、刺激需求、推动经济复

---

　　* 原载《财经科学》杂志2020年第9期，有删节。

苏的经济考虑，也有获得农场主、农民等农业利益集团政治支持的政治考量"；而日本政策性农业保险制度的建立，同样是社会各阶层、各利益集团博弈的结果。这就很好解释了，为什么这些国家尽管面对各种批评、争执和质疑，仍然会不断坚持和强化政府对农业保险的高额补贴政策的原因。而这两个国家之所以采取两种完全不同的组织制度并产生不同的运行绩效，与它们不同的产权制度约束和非正式制度约束有重要关系。作者在讨论中国的农业保险制度演进时，虽然是按照自然进程分析的，但是也凸显出中国政策性农业保险制度的设计和建立并不完全是经济的因素。我国农业保险，虽然没有明显的利益集团博弈，但是却受着国际政治和经济的影响，在变化莫测的国际政治和经济环境下，14亿人口的饭碗的安全和受世贸组织规则约束是这种制度设计的重要考量。同时，我国选择商业性保险公司为主来经营农业保险，而不是像日本那样通过发展合作制农业保险组织来实施农业保险计划，也是与我国的产权制度约束和非正式制度影响，包括习惯习俗、伦理道德、文化传统、价值观念和意识形态等因素有着重要关系。著者在此亦通过河南省的调研，分析考察了农业保险的制度演进过程。其实，在河南农业保险的发展历史中，还有一段大规模发展互助合作保险的经历。那是在1995年到1998年，最多的时候有70多个县都建立了"农村统筹保险互助会"，民政部也尝试过建立"救灾合作保险"制度，这些试验的失败，以及这些年来合作制农业保险没有什么发展，都可以从本书的研究中找到很好的答案。

二

就农业保险机理来说，有两个重要经济学命题需要持续不断地加以研究：一个是有政府补贴的农业保险怎样和在多大程度上影响农户的行为，另一个是这种制度安排能不能或者在多大程度上影响农业生产结构变化。在不同的国家和不同农业保险制度发展阶段，都需要研究这两个问题。这对制定和调整农业保险政策有重要意义。本书对这两个方面都有精彩的研究和讨论。研究者们通过在代表性的苏皖川等八大粮食主产区的调查数据，实证研究了农业保险对农民收入和农户行为的影响，特别讨论了财政补贴对于农户生产行为及种植结构影响的传导机制，这些分析都会给读者以清晰可信的结论和启发。特别是有保费补贴对种植业结构的影响是正向的，但是在不同作物之间具有差异性的研究结论很有意义。当然，对这种差异性，还有进一步研究的必要。例如，有的省份希望通过不提供有政府财政补贴的农作物保险来调整种植结构，达到减少某类作物的播种面积的目的。从2016到2019年三年的实施结果却表明，该种作物播种面积不仅没有减少，反而增加了将近15%。如何更好地使用农业保险保费补贴"杠杆"和达到政府需要的结果，需要继续探讨。

政策性农业保险高度依赖政府的补贴和管理，对于政府的角色及其在这个制度中发挥的作用，也是一个需要深入研究的基本命题。该部作品对政府在农业保险中的行为特征，对农业保险供给和需求的影响，供给与需求对政府行为的影响，政府补贴的成本与收益等方面，都做了深入细致的分析，这种严谨的理论讨论和基于苏皖川等粮食主产区 8 省调研的实证分析，是本书的另一个亮点。

近几年来，农业保险产品创新的积极性非常高，这种工具创新有什么重要意义，它将会如何影响农业保险的发展，该不该和会不会影响农险政策的调整，都是值得深入研究的。该作品的研究者们以极大的热情投入了对该类创新的深入调查和研究。以三章约 10 万字的篇幅，分别讨论了农业指数保险、基于期货的农产品价格保险以及收入保险问题。对这几个问题讨论的深度和广度都值得称道，不仅把这些产品创新的背景、原理、在我国的试验历程和国外的经验借鉴做了细致梳理和论述，而且将这些产品的效用和约束条件、政策调整思路也探讨得十分到位。

该作品还实证分析了我国农业保险的经营效率，其研究得出的关于我国农业保险经营处于规模报酬递增阶段、专业性农业保险公司较之非专业性农险公司更有效率、营业费用率和农险业务占比是影响保险公司农险经营效率的决定因素等结论，较为新颖独到，同样具有重要的政策价值。

三

该作品的第一作者孙蓉教授是一位有 160 多项研究成果的资深保险学教授，她在多个保险学领域都有不少建树，述著颇丰。特别是在农业保险研究领域，她是我国改革开放以来最早进行农业保险研究的学者之一，她非常低调和潜心研究的风格给我留下深刻印象。早在 1994 年她就与杨立旺等合作，出版了国内较早的农业保险学研究型教材《农业保险新论》。几十年来，她以其淳朴和务实的学风，带领团队做了大量的乡村调查，就在做这个课题的 5 年多时间里，分别到有代表性的 8 个粮食主产省做了 10 多次大规模的深入调查，为该书的写作奠定了坚实的实践基础，取得了有质量的第一手分析数据。

对于包括农业保险在内的经济学管理学的研究，虽然很需要研究文献，了解和借鉴前人的研究选题、视角、观点和高度，需要利用公开的统计数据和购买一些数据库数据，但是我觉得最重要的是要亲自做实地调查，对于农业保险而言，了解农险参与者们的所想所为及其原因，据此验证理论的分析和前人的研究、外国的经验的正确与否，才能知道我们国家的特色，做出自己的分析判断和结论。本书的规范分析和实证都是在这样的数据基础上完成的，这是笔者非常喜欢和赞赏的。

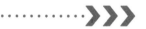

风险区划为农险高质量发展
提供有力"抓手"*

最近，中国银保监会、中银信保公司等单位完成的《全国稻谷、小麦、玉米保险风险区划报告》（征求意见稿）（以下简称《风险区划》）在全国征求意见，同一时间，中国农科院张峭教授带领的团队经过几年的努力，完成了《中国农业生产风险区划地图》（以下简称《地图》）的编制工作，这是两件值得农险界庆贺的喜事。因为这两项重要成果，涉及的是我国农业保险中一个突出的经营技术问题，那就是实行了 13 年的广受诟病的大一统农险费率问题。

对于农业风险区划和费率差异化问题，从理论上和技术上的探讨有 20 多年了。特别是最近 10 多年，这方面的研究成果很多，从技术上已经成熟。这两项成果是一系列研究成果的结晶。广泛征求意见和正式发布将对农业保险的高质量发展产生重要的积极影响。

一、政策性农业保险也要符合保险的原理和技术

这些年，我们发展农业保险，比较强调农业保险的政策性特点，比如，农业保险需要立法、需要政府参与，需要政府财政给予较多补贴，也需要政府建立大灾风险管理体系，在实践中又提出限制过度竞争，需要明确政府的行为边界，等等，讨论这些问题都是对的，而且这些问题需要继续研究和在实践中逐步解决。

但是，我们对于农业保险技术层面的研究和关注有些欠缺，特别是在农险发展过程中，没有完全按照保险的基本原理和精算规则设计保险产品和从事保险经营。

---

* 本文原载《中国银行保险报》2020 年 7 月 2 日，原文题目为《农险定价市场化进程的关键一步》，内容有删节。

（一）农业保险经营也要遵循保险的基本原理

保险的基本原理之一就是"风险的一致性"。所谓"风险的一致性"就是风险分散的代价要与风险大小相匹配。所以，设计农业保险产品，需要研究和估计不同保险标的的损失分布，根据这种分布的特征准确地厘定费率。这跟其他财产保险产品（例如车险、家庭财产保险、工程保险等）一样，要按照纯损失率和市场需求来定价是一个道理。

农业生产的自然、地理和经济技术条件差异很大，不同地区，不同作物的损失概率及损失分布是不一样的，费率肯定是不一样的。不仅在一个省不一样，实际上一个村子里的不同区域的作物风险大小都不一样，其损失概率和概率分布肯定也会不一样[①]。

在较大区域，例如一个省的范围厘定费率，如果省内不同地区的自然地理等条件差异很大，全省使用同一费率，投保方的逆选择就不可避免。这样的产品设计也不会有好的经营效果和效率。风险大的地区的农户按照相对较低费率交了比应该交的要少的保险费，占了便宜，而风险小的地区的农户按照同样的费率交费，就"吃亏"了，农民虽然不懂保险精算，但对他的作物或者饲养的家畜家禽风险大小，他是心里有数的，这个账，农户是能算清楚的。一省一个费率，必然影响部分农户投保积极性，而且对于财政资金的利用效率影响也很大。

（二）农业保险在性质上不同于财政救灾资金和风险灾害基金

我们国家管理现代农业的风险，就事后的补偿机制来说，可以单靠"财政救灾资金"或者选择"风险灾害基金"工具，也可以选择农业保险工具。我国选择了后者，是有道理的。国家每年的财政救灾资金，虽然不断增长，但它主要是解决临时救济和易地搬迁等问题，不可能对农业的灾害损失补偿起到多大作用。因为这种救灾资金是普汇的，可以撒"胡椒面"，救助金发放基本上不考虑农户损失差异。

国外也曾有专门针对农业生产风险的风险基金，比如，加拿大 1939—1959 年在草原三省，曾经建立过农业灾害基金，农户每英亩地交 2 加元，农作物受灾就能获得补偿，基金不够了就不补偿了。这种基金，其实既不公平也无效率可言。因为缴费相同，也不完全按照损失大小补偿损失，在大多数情况下，并没有解决农户的损失补偿和再生产可持续的问题。所以，在实行 20 年以后，把它抛

---

① 按道理讲一个村里不同地块应该有不同的费率。当然，因为数据难以获得，即使不考虑成本，我们一般不可能按照地块来订费率。据我了解，全世界也就日本可以按照地块投保。在我国目前能够获得的数据最小单位是县，所以按照县一级来厘定费率是可行的。

弃了，进而建立了农业保险制度。

农业保险有公平的精算费率，起点公平，在风险损失概率相同的情况下，才缴纳相同保险费。不同损失概率即使同样大小面积，也要交不同保费。投保农户发生灾损，按照约定，只给受到约定风险损失的农户赔偿，大损大赔，无损不赔。相对于风险灾害基金来说就要科学得多，公平得多，有效得多。能够较好解决灾后农业再生产可持续问题。但是这三个"多"的前提是费率要精算公平。如果没有这个前提，例如一省一费率，也就跟"风险灾害基金"差不多。我们这几年的农险经营的实际情况是，大一统费率本来就不公平，加上保险赔付的平均化倾向，使很多地方的农业保险，快要变成风险灾害基金了。

违背保险基本原理的结果，就是产生严重的逆选择，这在各地都有典型表现，笔者也多次撰文介绍此类逆选择案例和影响，其他同仁也多有研究。正如上面所说，风险小的地区投保农户吃亏，不愿投保，风险大的地区投保农户占便宜，积极投保。保险机构多次向当地政府主管部门反映，没人理会，这就将农业保险推向尴尬境地。这种不科学、不公平经营的状况不能再继续下去了。

（三）发布农业《风险区划》和《地图》的重要技术意义

无论是《风险区划》，还是《地图》，都是经过科学研究和根据合理的精算技术计算和编制出来的，都是落实四部委发布的《关于加强农业保险高质量发展的指导意见》（以下简称《指导意见》）的重要步骤，我觉得，它们在经营技术上的重要意义主要有两点：

第一，告诉农业保险业界和政府，就农业生产而言，同一个省不同县或市的风险等级不一样。在《风险区划》里，给出了三大主粮作物的费率变动区间，《地图》则是给出了四个风险等级。显然，农业生产风险较大的市、县与风险小的市、县，纯风险损失费率差别很大。

第二，现行一省一费率的制度或者政策，显然不符合各地的风险实际，违反保险的基本原理，因此是不科学不合理的，必须改变。

二、大一统费率问题的症结主要在政府

之所以长时间无法改变一省一费率的不科学格局，阻力实际上主要在地方政府。

农业保险定价权目前虽然在公司，但是实施操作所使用的费率在很多情况下并不怎么考虑精算原理和精算平衡，只考虑政府的接受水平和程度。这个问题是客观条件限制和目前精算制度本身的缺陷造成的。保险公司定价，政府不相信。虽然政府不知道价格到底多少才是合理的和公平的，总觉得公司定价高了。有位

保险公司的朋友说，我们现在开发新产品是根据政府的"口味"和"脸色"在定价，真的离科学合理定价差得很远。政府不信保险公司的定价，可以理解。如今，有了我们的《风险区划》和《地图》做参考，政府至少心里有了底数，不再担心保险公司"头戴三尺帽，不怕砍一刀"的定价策略，也就不会无根据要求保险公司按照自己的意图或者主观想象定价了。

有了《风险区划》和《地图》为基本依据，下一步银保监会再颁布行业基准纯风险损失费率，发布农业保险示范性条款就成为可能，从而为保险公司提供了费率精算依据。在接下去的农险操作中，要实行差异化费率，保险公司开发的每一款产品都可以按照市或县一级定价，农业保险的科学化进程必将加快。

三、《风险区划》和《地图》需要在实践中不断完善

《风险区划》依据的是过去 12 年 11.6 亿条农险赔付数据，也参考了其他研究成果精算的，《地图》是根据历史产量数据和灾害数据编制的，尽管研究者在方法技术上做了很多努力和改进，力求符合全国 338 个地（市），2 800 多个县的农业风险实际。但是在两个方面需要大家进一步在实践中关注和积累经验数据，为《风险区划》和《地图》的完善共同做出努力。

第一，《风险区划》使用过往赔付数据虽然比较符合保险精算规则，但这些过往的数据，这些数据质量不一定很高，不仅与当时的风险状况不符[①]，与未来的风险状况更会有差异。《地图》主要是根据社会产量损失和灾害数据来精算的，产量和灾害统计数据与保险实际赔付（损失）还不是一回事，虽然它们之间有高度关联性。所以，两方面研究成果，都需要根据不断积累的保险赔付的经验数据，逐步加以修正。

第二，《风险区划》只给出了三大作物的分区费率等级，而且只是到市（地）一级，市（地）一级似乎有点粗，需要进一步细化。《地图》把风险区划做到县一级，我个人觉得比较合适，《地图》所涉及的作物也相对多一些，但是，设计的标的种类也还比较少，至少中央支持的这 20 多种农业保险标的的大部分（特别是种植业）应该都做出来。当然，我知道这不容易，除了数据，计算工作量也是非常大的。需要在此基础上，逐步收集和积累各类作物的基本数据和赔付的经验数据，为《风险区划》和《地图》的完善和精细化提供进一步支持。

---

① 之所以如此，主要是各地农业保险经营的赔付普遍有平均化的现象，无灾也要赔，小灾要多赔，大灾也不可能如实赔，这种饱受诟病的"协议赔付"，造成了赔付的年际变动与灾害损失的年际变动严重不符。这种赔付数据拿来做精算必然误差较大。

四、《风险区划》和《地图》的应用
落实尚需做实实在在的工作

《风险区划》和《地图》只是为我们农险经营的基础设施修建了一条"高速路"，银保监会也规划了"路线图"。有了路，有了"路线图"，车辆会不会上路还有工作要做。根据以往经验，没有切实的举措，《风险区划》和《地图》，仍然会束之高阁。

要很好解决这个实际问题，主要有三点：

（一）主管部门的决策是关键

要改变一省一费率的费率制度，对农业保险来说，这是重大的制度改革。银保监会有关领导最近撰文说，银保监会已经启动 3 年行动，"确保在风险区划和费率分区的基础上，分批次，分步骤发布农业保险示范性条款和行业基纯风险损失费率"（《中国银行保险报》2002 年 6 月 23 日）。有了实施规则和规划，地方政府才会有规可依。仅此还不够，还必须让政府想通了，想明白了，才会允许农险业务这些"车辆"上"路"。

地方政府的实际问题是嫌麻烦，有的地方政府甚至主管领导也还没想通，工作是有难度的，特别是那些风险较高的地区，牵涉到自身的利益，思想阻力会比较大。所以，要让《风险区划》和《地图》成为推动费率差异化改革的良好契机，需要有力的行政推动，只有拿出切实可行的实施计划和方案，下面执行起来才会顺畅得多。财政部等四部委《关于加快农业保险高质量发展的指导意见》里已经写明了，要"加强农业保险风险区划研究，构建农业生产风险地图，发布中国农业保险纯风险损失费率"，要"建立科学的保险费率动态调整机制，实现基于地区风险的差异化定价，真实反映农业生产风险状况"。这是给出了政策依据。银保监会也有了"三年行动计划"。现在，《风险区划》和《地图》又为改革和实施规划提供了很好的"抓手"，推动起来就会容易得多。

（二）保险经营机构要积极跟进

从操作层面，一旦政府同意按照《风险区划》和《地图》提供的依据，并按计划推出示范条款和纯风险损失率，实施差异化费率新规，接下去的问题就是，各地经营农业保险的公司，要按照示范条款和纯风险损失费率，对现有的保险合同及其费率加以修订或者重新开发新的保险产品，按照不同市或县的风险等级厘定新的费率，在一定时期内，会带来一些工作量和成本。不过我想，这不会有多大问题，因为一般来说我们的保险公司有足够的技术和人力资源贮备，科学化经营，既是公司的一直以来的诉求，也是公司的拿手好戏。

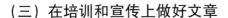

（三）在培训和宣传上做好文章

对于部分地区的干部和农户来说，按照新规实施差异化费率制度，也会有这样那样的实际问题，需要政府和公司共同组织，特别是做好"协保员"的培训以及对农户的积极宣传。

有了这三条，《风险区划》和《地图》定会发挥重要作用，必将逐步引导我国的农业保险经营向科学化、合理化、精细化、效率化前进一大步。

规范农险市场秩序　严格进入和退出机制*

最近，中国银保监会办公厅发布了广受农险界关注的《关于进一步明确农业保险业务经营条件的通知》（银保监办发〔2020〕第 51 号）（以下简称《通知》），这个文件从酝酿、调研、征求各方意见到出台用了差不多一年时间。

有人说，《通知》表明，往后"农险经营资质放宽了"。就我个人理解，这种说法不大正确，可能没有很好理解文件的实质和意义。所以，有必要说说这个文件产生的背景和想要解决的问题。

背景：2016 年修改《农业保险条例》

2012 年颁布的《农业保险条例》第 17 条曾经规定："保险机构经营农业保险业务，应当符合下列条件，并经国务院保险监督管理机构依法批准"。在列出的六个条件之后，还强调"未经依法批准，任何单位和个人不得经营农业保险业务"。后来，国务院精简行政审批手续，考虑到该条规定与上位法之一的《保险法》有冲突，2016 年就修改了《农业保险条例》的这一条，将此条改为"保险机构经营农业保险业务，应当符合下列条件：……"列出六个条件之后，这一条最后的文字也修改成"除保险机构外，任何单位和个人不得经营农业保险业务"。

此后，按照一般理解，凡是财产保险公司都可以经营农业保险，不需要经过保监会的审批。所以，有些保险公司以修订过的这个《农业保险条例》第 17 条为依据，以各种方式自由进入了农业保险领域。农险市场上的经营主体，很快从 10 几家增加到 30 几家，各地市场竞争都比较激烈，有的地方市场秩序混乱，违规违法案件也多了起来。各地政府有关部门不知道应该如何对待和处理这么多公司，也无法判断五花八门的经营行为是否合理合法。

＊ 本文原载《中国保险报》2020 年 6 月 15 日。

实际上，有些财产保险公司对《农业保险条例》第 17 条修改的理解并不全面。虽然说保险公司经营农业保险资质不需要专门申请和审批，但是，条例列出了六个条件，监管机构有责任审查和监督经营农险的公司是否符合这六个条件。在这个《通知》里，监管机关根据几年来市场上出现的问题，对《保险法》和《农业保险条例》相关规定做出了详细阐释和进一步明确的规定，以便于各经营机构和各级监管机关贯彻执行。

亮点：《通知》值得关注的四个要点

这个文件的一个显著特点是将农业保险市场管理细致化了。

（一）强调农业保险"坚持适度竞争原则"

《通知》第三条强调"农业保险坚持适度竞争原则"。如果没记错，这是官方文件第一次提出这个原则。其目的很清楚，那就是对农险市场主体要做出适当的要求，避免自由竞争、无序竞争。据统计，全国 31 个省、直辖市、自治区和 5 个计划单列市中，至少有 6 个省有超过 12 家农业保险机构做农业保险，10 个省有超过 10 家保险公司做农业保险，有的省甚至有 15 家公司同台竞技。只有青海、宁夏、西藏几个省、区农业保险经营机构较少（为 3、4 家），当然这几个省、区农业保险资源相对较少。对于无序竞争的现象和危害（主要表现为对农户利益的损害和对政府公共资金的侵蚀，降低农业保险效率）已有很多研究和媒体做了披露。因此，提出这个原则是正确的及时的，避免了对《农业保险条例》第 17 条的片面或错误理解。

（二）分两级进行"条件管理"

既然该文件针对的是"经营条件"所做出的规定，重头戏就是对于 2016 年修订后的《农业保险条例》第 17 条提出的适格条件，做出了必需的阐释和进一步明确的规定。第 17 条对于经营农业保险的条件写了六条，其中第六条是"国务院保险监督管理机构规定的其他条件"。那么，《通知》做出两级条件管理的规定，可以认为就是根据这一条延伸出来的。

《通知》对于经营农险的总公司做出了十条规定，对于省级分公司做出了六条规定。这些条件比起《农业保险条例》第 17 条来，具体多了。例如对于总公司一级要求"公司治理和内控管理良好，近三年内未因农业保险业务受到重大行政处罚"，这就比《农业保险条例》17 条说"有完善的农业保险内控制度"具体多了。再如，《农业保险条例》第 17 条规定"偿付能力符合国务院保险监督管理机构的规定"很笼统，因为保监会一直没有对农业保险做出具体要求和规定。《通知》此次对综合性财产保险公司和专业性农险公司偿付能力充足率，分别做出了不同的规定，对于前者要求"上一年度末及最近两个季度末综合偿付能力充足率180％以上"，后者要求"上一年度末及最近两个季度末综合偿付能力充足率150％以上"。

为什么这里对农业保险经营比一般财产保险公司的其他财产保险业务的偿付能力的要求高？原因是农业保险的经营风险远比家财、企财、工程等保险业务的风险要大，根据美国的 Miranda 和 Glauber1997 年所作实证研究表明，一般保险公司赔款的变异系数为 8.6％，而农业保险公司赔款的变异系数是 84％，相差近 10 倍[①]。变异系数高表明风险大。《通知》作出这个规定就是为了保证被保险人的利益，不至于因为在较大灾害损失发生后因为保险人偿付能力不足而得不到足额赔偿，这种赔不出来的情况在政策性农业保险经营过程中曾发生过。

对于省级分公司经营条件的要求，第五条专门写了七款。特别提出了银保监会和省级监管机构的责任分工，更加强调了保险机构省级分公司要有完善的管理制度体系、专门部门和专职人员数量，对县级分支机构也提出了具体要求。

其中经营网络的建设是一个重要的问题。此前有的地方和公司因为没有健全的服务网络，县级没有分支机构，就通过其他专业机构甚至非专业机构来代办，这样的承保和理赔质量就难以得到保证，因此发生过不少赔付纠纷。有人认为，现在农业保险科技正在方兴未艾地发展，完全没有必要要求"在经营农业保险业务的县及区域内设有分支机构"，而且要求"分支机构的信息系统、查勘设备和交通工具等办公条件能够满足业务管理和农业保险服务的要求，并建立与业务规模相适应的农业保险基层服务网络。"否定该规定的意见似乎有理。实事求是地讲，农业保险固然能通过高科技手段实施远程控制，很好解决精准承保和理赔问题。但是我国农业保险科技也还只是在局部环节进行尝试，尚未达到系统解决问题的程度，在承保、定损、理赔各个环节，还不可缺少人工操作。上述规定，至少在目前还是保障农险业务经营和服务质量所必需的。

（三）退出机制要动真格的了

保险市场的监管，关键是两头，即进场和退出。前面对进场作出了具体规定只是一个方面，要让市场规范有序，还要有严格的退出机制。农险市场此前尚未有对于退出机制的具体规定，《通知》第 8、9、10、11 条就保险经营机构受到处罚直到退出市场的条件，以及退出市场的后续事项处理都做出了规定，特别提出"对于不符合条件经营农业保险业务的"机构，要"责令限期改正，停止接受新业务"，"逾期不改正或者造成严重后果的，处 10 万元以上 50 万元以下的罚款，可以责令停业整顿或者吊销经营保险业务许可证。"一旦某家保险公司"总公司

---

① 参见：Miranda. M. & Glauber. J. W. Systemic Risk，Reinsurance，and the Failure of Crop Insurance Markets ［J］. American Journal of Agricultural Economics，Vol. 79 February，1977.

退出农业保险经营的，其所有省级分公司自动退出农业保险经营。"这些明确的规定可以说是比较严厉的，应该有足够的警示性。当然我们不希望任何一家公司根据这一条款接受处置。

（四）要对经营农业保险的经营机构进行综合考评

这又是一个亮点。市场监管是一种执法行为，尽管执法有《保险法》和《农业保险条例》作为依据，但是要使监管更加科学化精细化，仅仅靠抽查式的监管和处罚还远远不够，需要有普遍的制度性的机制提供更精确的监管依据。"综合考评"就是一种有创意的改进监管的制度设计。

《通知》第 13 条规定："银保监会适时对保险公司总公司农业保险业务经营管理等情况进行综合考评；银保监局适时对保险公司省级分公司农业保险业务经营管理情况进行综合考评"。这是高招，如果有了切实可行的综合考评制度，不仅对各保险公司的改进经营管理是一种积极的促进，对备受诟病的各地农险招投标是一个有力的支持，对更好执行退出机制也会有准确把握。我们期望《通知》对"综合考评"制度的建立能有积极推动，早日看到综合考评的执行方案和标准。

总之，这个短短 19 条《通知》，并不能简单地理解为一个"放宽农险经营资质"的文件，而是落实财政部、农业农村部、银保监会和林草局四部委 2019 年发布的《关于加快农业保险高质量发展的指导意见》，加强对农业保险市场监管，进一步规范农业市场秩序，严格进入和退出机制的重要文件。认真学习和贯彻这个《通知》必将有力推动农险市场的健康快速发展。

《中国农业保险保障分析与评价》序

　　最近两年，中国农科院信息研究所和太安农业保险研究院合作，深入研究我国农业保险的发展和保障水平，取得了喜人的成果。这本《中国农业保险保障分析与评价》就是其重要成果之一。

　　我们都了解，中国农业保险这十多年来得到迅猛发展，农险保险在我国乡村振兴和打赢扶贫攻坚战的"三农"发展战略实施中发挥了重要的作用，受到越来越多的农户的欢迎，也得到政府的认可。中央和各级政府对农业保险政策及其推行越来越重视，投入的财政资金越来越多。如何认识农业保险目前的发展状况，如何量度农业保险的保障水平，如何评价农业保险的实施效率，这是保险界和各级政府都很关注的事。这些问题就是这本《中国农业保险保障分析与评价》所讨论的主题。

一

　　衡量一个国家和地区的保险发展水平，通常使用的指标是保险密度和保险深度。保险密度就是人均保险费多少，保险深度就是保险费收入在 GDP 里所占的比重。这两个指标用来评价农业保险其实也可以使用。但是它不能让我们更详细地了解农业保险发展水平，特别是这种发展的结构性状况，也就不便于有针对性地采取改进措施。张峭及其团队在其《中国农业保险保障水平研究报告》中，首次提出衡量一国一地"农业保险保障水平"的概念和指标，并进一步将这个指标分解为"保障广度"和"保障深度"两个指标，根据这个指标体系，我们易于考察农业保险的实际发展结构现状和水平。在这本《中国农业保险保障分析与评价》里，我们高兴地发现，作者在"保障水平"的研究基础上，进一步设计出"保障效率"和"保障贡献"两类指标，提出了"保障水平""保障效率""保障贡献""三位一体"的农业保险风险保障评价框架，构建了 3 大类 9 个指标构成的评价指标体系，可以全面客观地反映当前我国农业保险核心功能的发挥程度，这对农业保险研究是一个重要的创新和贡献，对于我们全面了解和评价农业保险政策的综合效果和效率提供了极大方便。作者根据其指标体系对全国和各省的农业保险发展现状进行了多视角分析，并编制了详尽的图表，这不仅为中央有关部门了解全国农业保险发展全貌，了解中国农业保险发展水平与其他国家发展水平的一般差异和结构性差异，也对各省了解本地发展现状以及与其他省份之间的差异，提供了很好的工具。

二

除了上述贡献，本书的一些分析结论值得重视和关注。例如，根据本书的分析，我国农业保险的保障深度大大低于其他发达国家，也低于印度、土耳其、菲律宾等发展中国家，这一点给我们提供了更多的思考空间。本书作者进行国际比较不是目的，这种比较本身也并不说明问题，因为各国的国情不同。问题是通过这种比较和分析，探讨其间的内在矛盾，就会发现，目前我国的保险产品所提供的保障水平，特别是保障深度，很难解决农业灾害之后的充分补偿问题，无法满足农业简单再生产和扩大再生产的需要。这与我们建立农业保险制度的目标还有较大距离。其实这个问题讨论很长时间了，这里的具体分析让我们有了进一步的感受。

种植业赔付的平均化倾向问题，也是本书分析出来的突出问题之一。一般财产保险也好，农业保险也好，损失发生总是小概率事件，之所以花一元钱最多可以获得一万元赔偿，甚至十万元的赔偿，那是因为这种保险标的损失的概率就是万分之一，十万分之一甚至更低。农业保险的损失发生概率比一般财产保险高许多，因为风险的系统性问题，赔付面会高于一般财产保险。但是，在高参与率的条件下，从全国来看，损失事件发生依然应该是小概率事件，案均赔款应该占保额较高比例才是正常的。而该书的分析结论表明，目前的种植业保险的"高受益率、低赔付额"现象值得关注。根据其研究分析，2008—2012 年间，种植业保险平均受益率约为 23.23%，而相应的单位保费赔付额仅为 2.22 元；2013—2017 年间种植业保险平均受益率约为 12.22%，相应的单位保费赔付额为 5.51 元。2018 年种植业保险赔付状况依然延续了前述特征，受益率和单位保费赔付额分别为 15.77%、4.76 元。这就是说，投保的农户，将近 16% 的农户都得到了赔款，这个比例在 2019 年进一步提高到 21.27%（不包括林业保险）[1]。即使按照亩均保额 255 元（2019 年）计算，也只有保险金额的 12.9%。这种高赔付面、低赔付额的平均化倾向，应该是农业保险的正常状态，不是农业保险想要达

---

① 2019 年的数据是我根据有关数据计算的。

到的风险保障目的，所以也就失去了哪怕是成本保障的意义。这个问题非常需要深入思考和研究。该书在总体分析的基础上，对粮食、油料、糖料、纤维作物等还分别做了细致分析。本书为了进一步说明问题，还将中国农业保险的赔付波动情况与美国、加拿大、日本、印度、土耳其、菲律宾等国相比较，我们的灾害损失并不比其他国家有明显差异条件下，赔付波动率小于所有国家。

赔付平均化现象，有多种根源，本书指出，原因之一就是农业保险的赔付在不少地方存在比较严重的"人为干预"现象，致使大灾小赔。且政府支持力度越大的品种，保险赔付数据的真实性越差。这就是我们一直诟病的"协议赔付""酒桌理赔"问题。除此之外，也跟农民自缴 20％保费问题有关。有的地方为了争取更多农户投保，私下里承诺给农民返还保费，返还，自然只能是通过假赔案或者"防灾防损费"的方式实施，没灾也有赔款就不是个别现象了。这种情况下，"受益率"必然高了。还有，目前的产品形态大多数是"成本保险"，而成本保险又根据作物生长阶段，分阶段计算赔付，在生长期间发生灾害损失，只赔保险金额的一定比例，这种在全球独一无二、貌似公平其实有违保险精算原则的赔付设计，也是造成赔付标准普遍很低的原因之一。这个产品形态问题也需要做深入研究。

三

本书是两个研究机构合作的产物。中国农科院信息研究所是我国最大的农业保险研究基地，太安农业保险研究院是在工商管理部门注册，有企业背景的一家独立的民间研究机构，这两个各具优势的农业保险研究机构的合作，应该说是农业保险界一件值得高兴的事。两家机构的合作对于更紧密地将理论与实践相结合，更准确地了解农业保险中急需解决的问题，更快地将农业保险研究成果在实践中应用和推广，促进成果转化，加快中国农业保险的发展具有重要意义。

我国的政策性农业保险制度建立不过 10 多年，无论理论研究时间还是实践时间都还很短，经营经验不足，数据积累有限，研究人员也不多，研究成果还难以满足制度建设和经营实践发展的需要。据我所知，有的国家专门从事农业风险和农业保险研究的专业人员就有数百人，每年的研究成果也很多，所以其法律制度和政策调整得很及时，经营实践发展也很快。我国农业保险制度的完善和政策的调整也必须依赖于科学研究，有了政、产、学、研的结合，有更多像中国农科院与太安农业保险研究院的这种合作，我们的理论研究成果会更多更丰富一些，农险制度才会更快完善，我们的农业保险也才会有高质量的发展。

2020 年 6 月于北京

《基于风险管控的种植业保险 绩效评价研究》序

政策性农业保险制度和政策的绩效评价，是一个重要课题。这项研究关系到农业保险的推进方向和推进速度，关系到政策性农业保险制度的不断完善。任金正教授的这本《基于风险管控的种植业保险绩效评价研究》是这方面很有创意的成果之一。

一

政策性农业保险制度的绩效，可以从某一个层面进行评价，也可以从多层面进行评价。近几年，研究农业保险绩效评估的作品，有的是从财政补贴的角度进行评价，有的是从某些种类，比如"大灾保险"试点的角度来进行评价。从整个种植业保险或者农业保险整体和不同层面对政策性农业保险绩效进行科学评价的作品还不多。评价思路和方法还没有统一的认识和规范。

政策性农业保险不同于一般商业性农业保险，绩效评价的目的和意义有很大差异。后者因为只是商业保险公司的一项业务，虽然其绩效也可以有不同评价视角，但评价目标相对简单，也不需要特殊的评价方法，按照商业保险公司的一般评价方法来评价就可以满足需要。但是政策性农业保险作为国家一项重要的农业政策和制度，涉及的方面略显复杂，有三方参与主体，即农户、政府和保险公司。其中政府这个重要主体的地位比较特殊，它替农户缴纳了大部分保险费（可以看作是投保人之一），这种保险费补贴，不同于一般性救济或者援助，例如灾害救济。一般性救济或者援助带有慈善性质，这是社会政策，强调的是社会性，因为不是合同行为，通常是"杯水车薪"，更谈不上这种救济或者援助的充分性，较少考察这种救助能不能满足被救济者需求的问题。而农业保险是经济政策，虽然也有社会属性，但它需要考虑损失补偿的充分性问题，也就是在一定约束条件下的目标最佳实现程度的问题。政府不仅关注农业风险管理的"事前"，即财政能安排多少资金补贴保险费和灾害发生之前的有效预防，更关心"事后"，也就是灾害损失发生后，这些为农业风险损失补偿所积聚的保险资金，能不能及时和足额发放到受灾群众的手里，较好解决农业再生产问题。就是说，政府财政花在农业保险上的钱，有明确的政策目的和要求，那就是要尽可能地解决农业的风险保障，实现国家的粮食安全（食物安全）等政策目标。这些目标不仅有重要经济意义，而且有重要社会意义和政治意义。花了钱能不能和在多大程度上满足政府的诉求和要实现的期望目标，是政府想要知道的。政府还想知道这个期望的达成要花多少成本。

对于参与农业保险经营的商业保险主体，它们有其获得必要的适当的利润和自身风险管控的目的和诉求，同时，政府也需要适当控制这种利润诉求的必要性。企业的基本诉求如果得不到满足，就会退出市场，而政府给予企业的利润过于宽松，其成本高于采用其他方法管理农业风险的成本，政府可能会不选择保险这种风险管理工具。在这两种极端情况下，农业保险市场都会逐渐消失。

农业保险的第三方参与者就是作为被保险人的投保农户。他们在这个农业保险系统中是主角（保险合同的一方当事人），但实际上，他们是比较被动的一方，也是消极的一方。在商业保险市场上，他们无力或者缺乏参与农业保险"游戏"的积极性，因为这种保险商品对他们来说比较"奢侈"，只是在政府帮助他们补贴大部分精算公平保险费的时候，才可能有大部分人的参加（例如美国、加拿大、日本和中国），或者只是在政府强制他们参加而且给他们较多补贴的时候，他们才愿意参加（例如日本）。如何平衡政策性农业保险体系中博弈三方的诉求和利益，是维持这个系统良好和有效运转的重要条件。

二

鉴于农业保险的上述三方主体各有不同的诉求和目的，绩效评价就需要考虑各方的诉求和目标，又要对整体绩效进行评价。

《基于风险管控的种植业保险绩效评价研究》一书，首先根据对我国种植业保险发展现状和作用机理的分析，将功效、效果与效率等三个角度和政府、农户与保险机构等三个维度统一到同一研究体系中，区别于现有文献中单一角度、单一对象的绩效评价方法，构建了基于风险管控的三角度、三维度的绩效评价框架。在此基础上，综合运用模拟仿真、运筹优化、经济计量、统计分析等方法，从三个主体维度对我国种植业保险进行了绩效评价。作者在层层论证的基础上认为，"现阶段三个参与主体具有不同的风险管控目标，分别以安全风险管控水平、收入损失风险管控水平和赔付风险管控水平为目标，构建了基于风险管控的种植业保险绩效评价框架"，并对影响绩效水平的主要因素进行了实证研究。我觉得作者的研究思路是非常清晰和缜密的，方法和指标选择是得当的，分析结果也是符合实际的。这些结论对于农业保险制度评价和改善，有重要的参考价值。

这部作品不仅有广度而且有深度，研究的扎实和细腻，给我留下了深刻印象，无论是思路还是方法都不乏创意。

例如，在讨论政府维度的农业保险绩效评价的时候，作者基于张峭等人的研究，用"种植业风险保障水平"作为基准，进而通过设计一个在直接物化成本保险的情境和一定补贴水平条件下的"需求保障水平"、"理论保障水平"和"实际保障水平"。通过"实际保障水平"与"理论保障水平"的比较，考察地区之间保障水平的差异。根据保费补贴数据，计算出各地区种植业保险应该达到的理论保障水平。如果理论保障水平大于实际保障水平，则表明政府的部分保费补贴并未形成足够的保障水平，保费补贴的杠杆撬动效应存在提升空间，即种植业保险的绩效水平有待提高。这种新颖的设计，既科学也合理。通过对比风险保障水平的需求值、理论值和实际值进行绩效评价，其结果显示，我国种植业保险的风险保障水平总体较低，且各地区存在较大差异，很多省份尚未实现种植业直接物化成本的全覆盖，政府保费补贴的规模比率和技术效率都需进一步提高。

在农户维度的考察中，作者在多角度和多层面分析的基础上，根据种植业保险的保额和种植业产值，计算出全国各地区种植业保险的承保比例，进而得到各地区农户维度种植业保险的绩效水平。进一步又使用"种植业保险的排除度"这个指标，来分析绩效水平的影响因素，较高的保险排除度意味着农户不能获得有效的保险产品和保险服务，种植业保险对农户的其他影响不能有效发挥，农户维度种植业保险的绩效水平较低。只有降低了种植业保险的排除度，才意味着农户愿意并且能够获得有效的保险服务和产品，种植业保险对农户的收入水平、种植行为以及消费行为的影响才能够显现，种植业保险的绩效水平才能提高。

同样在"风险管控"的视角下，作者考察了保险经营机构的经营绩效。在对我国农业保险主要经营模式、机构和经营特征进行分析和总结的基础上，通过对比农业保险和非农财险的赔付风险，对我国种植业保险进行了绩效评价，并从承保规模和空间相关性两个角度研究了影响农业保险赔付风险的因素。

当然，作者对种植业保险综合绩效的水平测度，也同样不乏精彩之处，需要有兴趣的读者细细品尝。作者在这些研究的基础上，提出了一系列的提升种植业保险绩效的路径和建议。

本书的这些亮点是我在其他类似研究中很少看到的。这种绩效评价的方法、思路都是比较科学合理的，也具有较强解释力和政策参考价值。

三

任金政教授是我多年的老朋友。还是在 20 世纪 90 年代，他跟他的博士生导师陈宝峰教授一起研究农机保险问题时，我们就相识和熟悉了。2001 年他博士毕业后，留在中国农业大学经管学院任教，也到美国普度大学农业经济系做过一年的访问学者。这些年来，金正的研究领域比较广泛，主要从事财务管理、风险管理和危机管理等方面的教学与科研工作，在项目分析与风险管理尤其是农业保险领域有较多积累和建树。主持的国家自然科学基金项目、北京市社科基金项目和接受国务院扶贫办、农业农村部和水利部相关司局等机构委托的研究项目有30余项，公开发表论文50余篇，硕果累累，我经常能读到他的新作。

这本《基于风险管控的种植业保险绩效评价研究》虽然只是他一系列研究成果之一，是他众多成熟作品的重要代表，也是农业保险研究园地中一朵艳丽的鲜花，其研究的深度、学术价值和应用价值都值得肯定和赞赏。读者一定会从这部作品中领略到作者深厚的研究功底和重要价值。

我作为一个农业保险问题研究爱好者，对于阅读和学习农业保险方面的作品有一种天然的亲近感和嗜好，特别是读到这么好的作品，觉得是一种惬意和享受。值此专著问世之际，我向金政致以衷心祝贺，也在这里向读者郑重推荐。

2020 年 6 月于北京

加快完善我国农业巨灾风险管理制度[*]

——评《农业巨灾风险管理制度研究》

在中国和全球奋战新冠肺炎疫情的时期，沙漠蝗虫灾害已经持续肆虐东非和南亚多国数月，而另据气象部门预测，2020 年春季我国气候偏暖，多种农作物病虫害发生的气象风险较高。这都使各国对于未来全球粮食生产和农产品市场贸易问题空前担忧。我国农业风险及其管理问题也受到前所未有的关注。

在这段难得的长时间居家的日子里，联系我国农业风险管理的实际，我再次阅读了河北经贸大学冯文丽和苏晓鹏两位教授的著作《农业巨灾风险管理制度研究》。这本在 2019 年 4 月出版的著作，回顾和总结了我国农业风险，特别是农业巨灾风险管理的经验和问题，不仅从农业巨灾风险管理的理论方面，也从我国农业巨灾风险管理制度建设的现状中，对完善我国农业巨灾风险管理制度做了多方位的深入考察和研究。

准公共风险

农业风险，无论自然风险还是市场风险，均具有系统性，常常表现为巨灾风险特征。作为农业巨灾风险管理制度框架的理论基础和逻辑起点，作者首先讨论和界定了农业巨灾风险的特殊属性，根据农业巨灾风险具有损失巨额性、发生低频性、灾害群发性、高度相关性和不可预测性等特点，既不能将农业巨灾风险完全视为私人风险，也不能将其完全视为公共风险，而应将其视为介于私人风险和公共风险之间的"准公共风险"，由政府和私人共同采取风险管理措施来应对。

我一向主张研究像农业巨灾这类实践性很强的问题，虽然要有理论基础的探讨，更要有问题导向，有针对性。为此，必须到第一线做深入调查，找准问题所在。冯文丽和苏晓鹏教授针对农业巨灾的风险管理问题，在河北省 10 个地级市

---

* 本文发表于《中国保险报》2020 年 5 月 15 日。

39 个县进行了较大规模的农户问卷调查，统计分析农户的风险管理需求和风险管理态度，实证分析农户的投保影响因素，得出一些重要的有意义的结论。比如农户最担心的巨灾风险是旱灾；有 96.86％的农户愿意为粮食作物或经济作物投保；对于能提供农业巨灾风险保障的农业保险，投保意愿较强的是 51～60 岁年龄段农户、初中和专科文化程度的农户、年收入在 15 万～50 万元的农户、生产规模在 15 亩以上的农户和农民合作组织成员；影响农户投保意愿的主要因素是农户的土地经营规模、面临的灾害类型、农业保险认知程度和保费承受能力等。这些调查分析结论，对于国家完善农业巨灾风险管理制度具有重要的参考价值。

在这本书里，两位作者还在总结经验的基础上，特别指出了这个重要制度建设目前存在的主要问题，包括：农业巨灾风险管理相关立法空白；农业生产者进行农业巨灾风险管理存在障碍；小农户进行农业巨灾风险管理的积极性不高，新型农业经营主体的风险管理需求难以满足；缺乏健全协同的农业巨灾风险管理主体；政府层面的农业巨灾风险管理机构缺位，农业巨灾风险管理的相关部门尚未形成合力；缺乏系统化的农业巨灾风险管理体系，具体表现出"三重三轻"：重灾后抢救重建、轻灾前防灾减灾，重政府和财政、轻市场，重工程手段、轻非工程手段；政府财政救灾手段相对于农业巨灾损失来说是杯水车薪；财政救济容易造成政府负担过重、政府预算不稳定、淡化国民风险意识等问题；社会捐款金额波动性较大，社会捐款对农业巨灾风险损失的补偿作用有限，近年来社会捐款的信心和热情有所下降；缺乏巨灾损失补偿的资金保障体系等。我觉得，这些问题归纳得很到位。

国外经验借鉴

冯文丽和苏晓鹏教授不仅调查研究了中国的农业巨灾风险状况，而且收集和对比分析了美国、加拿大、日本、澳大利亚和西班牙等五国的农业巨灾风险管理制度，提炼出五国的共性经验和对完善我国农业巨灾风险管理制度的启示。在这些中外经验的概括和提炼基础上，勾勒了完善我国农业巨灾风险管理制度的总体思路。那就是：①农业巨灾风险管理仅依靠政府机制难以为继，而市场机制具有更有效、更确定、更公平和更便捷的优点，应当确立"政府机制＋市场机制"的基本方针；②需要出台专门的农业巨灾风险管理法规；③成立专门的农业巨灾风险管理机构；④构建"社会化"农业巨灾风险分担主体，主要包括农业生产者、政府、保险公司、再保险公司和资本市场投资者及其他主体；⑤重视"全流程"农业巨灾风险管理环节，即防灾减灾——应急准备——应急救灾——灾后救助等四个环节组成的全流程；⑥形成"多层级"农业巨灾损失补偿体系，包括农户、保险公司、国内外再保险公司或共保公司、省级政府、中央政府及资本市场投资者或其他主体；⑦搭建"多渠道"补偿资金保障体系，包括保险公司建立的农业保险大灾风险准备金、省级政府建立的农业保险大灾风险基金、中央政府设立的农业保险大灾风险基金和资本市场或其他融资；⑧强化"多维度"农业巨灾风险管理支撑体系，包括财政支持、税收优惠、教育宣传和人才培养等。此外，该著作对完善我国农业巨灾风险管理制度的核心制度和关键技术也进行了深入研究，以期为以后的制度改革提供技术储备，如农业巨灾损失补偿市场化发展对策、普惠制农业巨灾保险费率测算、高保障收入保险费率测算、农业保险大灾风险基金制度安排及规模测算等。我认为，这些完善制度建设的思路和技术手段都是符合我国实际的，对于完善农业巨灾风险管理制度来说也是可行的。

我国的农业巨灾风险管理制度，在过去几十年里已经有了长足进展，特别是从 2007 年开始，逐步试验和建立制度性的政策性农业保险，开启了农业巨灾风险管理制度建设的新阶段。但是正如两位作者所言，制度建设还远谈不上完善，无论对制度的理论认识还是政策体系、操作手段，都有许多需要解决的问题。作者的这些探讨和建议无疑对我国农业巨灾风险管理制度的完善具有重要参考价值。

冯文丽教授和苏晓鹏教授是两位对农业风险和农业保险有长时间研究经验和成就的著名学者，他们的述著颇丰，一向以其严谨的理论分析和深入实际注重田野调查的朴实研究精神，在学术界特别是农业保险学界有广泛影响。冯文丽早在 2004 年出版的《中国农业保险制度变迁研究》，就在农业保险界引起较大反响，是很长时期里引用率很高的作品之一。这些年来，他们年年都有精彩的作品问世。这本《农业巨灾风险管理制度研究》同样有其独特的理论和政策价值，值得一读。相信读者跟我一样，会从这部著作中受到诸多启发，我也期望这本书和所研究的问题能进一步受到决策部门的重视。

农机保险的发展现状与思考*

——基于陕西省和河南驻马店地区的试验实践

庹国柱　杨晓东

摘　要: 中国农业保险正在轰轰烈烈地前行,作为农业保险的组成部分的农业机械保险(农机保险)却还处于艰难的探索之中。随着我国乡村振兴战略和农业现代化的快速推进,中央及时提出要拓宽农业保险服务领域,将农机保险纳入保障范围,这为农机保险的快速和高质量发展奠定了政策基础。本文根据陕西省和河南省驻马店的农机保险的有限实践,讨论了加快农机保险发展的重要性和可行性,阐述了它们的经营体验和面临的困难和问题,提出了一些政策建议。

关键词: 农机保险;发展;政策建议

一、引　言

根据我国《农业保险条例》(2016 修订版)第 31 条的界定,农机保险是我国农业保险的重要组成部分。近 10 多年来伴随着我国农业现代化发展的进程,农业机械,特别是大型耕作、种植、收获等大型农业机械的普及和推广,越来越多的农业机械已经成为农业生产链条中不可或缺的重要组成部分,同时农业机械的风险保障问题也突出起来。当我们每年收获季节看见那浩浩荡荡蔚为壮观的收割机械大军,在各省公路上行进,在田间驰骋的时候,欣喜和感叹的同时,也不免会对它们的风险状况有一丝担忧。事实上,农机户对农机保险的需求正在变得日益旺盛和突出起来。但是,农机保险因为其不同于农作物、林木、畜禽保险的特殊性,并没有引起政府部门和保险部门的足够重视。虽然陕西、湖北、湖南、河南驻马店等地产生了自发组织的农机保险,但是,它们遇到了比较多的困惑和麻烦,也不知道今后的路该怎么走。

---

*　本文原载《中国保险》2020 年第 5 期。杨晓东系河南驻马店农业机械化协会会长。

本文根据我们的亲历和调查，主要针对这几年里河南驻马店和陕西农机保险实践的状况和存在的问题，粗略探讨发展农机保险的政策和出路。

二、三大谷物主产区农机发展和农机保险现状

本文探讨的农机保险中的农机是指三大谷物主产区耕、种、收使用的大中型拖拉机、轮式联合收割机和履带式联合收割机。文中的数据来自官方发布和个人调研，以及试点农机保险多年的陕西省农机安全协会和河南省驻马店市农业机械化协会[①]。

据调查（国家统计局数据），三年来全国农机销售数量，按现在农机更新换代的速度，在用农机数量和三年销售量基本相当。三大谷物主产区 2019 年在用大中型拖拉机 80 万台左右，作业时长在 1 个月的 75 万台左右，作业时长在 1～3 个月的 5 万台左右。轮式联合收割机 18 万台左右，作业时长在 1 个月的 10 万台左右，作业时长在 1～3 个月的 8 万台左右。履带式联合收割机 20 万台左右，作业时长在 1～3 个月的 10 万台左右，3～6 个月的 7 万台左右，作业时长在 6 个月以上的 3 万台左右。在这 120 万台左右的农机中，近三年来，平均每年经陕西农机安全协会承保的农机 24 000～25 000 台，约占全省农机总数的 25%。河南省驻马店市农业机械化协会每年承保 5 000～6 000 台，约占该市大型农机总数的 25%。另据了解，江苏、河北省等地在省市县三级财政补贴 80%保险费条件下，有部分农机保险办理了保险（数据不详）。全国商业保险公司也零星承保了少量的拖拉机"交强险"，其余农业机械绝大部分处于无任何保险的"裸奔"状态。

三、农业机械的风险及保险不容忽视

农业机械化的发展对于农业现代化发展和乡村振兴的重要意义无需赘述。这些年除了那些大型国有农场之外，农机大多都是由农户自己购买和经营，非常分散，相对于农户的其他农业财产来讲，农机的价值又是比较高的，是农户的重要生产资料和资产。农业机械由于其行驶和作业环境条件的复杂，其面临的风险远远大于车险的风险，这也是经营"交强险"的保险公司不愿意承保拖拉机"交强险"的重要原因之一。如果农机没有风险保障，让这些势单力薄的农机户"裸

[①] 陕西和河南驻马店的农机保险试验分别得到了陕西省政府、保监会和河南省保监局的支持，参见中国保险监督委员会 2009 年 4 月 10 日给陕西省农业机械安全协会的复函和 2018 年 3 月 19 日豫保监函〔2018〕108 号《河南保监局关于加强合作，引导农机互助保险规范发展的函》。特别是河南省保监局的函中提出"支持驻马店农机互助改制设立区域性、专业性的保险互助组织，探索'小而专'的互助保险发展模式"。

奔"，无论对于农机户还是农业现代化和乡村振兴，都是重大的羁绊。农机风险保障问题应该受到重视。

据我们的调查，作业时长 1～3 个月的大中型拖拉机，机损事故率 2%，"三责"事故率 3%。作业时长 3 个月以内的轮式联合收割机和履带式联合收割机，机损事故率 13%，"三责"事故率 13%。作业时长 3～6 个月的履带式联合收割机，机损事故率和"三责"事故率都超过 50%。

根据 2016 年河南省驻马店农机化协会的统计数据，本地履带式联合收割机作业时长超过 6 个月的机损事故发生情况如下：总共承保了 240 台，保费 31 万元（费率 1%），出险台数 190 台，出险次数 233 次，赔付 40 万元，事故率、出险率和简单赔付率分别达到 79%、97%、129%。当然这 240 台是从上万台履带式联合收割机中通过纯市场化行为投保的，几乎全是跨区作业时长超过 6 个月的，存在严重逆选择和道德风险。

根据在驻马店汝南县的调查，该县有作业时长超过 6 个月的履带式联合收割机 1.5 万台（含部分周边县），占全国总台数 3 万台的一半。该县有农机大型修理厂 3 家，小型修理厂 60 多家。每年大型农机配件销售收入 1 亿元，修理费收入 1 000 万元。自然损耗配件占到 2/3，每年纯风险损失超过 3 000 万元，平均每台农机上 2 000 元保险，与 2016 年驻马店农机化协会的承保理赔数据大致相符。另外，在驻马店市汝南县跨区作业的 3 万多名农机手中（基本上一台农机 2 人，或夫妻、或父子、或兄弟），2017 年、2018 年、2019 年因作业时中暑诱发基础疾病死亡的为 13 人、6 人、5 人，死亡率平均为 2.67/万。可以看出，在藏粮于技的今天，为中国粮食安全做出了巨大贡献的农机手承担了很大的风险，这值得我们农业、保险监管机关和保险机构思考。

四、农机保险为何发展缓慢

随着中国农业现代化发展加速，农业结构的调整，生产区域化和规模化都有了很快发展，加之农村劳动力向城市大量转移，促使我国已经基本实现了农机化，逐渐形成了大量以农机为生的职业农机户和农机手。为了加速农业机械化的发展，国家每年给予了大量的农机购置补贴，自 2013 年以来国家的农业机械购置财政补贴每年约为 240 亿元，使各地农村分化出很多专门以经营农机、服务农业生产为职业的农户。那些作业时长超过 6 个月的职业跨区作业农机（户）手，每年可以有二、三十万元的收入，当然他们的钱挣得比较辛苦。这些农机户或者农机手，面临的风险自己也了解，他们对农机保险有刚性需求，因为他们明白，在田间地头和公路上行驶和作业，难免发生故障和事故，一旦发生较大事故造成人伤和机器损坏，他们极有可能进入贫困行列，甚至背负不小债务。那么，农机保险为什么在各地，特别是在这些农业机械比较集中的省份发展如此缓慢呢？根据我们的了解，原因主要是：

（一）农机手们普遍存在侥幸心理

我国有两三千年的农耕文明，在那种自给自足的农业社会，形成了农民"生死有命，富贵在天"的顽固的思维定式。职业农机手们虽然走上了专业化职业化的农业机械服务之路，进入了市场经济的门，干着市场经营的事，也享受到了农业产业化和农业机械化发展和市场化经营带来的好处，却还没有换上从事市场经营所需要的风险经营的头脑和意识。他们中间的很多人对待保险的态度，仍然像进行自给性生产时代农忙时节的临时工"麦客"。有的朋友形象地说"在思想深处，他们至今都还没有意识到，曾经攥在手里的三元钱一把的镰刀，已经变成了十几万元一台的联合收割机，他们稳定的收入已经是他们的家庭长年丰衣足食的保证，而不仅仅是给孩子赚来几个白面馒头。"我们深深感到，对农民继续进行市场化生产和经营条件下的风险和保险教育显得多么迫切。

（二）交强险难以担负起农机风险保障的历史责任

十四年前开始实行的交强险，本来应该担负一定的农机安全责任保障和对农机户和农机手进行风险教育的历史重任，但遗憾的是，它没能担负起这个重要的历史责任。农机交强险在 2006 年出台之后，各家保险公司从蜂拥而至到偃旗息鼓只用了两年的时间。为什么是这样？主要原因是：

（1）当时的农机，绝大多数是家庭自用型农机，每年使用时间不长，保险需求低，农户不愿意花这个钱买保险。如果委托执法部门采取强制手段让他们投保交强险，他们中有一部分人会有抵触情绪，这与当时维稳第一的社会政治环境相矛盾。

（2）农机上牌、办证、审验手续完善率很低，在这种情况下，买保险还好说，但遇到出险理赔，纠纷率比较高。

（3）涉农保险产品越简单易懂越好，农机交强险分项计算赔付，相对于农机手对保险的理解就显得过于复杂了。投保时可能马马虎虎，遇到理赔，如果达不到投保农机户的预期，会有不断的麻烦。

（4）作为强制性保险，按照统一的费率（远远低于农机的风险损失率），保险经营大多是亏损的，因为承保的农机风险比较高，保险公司消化不了，根本没有积极性。所以，在一些地方农机户即使想投保农机交强险，也往往被保险公司推诿和婉拒。

（5）农机交强险和后面提到的商业险，在理赔中都会面临一个较高理赔纠纷率的问题。由于农机监理部门的执法职能被弱化，全国每年由农机监理部门开具的农机事故认定书非常非常少。交警部门因为很多农机没有办理交强险，除重特大事故外，交警就不愿为涉农机事故开具事故认定书。因为如果每件事故都开事故认定书，肇事农机户一旦无力赔偿受害者损失，受害者就会一直找开具事故认定书的交警。而没有事故认定书，保险公司在定损理赔时就很麻烦。另外，还有大量无证照理赔、通融赔付等情况，都与商业保险公司的理赔框架不符。

所以，农机交强险束之高阁了十多年。

那么，时至今天，继续加强交强险的宣传和扩大承保能不能解决农机保险需要解决的问题呢？我们认为不可能。因为今天农机保险的需求大量出现后，再从农机交强险着手解决农机经营的风险保障问题，已经不合时宜了。比如说，交强险条例中，大中型和小型农机划分是以 14.7 千瓦的功率作为分界线，而今天的农机要以百千瓦作为功率级别了，何况农机较高的损失率、赔付率、综合成本率都是保险公司无力承受的。就是说，农机保险标的的范围、风险环境、风险损失率，以及投保农机户的经济负担能力等方面，都发生了重大变化，要继续将所有农机纳入交强险承保，除非另外制定专门的合理可行的"农机交强险"实施办法，按照精算平衡原则重新设计特殊的条款，并且有人帮助它们承担部分保险费。但是这涉及的问题和部门比较多，实现难度比较大。

近两年也有几家保险公司推出了农机综合险、农机特色险等农机商业险产品，据了解，其承保数量很少，我们没有看到相关理赔数据，也很少有理赔纠纷的报道。这些农机保险产品的设计和精算多是使用以前中国农机的数据。它们缺乏对近年来中国农业出现的可能在全世界都是独一无二的农业机械大规模跨区作业情况和风险状况的详细数据。农机纯风险损失中最重要的作业时长，以及作业环境，机型零整比等没有考虑到。没有真实有效的数据信息，多么高水平的精算师也设计不出好的保险产品。

五、农机保险需要选择什么样的组织模式

中国农村广袤辽阔，农机面临的风险差异极大，分布散乱又很不平均。寻找一条相对高效的组织模式是推广农机保险需要优先考虑的问题之一。

对于中国的农机保险，已经有多种保险组织模式的尝试，例如，"纯商业保险组织"模式、"商业保险＋政府适当补贴"模式、"商业保险＋交强险"模式、"合作保险"模式、"农机协会＋农机合作社"模式等。

首先，完全市场化的商业性农机保险模式至少暂时行不通。虽然潜在的对农机保险的需求已大量存在，但是，鉴于前面所说传统文化的影响不可能在短时期改变，在完全市场化的商业保险条件下，农机户要么不投保，要么选择性投保，完全市场化只会产生比较严重的逆选择投保。所以潜在需求的"激活"，将其变成经济学上所说的有效需求尚待时日，短时间里完全市场化的思路并不可取。

其次，让农机户自我组织起来搞"农机合作保险"是不是一条出路呢？从我国农村的实际出发，也并不现实。虽然有大量的农机合作社存在，但囿于传统体

制和农机合作社本身的松散性、非严格组织性的现实，农机户很难组织起来，发展"农机保险合作社"可能性和可行性都令人质疑。加之缺少保险专业所需要的专门人才，农机合作保险真的是无心也无力。

再次，将农机保险纳入政策性农业保险之中。2019 年 9 月财政部、农业农村部、银保监会和林草局发布了《关于加快农业保险高质量保险的指导意见》（以下简称《指导意见》），该指导意见指出："拓宽农业保险服务领域。满足农户多元化的风险保障需求，……将农机、大棚、农房、仓库等农业生产设施纳入保障范围。开发满足新型农业经营主体需求的保险产品。"这表明中央政府已经洞察到包括农机在内的"涉农保险"已经刻不容缓，并提到议事日程上来。所以，应该积极推进政策性农机保险的试验和广泛发展。

六、农机安全协会的农机保险之路

几个省农机安全协会提供农机保险服务的试验，始于 11 年前的陕西，后来发展到湖北、湖南和河南驻马店地区。尽管这些试验承保的农机数量还不多，覆盖面还不很广泛，但是这些试验适应了农业现代化发展和大量涌现的农机户对农机保险的旺盛需求，尤其在地方政府的支持下，努力适应各地农村、农业和农户的实际，因地制宜地开发了许多农机保险及其配套产品，在制度、经营等方面进行了大胆的尝试，在这些地区发挥了积极的作用，也创造了可贵的经验。当然，农机保险的试验比较艰难，也比较曲折。

（一）在实践中获得的重要体验

1. 政府的支持和补贴是农机保险的启动和持续发展的重要支撑

农机保险还是要有专业的经营和管理。如前所述，农民自己来组织并不现实。但是，商业性保险机构或者目前的农机安全协会（如果可能继续经营的话）的经营，如果没有政府的介入和支持，难以提高保障水平，也难以扩大保险覆盖面。只有大多数农机户都参加保险，从经营者的角度，才可能减少逆选择和道德风险，才能不断培养农机手的保险意识，使需求者与组织管理者产生良性互动。到了一定的阶段，农机风险管理已经成为农机户的生产必需品，他们也有足够的支付能力，政府的补贴可以逐步减少直至退出。

2. 农机保险不仅需要专业快捷的服务能力，还需要人性化的机制

农业保险也好，农机保险也好，都是跟农民打交道，不仅仅是收费和出了险赔钱这么简单，要让农民心悦诚服地接受保险，积极与保险机构配合，都需要让保险细致化和人性化。比如，河南省驻马店市农业机械化协会试点农机保险以来，给近 2 万个农机手都建立了档案，每年至少专人回访两次，给农机手讲解他投保了什么险种，发生什么情况时赔付，发生保险事故时打哪个电话（虽然保单

上有）。每次事故理赔款转给机手后，还要打一个结案回访电话，表示确认和关心。

农机安全协会在经营农机保险中，不仅把农机手作为客户，还要把农机手当做朋友，想方设法给他们提供力所能及的支持。比如，陕西省农业机械农机安全协会通过团购方式给所有参保的农机手办理了近两万张加油卡，每张每年可加8 000升油，每升比市价便宜0.5元，等于办了每年不到1 000元的保险每年优惠了4 000元。这些很费工夫费成本的工作，既是在做保险，也同时是在努力培育保险市场。

3. 协调并借助农机产业链上游的力量

这是目前有的省采取的推进举措。比如推动买农机送保险，这几年，农机销售市场的竞争也进入了非常激烈的阶段。销售商为提高或保证农机及其配件的销售量，每年都会投入大量财力进行促销。所以，农机安全协会不失时机地引导销售商把促销手段往购农机送保险的方向上发展，既进行了促销又给农机手带来一份有价值的保障，取得了不错的效果。当然，他们也清楚地知道，在没有政府规范持续投入的条件下，这种农机产业的支持只是一种权宜之计。

4. 要简化保险产品，以上年的赔付率作为下年费率浮动的唯一标准

一般的农机保险产品涉及的主副险种比较多，如机损险、三责险、人身意外伤害险、医疗险等，每一种产品的理赔都很复杂。说起来这对于保险经营者的精细化管理来说都是必要的，但是对于农户来说，真的是太复杂了。例如"三责险"有涉及人伤，有涉及财产损失，还有涉及医疗费，理赔起来非常麻烦，往往纠纷很多。考虑到这些情况，对这些产品尝试着进行简化。河南驻马店市农业安全协会的农机"三责险"产品，不像"交强险"那样，按机损、人伤和医疗分项赔付标准赔付，而是将死亡伤残、医疗费、财产损失统一标准进行赔付（以保险金额为限），这种简化保单安排，容易为农机手接受。他们不仅对产品设计做了这些简化，同时，在经营程序上也做出了调整，他们以上年赔付率作为下一年费率浮动的唯一标准，这样做，可以既避免参保者"亏了"就不续保，"赚了"也会再来，并从参保机手中随机抽取人员进行监督，有效地提高农机手的参与度。

（二）遇到的困难和问题

陕西、湖北、湖南、河南省驻马店市农机系统共同推动的农机保险试点，虽然为这些地区农业机械化的发展和乡村振兴做出了一定的贡献，也得到了各方的认可，但是也存在许多不足，面临种种困难。

1. 政府部门参与程度过深与监管法律法规不符

农机保险在三个省和一个市通过农机安全协会所做试验，实际上一直是在打"擦边球"，因为毕竟保险是需要获得经营资质的特殊行业，而且保险经营也不能有政府部门参与，有的省的行政部门直接参与其中有违保险监管规则。

湖北省、湖南省试验的农机保险，虽然是由农机安全协会在中介提供技术支持下经营的，但都是依靠这些地方农机管理行政系统的强力支持。这种启动和发展方式实际上不具有制度和政策意义，完全由农机行政系统推动和参与经营管理的保险业务被叫停也在意料之中。

好在陕西省、河南驻马店的农机保险，通过转型真正由社会团体组织经营管理，因此还勉强得以继续维持。至于它们还能不能继续经营以及这种经营的组织形式的性质，都还需要进一步探讨。在缺乏法律法规保障的农机保险试验者，他们的身份很尴尬，处境很微妙，有关部门或行业的一纸文件就可能造成他们苦心经营多年的农机保险随时停摆。

2. 现有的产品和保障水平难以满足农机户的需求

如前所述，农机保险启动之初，为了做到广覆盖，只能采取低保费、低保障、产品简单的运行模式，但是随着农业机械化的发展，农业机械的应用范围越来越广，机械的种类越来越多，专业化水平越来越高，农机安全协会能够提供的保险产品远远不能适应市场需求，特别是远远不能满足收入水平和风险水平都较高的职业农机户需求。

3. 非制度保证的补贴无法保证农机保险的可持续经营

由各方积极支持，这些年农机保险总能获得一些保费补贴，特别是前面提到的农业机械行业，通过"买农机送保险"的方式部分地解决了保费问题，但是这种补贴方式都是临时性的，农机户不可能年年买农机。来年没有了赠送的保险，农机户还会不会继续与保险结缘，八成没有保证。而且，个别金融资本以"买农机送保险"推广类似"农机贷"之类的产品，打着农机保险的旗号行金融资本攫取超额利润之实。如果发生如同"学生贷"一样的恶性事件，农机保险也会跟着遭殃。

4. 商业保险与农机社团组织合作开发市场未必可行

如前所述，商业保险机构自己开发农机保险市场有其难度，有的地方试图与农机方面的社会团体合作开发。但是，由于没有经过深入调研，商业保险公司想联合全国性农机社会组织一蹴而就把农机保险做大，其现实性存疑。由于农机社团组织的保险理赔与商业保险公司通行的理赔框架不符，一旦发生大面积理赔纠纷，在广大农机手中造成不良影响，农机保险再想出头就只能旷日持久地等待了。

七、结论与政策建议

（1）国家乡村振兴战略和农业现代化发展的大势，将农机保险问题历史地推送到政府和市场议事日程上。《指导意见》及时提出要发展农机保险，这是非常正确的决策。

（2）农机"交强险"无法适应农机保险的实际，不仅其覆盖的标的和责任有限，也无法面对农机高于一般机动车辆的风险的实际情况。可以在法律层面将农机退出"交强险"，而将其纳入"政策性农业保险"的范围，实行与其他农作物畜禽等政策性保险的相同政策，"政府引导、市场运作、自主自愿、协同推进"。

当然，即使推广农机保险也不能一哄而上。国内保险业由于起步较晚，行业的社会地位相对比较低，外部环境不好就加强业内挖潜，于是业内恶性竞争，过度营销就成了主旋律。行业的口碑和行业的发展形成了巨大的反差。试点的两个地方在无补贴无高级管理人才的情况下，在最难做的涉农保险领域做出了口碑，值得思考。如果农机保险补贴来了，几十家保险公司，十几个代理人去抢一个农机手客户，这个不太大的细分市场很快就会是一地鸡毛，其结果大致也是补贴之则有，不补贴则无了吧。

（3）陕西和河南驻马店通过农机安全协会提供农机保险服务，发挥了积极的作用，有其历史和现实原因。需要妥善对待和处理这类组织所从事的保险业务，保护他们为农业农村农民服务的积极性，应当悉心倾听和积极支持他们进行体制转换和组织创新的诉求。

（4）因为各地农机多寡、种类和环境的巨大差异，带来的是风险水平的巨大差异，不同数量级的风险水平农机保险的发展和推行需要因地制宜，补贴政策、产品设计和精算不可千篇一律，千人一面，必须坚持"风险一致性原则"，保费负担与其风险水平相匹配。河北、江苏等地方出台的农机保险补贴政策还是值得称道的，它们本地的精算费率与当地农机风险水平是大致相当的。

（5）从长远来看，农机保险与其他农业保险业务发展一样，都需要加强对地方政府和农机手们进行风险和农业保险的普及知识教育，逐步提高他们的风险与保险意识。

我们上面的叙述和讨论，远远谈不上全面细致了解了中国农机和农机保险的现状，全面细致了解了中国社会经济文化情况，只是基于耕耘农机保险市场的一些经历，试图为中国农机保险寻找一条有效路径。对于当下的中国农机保险来说，需要有业内有识之士，潜心调研，认真实践，广泛试验，不断总结，才能走出一条有中国特色的农机保险之路来。

2020

统一和规范农业保险招投标刻不容缓*

　　农业保险的市场化运作实施 13 年来，越来越多的财产保险公司以饱满的热情加入农业保险经营的行列，各地农业保险市场上的农险经营主体骤然增加。这跟 2007 年政府财政支持农业保险之初的市场景象有天壤之别。这个场景一方面说明很多保险公司已经改变对待农业保险业务的态度，也都愿意积极为支农强农惠农出一把力，而另一方面也给各地政府出了一道难题，那就是面对众多的经营机构，农险市场资源如何分配才公平合理？农业保险招投标就自然而然地成为资源公平合理分配的较好手段和标识。

　　但是，根据我们的调查，这几年农险招投标，存在的问题不少，在一些地方，由于经验不足，考虑不周，采取的招投标办法和制定的评判指标不尽完善，引发广泛关注和争议。2019 年笔者曾写过一篇文章，呼吁要有效制止和解决农业保险招投标中的乱象（参见 2019 年 5 月 10 日《中国保险报》）。一年过去了，这个问题并没有解决。2019 年 9 月，财政部、农业农村部、银保监会和林草局发布了中央深改委批准的《关于加快农业保险高质量发展的指导意见》（以下简称《指导意见》），已经把包括农险招标在内的农业保险经营的规范提到中央和地方政府议事日程上来。《指导意见》第十四条特别指出：要"制定全国统一的农业保险招投标办法，加强对保险机构的规范管理"。

　　但是，要制定全国统一的招标规则似乎没有那么简单，这其中涉及许多问题。首先是，制定招投标规则是不是合法合规？其次，如果合法合规，应该由谁来组织招投标合适？第三，招投标的条件和具体指标怎样设定才能体现公平公正？下面是笔者的一些看法。

---

* 本文原载《中国保险报》2020 年 3 月 31 日。

一、农险招投标的统一管理和规范合法合规吗？

有的人认为，农业保险是市场化运作，招投标政府不应该管。而且，从2016年《农业保险条例》修改之后，取消了对于财产保险公司经营农险的资格限制。无论哪家财产保险公司都可以参与农业保险业务的经营，统一制定招投标规则，就是变相设置门槛，限制某些保险机构参与农业保险经营，违反《农业保险条例》的规定。其实这种说法没有道理。

首先，统一制定招投标规则是农业保险政策性质决定的。商业保险招投标一般是由招标单位自己来进行的，或者自己，或者委托第三方（通常是保险中介机构）来做从标书设计到实际招标操作的程序和事务工作。但农业保险，不要说农户（除了那些大型农业集团，如新疆生产建设兵团，北大荒集团等）不可能为这三亩五亩田来招什么标，就是一般的种植大户也没有可能通过招标选择保险经营机构，面对众多的保险经营机构，政府出面帮助采购农业保险服务是最好的选择。从道理上来说，政策性农业保险，实质上就是政府为农户购买的保险服务，政府在市场上采购保险服务选择保险机构就顺理成章了。只有这样，既解决了农户无力选择保险经营机构的难题，也便于更合理地配置保险市场资源。

其次，政府组织招投标是农业保险管理和监督所必需的。政府既是农业保险行业的管理者，又是农业保险经济活动的监督者。《农业保险条例》在2016年修订的时候，第十七条虽然删掉了经营农业保险要"经国务院保险监督管理机构依法批准"几个字，但是仍然坚持"保险机构经营农业保险业务，应当符合下列条件"（六个条件）。管理和监督机关必须根据这些条件来确认任何愿意经营农业保险的保险机构是不是符合这些条件，不符合条件则不能经营农业保险。犹如任何保险公司想要做不同保险业务也要符合相应条件一样。比如说，《保险法》规定财产保险公司可以经营短期医疗保险和人身意外保险，但对城乡居民大病保险，却另外规定了一些条件，不符合这些条件，监管机关不会让财产保险公司来经营大病保险业务。农业保险招投标，实际上也是按照《农业保险条例》规定的条件，选择合格经营机构的过程，可以经营农业保险的机构，可能不被遴选上也很正常。如果把这种选择叫设置经营"门槛"，这个门槛的设置有理有据，有法规可依，毋庸置疑。

二、应该由谁来招标？

应该由谁来招标，涉及两个问题：第一，由哪个层级来招标；第二，由谁来执行招标。这都是操作问题。

对于第一个问题，一直有不同的实践。有的省份曾经实行全省统一招标，也有的省份由地市一级招标，还有的省份把招标权力下放给县甚至乡。调查表明，至少县、乡级招标弊端太多，在不少地方存在设租寻租、贪污腐败问题，而大部分情况下监管难以到位。这不仅败坏了社会风气，不利于党风廉政建设，也使保险经营的成本无端大幅度上升。有一家省级分公司，一年花的包括招投标活动在内的"公关"费用高达 7 000 多万元。就全国而言，在这 13 年里，农业保险的经营成本由 10% 上升到 20% 多，甚至 30% 以上。根据银保监会发布的保险统计公报，2019 年，在全国总体灾害并不严重的年景下，农业保险综合成本率超过100%，第一次出现亏损，原因虽然是多方面的，但是频繁的招投标，特别是县、乡级招标，推动成本上升，"功不可没"。更恶劣的是，有的中标公司，通过寻租获得了标段之后，在与县乡政府"协议赔付"的时候，也就有了某些砝码，那些赔付不到位的问题就非常容易顺利过关，这进一步损害了投保农户的利益，损害了农业保险的政策效果。

再则，农业保险的标的分布广阔，相对于城市的产寿险业务来说，农业保险的保险价值较低，保险服务网络建设成本较高。研究表明，一个县、甚至一个乡通过招标选择几家保险公司，会使资源得不到合理利用，除了徒增保险经营成本，降低保险经营效率之外并没有什么好处。

所以，各方面都对县乡级招标持否定态度。笔者也不主张县、乡级招标，招标最好由省级政府，至少由地市级政府统一组织。省里招标，产生"猫腻"的机会少得多，试想，一个省如果有 70 个县，至少可以避免几百个保险公司员工为招标事忙碌奔波，劳民伤财。

当然，省里招标之后，还要很好解决全省的标段分配的问题，如果搞不好，下面还会有二次招标。

对于第二个问题，最好让谁来组织招投标呢？笔者以为最好由第三方机构公正地进行招标。现在的招投标大部分地方是由政府亲自操刀，财政厅（局）、农业农村厅（局）、银保监局、林草局等共同组成评标委员会，有的地方也让党的纪律检查部门、政府的监察部门全程参与监督。虽然看起来能保证很公正和廉洁，但是，保险机构却诉苦说，"这样一来，我们的成本投入更高了"。可见，政府亲自招标的公信力难以得到保证。其实，政府采购一直都是由第三方中介机构操作的，农业保险的招标，政府最好不要亲历亲为。第三方中介机构招标，至少能从制度上减少或杜绝漏洞，也能较好地保护了政府官员。

三、招标书的指标如何科学合理地设定？

上面的问题解决之后，关键点就是标书设计的问题了。

对于标书里的指标，不同投标公司有不同的优势，所以会有不同的期望。公司资本雄厚的公司，主张"资本金"指标权重大一些，经营时间长的公司希望

"农险经营经验"指标分数高一些。有的公司主张把"费用率"作为招标指标，有的并不赞同，说这是公司自己的事。有的地方在设计指标时，把"前几年赔付率"作为标书里面的指标，那些赔付不积极的公司就不愿意采用这种指标。所以，招标书的设计真的很难统一大家的意见。有位教授的团队在经过广泛调查之后，设计出在第三方看来比较公平的指标体系，但是仍然受到不同公司的朋友们的批评和反对。原因很简单，基于不同利益的各家公司的立场和视角不同。

笔者不便在这里详细讨论如何更科学合理和公正地选定招标指标。这里只是举几个例子说说公平考量的问题。

"资本金"指标是衡量公司承保能力和偿付能力的重要指标，无论是商业保险还是政策性农业保险，都缺不了这个指标。但是很多情况下，招标书里总拿总公司的资本金来加以比较，这就不那么公平了，一家20亿元资本金的公司，就在一个省里做业务，另一家总公司有150亿元资本金却在30个省做业务，平均到一个省资本金只有5亿元。如果拿20亿元和150亿元来比，后者得分肯定比前者高，但是按照省平均来算，前者应该比后者得分高，这才公平。

对于"在本地开办农业保险经验"和"开发产品的数量"指标，有的地方认为不应该设立这两个指标，说这是"歧视性指标"。另一个省却走向另一个极端，把在"当地经营经验"作为能不能投标的条件。这都有失公允了，农业保险各地有各地的自然环境和社会人文条件，在本地开办时间长积累了丰富的经营和产品开发的经验，肯定有利于业务的开展。新进入的公司每到一地都有一个熟悉环境的过程。进入本地的新老公司有区别，这哪里存在什么"歧视"呢？当然，也不能认为新公司没有投标资格。

对于"服务网络"指标，在一些地方也有很大争议。特别是面对汹涌澎湃的科技大潮，有的人认为，只要有现代科技手段，有无人机、卫星遥感、大数据和网络、移动支付等手段，在一个县没有机构照样可以做好业务，做好承保、定损、理赔。从理论上这样讲也没错。但是，这些科技手段只是刚开始在农业保险业务中应用，无论是保险公司还是投保农户都还有一个认识和使用的过程。所以，从当前的实际出发，这个指标还是需要的，监管部门出台这方面的监管规定也是适当的。当然以后，相关科技应用普遍了，也许这一条就不那么重要了。

另外，不少地方将招标期限定为一年，这也值得研究。一年一招标，这种安排就会助长公司的短期行为，明年还不知道是不是我在这里经营，谁还愿意在这个地方进行投入啊。当然，确定了合理的年限，例如三年或者五年，就要严格执行，招投标都是法律行为，不能随心所欲。有一个省，原来招标规定的期限是三年，还不到两年，省里主管部门要换人了，省里就决定重新招标，搞得各家公司怨声载道。招标是严肃的事，岂能当作儿戏。

四、农险招投标管理需要有配套措施

农险招投标有些特殊，也有点复杂。除了认识问题和具体的操作问题，还有统筹管理问题。目前，至少有两个管理问题值得重视：

第一，农业保险的管理和监督机构有必要早点拿出一个全国统一的《政策性农业保险招投标计划方案》或者《管理办法》，类似财政部的政府采购招投标管理办法。就农业保险招投标的原则、方式、方法做出规定，提供招标书范本，使各地的招投标有个依据，以解各地燃眉之急。

第二，农业保险招投标是一个持续不断的过程，招投标只是开始，在中标后的合同期内，中标公司做的好不好，还需要有个期末的考核评价，这不仅有助于促进公司经营规范、有序、有效率，同时也为下次招标的顺利进行奠定良好的基础。所以，我们也建议管理和监督部门能颁布《政策性农业保险承保机构动态考评制度》，使各地政府有关部门和监管机构有个管理抓手，促进我国政策性农业保险制度和规章更加完善，政策推行更加顺畅，市场运作更加规范，逐步实现农业保险的高质量发展。

研究农险中道德风险和逆选择问题的创新之作[*]

——评《道德风险与逆向选择研究——以内蒙古自治区农业保险为例》

最近，在学习 2020 年中央 1 号文件和财政部等四部委联合发布的《关于加快农业保险高质量和发展的指导意见》（以下简称《指导意见》）时，再次阅读一年多以前出版的、赵元凤和紫智慧合著的《道德风险与逆向选择研究——以内蒙古自治区农业保险为例》一书。感觉到他们研究的问题对我们当前深入领会和贯彻 2020 年中央 1 号文件和《指导意见》有重要的现实意义。

一、政府部门的道德风险是农险中的特殊问题

农险中的道德风险和逆选择问题，与商业保险中的道德风险和逆选择问题一样，既是一个理论问题，也是一个实践问题。它涉及的是保险参与各方的经济利益博弈问题，信息不对称是其重要原因。为了遏止这两类问题，各国都在本国研究基础上，依据本国国情不断地调整和完善相关法律法规，以堵塞规则漏洞，提高保险经济活动的效率。

我国农业保险中的道德风险和逆选择，比一般商业性保险复杂一些，主要是因为政策性农业保险活动，有投保农户、保险机构和相关政府部门三方参与主体。《道德风险与逆向选择研究——以内蒙古自治区农业保险为例》一书专门讨论了在我国农业保险活动中道德风险问题的重要特点，那就是，道德风险问题不仅仅在投保人和被保险人两方存在，而且在政府部门一方也普遍存在。作者认为，这是由政策性农业保险的特点本身决定的。因为除了投保方和承保方之外，还有政府一方。政府作为政策性农业保险的重要参与方，不仅要为农业保险支付

---

[*] 本文原载《中国银行保险报》2020 年 2 月 24 日。

大部分保险费，而且要帮助保险人做宣传、组织投保，并参与和协调保险定损和理赔工作，政府在农业保险中，发挥着独特的作用，有的，实际上直接干预保险经营活动。而政府部门与保险人之间的"微妙"关系，可能成为产生道德风险的外在原因。在大量调查基础上，他们概括出政府部门道德风险的主要表现，例如克扣、截留、挤占、挪用财政补贴资金或者给农户支付的保险赔款中出现骗保、骗赔；部分地方政府以财政保费补贴资金拨付为"武器"，人为拉长保费补贴资金的划拨流程，故意拖延划拨时间，迫使保险公司"无灾也赔""小灾多赔"等，显然，政府部门这种道德风险对农业保险的效率和效果会产生多方面不良影响。本书也讨论和分析了投保方和承保方的道德风险问题及其表现。

研究者根据调查数据，讨论了三方主体产生道德风险问题的现实原因，主要是投保农户认知偏差和侥幸心理，保险公司的利益驱使和机会主义，政府部门的认知误区和监管缺位。分析认为，道德风险的直接后果就是保险公司的业务拓展受挫，各级财政的保费补贴资金流失。这些分析都非常中肯，可谓一语中的。

政府在我国农业保险制度建设中处于主导地位，政府行为的规范在很大意义上关系到农业保险制度的效率甚至成败。所以，四部委发布的《指导意见》针对性地给出了明确的意见，要"明晰政府与市场边界""地方各级政府不参与农业保险的具体经营"。2020年中央1号文件也特别提出要"抓好农业保险保费补贴政策落实"。必须通过加强对三方的监管，对地方政府这一方来说，规范其在农业保险活动中的行为，限制其权限，让政府做该做的事，那就是《指导意见中》所说的，"通过给予必要的保费补贴、大灾赔付、提供信息数据等支持，调动市场主体积极性。基层政府部门和相关单位可以按照有关规定，协助农户和保险机构办理农业保险业务。"

二、防止投保农户的逆选择需要完善农险制度和规则

逆选择问题对农业保险的有效运作也有很大影响。本书主要讨论了投保农户的逆选择问题。并用950户问卷调查数据采用非参数分析方法和计量经济模型，做了实证研究，发现：农业生产风险、主观风险偏好与农户参与农业保险之间有显著正相关关系。农户风险偏好与参与农业保险之间具有显著负相关关系。农户风险认知在农业生产风险和农业保险参与之间存在显著的正向调节作用等。这些结论对完善农业保险政策有重要的意义。特别是，作者通过某市的调查，发现那里因为采用全省统一的平均化的费率，而当地的灾害比其他地区的频率和强度都要大很多，所以那里的农户投保积极性空前高涨，造成保险经营连年奇高的赔付率，带来很多赔付纠纷和经营烦恼。因此作者强烈呼吁，要改变全省统颁条款费率，根据风险区划，实行不同地域、不同险种、不同费率的差异化费率政策，使费率水平与风险保障责任对等。这些研究结论极具实践和政策价值。

当然，逆选择问题不仅仅存在于投保一方，保险人一方其实也有逆选择问题。2015 年中国保监会、财政部、农业部联合发布《关于进一步完善中央财政保费补贴型农业保险产品条款拟订工作的通知》（以下简称《通知》）之前，不少保险机构因为对农业风险的选择性承保，保险责任中不包括旱灾、病虫灾害、地震等风险责任（这是保险人逆选择的典型表现），引起过不止一地投保农户的强烈不满。该《通知》实际上有效抑制了保险机构在政策性农业保险中的某些逆选择行为。目前，在这个层面上的逆选择问题不大明显了。实际上，根据笔者的考察，其他国家（例如美国、加拿大、日本等）也都是通过政府立法和制定实施细则的方式，规定保险人必须承担的风险责任，避免政策性农业保险保险人的逆选择。

也正是在包括赵元凤等在内的不少学者对道德风险和逆选择的持续研究的基础上，为中央的政策制定提供了客观依据，《指导意见》提出要"建立科学的保险费率动态调整机制，实现基于地区风险的差异化定价，真实反映农业生产风险状况"的政策调整意见。

《道德风险与逆向选择研究——以内蒙古自治区农业保险为例》是近年来出版的关于农业保险方面研究成果中有深度、有广度、有新意的力作之一，有其独特的研究视角和重要的理论和实践贡献。作者赵元凤教授和柴智慧讲师在农业保险方面进行了多年的研究，其研究以务实著称，发表了众多有见地接地气的作品，为中国和内蒙古自治区农业保险的发展做出了出色的成绩和贡献。阅读这本书和他们的其他作品受益匪浅。

让农业保险在打赢脱贫攻坚战中做出更大贡献[*]

新年伊始，中共中央和国务院发布了 2004 年以来的第 17 个 1 号文件《关于抓好"三农"领域重点工作确保如期实现全面小康的意见》。这个重要文件指出："2020 年是全面建成小康社会目标实现之年，是全面打赢脱贫攻坚战收官之年。"党中央认为，要实现上述两大目标，"脱贫攻坚最后堡垒必须攻克，全面小康'三农'领域突出短板必须补上。"

农业保险作为脱贫攻坚的重要政策工具和实现小康的重要抓手，在近十多年农业和农村发展中，为农户的稳收和增收贡献了行业的力量，做出了出色的成绩，受到广大投保农户的热情赞扬，也得到各级政府的充分肯定。在当前打赢脱贫攻坚战和全面实现小康的决胜阶段，农业保险担负着重要的义不容辞的责任。2020 年中央 1 号文件针对当前农业保险推行中存在的突出问题，提出了四个方面的重要指导意见。

一、落实保费补贴政策

在"强化农村补短板保障措施"的题目下，中央首先强调要"抓好农业保险保费补贴政策落实"。为何强调抓落实？主要是因为在不少地方中央和省市的财政补贴政策没有很好落实。保险合同签订了，甚至保险责任也履行了，可是保费补贴没有全拨下来，或者没有拨付给保险机构。有的县级政府甚至将中央和省市财政下拨的农业保险费补贴款截留、挪用，造成保险公司连年大面积出现巨额"应收保费"。笔者 2019 年 11 月曾到某省调查，在该省做农业保险业务最多的三家公司，历年积累的"应收保费"比当年的全部保险费还多。其中一家公司账面上的保费收入是 6.1 亿元，但"应收保费"却是 6.9 亿元，是当年保费收入的

---

* 本文发表于《中国保险报》2020 年 2 月 10 日。

113%。最近调查的一家省分公司，2019 年农业保险保费账面总收入约 15 亿元，不算当年未结清的保险费补贴款，2019 年之前积累的"应收保费"就有 3.3 亿元，占 2019 年保费总收入的 22%。当然，这个问题已经引起中央有关部门的高度重视，财政部专门下发了文件，要求"加强农业保险保险费补贴资金的管理"，提出了解决办法并带头清理"应收保费"，收到了一定效果。

2020 年中央 1 号文件有的放矢地强调抓好农业保险保费补贴政策落实，就是希望将财政给农业保险的保费补贴真正拨付给签订和履行农业保险合同的保险机构。保险就是一种风险互助，保险公司只是一个组织风险互助的中介服务机构，保险费就是履行农业风险损失补偿之"源"，成长农险这棵大树之根。保险费收集不起来，保险机构很难持续经营，农业保险损失补偿就成了无源之水，无本之木。这是个再浅显不过的道理。事实上有的保险公司就是因为这要不回来的"应收保费"，而举债履行给农户的赔款责任。要使农业保险的制度完善和可持续，进一步落实该项政策是当务之急。

二、督促公司认真赔款

国家下这么大的力气举办政策性农业保险，仅中央财政支持的 20 多种农业保险标的的保险，其保险费补贴力度已经高达 80%。如此高的保险费补贴，为的是加强国家的农业风险管理，支持和保护我国农业的稳定和可持续发展。出灾受损之时，要的就是一个"赔"字，遇到灾害发生损失，如果保险经营机构不认真履行保险合同，不折不扣地依约及时足额赔付，这保险有何用。

问题是，因为地方政府的、保险公司的或者农险产品设计不当方面的原因，常常是赔不到位，赔付不公。一方面因为制度的原因，保险机构没灾或者小灾，也要通过假收费或者返还的方式把 20% 的农户自交的保险费以赔款的方式"赔"出去；另一方面遇到真正需要发挥补偿职能的大灾时，保险公司又通过找省市县领导喝大酒，搞所谓"协议赔付"，大赔化小，或者以各种理由赖账，拒赔、拖赔、少赔的问题就这样发生了。不该赔的赔了，固然需要解决，但主要问题是赔不到位。所以中央要求"督促保险机构及时足额理赔"。这个问题解决得好，农户的投保积极性才会进一步高涨，农业保险制度的优越性才能彰显，政府的农业发展和乡村振兴政策目标才能实现。

当然，解决问题还要从多方位入手。首先，是地方政府要认真执行财政部、农业农村部、银保监会和林草局四部委发布的《关于加快农业保险高质量发展的指导意见》（以下简称《指导意见》）所指出的"明晰政府与市场边界""地方各级政府不参与农业保险的具体经营"，不能再给某些保险机构不认真履行赔款责任以"协议赔付"的机会和借口，还要监督和督促保险机构及时足额履行赔款责任。其次，是要通过规则上和产品设计上的改进（包括免赔条款问题），减少和杜绝无灾也赔、小灾也赔的问题，减低赔付平均化倾向，让保险基金真正解决中灾、大灾的足额赔偿问题。这个无灾和小灾赔付问题解决不好，也肯定影响"及时足额赔付"的落实。第三，在理赔端，必须严格监管。监管部门不仅要及时了解农业灾害发生后的赔付动态，了解和帮助保险机构解决实际困难，也要对那些无理拒赔、拖赔等问题及时处理，问题严重者，应当严厉查处。有了这三条，及时足额赔付就能够顺利实现。

三、继续加强"期保"合作

大约五六年前，期货界找到了一个直接进入支援农业现代化和乡村振兴的切合点，那就是与农业保险界合作，开发出"保险＋期货"的创新产品。此前，期货市场虽然也有不少农产品期货期权产品，但毕竟有点"高大上"的味道，跟广大农户离得有点远。特别是在中央进行农产品定价机制改革的档口，农户因为市场价格的大幅下跌损失惨重。政府需要农业保险为广大农户的价格风险提供风险保障，这个时候"保险＋期货"产品试验应运起步，给解决农产品价格风险损失问题找到了一个较好途径。这几年，"期保"的这种合作日益紧密，试点项目越来越多，我自己2019年就在郑州商品交易所参加过几十个棉花、甘蔗、苹果、红枣等农产品"保险＋期货"项目的评审。众多的"保险＋期货"试验项目在为农户补偿农产品价格风险损失方面发挥了积极的作用。所以，中央1号文件在"强化农村补短板保障措施"的题目下，强调要"优化'保险＋期货'试点模式，继续推进农产品期货期权品种上市。"根据这个要求，"保险＋期货"的试验，不仅产品需要增加，标的也需要拓宽，期货期权市场的建设也要配套。比如农产品的期货期权交易品种也还比较少，需要期货期权市场增加新的品种，满足更多"保险＋期货"产品的开发和进入运行的需要。目前大部分期权交易都是场外交易，相关部门呼吁准许进行场内交易。所以，在中央1号文件指引下，这"优化'保险＋期货'试点模式"的空间很大，"期保"合作可以做的文章很多。

四、提高保险保障水平

这不是一个新问题，但是一个比较急迫的问题。中央1号文件是在"保障重要农产品有效供给和促进农民持续增收"的题目下，对农业保险做出的要求。

目前，农业保险的"大田"产品是"成本保险"，只保障农户种植作物和养殖大家畜的直接物化成本的损失，一般的农作物，保险金额也就相当于收成或收入的40％左右，不管是种田大户还是分散的小农户，都觉得这种保险"不解渴""没意思"，所以他们的投保积极性受到一定的挫伤。从2017年开始，财政部适应农户的需求，相继开始了"大灾保险"（物化成本＋租地成本）和"完全成本保险"的试验，在四部委发布的《指导意见》里，也提出扩大"保险＋期货"试点，"中央财政农业保险保费补贴重点支持粮食生产功能区和重要农产品生产保护区以及深度贫困地区，并逐步向保障市场风险倾斜"，以及"推进稻谷、小麦、玉米完全成本保险和收入保险试点，推动农业保险'保价格、保收入'，防范自然灾害和市场变动双重风险，稳妥有序推进收入保险，促进农户收入稳定"的指导意见。这里其实已经讲得很透彻了。只有较快提高保险保障水平，让我们现在的成本保险产品升级换代，加快推进完全成本保险和收入保险试点，真正"保"到点子上，"保"到农户心上，既保障自然风险带来的生产损失，也保障市场风险带来的收入损失，才能有效"保障重要农产品有效供给和促进农民持续增收"。也只有尽快适应农户较高保障的需求，农业保险才能为"三农"发展和乡村振兴做出更大贡献。

关于农险中农户自缴 20% 保费问题的探析*

——兼论政策性农险产品政府定价的必要性和可行性

庹国柱　李志刚

摘　要： 按照我国政策性农业保险制度的设计，针对政府支持的农业保险标的目录中的农险产品，各级政府对保险费都给予一定的补贴，投保农户仅需缴纳一部分保费即可。然而实践中，由农户自缴的这部分保险费产生了很多问题和矛盾。本文分析了农民"自缴保费问题"产生的原因，即小农户自身需求不足、农民对农业保险缺乏认知、农险产品形态存在缺陷以及政府补贴制度和机制不完善等。本文认为免除小农户自缴保费本身没有法律障碍，并借鉴国外经验，讨论了由"自缴保费问题"产生的"监管困境"应如何解决，即改变目前的农险产品由公司定价为政府定价，不断完善保费补贴制度和机制，升级换代目前当家的物化成本保险产品，对农民加强农险知识培训等。

关键词： 农业保险；小农户；自缴保费；产品定价

根据其他一些国家的经验，农户投保政策性农业保险，政府对于保险费有不同比例的保险费补贴，如美国，农户平均要缴纳纯保费的约 40% 左右，或者毛保费的 30% 多一点①。我国自 2007 年开始对农业保险给予财政补贴，要求参保农户缴纳一部分保险费，也是吸收借鉴了国内外的一些调研成果及经验。根据《中央财政农业保险保险费补贴管理办法》（财金〔2016〕123 号，以下简称《办法》），种植业保险保费在省级财政至少补贴 25% 的基础上，中央财政对东部地区补贴 35%、对中西部地区补贴 40%；养殖业保险保费在地方财政至少补贴

---

* 对于本文中的一些观点，银保监会毛利恒处长提出了很好的意见和建议，在此表示感谢。本文原载《保险理论与实践》2020 年第 4 期。

① 资料来源：美国农业部风险管理局。根据袁祥州等《美国农业保险财政补贴机制及对我国的借鉴》文中数据计算得到。

30％的基础上，中央财政对东部地区补贴 40％、对中西部地区补贴 50％。同时，《办法》鼓励省级财政部门结合实际，加大对贫困地区及贫困户的支持力度。目前，大部分省份对贫困户给予了不同程度的资金支持。农业农村部在 2019 年 9 月指出，总体上，我国各级财政对农业保险的保费补贴比例已接近 80％，在世界上处于较高水平。[1] 也就是说，投保农户自己仅需缴纳 20％多。[2]

然而，在这十多年的实践中，农户这部分自缴保费，产生了如下一些问题：一些农户不愿交，一些公司愿保却"不想"收，或者收了又以"赔款"或者"防灾防损"的名义返还给农户，不少公司因此受到监管机构处罚，但是这种现象依然屡禁不止，并且已经影响到了农业保险的市场秩序，对农业保险经营质量和效果以及农业保险的发展产生了越来越不好的影响。值得我们思考和研究的是，产生这些问题的原因是什么，这类问题为何难以遏止，应当如何解决。本文打算就此展开研究。

一、关于自缴保费问题的困扰

农户购买农业保险缴纳保险费，按道理说是"天经地义"的，可是在实践中，普遍存在的问题在于，小农户不愿意或者很勉强缴纳这 20％多的保险费。保险公司想扩大自己所在地区的业务，实现"应保尽保"的任务和目标，出于成本和竞争的需要，就会有两种选择：其一，是一家一户宣传动员，一家一户收缴这 20％多的保险费；其二，是不收或者返还农民交的这部分保险费，并获得更多农户参与。其一带来的问题是成本太高[3]，其二的问题是违规了，由此便引出了许多问题。

（一）要求农户自缴一部分保费的原因

那么，既然是政策性农业保险，为什么一定要让农民交一部分保险费呢？按照最初的论证，原因在于：第一，坚持和尊重农户"自主自愿"的原则，愿意和实际缴纳了这部分的保险费，表明农民投保是自愿的；第二，让农民交一定比例的保险费，有助于提高农民的风险和保险意识；第三，让农民交一部分保险费，也有助于提高补偿基金的规模，起到更好的再分配和补偿效果。同时，便于评估财政补贴的效率和杠杆率；第四，防止投保过程中的漏洞，特别是虚假承保、虚

---

[1]　农业农村部.《对十三届全国人大二次会议第 3486 号建议的答复》. 2019 - 9 - 25.

[2]　根据历年《中国统计年鉴》《中国保险年鉴》以及财政部关于农业保险补贴政策的《绩效评价报告》计算。如 2017 年农险保费收入为 477.7 亿元，各级财政补贴为 362.7 亿元，农户自缴比例约为 24％。

[3]　据原某省保监局的调查和测算，承包一亩小麦保险费 17 元，农民自己负担 20％左右，即 3.5 元，但是保险公司的成本是 5.3 元。尽管一些公司通过协保员来收取保费以降低成本，但是核查以及确认档案真实性和准确性的成本也不低。

假理赔和虚假费用，所谓"三虚"问题，防止和杜绝套取财政补贴等违法行为。所以，在各地投保和申请政府补贴的程序上，就采取了只有农民参保缴费之后才能签订保险合同，并根据这个保险合同向县、市、省、中央财政自下而上申请各级财政的保费补贴。没有农户缴费的完备手续，就得不到各级财政的保险费补贴。

（二）由自缴保费产生的种种乱象

在小农户的自缴保费问题上，不少公司绞尽脑汁，有的收不上来或者收不齐，就先由村委会垫付。垫付之后，村委会就要求公司返还；有的公司干脆先借给村里这笔"自缴保费"，村里以这笔钱投保，之后，公司并不收回这笔钱；更有甚者，如上所述，有的地方，农户（或者村委会）借高利贷来缴纳这 20% 多的保费，保险公司也不会让农户（或村委会）"吃亏"，总会想办法让投保农民"有利可图"；还有不少公司将这 20% 多的保险费以"防灾防损费"的名义，返还给农户。上面这些做法，大多还是保险，农户受灾还会获得或多或少的损失补偿。另一些情况就属于违法了，有的公司业务人员与农户或者养殖户合谋，让农户或养殖户缴纳 20% 的保险费，等公司拿到各级政府的补贴款之后，再来按事先约定的比例分钱。这种情况下，已经没有保险可言，这些情况属于明知故犯的违法，这里不加讨论。

上述种种乱象成为屡屡受到谴责的"三个没关系"（即承保与农户没关系，定损与灾害没关系，赔款与损失没关系）和"三虚"（即虚假承保、虚假理赔、虚假费用）问题的重要原因，也成为一些公司之间一种恶性竞争的手段，全国性赔付平均倾向和某些地区市场上出现"劣币驱良币"的问题，也与这种不收或变相不收农户应交保费的手段在一定程度上相关。

（三）自缴保费问题产生的原因

尽管只需要交纳 20% 多的保险费，但是，一些地方的农户对于投保农业保险仍然缺乏积极性。调查表明，一些农民不愿意交保险费的原因在于：

第一，小规模分散经营的农户，不少对投保本来就没有多少内在愿望和需求。小农户对几亩田上的作物收成并不那么关心，因为家里大部分收入，来自非农收入（主要是进城务工和经商等）。当然，还有更深层次的原因，大多数农户对农业保险还没有充分认识。虽然政策性农业保险已经推行十多年了，但不少小农户仍不了解农业保险的政策性，并不明白为何要交保险费[①]。这源于过去多少

[①] 当然，相比之下新型农业主体倒是了解一些，但他们对政策性农业保险的认识又多有偏颇，抱有较高的"期望值"，常常对农业保险有些过分的要求，赔付纷争甚至诉讼时有发生，所以大多数保险公司甚至有一种"散户进，大户退"的经营想法。

年沉淀下来的"等靠要"意识，在观念上仍依赖政府救助，认为农业保险是一种"带利息的摊派"，或者就是一种行政行为，或是"还本的商业保险"，不管有没有支付能力，能不交就不交。在有些地区，农业保险甚至还成为农户借保单发小财的"买卖"。如前文提到，某些地区一亩小麦保险费也就十六七元，农民承担其中的20%，大概3元多钱，对大多数农户来说不存在支付能力欠缺的问题，但保险公司如果要亲自派员工挨门逐户收费，成本远远高于收回来的保险费。让协保员办理虽然可以适当节省费用，但是有些地区的协保员却希望这20%的保险费"带上利息"再返还给农户。有的地方的协保员甚至让大家借高利贷（或者自己垫付）缴纳这20%的保险费，也是为了做这笔稳赚的"买卖"。

第二，我国农险产品形态存在问题。目前农业保险的当家产品，是我国试点期间独创的"直接物化成本保险"，而不是像其他国家那样大规模经营的产量保险，按照实际收成与目标产量的差额进行赔付。"直接物化成本保险"造成的困境是，只要超过相对免赔率之后就启动理赔（即按百分之百的产量计算损失率），而按现行的相对免赔率20%和各地费率来看，如果一启动理赔就是超赔，保险公司也很无奈。这也是现在基本上是有灾无灾，年年有赔款，赔付低水平化和赔付率波动很小的主要原因。因为在这种情况下，保险公司会利用各种手段控制赔付率。[1]

第三，我国农业保险保费补贴机制也还不完善。其实，政策性农业保险的保费补贴，各国创造出多种方式，有不同的运作机制。例如日本就对主要农业保险产品和一定经营面积以上的农户采取强制投保的方式，补贴之外的自缴保费就顺理成章，没有争议，没有纠纷和返还问题。再例如美国，它们有较高保障水平的"自缴＋政府补贴"性的保险产品，而且自己选择的保障水平可以从65%到90%。但是，也有较低保障而不用交保费，只交少量手续费的"CAT"（所谓"50/55"）产品。在这种保费补贴机制下，农民有多种选择，自然不存在农户交不交保费的问题。当然，强调农民必须缴纳20%的保险费，也还有一些体制方面的原因，此处不再分析。

二、关于保险公司不收取自缴保费的合法性辨析

前文已经论述了在政策性农业保险中，要求农户缴纳一定比例保险费的原因。从保险公司的角度来看，无论出于优惠农民、节省成本，还是竞争考虑，不收或者返还这20%的保险费，是否合法合规呢？

根据《保险法》第十二条的规定，财产保险合同成立和生效的要件是，在保

---

[1] 本文主要讨论因为收缴这20%保险费产生的监管矛盾及其解决对策，由此引发的其他问题在此不展开讨论。

险事故发生时，被保险人对保险标的应具有保险利益。那么，农业保险合同只要显现，在事故发生时，农户对所投保的农作物或者牲畜具有保险利益就行，并不要求一定是投保人本人缴纳保险费。所以，无论需要农户缴纳的这部分（例如20％）保险费，是作为投保人的农户自己交的，还是政府使用扶贫资金支付的、其他生产资料经销商作为一种营销手段代替农户交的，或是保险公司替农户交的（通过免除农户缴纳该项保险费义务的方式、以现金或者实物返还这部分保险费），并不影响保险合同的有效性，不存在违规违法问题。如同不少单位或个人在扶贫中，为农户购买包括农业保险在内的财产保险，全部缴纳保险费是一样的，都是合理合法的。我国也有省份在其农业保险发展方案中，允许保险公司不收该由农户缴纳的 20％保险费的规定。

以各种方式不收农户应交的这部分保险费，是否违规违法，并没有明确的规定。笔者认为，只有下面两种情况，才算是违法违规：①农户投保的自愿性得不到确认，保单没有真实性；②保险公司采取弄虚作假的方式套取财政补贴，和（或者）相关人员、公司非法牟利，或者贪污，也没有向农户提供约定的保险保障的行为。

如果保险公司不收或者返还保险费，并且也如实地列支了这笔费用，就不能简单地定义为违规违法，关键要看保险合同的真实性和履约的真实性，而不在于农户是否自缴了保费。

三、由自缴保费引发的监管困境是政策性保险制度中无法解决的问题吗

（一）由自缴保费引发的监管困境

如上所述，政策性农业保险合同中，农户自缴保险费，无论比例多少，无论是自己交还是他人（包括保险公司）交，在法律条例中并没有要求。但是，为何保险公司免除农户缴费，或者采取返还的方式免除农户缴费，不被认可，被视作违规呢？一个重要原因可能是，不收或者返还行为，都意味着保险公司定价不合理、不公平，因而保险公司有不当得利的可能。根据笔者调查，公司精算定价的确有这种倾向。可以说，这种监管逻辑就是，农民交 20％保险费——表明政府真实负担80％保险费——符合政府制度设计预期。反之，保险公司不收 20％保费——意味着政府要多支付 20％的保险费补贴——不符合政府制度设计的预期。因为，在目前公司精算定价的条件下，考虑到监管部门对产品的审查能力有限，可能无法准确了解、验证和判断产品精算定价的科学性、合理性，公司不收农户那部分保险费，势必将农户那部分保费负担完全转移给政府。

近些年来，因为这20％多的自缴保费，监管和被监管可谓"斗智斗勇"，产生了不少矛盾，监管义正词严，处罚坚决果断，公司有时对监管处罚却难以心

服，陷入了某种"监管困境"，监管部门为此也耗费了很高监管成本。要走出这种"监管困境"，达成"监管解脱"，较好的方法和途径之一，可以借鉴农业保险发达国家的经验，逐步实行农险产品的政府定价。

（二）其他国家农险产品政府定价的经验借鉴

加拿大和美国虽然实行的农业保险制度模式不同，但是，它们的农险产品都是实行政府定价。在加拿大，各省独立经营的农业保险公司（或农村金融综合服务公司），隶属于政府，其产品定价是由公司定价，因为它们受本省农业部管理和监督，其产品定价实际上代表政府。美国从 20 世纪 90 年代开始实行"政府市场合作"的经营模式，但是其主要农业保险产品都是由联邦政府"农作物保险公司（PICC）"（该公司与"农业风险管理局"是一套人马两块牌子）厘定的，它们也鼓励保险公司开发产品并进行定价，并予以鼓励和支持，但是公司开发的产品要经过 PICC 审定和批准。政府定价包括了纯风险损失率和适当的利润率，管理费补贴是另外计算和拨付的，不在产品精算价格里面。被批准做农业保险业务的公司其实就是卖保单和处理理赔，至于公司费用控制，跟政府监管无关，监管部门自然不会过问。

那么这种政府定价的科学性和公平性如何呢？这里以美国为例做一些分析。下面是根据美国 1990—2014 年 25 年的纯保费、管理费补贴、赔付率等数据（表 1）计算的平均简单赔付率，在一定程度上能够说明些问题。

表 1　美国联邦农业保险赔付率数据

单位：百万美元

财年	纯保费总收入	赔付额	纯保费补贴	经营费用补贴	纯保费简单赔付率[1]	毛保费总额	毛保费简单赔付率
	(1)	(2)	(3)	(4)	(5)=(2)÷(1)	(6)=(1)+(4)	(7)=(2)÷(1+4)
1990	845	1 036	213	272	1.23	1 117	0.927
1991	749	954	196	245	1.27	994	0.960
1992	763	977	197	246	1.28	1 009	0.968
1993	761	1 514	198	250	1.99	1 011	1.498
1994	907	682	247	292	0.75	1 199	0.569
1995	1 424	1 523	774	373	1.07	1 797	0.848
1996	1 817	1 683	978	490	0.93	2 307	0.730
1997	1 822	1 074	945	450	0.59	2 272	0.473
1998	1 868	1 392	940	427	0.75	2 295	0.607
1999	2 214	1 981	1 295	495	0.89	2 709	0.731

（续）

财年	纯保费总收入	赔付额	纯保费补贴	经营费用补贴	纯保费简单赔付率[1]	毛保费总额	毛保费简单赔付率
	(1)	(2)	(3)	(4)	(5)=(2)÷(1)	(6)=(1)+(4)	(7)=(2)÷(1+4)
2000	2 483	2 462	1 353	540	0.99	3 023	0.814
2001	2 896	3 408	1 707	648	1.18	3 544	0.962
2002	2 816	4 114	1 683	656	1.46	3 472	1.185
2003	3 222	3 768	1 874	743	1.17	3 965	0.950
2004	4 051	2 828	2 387	900	0.70	4 951	0.571
2005	3 697	2 796	2 070	783	0.76	4 480	0.624
2006	4 406	3 585	2 517	960	0.81	5 366	0.668
2007	6 206	3 493	3 544	1 341	0.56	7 547	0.463
2008	9 233	5 024	5 301	2 016	0.54	11 249	0.447
2009	9 051	8 416	5 430	1 602	0.93	14 481	0.581
2010	7 657	2 759	4 680	1 371	0.36	9 028	0.306
2011	11 549	13 429	7 376	1 383	1.16	12 932	1.038
2012	11 485	18 428	7 149	1 411	1.60	12 893	1.429
2013	11 805	6 158	7 279	1 350	0.52	13 216	0.466
2014	10 034	10 535	6 272	1 407	1.05	11 441	0.921
平均				755.64	0.981 6	5 531.92	0.789

资料来源：美国农业部风险管理局。转引自袁祥周等：《美国农业保险财政补贴机制及对我国的借鉴》，载《中国农业保险研究 2016》，中国农业出版社，2016 年出版。

注：①赔付率指赔付额除以总保费；生产者（农户）赔付率等于赔付额除以生产者支付保费（总纯保费与纯保费补贴之差）；转移效率指净赔付（赔付额加上保费补贴，再减去总保费）除以总保险开支（为保费补贴、经营费用补贴与再保险支持三项之和）。

②保费补贴和管理费补贴合计、同口径补贴率是笔者根据表内数字计算得到。计算方法：（纯保费总收入＋管理费补贴）÷（保险费补贴＋管理费补贴）。

这 25 年平均下来，按照纯费率计算，美国农险平均简单赔付率是 98.16%，只有 1.84%的利润率。如果按我国类似统计口径计算，美国这 25 年毛保费的平均简单赔付率是 78.9%，表明其精算平衡基本上做到了。做农险的保险公司的管理费加利润的空间是 21.1%，管理费补贴占总毛保费的 13.66%，如果这个补贴能完全覆盖所有费用的话，利润率是 7.5%，费用要达到 20%的话，利润率只有 1.1%。可见，美国的政府定价在总体上对经营公司的利润控制是比较严的。我国积累的数据有限，从 2007 年到 2018 年 12 年政府公布的简单赔付率平均一下，大约是 67.36%，相比之下，有些偏低。所以财政部 2016 年出台了《农业保险大灾风险准备金管理办法》，想通过建立利润准备金的办法来对公司获得的

"超额利润"加以调节。无论是利润准备金也好，保费准备金也好，在会计上都是可以有弹性的，所以，《指导意见》第九条特别强调要"落实农业保险大灾风险准备金制度"。表明有的公司的大灾风险准备金并没有落实，财政部门想出的调节"超额利润"的办法，各公司执行起来会有折扣。这样，政府让保险公司定价，然后再来调节公司的利润的办法，不容易很好地贯彻和实现。

（三）农险产品由政府精算定价的依据

在竞争性市场中，通过市场主体竞争来降低产品价格，可以提升市场效率，提高总体的福利水平。那么，农业保险产品为何要由政府定价，不让保险公司竞争性定价？主要是因为，政策性农业保险产品属于自然垄断产品，竞争可能导致社会效率损失。政策性农业保险实际上是政府的农业发展政策和国家农业支持保护体系的重要组成部分。政府财政支付的绝大部分保险费，实际就是政府向农业的转移支付。因此，这种财政资源的分配，由政府按照科学合理的规则处理，在符合保险理论和精算平衡规则的情况下，更能符合政府的政策目标。通过政府定价，也可以避免农险机构自由定价而政府无力审定带来的不信任问题。

目前国内有些地方对某些地方特色农险产品定价也尝试进行竞价。但是，因为一些机构不那么理性，虽然市场价格降低了，胜出者获得了经营地盘，但是调查表明，竞价带来的效率损失，大部分最终还是由政府和投保农户买单。不止一地发生过因为赔付率过高，保险公司难以承受，就去向政府部门"求援"，通过作为"协议赔付"最终达成减少赔付的目的。通过这些现象可以看出，政策性农业保险的竞争性价格形成机制可能会引发公司的恶性竞争，结果不仅损害公司的利益，也会损害到投保农户的利益。当然，这种经营局面是不可持续的，"协议赔付"这一现象不可能长时间存在。目前来看，大部分地区也并没有实行公司之间的广泛价格竞争。

事实上，政策性农业保险产品的价格竞争应该受到限制。保险产品的价格由纯风险损失率、费用率、税收、利润和技术准备金等组成，纯风险损失率是一个客观的精算结果，可能因精算技术的改进更加准确，但不可能因为精算技术的改进而大幅降低。所以，如果要竞争，纯风险损失率并没有多少竞争空间（除非因为信息不对称，可能对纯风险损失率高估），只能在费用和利润方面竞争，这样竞争的空间和可操作范围就非常小[1]。近几年逐渐加剧的市场竞争带给保险公司的最大"成果"之一，就是费用率逐年上升，从 2007 年、2008 年的不到 10%，

---

[1]　作者并不否定市场在配置保险资源包括政策性保险资源中能发挥积极的重要的作用，而是认为，通过保险竞争来改进资源配置效率，更多地应该是在挖掘市场需求，开发出更多的各类客户需要的保险产品，而不可能是像其他物质资料生产部门那样，通过技术创新和改进，使其成本上不断降低，从而不断降低产品价格。

上升到 2020 年的 30％甚至更高。几次大范围多省份降低保险产品价格的行动，至少是全国的简单赔付率缓慢上升的原因之一，其他因素包括 2015 年之后几年的灾害损失较前几年要大一些。当然赔付率的变动还有多种原因，需要更细致地从多角度多因素数据进行分析，这是另一个需要深入研究的问题。

四、解决自缴保费问题的几点建议

（一）对主要农险产品实行政府定价

我国的农业保险选择了"政府市场合作模式"，是因为在 2007 年之前的 25 年里，一直是由商业性保险公司和合作组织开展农业保险业务，商业性保险公司具有做农业保险的技术和人才条件，以及当时深化市场化改革的经济发展背景原因。从政府开始提供财政支持后，农业保险获得了飞速发展，但是政府部门并没有自己定价的计划和安排。理论上来说，农业保险产品由政府定价更有利于农业保险的高质量发展。笔者就通过何种方式和途径实现政府定价提出如下建议。

第一，利用已建立起来的并于 2019 年实现了农险保单级数据大集中、已有数据基础的中国银行保险信息中心（中银保信）农险信息平台，或者利用马上要成立中国农业再保险公司的契机，设立政府的专门机构，从事风险调查和数据库平台建设，建立一支农业风险研究、评估专业队伍，把主要农业保险产品的定价权从公司手里转移到政府掌控的农业保险机构。逐步进行风险区划，"构建农业生产风险地图，发布中国农业保险纯风险损失费率，研究制定主要农作物、主要牲畜、重要'菜篮子'品种和森林草原保险示范性条款，为保险机构产品开发、费率调整提供技术支持。建立科学的保险费率动态调整机制，实现基于地区风险的差异化定价"（见《关于加快农业保险高质量发展的指导意见》第十二条）。

第二，政府也可以充分利用社会资源，通过建立一个能承担农业风险评估和产品开发定价的第三方平台来进行风险研究、评估和费率测算。以政府购买服务的方式，委托其做风险评估、区划和农产品保险的精算定价，或者通过它们来做《指导意见》第十二条提出的风险区划、费率精算和制定示范条款等相关工作，这也可以减轻政府（或者国有公司）的行政机构负担。从目前国内研究机构、有关高校的人才储备和研究能力来说，是具备这种条件的。

第三，无论是政府自己建立机构承接农业保险产品定价的责任，还是利用社会上的第三方机构，接受政府有关部门委托进行定价，都要有所取舍。建议中央政府只对中央支持的农林牧渔保险标的的主要保险产品进行定价，而地方特色保险产品的定价，是由地方政府委托第三方定价，还是仍然由保险经营机构自行定价，由地方政府决定。

（二）完善我国农业保险保费补贴制度和机制，更新产品形态

我国农险的补贴制度和机制有待完善。一方面，可以实行类似美国的"全部补贴＋部分补贴"和分段补贴制度，与提高保险金额和投保农户有选择权相配套，选择不同保险保障水平补贴不同比例的保险费，使农户根据自己的风险偏好和利益权衡来选择保障水平，支付相应的自交保险费。

同时，建议尽快更新换代国内主要的农险产品，由目前的成本保险尽快升级到完全成本保险，或者改成本保险为产量保险和收入保险，整体提升农业风险保障水平，进一步提升农户投保的积极性。

（三）加强对农民进行农业保险知识的培训

在一些发达国家，有许多组织不断对农户进行有关农业保险的知识培训和推广。从我国的政策性农业保险制度建立之初，这个问题就已经被提出，让农民自交一部分保险费也是为了逐渐让农民建立风险和保险的观念。但这些年的实践表明，仅仅通过向农户收取保费的方式，对农户保险意识的提升非常有限。要让农户真正认识到农业保险的作用，还需要对农户进行农业保险的基本知识的普及、推广和培训，要让农户建立市场化的观念，逐步摆脱"听天由命"和对政府过度依赖的"等靠要"思想，才能解决根本问题。

参 考 文 献

[1] 财政部、农业农村部、银保监会、林草局．关于印发《关于高质量发展农业保险的指导意见》的通知［Z］．财金〔2019〕102 号．

[2] 袁祥州，程国强，黄琦．美国农业保险财政补贴机制及对我国的借鉴［J］．保险研究，2016（1）．

[3] 庹国柱．我国农业保险政策及其可能走向分析［J］．保险研究，2019（1）．

论农业保险监管制度的建设和改革[*]

摘　要： 对于政策性农业保险，既要监管又要管理，这是由这种保险的性质决定的。我国政策性农业保险实践中，目前至少存在四大矛盾，即保险公司赚钱期望和政策性农业保险目标的矛盾，政府对产品的定价能力缺失与公司经营绩效真实性的矛盾，违规违法经营行为屡禁不止与监管机关鞭长莫及的矛盾，地方政府权力难以约束与农业保险赔付难以到位的矛盾。四部委发布的《关于加快农业保险高质量发展的指导意见》（以下简称《指导意见》）针对这些矛盾，提出了一系列解决思路和方案。落实《指导意见》，逐步实现监管机构一元化，监管对象全面化，监管规则细致化，监管责任"扩大化"和监管队伍专业化，必将使我国农业保险监管局面有较大改观，这对实现农业保险的高质量发展具有重要意义和深远影响。

关键词： 农业保险；监管；制度建设

在我们讨论高质量发展农业保险问题时，需要认真讨论农业保险的监管问题，因为目前农业保险监管制度建设的滞后正在对农业保险的发展产生消极影响。从某种意义上来说，监管效率高低关乎政策性农业保险的成败，农业保险高质量发展需要高质量的监管与之配套。

在这 12 年农业保险的发展中，各相关监管部门（主要是保监会和财政部），对于农险市场的监管，对于整个农险行业的管理做出了巨大的努力，其成就是有目共睹的。但是，无论是监管机构的建设，还是监管制度和规则的完善方面，都还有许多亟待解决的问题，所以，四部委发布的《关于高质量发展农业保险的指导意见》（以下简称《指导意见》）中，从不同角度强调了加强和完善农业保险的监管的问题。本文专门讨论一下农业保险的监管制度建设和改革问题。

---

* 本文原载《农村金融研究》2020 年第 4 期。

一、对于政策性农业保险既要监督还要管理

对于保险"监管"术语，应该是包含"监督"和"管理"两个方面的含义，也就是市场监督和行业管理。市场监督的主要责任是大家都知道的"三大支柱"，即市场行为监督、偿付能力监督和公司治理结构监督，作为保险执法部门，对法律负责。所谓行业管理，其主要职责就是作为行业的行政主管部门，要对保险行业的规划、发展、业绩进行管理和考核，并对上级行政部门负责。

一般商业性保险业务，国外主要是强调市场监督，由"监督官协会"执行。目的仅在于维护市场交易的公平性和保护消费者合法权益。保险行业的发展是快是慢，是成是败，跟这个监督部门无关。对于我国银保监会来说，不仅要对保险行业进行"市场监督"，作为业务主管部门，还承担"行业管理"责任。对于我国保险监管部门一身兼二职到底好不好的问题，也曾经有过几度争论。

对政策性农业保险领域，根据笔者考察，差不多各国监管部门都是既监督又管理，既当裁判员，又当教练员。既要监督市场的交易主体（保险方、投保方），在我国，还要监督政策性农业保险交易中一个特殊的参与者——地方政府。这是作为"裁判"的职责。除此，政府相关部门为了使这项农业发展政策能够获得预期效果，要从制度、政策供给到业务发展规划和项目实施，都要加以管理和协调，以保证该制度的可持续性，这是作为"教练员"的职责。一个机构，既做监督又做管理，顺理成章，对此也没有多少异议[①]。所以本文讨论监管制度建设，其范围涉及监督和管理。

之所以对政策性农业保险既要监督又要管理，是因为政策性农业保险不是单纯的保险，或者说不是一般商业性保险。一般商业性保险的直接目标就是被保险人获得风险保障，保险人获得管理费用和社会平均利润。这也是社会资本选择投资商业保险行业的主要动机。当然，作为一种间接结果或者衍生的效益，保险的发展促进了社会经济的发展，某些社会的管理方面得到改善，这种见解，被人们称为保险的"社会管理功能"。

政策性农业保险的特殊性至少反映在两个方面。

第一个方面，与一般商业性保险不同，政策性农业保险在本质上并不是保险，而是政府为达到管理农业风险和农业发展目标，利用保险这种再分配方式和手段，所实行的农业政策。这种政策的目标不是为了保险而是为了农业，所以有的国家的政府，就直接"操刀"，做起了农业保险。我国选择了"PPP"（政府市场合作）模式，充分利用了商业保险机构的资本、技术和人才条件，那就不仅要让被保险农户获得风险保障，经办机构也要获得费用补偿和适当利润，还要实现

[①] 请参见作者的《对农业保险性质的再认识》，中国保险报，2019年8月5日、6日。

政府的农业支持和保护的政策目标（包括农业现代化、乡村振兴等）。

第二个方面，在于政府的多层面参与保险业务活动，为的是达到降低交易成本和尽可能扩大保险覆盖率，更好地实现其政策效果的目的，要是很多农户都不参与，肯定达不到政策目标。

与这种政策性农业保险相匹配的是，监管机构要承担双重职责，即市场监督职责和行业管理职责。对于前者，如前所述，是要保证农业保险市场的公平交易，维护被保险人的合法利益；对于后者就是要提供一个从前期的制定发展规划、教育宣传到超赔责任分担制度的系统管理平台，为农业保险的顺利运行提供多方面的管理服务。没有这个管理职责和服务平台，也就没有可持续发展的政策性农业保险。

二、监管制度建设滞后难以满足农业保险的高质量发展的需要

据笔者的调查，目前农业保险发展虽然成绩斐然，但是大家都知道，问题不少，其中有一些问题是与监管体制建设滞后和监管规则不完善高度相关。集中体现在下面四大矛盾上面。

（一）保险公司赚钱期望和政策性农业保险目标的矛盾

部分参与经营农业保险的公司要考核经营利润，这本来无可厚非，但是要求年年有余甚至逐年递增。这就把公司经营层逼进一个死胡同。灾害损失较小的年份自然皆大欢喜，灾害损失较大的年份，只有一条路：千方百计压低赔付，于是，"协议赔付"就来了，惜赔、拒赔的案子就多了，受灾农民就倒霉了，纠纷也就不可避免了。这就在根本上有违发展农业保险的政策目标。无论保险金额高低，投保农户总是利益受损者，他们投保积极性肯定受到挫伤。久而久之，政府花了钱，事没办好，农业保险的政策目标很可能受挫。

这个矛盾的产生和难以解决，根源在于监管制度和机制的设计不够完善和建设滞后。监管制度完善和规则合理，就能在很大程度上避免和解决这个矛盾。

在加拿大，农业保险不进行市场竞争，政府独家经营农业保险，经营管理费用和大部分纯保险费由政府支付，产品价格里面不含利润，没有产生这种矛盾和后果的条件。美国采用与我国类似的"PPP"制度模式，但却没有这种矛盾。因为美国的农业保险预期利润是公开透明的，那就是长期经营的平均利润水平与财产保险行业的平均利润持平，不可能有超出该水平的"超额利润"。一家公司进不进农险市场自己去权衡。但在我国，政府至少目前还没有有效控制超额利润的机制和手段，经营机构的利润动机和冲动不可能完全依靠企业自己来解决抑制，也不能依靠政府的权力来调节和解决。比如，协议赔付。当然该矛盾尖锐，跟下

面第二个矛盾也有很大关系。

（二）政府对产品的定价能力缺失与公司经营绩效真实性的矛盾

农业保险产品定价的科学性和公平性是农业保险顺利和健康推进的基础。有了科学和公平的定价，就不会有讨价还价，或者对财政补贴资金使用效果优劣的质疑。在其他农业保险发达国家，这个问题不大，因为基本上都是政府根据保险精算原理来定价，既不让经营者吃亏，也不会让经营者有超出行业长期平均利润的可能。由于条件限制，我国农业保险定价权在保险公司，公司定价的公平性和合理性一直是一个说不明的问题。因此，每年保险的简单赔付率公布之后，人们都会议论纷纷，十二年的平均赔付率算出来更是如此。政府对这张绩效成绩单的真实性，每每持怀疑态度。政府与保险公司在保险费率上的讨价还价情况也来越多，谁更科学公平，没有裁判，只能等过几年看结果。

这里要说的是另一个层面，政府在产品定价方面长期无能为力，就产生许多不该产生的经营违规违法问题。比如说，我国农业保险，农户大概要交 20％ 的保险费，这个 20％ 里面，各家公司无论是作为竞争手段，还是作为利润的获取项目，玩的花样非常多，因这方面问题被监管部门问责的也不少，也产生了不少监管与被监管的矛盾。试想，如果费率是政府科学、公平厘定的，监管部门用得着在这 20％ 的保险费上跟公司"斗智斗勇"吗？用不着。政府还会对于公司赔付率高低上耿耿于怀或者愤愤不平吗？不会。对这 20％ 的保险费交没交、谁交的还会那么在乎吗？不会。这种监管和被监管的尖锐矛盾还会产生吗？也不会。

笔者观察了美国从 1990 年到 2015 年 26 年的农业保险赔付数据，有的典型年份，全国保险的纯保费赔付率只有 30％ 多，但也有 11 年超过 100％。年际之间的赔付率很低或者出现巨大亏损，都相当正常。政府很平静，公司也都能够接受。主要原因就在于，政府厘定的费率即包括纯风险损失率、经营所必要的费用率和适当的利润率，这是科学公平的。让利不让利就是公司自己的事。

（三）违规违法经营行为屡禁不止与监管机关鞭长莫及的矛盾

我国农险事业发展很快，进入农险经营的公司越来越多，点多面广，业务都在田间地头，监管部门却设在省级和中央，真的是力不从心，鞭长莫及。

每年监管机关都会对一些公司的违法违规经营行为开出不少罚单，如同所谓"三虚"[①] 问题，为何屡禁不止，屡罚不绝，除了上面提到的政府没有定价能力的原因外，还因为我们监管机关分散，监管力量不足，制裁不力造成的。有的省份财政部门和银保监部门为招标问题，为业务监管问题相互扯皮，达不成一致意

---

① 即虚假承保、虚假理赔、虚假费用，简称"三虚"。

见，也不是很罕见的事情。问题是这样的监管状态，就给少数不守规矩的公司违法违规以可乘之机。再加上监管力量不足，实施检查的随机性和小概率性，少数保险公司员工，会抱着侥幸心理"勇敢地"触碰红线，他们的违规违法行为不被查到的概率很高。至于那些严重违规被罚出场，真正要执行也是做不到的，当然，这其中原因也很复杂，有的被罚人员本来也可能就有争议，公司给他换个地方任职似乎情有可原。

（四）地方政府权力难以约束与农业保险赔付可能不到位的矛盾

地方政府参与农业保险活动，是政策性农业保险应有之义，无可非议。但是不同国家的政策性农业保险，政府的参与方式和参与深度是有很大区别的。大部分农业保险发达国家，政府只是在中央（和省级）政府参与，提供各种政策支持，设计产品，做好精算定价，或者为公司精算提供便利，并为大灾损失条件下的超赔责任提供比较完备的解决方案等。但是在我国，政府不仅要做其他国家中央层面做的那些诸如提供制度和政策便利的事情，地方政府，特别是基层政府也要参与到农业保险活动中来，这是我国农业农村发展现状和保险业发展阶段使然。

问题是由于认识和经验不足，我们的地方政府对于如何参与和管理农业保险的方式、内容和深度缺乏把握，中央政府也没有制定出完整的可操作性强的规则，就不可避免地出现了许多所谓"缺位"和"越位"问题，特别是"越位"问题。例如，县级政府亲自掌控招标；截留和挪用上级财政下拨的农业保险费补贴款；说好给地方特色保险产品保费补贴，保险合同执行后，又赖账不支付补贴款；不经授权"代表"农户与保险机构搞"协议赔付"。在我们地方政府信用缺失的这种条件下，有的公司似乎也就有了拖延赔付、压低赔付，拒绝赔付的理由和方式，正所谓"上有政策，下有对策"。其后果还是投保农户遭殃，农业保险"变味"甚至"变质"。

《指导意见》就是要实现我国农业保险的高质量发展，高质量发展的最终目标，就是文件中说的"更好地满足'三农'领域日益增长的风险保障需求"和"实现补贴有效率、产业有保障、农民得实惠、机构可持续的多赢格局"。

这些目标的达成和实现，虽然需要我们在制度上、政策上做出许多调整和改进，监管体制改革、监管规则建设的加强和完善是不可缺少的配套手段。特别是在我国实行"政府市场合作模式"的条件下，要协调好政府和市场间的利益关系，协调好公司和农户间的利益关系，监管制度和手段的优化和完善至关重要。从这个意义上讲，没有高效率的监管体制、高水平的监管队伍和完善的监管规则，农业保险就不可能"持续提质增效、转型升级"，就不可能有高质量发展，就难以实现 2030 年的发展目标。加强农业保险监督管理制度建设刻不容缓。

三、农业保险监管制度建设的主要目标和任务

（一）《指导意见》特别强调加强监督管理问题

针对这些存在的问题，在加强监管制度建设方面，《指导意见》在多个层面都有新的具体的陈述。

针对有的人对"政府和市场合作"制度模式的质疑，坚持了"政府引导、市场运作、自主自愿、协同推进"的基本原则。并强调"更好地发挥政府引导和推动作用，通过加大政策扶持力度，强化业务监管，规范市场秩序，为农业保险发展营造良好的市场环境"。

针对保险经营在不少地方还不那么规范的实际问题，第七条提出"保险机构要做到惠农政策、承保情况、理赔结果、服务标准、监管要求'五公开'，做到定损到户、理赔到户，不惜赔，不拖赔。切实提高承保理赔效率，健全科学精准高效的查勘定损机制。"第十条强调，要"加强财政补贴资金监管，对骗取财政补贴资金的保险机构，依法予以处理，实行失信联合惩戒。进一步规范农业保险市场秩序，降低农业保险运行成本，加大对保险机构资本不实、大灾风险安排不足、虚假承保、虚假理赔等处罚力度，对未达到基本经营要求、存在重大违规行为和重大风险隐患的保险机构，坚决依法清退出农业保险市场。"

针对地方政府在农险活动中缺乏行为规范的问题，第八条规定"明晰政府与市场边界。地方各级政府不参与农业保险的具体经营。在充分尊重保险机构产品开发、精算定价、承保理赔等经营自主权的基础上，通过给予必要的保费补贴、大灾赔付、提供信息数据等支持，调动市场主体积极性。基层政府部门和相关单位可以按照有关规定，协助农户和保险机构办理农业保险业务。"第十五条提出"制定全国统一的农业保险招投标办法，加强对保险机构的规范管理。各地要结合本地实际情况，建立以服务能力为导向的保险机构招投标和动态考评制度。"

针对管理制度建设滞后的问题，第九条指出，要"完善大灾风险分散机制。加快建立财政支持的多方参与、风险共担、多层分散的农业保险大灾风险分散制度。落实农业保险大灾风险准备金制度，增强保险机构应对农业大灾风险能力。增加农业保险再保险供给，扩大农业保险承保能力，完善再保险体系和分保机制。"第十二条指出，要"加强农业保险风险区划研究，构建农业生产风险地图，发布中国农业保险纯风险损失费率，研究制定主要农作物、主要牲畜、重要'菜篮子'品种和森林草原保险示范性条款，为保险机构产品开发、费率调整提供技术支持。建立科学的保险费率动态调整机制，实现基于地区风险的差异化定价，真实反映农业生产风险状况。"第十三条指出，"通过整合财政、农业农村、保险监督管理、林业草原等部门以及保险机构等涉农数据和信息，动态掌握参保农民和农业生产经营组织相关情况，从源头上防止弄虚作假和骗取财政补贴资金等行

为。"第十八条提出，要"研究设立农业保险宣传教育培训计划"，旨在提高干部、员工和农民的农业保险知识和法律法规认知水平。

针对目前的监督管理体制不适应的问题，第十六条提出"财政部会同中央农办、农业农村部、银保监会、国家林草局等部门成立农业保险工作小组，统筹规划、协同推进农业保险工作。""各省级党委和政府要组织制定工作方案，成立由财政部门牵头，农业农村、保险监管和林业草原等部门参与的农业保险工作小组，确定本地区农业保险财政支持政策和重点，统筹推进农业保险工作。"

（二）监管体制和制度建设的目标

1. 监管机构要一元化

之所以《指导意见》提出了监督管理机构和机制要实施改革，是因为多部门多元化的监督和管理已经无法适应高质量发展农业保险的客观要求，在监管体制上应该实行一元化。只有这样，才能避免政出多门，部门间监管意见不一致。因为相互扯皮，不仅协调成本很高，也影响监管规则的正确制定和认真实施，造成监管失败或者监管低效率的后果。

2. 监管对象要全面化

笔者这里提出监管对象全面化，是针对农业保险监管特点提出来的。目前的监管，财政部只管资金的预算和拨付，银保监会只管保险业务，而恰恰是在农险活动中的重要参与者地方政府没有人监管，而好多问题就出在地方政府这个层面，这里一直是农业保险监管的真空地带，只有发生了重大事情，有举报或者有关部门提交到检察机关，检察机关才接手处理。更多的问题其实达不到刑事或者民事立案的地步，但对那里的农业保险顺畅推行影响不小。所以必须要让监管部门不仅能实行对保险经营机构、投保农户，也对地方政府实行实质的和有效的监管。很需要出台具体的规定和实施办法，最好纳入《农业保险条例》的规范之中。只有这样，才能有效解决上面提到的很多问题。

3. 监管规则要细致化

仅从农业保险监督的角度考察，一般保险业务所需要的市场行为监管、偿付能力监管和公司治理结构的监管，对农险经营机构都是必要的。但从目前的实际情况看来，偿付能力方面的问题并不突出，那些专业性农险公司的偿付能力都很充足，综合性财险公司除了少数小公司有些问题外，大部分公司也都没有问题。公司治理结构虽然也有不少问题，也有个别公司问题比较突出，不过还没有对农业保险业务产生大的影响，而且这些方面保险监管机构有一套比较成熟的监管规则和流程。

相比之下，在市场行为方面，各类公司都不同程度存在违规违法问题，究其原因，有的是明知故犯，也有的是因为法规不明确。目前，这方面相关监管规则还是太少、太粗。比如，进入退出规则，招投标管理办法，农险业务单独核算规则，准备金和大灾准备金的提取和使用规则，承保和定损理赔的科技应用的管理规则，农户自缴保费的审查定性规则，财政补贴的拨款和结算规则，等等。当然，这些方面法规，有的已经有了一些规定，但不够严密和完善，有的正在制定，也有些还没有提到日程上来。只有我们的制度不仅完善而且细致，不留死角，操作起来顺手，检查起来不留自由裁量权，农险的路才会好走。

4. 监管责任要"扩大化"

这里之所以提出监管责任"扩大化"，主要是想强调，我们的监管机关需要更加关注业务监督责任之外的管理责任。

实践表明，也许是缺乏明确规定和要求，对于监管机构的管理责任方面容易被忽视。例如，《农业保险条例》第五条早就规定，"县级以上地方人民政府统一领导、组织、协调本行政区域的农业保险工作，建立健全推进农业保险发展的工作机制。县级以上地方人民政府有关部门按照本级人民政府规定的职责，负责本行政区域农业保险推进、管理的相关工作。"这一条在很多地方，特别是县级政府很少理会。虽然这跟县级政府需要办理的头等、二等、三等大事相比，农业保险在县里并不是那么重要的工作，也顾不上管，但也与上级政府监管机构没有提供这方面的具体指导和要求有关系。实际上，中央管理部门应当指导各省制定本地的农业保险发展规划和方案，包括提供《省级政府农业保险规划和发展指南》，或者提供《县级政府推进农业保险发展的工作机制》的范本，也能推动这方面的工作落实。还有，对于各相关部门如何为保险产品开发和精算提供数据支持和技术帮助，也需要制定相关管理规定。特别是《指导意见》中提出的"设立农业保险宣传教育培训计划"，这是针对性很强的一项管理工作，对广大基层与农业保险打交道的政府工作人员和投保农民，有计划有组织地开展相关知识和技术的培训真的很有必要，对于提高干部和群众的风险和保险意识，减少保险活动中的盲目性和被动性，使保险经营更加规范顺畅，会很有帮助。这些事情不是哪一家公司或者学术机构能单独实施的。

培训干部和农民，这其实也是其他国家的一个重要经验。2018年美国农业法案中，在农业保险管理经费和创新经费都下调的情况下，还斥资500万美元，用于农民风险管理和保险方面的培训，这个金额占管理费用的5/7，研究创新经费的5/8，足见其对于培训的重视。

5. 监管队伍要专业化

中央农业保险监管机构已经认识到监管力量严重不足，专业素质也需要加强。农业保险既是政策，也是保险，具有较强的专业性、技术性和政策性，我们的监管干部需要提高专业技术水平。特别是将来由财政部会同农业农村部、银保监会和林草局，组建一个统一的管理机构，需要一定数量的监管人员。从某种意义上来说，这支队伍的专业化水平高低，决定着发展农业保险的质量。《指导意见》第十八条还提出"建立常态化检查机制，充分利用银保监会派出机构资源，

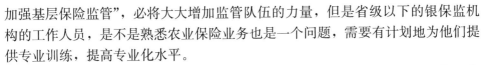

加强基层保险监管",必将大大增加监管队伍的力量,但是省级以下的银保监机构的工作人员,是不是熟悉农业保险业务也是一个问题,需要有计划地为他们提供专业训练,提高专业化水平。

总之,政策性农业保险进入了一个从粗放发展到高质量发展的转变时期,自然就将农业保险的监管制度建设推向一个新阶段,监管部门肩负着历史重任。借《指导意见》的东风,如果能把监管制度建设向前推动一大步,就能保证农业保险高质量发展顺利实现。

参 考 文 献

[1] 财政部　农业农村部、银保监会、林草局.关于印发《关于高质量发展农业保险的指导意见》的通知[Z].财金〔2019〕102号.

[2] 庹国柱.对农业保险性质的再认识——兼论回归经营农业保险的"初心"[N].中国保险报,2019-07-25,2019-07-26.

[3] 赵苑达.保险学[M].上海:立信会计出版社,2007:29.

[4] 李扬.金融学大辞典[M].北京:中国金融出版社,2014:40.

[5] Oliver Mahul, Charles J. *Stutley. Government Support to Agricultural Insurance* [R]. The World Bank,2010.

[6] 徐芳.美国农业保险模式、特点及借鉴[J].湖南农业保险研究,2019(5):46.

论政府在农业保险制度中的责任和行为*

摘　要： 在政策性农业保险制度中，政府的参与不可或缺，否则就难以形成农业保险市场，这一点已为各国农业保险实践一再证明。各国政府在农业保险中所发挥的作用、承担的责任和参与程度并不相同。作者认为，在我国，政府的主要责任是，制度供给，政策支持，信息分享、市场监管和协助作业。我国 12 年的政策性农业保险蓬勃发展过程中，各级政府的积极参与发挥了重要作用，但是，仍存在诸多责任不清、行为不当问题，突出反映在"越位"和"缺位"中。发生这些问题主要原因在于制度不健全，监管不到位，认识有偏差。解决思路是，完善农险制度，约束权力，公布负面清单，有规可循，建立管理机构，加强监督，重视官员培训，统一认知。

关键词： 政府；农业保险；责任；行为

最近，到基层做农险调研，听到一些地区农险经营者的反映：某市前一阵发生非洲猪瘟，政府下令捕杀了疫区不少生猪，然后召集各家在本市做农险业务的保险公司，宣布不许保险机构查看拍照，一律按照政府提供的捕杀头数赔款，每头被捕杀的生猪政府只出 50 元，其余 1 195 元补偿款完全由保险公司赔付，有的疫病的猪场先前没有投保，政府要求"倒签单"赔付。同时宣布市政府的新政策，今年在本市赔付率排在最后的三家公司，明年出局，不许再在本市做农业保险业务，显示出政府对于本市农业保险的绝对话语权和强制权。另据调查，某省做农险业务最多的三家公司，政府欠保险公司的保险费补贴款（公司账户科目叫"应收保费"）累计已经超过本年度的保险费总收入。其中一家公司前 10 个月的签单保费总收入 6.1 亿元，但是历年积累的"应收保费"是 6.9 亿元，是保费账

＊ 本文发表于《中国保险》2020 年第 1 期。

面收入的 113%①。还有一家公司，因为保费补贴拿不到手，还要给农户支付赔款，只好向银行借债 5 000 万元来赔付。

在我国政策性农业保险试验和全面实施 12 年后的今天，在农业保险活动中，一些地区的地方政府依然可以这样无视法律法规，毫无底线地动用行政权力，堂而皇之地蔑视保险经营企业的合法权益，损害农业保险制度的稳定性和可持续性，不能不让人感到忧虑。

然而，这个重要问题，似乎并没有引起有关方面的足够重视，也没有采取得力措施来解决。笔者认为，这也是最近财政部、农业农村部、银保监会、林草局联合发布《关于加快农业保险高质量发展的指导意见》（以下简称《指导意见》）的重要目的之一。当前亟须明确，在既定政策性农业保险制度模式之下，政府在其间的地位如何，政府应该承担什么责任、发挥什么作用以及怎样发挥作用等问题。

一、政策性农业保险离不开政府的参与

在商业性农业保险中，政府的主要责任就是依照《保险法》进行市场监管。在政策性农业保险制度中，政府根据《农业保险条例》除了进行市场监管之外，还要提供多方面的服务和发展条件，为政策性保险业务的实施和经营创造良好的环境。当然在不同国家，由于社会和经济环境的差异，选择的政策性农业保险制度模式不同，政府参与的方式和内容及其深度也有很大差别。

（一）政府参与政策性农业保险的原因

一般的商业性保险（例如人身险、财产险）活动，只有两个"人"，即保险合同双方当事人，一个是投保人，一个是保险人。但是在政策性农业保险中，有三个"人"，除了农户（投保人）和保险公司（保险人）之外，还离不开第三个"人"，这就是政府，虽然它不是保险合同的当事人或者关系人。

之所以政策性农业保险离不开政府的参与，主要是因为，离开了政府的一系列服务和支持，不能为农业保险提供良好的环境，就不会有农业保险的市场和交易。用通俗的话来说，农业保险离了政府就"玩不转"，除非政府自己"玩"。当然，没有了农业保险市场和交易，政府要想使用农业保险这个政策工具来实现农业发展目标，也就不可能了。

政策性农业保险为什么需要政府参与？主要原因有以下两点：

第一，农业保险存在市场失灵。本来，农业保险的风险比较大，常常带有系

---

① 当然，如此庞大的"应收保费"数额中，其中有一部分是因为财政拨款机制和规定不尽合理拖延造成的，不完全是地方政府违规挪用、截流财政补贴资金。

统性，保险标的的纯风险损失率比较高，因而纯费率就高；而且，农业保险是在广阔的农村做的，特别是在我国这样的以小农户为主的国家，承保、核保、防灾、防损、定损、理赔等工作，会耗费较高的费用成本，因而费用率就比较高。但是，农户的收入又相对较低，只有城市居民平均收入的三分之一。

我们知道，保险费率＝纯风险损失率＋费用率，纯风险损失率和费用率高，必然毛费率很高，根据我们对不少国家的考察了解，这个毛费率一般在2%～15%，大概是一般财产保险的几十倍甚至数百倍。高费率面对农户的低支付能力，必然是缺乏对农业保险的有效需求。即使保险公司开发出农业保险产品，按照精算价格出售，也不会有多少交易（除了雹灾、火灾保险），经济学上把这种情况叫做"市场失灵"。也就是说，在商业性经营的条件下，不会有农业保险市场[①]。

第二，农业在一个国家中比较重要。如果农业对国家、对老百姓关系不大，农业保险不做、政府不管不参与也罢。但是，至少在很长时期里，我国需要大力发展自己的现代化农业，要使我国的农业能够可持续和并保持稳定增长，保证14亿人口的饭碗牢牢"端在自己手里"，那就除了投资建设防灾减损的工程之外，必须运用农业保险这种较好的风险分散工具，管理全国的农业风险。同时，政府还需要通过农业保险这种方式，间接提供农业补贴，增进农民福利，提高农民的风险和保险意识。

这就是说，政策性农业保险形式上是保险，实质上就是政府利用保险这种工具，来实现对农业风险管理的政策目标，或者说就是政府花钱购买农业保险服务。因此，政府参与到保险中间来就顺理成章了。

（二）政府在政策性农业保险中的主要责任

那么政府在政策性农业保险制度中应该承担什么责任呢？根据对各国经验的考察，不同国家的政府在政策性农业保险中的责任有不小差异。但是大的方面都差不多。在我国，根据《农业保险条例》和其他一系列有关文件，特别是财政部、农业农村部、银保监会和林草局刚刚联合发布的《关于加快农业保险高质量发展的指导意见》，笔者将我国政府的责任归纳为五个方面，即：制度供给、政策支持、信息分享、市场监管和协助作业。

（1）制度供给，就是立法机关和中央政府要为这种政策性农业保险制定一套专门的法律和法规，使农业保险有专门的运作规则。省级政府还要依照中央政府颁布的法规，选择和制定适合本省的经营模式和发展规划。

（2）政策支持，就是政府（中央、省、市、县）依照法律法规，给农业保险

---

① 参见：庹国柱，王国军. 中国农业保险与农村社会保障制度研究［M］. 北京：首都经济贸易大学出版社，2004.

提供包括财政税收等方面的支持①。给投保农户补贴保险费，为的是让农户买得起农业保险，税收优惠是为了使保险供给成本适当降低，这样，才能抬高需求曲线，降低供给曲线，使需求曲线与供给曲线能够相交，消除"市场失灵"，形成农业保险市场。除了财政税收政策支持，还要为农业保险经营机构提供有财政支持的（包括再保险在内的）大灾风险管理制度，解决保险经营机构的后顾之忧，保证农业保险经营的可持续性。

（3）信息分享，就是政府组织进行农业保险发展必要的风险区划和费率分区，或者协助经营主体完成此项工作。这项基础性的工作不是保险公司单方面能够完成的。在不少农业保险发达国家，风险区划和费率分区责任是政府部门来完成的，当然也是在其他相关部门协助下完成的。

除此之外，政府还要为保险产品开发和精算定价提供必要的帮助，允许农业保险经营部门分享政府部门的数据信息。如果是政府所属公司（例如美国）设计保单和厘定费率，这些信息可以在政府部门间分享。我国的产品开发和定价权基本上在经营农业保险的机构，相关信息分享，应该在政府部门和保险经营机构之间进行。按道理讲，法律法规应当对此有明确的规定。

（4）市场监管，就是要依据法律法规监督规范农业保险各参与方（政府、公司和农户）的市场行为，对保险公司来说，还要监管其偿付能力、公司治理结构。市场监管是为了维护市场公平交易，保护消费者的合法权益，同时保证政府的财政支持资金足额到位，并且有较好的使用效果。对于农业保险来说，这里的监管，还要包括对地方政府行为的监管。因为政府官员如果截留、挪用保险费，强制承保，干预理赔都会破坏农业保险的市场秩序，损害被保险农户的合法权益。

（5）协助作业，就是基层政府要帮助保险机构对农户进行宣传教育，组织和动员农户投保，并在发生灾害损失时，协助保险经营机构查勘定损。之所以有这项责任，是因为国家需要地方政府利用其信誉为农业保险背书，从而提高保险参与水平，提高保险参与率和覆盖率。只有农户最广泛地参加才能最大限度达成政府的政策目标。

显然，这五个方面的责任，并非从中央到县乡政府都要承担。有的是中央政府和省级政府的责任，有的则是基层政府的责任。然而，对于政府在农业保险活动中的责任和行为，由于没有很明确的规定和恰当的约束，便产生了许多问题。

二、政府"越位"和"缺位"的影响及其原因

农业保险活动，从展业到理赔，有诸多环节，政府要参与，对多数地方政府

---

① 按照财政部的规定，粮食生产大县的政府机构不承担农业保险保费补贴责任。

官员和干部来说，其实这是一个极其模糊的概念。笔者在不少地方的调查表明，地方政府该做什么不该做什么，地方干部并不完全知道。但是无论是出于责任还是热情或者别的什么，他们都以极大的兴趣参与到农业保险中来了，当然，也极大地推动了农业保险的发展。也是因为法规和政策文件没有交代得很具体，很多政府该做的事没有做，而不该做的事倒是做了不少。"越位"和"缺位"并存，就是描述了政府行为这种现状。

（一）"越位"和"缺位"问题的现象种种

"越位"现象举例如下：

——有的地方政府通过不那么公正、公平、公开的"招标"方式，"有偿"分配农业保险市场资源；有的地方，一个乡（镇）就有好几家保险公司在那里做业务，美其名曰"竞争出效率"，实则极大地破坏了市场的规则，降低了经营效率。

——有的地方政府在缺乏科学依据的情况下，干预甚至强行要求保险经营机构降低保险费率，哪怕是极高风险的地区也不许违背其意志，提高费率；有的地方政府"亲自"决定或者直接与保险经营机构就灾后如何赔、赔多少的问题讨价还价，扭曲了保险自身健康的运作机制。

——有的地方政府消极对待建立科学合理的费率制度，反对根据不同地区风险大小实行差异化费率，助长不少地区逆选择和道德风险的发生，损害了广大投保农户的利益和低风险地区农户投保积极性。

——有的地方政府在发生灾害疫病时禁止保险公司查勘定损，要求按照他们提供的数据赔偿，甚至要求给没有购买保险的农户赔偿。

——有的地方政府就连保险公司购买再保险也要加以干涉，以致最终造成理赔的被动，极大损害了广大农户的合法权益。

——有的地方政府长期、大量截留、挪用甚至贪污中央、省、市财政拨付的农业保险保费补贴款，造成保险经营机构经营困难。

——有的地方政府自行决定投保农户不用交应该由农户缴纳的20％保险费，承诺政府支付，但是到头来又赖账不付，给正常保险经营带来困难。

"缺位"的问题也很多，举例如下：

——《农业保险条例》第三条第三款规定："省、自治区、直辖市人民政府可以确定适合本地区实际的农业保险经营模式。"而不少省份并没有根据上述原则，制定本省的实施方案和选定适合本地的经营模式。

——《农业保险条例》第四条第二款要求"财政、保险监督管理、国土资源、农业、林业、气象等有关部门、机构应当建立农业保险相关信息的共享机制。"而时至今日，这种信息共享机制也没有很好建立起来，不仅因此监管效率不高，而且保险经营机构也得不到业务经营和发展所需要的信息。精确承保、定损理赔和产品开发都面临着很多困难。

——《农业保险条例》第五条要求，"县级以上地方人民政府统一领导、组织、协调本行政区域的农业保险工作，建立健全推进农业保险发展的工作机制。"但是，迄今，在很多地方，我们没有看到当地政府建立了这种健全的工作机制。

——中央和各省、自治区、直辖市都没有统一的监督、管理和协调部门，相关部门之间步调不一致，致使监管不到位，也出现监管"真空"地带，大大降低了制度的运行效率。

——因为政府监督不力，除了少数省、直辖市，各地普遍存在保险费补贴不到位，已如上述。各方已经反映和呼吁多时，也还没有采取有力措施加以遏止，以至于愈演愈烈，应收保费率（累计应收保费占当年保费收入的比例）还在攀升。

这些问题的存在，特别是那些严重存在的地方，农业保险的发展受到严重影响，保险经营机构畏惧地方政府强制承保、强制理赔，只能消极应对，收缩业务，特别是备受瞩目的生猪保险，能不保就不保，能少保就少保。"应保尽保"已经是一句空话。有的地方，因为从县政府要不回来保险费，发生了灾害又要给投保农户赔款，只能举债应对。在那些监管部门之间意见难以协调，或者政府乐此不疲地频繁招标的地方，保险制度的规则受到践踏，市场混乱就不可避免。在政府参与"协议赔付"的地方，多数情况下农民利益受到损害。没有本省（直辖市、自治区）农业保险发展方案和制度的地方，农业保险的发展明显缓慢。

（二）为何会存在诸多"越位"和"缺位"问题

在我国，之所以在政策性农业保险中普遍存在诸多"越位"和"缺位"问题，以笔者之见，主要原因无非是三个方面。

（1）制度不健全。各级政府的职责不清权限不明，缺乏实施细则。法规也好，政策文件也好，规定都很原则，讲的都比较模糊，它们该做什么不该做什么，多不清楚。大家只能根据自己的理解来执行。当然，对于我国来说，大家对政策性农业保险还比较陌生，就"政策性"三个字，也是经历了长时间的争论和实践，才逐渐统一了认知。一下子要把制度设计和建设得那么完善和细致，也不现实。

（2）监管不到位。因为目前监管是分部门各自为政，自成体系，银保监会只管保险公司的经营，财政部只管资金预决算，偏偏是省地县政府行为没人监管，留有监管"真空"。地方政府哪里做得对，没人肯定，哪里做得不对，难以直接纠正。无论从机构设置还是监督和管理、协调的内容，都需要重建和完善，否则，不仅解决不了处理问题时"扯皮"，更解决不了因为监管"真空"地带产生的许多问题。

（3）认识有偏差。农业保险有较强的专业性和技术性，不少官员和干部缺乏这方面的知识，处理农业保险问题有些想当然，或者"我说了算"的强势。有的以为政府出了这么多的钱，理当我说了算，把保险公司当成政府的下属部门或者"使唤丫头"。岂不知，政府出了不少钱，那是给农户的保险费补贴，并不是发给保险公司的"红包"，即使保险公司某年有经营结余，也并不完全是公司利润，公司需要留有足够的准备金，以备应对大灾之年将要承担的超赔责任。保险公司是独立于政府之外的法人主体，经营活动不能由政府说了算，保险合同的订立、生效和履行，是保险合同双方当事人依照法律法规进行的。政府参与政策性农业保险活动，只能在法律法规和政策赋予的权限内作为，该管的关，不该管的不能管，保险合同双方都不能由政府呼来唤去，更不能强迫保险企业按照政府长官的意志来经营。这种实例非常多。

12年前，有家保险公司的经理到某县进行保险宣传展业，到第一个县，这个县有关局长要他"倒签单"，先赔偿农户受灾作物的损失，再说承保的事，他无法同意这单违反监管规定的业务。到另一个县，又要求他无须验标，按照县里的统计数字承保全县的生猪，农民该交的那部分保险费也不用收，让他做"几个死猪赔案顶了"，这位经理跟地方干部解释法律和政策，他们根本不听，所以这位经理也不能根据这样的指令签发申报单，两个县都把他打发走了。没想到，12年之后的今天，这类问题还到处可见，这值得深思。至少表明，对政府官员进行农业保险法律和技术基本知识的培训和教育多么重要和迫切。

三、明确政府责任，规范政府行为，势在必行

我国初步建立了政策性农业保险制度，已经有十二年试验和全面实施的宝贵经验，关于政府在农业保险中的作为方面的问题，已经暴露得比较充分了，中央政府的主管部门也对这些问题有了比较一致的认识。必须进一步明确政府在农业保险中的责任，努力解决政府在农业保险活动中的不规范行为，这是高质量发展农业保险应有之义，也是必不可少的前提条件。要解决问题，笔者认为要"四管齐下"：

（一）完善农险制度，约束权力

解决政府部门和官员在农业保险活动中的"越位"和"缺位"问题，正确履行在农业保险活动中的职责，首先就是要不断完善农业保险制度。

农业保险制度是关于农业保险体制、模式、政策、运行等一整套规则，很多国家都是通过制定区别于一般商业《保险法》的《农业保险法》、《农作物保险法》或《农业灾害补偿法》来规范的。我国目前立法层次还比较低，只有国务院颁布的《农业保险条例》。

完善的法律法规，应该对于各级政府在农业保险中的职责、权限规定清

楚，哪一级政府该做什么，要有明确的规定。现行《农业保险条例》和其他部门文件对于政府责任的模糊性规定，需要根据实践中发现的问题加以修订和完善。此次四部委联合发布的《指导意见》，就有针对性地做了一些稍微明确的规定。

《指导意见》第八条规定："明晰政府与市场边界。地方各级政府不参与农业保险的具体经营。在充分尊重保险机构产品开发、精算定价、承保理赔等经营自主权的基础上，通过给予必要的保费补贴、大灾赔付、提供信息数据等支持，调动市场主体积极性。基层政府部门和相关单位可以按照有关规定，协助办理农业保险业务。"这里，在"明晰政府与市场边界"的题目下，重点地强调了三个方面：

第一个方面，地方政府"不参与农业保险具体经营"，就是说，保险公司的农业保险经营活动，完全是独立于政府的企业活动，从展业、签约到防灾、定损、理赔，都是在保险公司和农户之间合约基础上进行的，政府绝不能干预合同签订和履行。任何强迫投保、强迫违规承保、阻止查勘定损，强迫保险公司多赔或少赔，无根据地砍价和安排费率竞争等行为，都是被禁止的。因为保险公司享有保险产品的开发、产品精算（定价）、承保理赔等经营自主权。

第二个方面，政府的主要责任就是给予必要的保费补贴，通过建立有财政支持的大灾风险分散制度，为保险经营提供大灾风险保障、为保险精算提供信息数据等支持，其目的就是调动市场主体的积极性。

第三方面，基层政府（县乡村）和其他单位的协保人员，按照规定，可以协助保险经营机构进行展业宣传和组织工作，遇到较大灾害损失，协助保险公司进行查勘定损，发生某些纠纷时帮助进行调解。

除此之外，在其他条文中，也有不少对政府责任和行为的要求。

（二）公布负面清单，有规可循

作为法律法规或者制度性文件，不可能把实施中的问题都规定得那么具体，需要有更细致的实施细则，与之配套，就政府的作为列出负面清单，使地方政府有具体的规矩，照章操作。否则，都按照自己的理解来执行，很容易出现"自由裁量权"太大的问题。

例如，要规定县乡级政府不能直接进行"招标"操作，即使省市政府主持招标，也必须依据相关规定由第三方操作，而不是政府亲自上阵；基层政府可以协助保险经营机构展业宣传、查勘理赔，但不能干预或代替农民与保险经营机构"协议赔付"，更不能无根据地强迫赔付；省级政府可以在研究和评估基础上对费率调整提出建议，但没有科学依据不能强制保险经营机构降低费率，也不能通过招标方式进行费率竞争；应该统一规划和实施各省、自治区、直辖市的风险区划，不能反对和阻止保险经营机构根据本地风险差异进行风险区划和费率分区，实行差异化费率的正当要求；可以根据财政预算规则和当地保险发展计划和规定，分期拨付各级财政下拨的保险费补贴款，但不能截留、挪用和拖欠计划之内的该支付给保险公司的保险费补贴款；相关部门的数据资料虽然有使用规定，但不能在部门之间相互封锁，应尽可能地为农险的风险区划和费率精算提供服务或无偿使用提供方便。

这些问题直接关系着农险经营的环境能不能改善，更决定着政策性农业保险的政策效能发挥的好坏。

（三）建立管理机构，加强监管

要有完善的立法，也要有统一的执法。否则，难以保证制度和政策的贯彻执行到位。现行的分散管理和分头监督体制弊病很多，效果也不佳，不仅难以协调和统一进行管理监督，而且留下监管"真空"地带。有统一的代表中央和省级政府的管理机构，就可以对政府在农业保险中的责任承担进行考核，对政府在农业保险中的行为进行监督检查。

鉴于这些年的经验教训，《指导意见》中第十六条明确要求，"财政部会同中央农办、农业农村部、银保监会、国家林草局等部门成立农业保险工作小组，统筹规划、协同推进农业保险工作。""各省级党委和政府要组织制定工作方案，成立由财政部门牵头，农业农村、保险监管和林业草原等部门参与的农业保险工作小组，确定本地区农业保险财政支持政策和重点，统筹推进农业保险工作。"以便"加强沟通协调，形成工作合力"。

第十八条还提出要"加大农业保险领域监督检查力度，建立常态化检查机制。""加强基层保险监管，严厉查处违法违规行为，对滥用职权、玩忽职守、徇私舞弊、查处不力的，严格追究有关部门和相关人员责任，构成犯罪的，坚决依法追究刑事责任。"

（四）重视官员培训，统一认知

在农业保险活动中，有的政府官员的强势和任性，除了自身政治素质和修养有待提高外，跟他们缺乏对农业保险基本知识、法律法规的学习和了解不多也有很大关系。我们的行政官员，精通政府事务的要求和操作程序，熟悉政务活动的规则，但是不一定熟悉农业保险的基本原理，特别是农业保险的操作规则，也不完全了解政策性农业保险的若干制度和规定。他们对保险合同事宜也采用行政命令的思维和方式来指挥和操作，出问题在所难免。就像某地的香蕉树遭受台风袭击惨遭损失之后，没有买保险的农户也无理要求保险公司赔付，得不到满足，就集体到政府门前大"闹"，政府出于"维稳"的考虑，也不听保险公司的解释，让保险公司答应农户的要求，给予赔付。在某些政府官员眼里，保险合同就是一张纸，保险合同要服从政府的事务需要。类似不懂规则也不理规则的案例还有很多。

  中央已经了解到这个问题的重要性，在《指导意见》里第一次提出"研究设立农业保险宣传教育培训计划"（第十八条），准备有计划地对基层政府官员、干部、农民群众进行农业保险基本知识和相关法律法规的教育和培训，让他们了解国家举办政策性农业保险的重要意义，提高干部群众在农业保险活动中的法律意识和保险意识，统一大家对于农业保险的认知。当然，这项教育培训计划也包括保险公司的员工，他们也需要提高政策水平和合规经营意识。

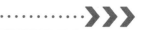

拓展生态保险　有效提升生态保护水平*

2018 年 12 月 28 日，国家发展改革委、财政部、自然资源部、生态环境部、水利部、农业农村部、人民银行、市场监管总局、林草局等 9 部门，联合发布《建立市场化、多元化生态保护补偿机制行动计划》，贯彻中共中央国务院关于加强生态建设的一系列文件和落实《国务院办公厅关于健全生态保护补偿机制的意见》（国办发〔2016〕31 号）文件精神。

加强生态保护，健全生态保护补偿机制，需要保险的跟进和配合，以便为保护生态和生态建设各方提供必不可少的风险保障。

一、发展生态保险的迫切需求

目前，生态保护已经成为全球一致的理念和行动。我们国家对生态文明建设已经作为国策，列入议事日程。从各个层面加强生态保护和建设，努力扭转生态环境日益恶化的状况。

中共中央在 2015 年发布的《关于加快推进生态文明建设的意见》指出："生态文明建设是中国特色社会主义事业的重要内容，关系人民福祉，关乎民族未来，事关'两个一百年'奋斗目标和中华民族伟大复兴中国梦的实现。"

生态保护是一个系统工程，不仅需要理念，需要法律法规，需要资金，也同样需要对我们要保护的动、植物生态各方利益有一个保障，特别是风险保障。从实际的保险方面看，我们这些年已经做了很多工作，比如，封山育林，保护野生动植物，并对在这些需要保护的地区的居民，给予其经济和财产损失一定补偿；也将这些地区的很多农民转变成做生态管护工作的"巡查员"，一方面是加强对生态的保护，另一方面也是为那些因为生态保护而使其生产生活受到影响的人群

---

* 这是根据我在一个会议上发言整理的稿子。

提供一种补偿。

除了上述直接的利益保障和补偿之外，无论是生态保护地区，还是新进入"巡查员"队伍的人群，实际上都面临较大风险，他们需要风险保障，也就是需要生态保险为其提供服务。

（一）生态保险及其发展现状

什么是生态保险？按照保险界的一般理解，生态保险是指被保险人在生产、经营过程中，因为意外的或非故意的生态经济危险事故的发生，造成生态破坏或环境污染，依法应承担赔偿生态系统修复、环境污染治理或第三者损失责任为标的责任保险。其实这里定义的只是生态保险中的一类保险，我以为，生态保险涉及的内涵和外延应该更加宽泛。

生态保险涉及多种保险险别，包括，保险人对于被保险人在生产、经营过程中，因为生态灾难或者生态保护造成的财产损失和人身伤亡，依照合同约定，给予损失补偿或损害赔偿，或非故意的生态风险事故的发生造成生态破坏或环境污染，依法应承担赔偿生态系统修复、环境污染治理或第三者损失责任提供风险保障的一类保险。目前出售的产品有：

1. 环境责任保险

主要是针对环境污染责任的险种。海洋污染、水污染、核污染，都会对环境产生一连串的严重后果，给人民生命和财产带来重大损害。企业常常负有重要法律责任。环境责任保险就是保险为这些法律责任提供风险保障的。

这种环境责任保险，不仅要承担因为环境污染给被保险人的生命财产损失进行赔偿，还要承担对生态的破坏产生的公共责任负责赔偿。

2. 农业保险

用农业保险来为生态保护地区的农业生产提供风险保障。农业保险本来主要是针对农牧业标的在生产过程中遭遇的自然风险（例如，干旱、洪水、大风、冰雹、霜冻、暴雪等灾害）提供风险保障的。有的生态保护地区，也将风险责任扩展到野生动物对作物和牲畜的侵害和毁坏损失。

在草原地区，有试验"草原生产保险"的，主要将草原生产中的病、虫、鼠害等风险责任转移给保险公司。直接解决的是自然灾害给草原生产或者环境生态造成破坏的被保险居民的损失进行补偿。

（二）拓展生态保险的客观需求

1. 生态建设需要生态保险

截至 2018 年 5 月，我国有国家级生态自然保护区 452 个，面积 9 415 万公顷（2012 年底），占国土面积的 9.7%（2012 年底）。另据统计，截至 2010 年底，仅林业系统管理的自然保护区就有 2 035 处，总面积 1.24 亿公顷，占全国国土面积的 12.89％。在这些自然保护区里，生活着很多珍稀濒危野生动物。据不完全统计，仅列入《濒危野生动植物种国际贸易公约》附录的原产于中国的濒危动物有 120 多种（指原产地在中国的物种），列入《国家重点保护野生动物名录》的有 257 种，列入《中国濒危动物红皮书》的鸟类、两栖爬行类和鱼类有 400 种，列入各省、自治区、直辖市重点保护野生动物名录的还有成百上千种。

建立众多的生态保护区，除了为人类提供研究自然生态系统的场所，提供生态系统的天然"本底"，还可对于人类活动的后果提供评价的准则，是各种生态研究的天然实验室，便于进行连续、系统的长期观测以及珍稀物种的繁殖、驯化的研究等，保护区中的部分地域可以开展旅游活动，能在涵养水源、保持水土、改善环境和保持生态平衡等方面发挥重要作用，同时，也给保护区的居民人身和财产安全带来新的风险。

虽然应对生态保护风险的险种也有一些，起到一定的作用，但是随着生态保护的深入推进，相应风险增多，现有的保险开发已经远远不能满足生态保护事业的需要。因为随着生态保护事业的深入推进，与生态保护有关的风险变大。例如，生态保护地区，除了被保护动物毁坏农作物和侵害牲畜之外，保护地区的居民人身遭受被保护动物攻击的风险大大上升。还有，环境保护地区有百万以上的"巡护员"，这个群体在江、河、湖、林、山地区也会遇到比普通情况下较大的人身风险。这些风险所涉及的，既有财产保险，人身保险，也有责任保险。做好生态建设，没有完善的生态保险提供风险损失补偿，生态建设会受到很大影响，不利于生态和谐关系的构建。

2. 农业生产发展和乡村振兴需要生态保险

生态保护地区大部分在山区，也有的在河湖地区。这些地区的居民多从事农业生产，虽然生产率比较低，但也是当地农村经济不可或缺的重要组成部分，甚至是他们赖以生存的生活资料的主要来源。这些地区的农业生产条件本来就比较差，如果因为生态保护，建立自然保护区等原因，使他们的人身受到野兽和野禽攻击，家庭财产受到侵害，缺乏安全感，农林牧渔业正常生产受到野兽或鸟类的袭扰损害，减产或绝收，农业生产经营环境恶化，势必影响农业生产的正常进行，也必然使他们的经济利益受到更大损失，这对当地农业的正常发展和乡村振兴无疑具有负面影响。鄱阳湖生长着不少国家级保护动物，例如麋鹿和多种候鸟，这些候鸟如果食物不足，会到水稻等作物地里食用作物，在湖水高水位的时候，麋鹿生存受到威胁时，也会到庄家田里栖息，毁坏庄稼。这些成千上万的候鸟，每年 4 月北上迁徙时，在东北几省歇脚觅食，这些地区播下去的种子会大范围被候鸟吃掉，迫使农户重新补种。云南野象闯进村庄破坏农家房屋财产、损害地里的作物、伤害村民的事件也不时有报道。因此，发展生态保险，为生态保护区的居民提供合理的风险保障，是农业发展和振兴乡村的重要举措。

3. 与生态保护相关的居民安全和利益需要生态保险

生态保护的深入推进，虽然对改善国家生态环境发挥了重要的作用，但是对于处于生态保护区域的居民来说，大大增加了他们财产损失和人身伤亡的风险。

这些年，保护野生动物取得了重要的成就，野生动物获得良好的生存条件，森林草场的面积也在扩大。但同时，一些地方野生动物繁衍数量增加，虎、豹、野猪、熊、野象以及受保护鸟类等，与当地居民的生存矛盾日益突出，保护区域的居民人身遭受野兽攻击和伤害的事件时有发生。因为建立巡护员制度，巡护员在山中、江河发生人身伤害的事件也逐渐多了起来。虽然，政府一般会在这些风险事故发生后给予一些经济补偿，但是尚缺乏一种风险补偿的长效机制。临时补助的补偿标准较低，也不规范，使这些地区的居民和巡护员的正当利益无法得到充分保障。

4. 生态保护地区扶贫攻坚需要生态保险

生态保护区大部分都是山区，不少农户是贫困户，正在努力脱贫。对于他们的脱贫攻坚来说，可以有很多措施和途径，发展生态保险是其中一种较好的更有效率的手段。

除了政府的扶贫资金外，还可以给这些地区找一些扶贫资金，但这些资金往往使用效率低下。特别是"撒胡椒面"式扶贫资金，不能解决他们的根本问题，运作效率也不高。如果能通过生态保险来扶贫，适当为投保农民和巡护员提供保费补贴，在普惠的前提下，通过保险再分配的方式，给予投保农民和巡护员比较充分的风险保障，就能使他们不至于因生态建设带来的增大的风险而致贫或者返贫。

二、发展生态保险的可行性

（一）发展生态保险具有良好的政策环境

党和政府对生态保护的目标很明确，政策很支持，如前所述，在多个政策文件中对加强生态保护做了全方位的部署，2015 年中共中央、国务院又专门发布了《关于加快推进生态文明建设的意见》，特别是提出，要"加大自然生态系统和环境保护力度，大力推进绿色发展、循环发展、低碳发展，弘扬生态文化，倡导绿色生活，加快建设美丽中国，使蓝天常在、青山常在、绿水常在，实现中华民族永续发展。"2018 年 12 月，国家发展改革委、财政部、自然资源部、生态环境部、水利部、农业农村部、人民银行、市场监管总局、林草局等 9 部门，联合发布《建立市场化、多元化生态保护补偿机制行动计划》，更加具体地提出了一系列的政策指导意见。这一系列政策方针的出台，为发展生态保险提供了良好的政策条件，奠定了坚实的基础。

（二）发展生态保险具有良好的业务基础

生态保险实际上已经起步，环境责任险已经开展业务，农业保险在一些地区已经考虑到生态保护地区的实际情况，扩展了风险责任，将部分因为生态保护和生态建设带来的新风险或者原有风险的增加，包括到保险责任中来。例如，野生动物对农作物侵害造成的农作物的损失，已经纳入保险责任。

在这个基础上，我们需要进一步结合生态保护建设的需要和目前遇到的新问题，即从保护和建设生态的实际出发，也从这些地区居民生产生活的实际出发，开发新的符合需求的保险产品，应该说没有多少难度。

（三）发展生态保险具有充足的技术力量

我国保险业有了将近40年的发展，目前，保险机构已经有充分覆盖，对于开发生态保护保险产品来说，已经具有足够的技术力量和承保能力，只要有进一步具体的政策和需要，开发这些产品应该没有问题。

三、对积极发展生态保险的一些政策建议

（一）把生态保险作为政策性保险对待

生态保险有其特殊性，如同农业保险一样，这种具有正外部性的保险产品，因为风险大、成本高，完全按照商业保险的规则来操作，一般来说是市场失灵的。就是说，生态保护区里的农民和巡护员的支付能力不高，购买需求有限。

从某种意义上来说，这种功在当代、利在千秋、利国利民的生态保护和建设，受到新增风险和原有风险增大的冲击，财产和人身受到侵害和损失的是生态保护区的群众，惠及的是全国人民。所以，生态保险的实际受益人群也包括生态保护区之外的群众。就是说，这类产品有其公益性质，政府有必要为这些生态保险提供适当的财政支持，利于这些保险产品的开发和应用。这些市场化的间接补贴远比非制度化直接补助的效率要高，效果更好。

（二）可以将生态保险归入"农业保险"来运作

鉴于生态保险与目前推行的政策性农业保险性质有相似之处，其实也符合《农业保险条例》中对农业保险外延的规范。将生态保险纳入"涉农保险"范畴，统一进行政策规划，统一进行业务管理和监管，同样享受保险费的政府补贴，有充分的理由。

（1）生态保险主要是在农村地区开展，无论是保护区的居民还是身份已经转换的巡护员，都是生态保护和建设的主要力量，也同时是生态保护和建设的风险承担者。无论是保护区居民和"巡护员"人身意外伤害保险，还是居民农业和家

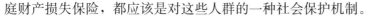

庭财产损失保险，都应该是对这些人群的一种社会保护机制。

（2）作为农业保险的扩展来管理和监管，不需要专门为这些具有特殊性质的生态保险设计另外的制度。除了补贴标准可以在调查研究基础上另行制定外，业务开展都可以采用农业保险的法律规范。这样，可以大大节约交易成本，提高这类保险的运行效率。

（3）具体的保险风险和被保险人的确定，产品开发的种类和实施，需要做进一步的研究。以笔者之见，至少保护区居民的家庭财产和农牧业生产受到兽禽的毁损，保护区居民和百万之众的巡护员，受到野生动物的袭击和伤害，意外伤害、被保护动物的救治、生态遭到破坏等风险责任，可以设计成相应险种加以保障。

需要特别指出的是，对于维护生态保护区安全的广大巡护员，世界各国都为他们提供了多种保险险种，据WWF（世界自然基金会）的调查，被调查的60%的非洲国家和80%的亚洲国家有巡护员医疗保险，50%的非洲国家和50%的亚洲国家巡护员有人寿保险，40%的国家有长期失能保险。我们国家对巡护员也有一些健康险和意外伤害保险等保险，但是保障水平低，应该为这些生态卫士提供更多更好的风险保障。

坚持既定制度 胸怀发展目标*

2019年5月29日，财政部、农业农村部、银保监会和林草局联合下发经中央全面深化改革委员会第八次会议审议并原则同意的《关于加快农业保险高质量发展的指导意见》（以下简称《指导意见》），这是继《农业保险条例》之后我国发展政策性农业保险最重要的政策文件，也是我国今后一个时期发展政策性农业保险的纲领性文件。对于有针对性地解决政策性农业保险发展过程中的困难和问题，保证和促进政策性农业保险高质量发展，适应服务"三农"的实际需求，有重要意义。

《指导意见》的内容非常丰富，涉及我国政策性农业保险的制度、政策、方针和组织经营等诸多层面。我这里仅就《指导意见》第一、二、三、八和十四条，谈谈自己的肤浅理解。

一、高质量发展农业保险是大"势"所"驱"

《指导意见》导言和第一条，开宗明义阐述了发布这个文件的背景和意义。之所以提出加快发展农业保险高质量的问题，是因为目前的农业保险发展存在诸多"困难和问题"，发展质量不高，因而"与服务'三农'的实际需求相比仍有较大差距"。这种现状无法适应几多"大势"：

大势之一，就是全国都在贯彻党的十九大和十九届二中、三中全会精神，决胜全面建成小康社会。全面建成小康社会，其薄弱点在农村、农业和农民，即"三农"。就产业发展的薄弱点来说，是农业，就城乡居民收入提升方面的难点而言，是农民。因此，党中央国务院部署和实施乡村振兴和脱贫攻坚两大战略。加快政策性农业保险的高质量发展，对于深化农业供给侧结构性改革，保证农业的

---

* 原载：加快农业保险高质量发展——政策解读和成果汇编［M］. 北京：中国金融出版社，2020.

稳定和可持续发展，保证国家粮食安全，同时保障农户收入平稳增长，具有重要意义，是实现这两大战略的重要举措。

大势之二，就是在保护农民利益、支持农业发展的同时，必须"适应世贸组织规则"。我国在2001年加入世贸组织时，签署了《农业协议》，承诺在规定范围之外不能给予农产品价格补贴，以保证不因人为的价格干预而扭曲农产品生产和贸易①。我国虽然在改革开放过程中，早已取消了除了五种主要粮食、棉花、油料作物以外的价格管制，但是对水稻、小麦、玉米、棉花和大豆，直到2015年一直还实行保护价收购。为了遵守我们对世贸组织的承诺，从2015年开始，国家对这最后的五种作物的产品，逐步进行定价机制改革，取消价格补贴，代之以直接的普遍的收入损失补贴和对农业保险的保费补贴，这是世贸组织允许的"黄箱"和"绿箱"政策。而国内外经验表明，直接给农户补贴不如通过农业保险间接给农户补贴效果更好。因为，普惠式的直接补贴，事实上并不一定能够促进农业生产和农业现代化发展，而对农业保险进行补贴，引导更多农户投保，从一个普惠（平等享有补贴权利）的起点出发，通过保险再分配的方式，使那些因为自然灾害和价格波动受到损失的农户得到比较充分的补偿，避免了吃"大锅饭""撒胡椒面"式的补贴的弊端，其结果似乎并不公平，但这样才能实现真正"保护农民利益、支持农业发展"的政策目标。

在这国内外双重"大势"的驱动下，加快农业保险的高质量发展就是顺理成章的事情了。

二、对政策性农业保险的认识取得了高度一致

对于农业保险的性质，一直有不同意见的争论，表面上是对"商业性保险"（或有补贴的商业性保险）和"政策性保险"概念之争，实际上涉及对我国农业保险制度的不同认知。因为认知不同，制度建设和政策取向就会不同，这肯定是不利于我国农业保险的发展，更难以得到高质量发展。对于"政策性农业保险"和"商业性农业保险"有什么本质区别，以及我国为何要选择走政策性农业保险这条路，我曾撰文进行了分析和论证（参见《对农业保险性质的再认识》《中国银行保险报》2019年7月25、26日），期望通过更广泛的讨论，把大家的认识统一在"政策性农业保险"上来。认识的统一才可能有制度完善和政策合理调整的基础。

对于"政策性农业保险"的提法，虽然从2002年修订的《农业法》开始就

---

①　这种以兜低价收购的方式，进行的直接价格补贴还造成了农业生产结构的失衡，同时，因为收购价和销售价倒挂，国内价大大高于国际市场价的困难局面，一方面造成财政的巨大损失，也使库存爆仓，销售不畅，甚至造成巨大的浪费。

有了，此后，从 2004 年到 2019 年历年中央 1 号文件多次提到，《农业保险条例》第三条也有。而且，当时，围绕"政策性农业保险"和"有补贴的商业性农业保险"的命题，还曾进行过有一定影响的讨论。但是，有的主管部门似乎并不认可我国由政府给予财政补贴的农业保险是"政策性农业保险"，因此，在制度建设和政策调整方面，一直有所保留，并不是主动和力促，这在一定意义上对我国农业保险的发展进程和实施效果有所影响。

《指导意见》出现了"政策性农业保险"字样，表明，在政策性农业保险的理论、制度问题上，上下（政府和市场）左右（政府和学界）取得了高度一致，虽然这似乎只是一个"提法"的变化，在文件里也并不显眼，但对中国的农业保险来说，这将是一个重要转折点。这对于加快完善我国政策性农业保险制度，统一政策性农业保险的管理协调，优化政策性农业保险的各项政策，改进政策性农业保险的运作机制，提升政策性农业保险的运行效率，促进政策性农业保险的长远发展，无疑具有重要和深远的意义。

三、要坚持和不断完善我国农业保险的既定制度模式

我国政策性农业保险，从 2007 年开始试验，2013 年《农业保险条例》颁布之后在全国推广和实施。我们的制度模式基本上就根据《农业保险条例》确立了，其基本框架就是《农业保险条例》中所提出来的基本原则，即"政府引导、市场运作、自主自愿、协同推进"，这构成了大家都熟知的"PPP"模式，即政府市场合作模式。这个制度的选择和建立，是参考和汲取国际经验的结果。

（一）模式选择的他山之石

我们都知道，目前，全世界做农业保险有一百多个国家，这些国家的农险制度一般分两大类，即商业性农业保险制度和政策性农业保险制度。在政策性农业保险制度中，又有不同的制度模式，包括"公共经营的制度模式"和"政府市场合作模式"（表 1）。

表 1　各国农业保险制度模式一览表

制度模式		主要特征	国家举例
商业性保险制度模式	纯商业性经营模式	1. 商业或者相互制保险公司（非寿险公司或专业农业保险公司）经营； 2. 积极参与市场竞争； 3. 从国际商业再保险市场上购买再保险	阿根廷、南非、澳大利亚、德国、匈牙利、荷兰、瑞典、新西兰等

（续）

制度模式			主要特征	国家举例
政策性保险制度模式	公共部门（政府）经营模式		1. 通常有唯一的或者垄断的保险人； 2. 政府是唯一或者主要的再保险人	加拿大、塞浦路斯、希腊、印度、伊朗、菲律宾等
	政府市场合作模式	第一类 垄断保险人经营的国家农业保险方案	1. 由商业保险公司（单独或者共同）提供种植业和养殖业保险； 2. 通过单一的实体提供标准保单和统一的费率结构，该实体负责理赔； 3. 政府提供高水平的保费、管理费补贴和再保险支持	1. 私营联合共同保险，例如西班牙、土耳其； 2. 单一国家保险人，例如韩国； 3. 只由保险合作社经营，例如日本
		第二类 较高管制水平下的商业竞争模式	1. 商业保险公司参与市场竞争，但政府严格控制保单的设计和费率的标准； 2. 保险人要向所有类型和所有地区的农民提供农业保险	葡萄牙、美国等
		第三类 较低管制水平下的商业竞争模式	1. 商业性保险公司可以自己选择开展农业保险的地区以及承保风险，并确定保费水平； 2. 政府的主要角色是提供保费补贴（严格说来，这种模式是有补贴的商业性保险模式）	巴西、智利、法国、意大利、墨西哥、波兰、俄罗斯等

资料来源：Olivier Mahul，Charles J. Stutley. *Government Support to Agricultural insurance，Challenges Options for Developing Countries*［R］. The World Bank. 2008.

　　我国选择的是类似美国、葡萄牙所实行的这种政府市场合作模式。但是，我国的这种模式有自己的特点，这种模式实际运行中遇到的问题也跟它们不一样。

（二）中国的农险制度模式的构建和特点解析

　　对于"政府引导、市场运作、自主自愿、协同推进"的模式架构，四句话每句都有其特别的含义。体现出我国的特殊性，例如，我国的政府参与，涉及横向政府的十多个部门，纵向涉及从中央到乡的五级政府，但是，以省市县级政府为主。政府的财政补贴也多达四级。这在其他国家比较少见，例如美国只有联邦政府参与，负责产品开发和定价，负责全部的保险费补贴。在加拿大，政府涉及联邦和省级，但政府除了管理和监督之外，并不为公司的展业和定损事宜提供协助，等等。

对概括我国农险制度模式的这四句话，财政部先后做过多次阐释，在《中央财政农业保险保险费补贴管理办法》（2016 年 12 月 19 日），中所做解释是：

"（一）政府引导。财政部门通过保险费补贴等政策支持，鼓励和引导农户、农业生产经营组织投保农业保险，推动农业保险市场化发展，增强农业抗风险能力。

（二）市场运作。财政投入要与农业保险发展的市场规律相适应，以经办机构的商业化经营为依托，充分发挥市场机制作用，逐步构建市场化的农业生产风险保障体系。

（三）自主自愿。农户、农业生产经营组织、经办机构、地方财政部门等各方的参与都要坚持自主自愿，在符合国家规定的基础上，申请中央财政农业保险保险费补贴。

（四）协同推进。保险费补贴政策要与其他农村金融和支农惠农政策有机结合，财政、农业、林业、保险监管等有关单位积极协同配合，共同做好农业保险工作。"

对于这种制度模式，因为在实践中产生不少问题，对于还要不要坚持这种制度模式，如果要坚持这种制度模式，需要做些什么调整，有的人是有异议的。

此次《指导意见》第二条再次肯定了这个有中国特色的制度模式框架，并对"政府引导、市场运作、自主自愿、协同推进"的基本原则再次做了阐述。

对于"政府引导"，强调了"通过加大政策扶持力度，强化业务监管，规范市场秩序，为农业保险发展营造良好的市场环境。"不仅仅是鼓励农户投保，更是对政策性的农业保险制度给予了积极肯定和强化。

对于"市场运作"，在继续强调适应农业保险发展内在规律的同时，要"充分发挥市场在资源配置中的决定性作用""发挥好保险机构在农业保险经营中的自主性和创造性"。显然，如何让市场发挥配置农业保险资源的作用，发挥什么作用的问题，远远没有解决，农业保险经营机构的自主性和创造性还没有充分发挥出来。就是说，对于农业保险来说，保险机构有能力提供充分的保险供给，问题是需求一方，即包括政府也包括农户，对农业保险的有效需求有多大，需要多方努力来大力开发。

对于"自主自愿"，在坚持政府、企业、农户三方都自主自愿的基础上，进一步强调了"探索符合不同地区特点的农业保险经营模式，充分调动农业保险各参与方的积极性"。之所以强调探索符合不同地区特点的农业保险经营模式，是因为不少省份没有找到适合本地特点的经营模式，有些省份"政企农"三方的积极性都存在实际问题，特别是那里的农户，即使对于有中央财政补贴的农业保险标的，农户也不自愿参保，所以远远没有达到"应保尽保"的要求。中央财政补贴的农林牧种类之外的农业保险标的，不少省份也因为种种原因（认识上的、财力上的、保险经营机构的努力方面的），不自愿开办特色农产品保险，即使是本地的主导农产品，农户自愿投保，也无保可投。

对于"协同推进"，《指导意见》已经不是泛泛提出有关部门"共同做好农业保险工作"，在这里特别强调了需要协同做好两个方面的工作：

其一，协同配合做好农业保险工作时，要"统筹兼顾新型农业经营主体和小农户"。这是针对保险经营机构存在的两种倾向说的。一种倾向是注重大户投保，觉得分散的小农户投保很难组织和承保，容易发生"档案信息不全"等违规问题，对接受小农户投保并不积极；另一种倾向是认为大户是"高风险"保户，其逆选择和道德风险难以防范，不愿接受大户投保。所以强调统筹兼顾大农户和小农户，特别是要重视后者。因为 2017 年第三次农业普查数据显示，全国小农户数量占到农业经营户的 98.1％，小农户从业人员占农业从业人员的 90％，小农户经营的耕地面积占总耕地面积的 70％。原农业农村部副部长韩俊说，要彻底改变这种经营格局，是长期的历史过程。显然，丢掉小农户的农业保险，难以达成政策性农业保险制度的政策目标。

其二，强调农业保险的发展，要"既充分发挥农业保险经济补偿和风险管理功能，又注重融入农村社会治理"。就是说，随着农业保险外延的扩大，农业保险担负的责任已经超出了"经济补偿和风险管理"的传统的基本功能，农业保险已经在社会管理方面发挥出独特功能。例如在食物安全方面，在治理环境污染方面，在保障道路和田间安全方面，在农户和农业雇工的人身安全保障方面，在帮助贫困户脱贫和防止返贫方面，农业保险都会发挥独特作用。农业保险外延的扩大在《指导意见》后面的条文中，还有更详细的阐述和要求。

四、政府在农业保险中要做自己该做的事

12 年政策性农业保险的试验和推广的实践表明，如何理解、把握和实践政府与市场的合作是很不容易的。特别是，我们有多级政府都在参与这种没有先例的农业保险。在这种政策性农业保险活动中，不仅有投保人和保险人，还有政府，使得农业保险的经济关系变得异常复杂。特别是在这种保险经济关系中，政府和市场的界限不那么明确。政府在农业保险制度中的定位和责任权限到底是什么，没有规定得很明确，也没有人回答得清楚。在有关文件和法规里，对政府参与农业保险的活动，也只是原则性的规定。带来的问题是，要么各级政府及其相关部门无所适从，该做的不做；要么就是管得过宽，不该管的也管。即所谓"缺位"和"越位"同时并存，产生一系列严重后果。

所以，《指导意见》在第八条"明晰政府与市场边界"里，明确指出，"地方各级政府不参与农业保险的具体经营"。之所以强调"地方各级政府"，是因为很多地方政府，特别是县级政府（或其主管部门）以强烈的"参与意识"，参加到"农业保险的具体经营"里来了，或者热衷于保险经营机构招标，县县招标甚至

乡乡招标，把招标变成了政府有偿分配农业保险资源的手段。还有的地方强制农户投保，或者不许保险经营机构退出当地经营，或者干预保险经营机构实行差异化费率，助长了逆选择和道德风险的发生，损害了低风险地区投保农户的利益，也降低了农业保险的效率。还有地方（县市省）政府干预保险赔款，强行要求多赔，"倒签单"赔，有的地方在巨大灾害发生时，又允许保险公司少赔。更有甚者，干预保险公司购买再保险。最近几年，地方政府甚至大量截留、挪用、拖欠甚至贪污中央、省级和市级财政下拨的农业保险保费补贴款，把农业保险当成了它们的提款机，造成保险公司巨额"应收保费"。有的地方几年积累下来的"应收保费"已经超过了本年度保险费总额，有的保险公司拿不到保险费补贴，还要履行赔款责任，不得不向银行借款经营，严重影响了农业保险公司的正常运行。

另外，地方政府应该制定的本省农业保险经营模式和相应制度，又迟迟没有出台。政府部门之间，政府与保险经营机构之间所需要的、也是《农业保险条例》中要求的信息共享机制也一直没有建立起来，保险经营机构出于开发产品和精算价格的需要，请求政府提供有关统计或者数据库，往往被以"涉密"被拒绝，或者要收取高额"信息费"。《农业保险条例》第五条说，"县级以上地方人民政府统一领导、组织、协调本行政区域的农业保险工作，建立健全推进农业保险发展的工作机制。"但是，迄今在很多地方，我们也感受不到那里的政府建立健全了这种工作机制。还有，中央和各省、自治区、直辖市都没有统一的监督、管理和协调部门，部门之间步调不一致，出现监管"真空"地带，大大降低了制度的运行效率。上述这些现象表明，政府在农业保险制度建设和业务活动中，的确是"越位"和"缺位"并存。这是《指导意见》中明确提出"明晰政府与市场边界"的重要原因。

接下去，第八条还强调，政府要"充分尊重保险机构产品开发、精算定价、承保理赔等经营自主权"，上述"越位"行为都是对经营机构自主权的侵犯。那么，政府主要做什么呢？《指导意见》说，中央、省、地、县政府的主要责任是"通过给予必要的保费补贴、大灾赔付、提供信息数据等支持，调动市场主体积极性"，而县乡村"基层政府部门和相关单位可以按照有关规定，协助办理农业保险业务"。这些比较明确的规定相比以往的模糊规定，至少有助于各级政府，特别是地方政府知道自己该干什么。

当然，这还不够，最好有更具体的负面清单，针对实际存在的问题，具体规定什么可以做，什么不可以做。期待在实践中能够完善这些制度。

五、通过优化机构布局来规范市场主体的经营

在政府和市场这对矛盾中，目前政府是矛盾的主要方面。因为政府在目前的农业保险经济关系中，处于主导的强势地位，保险经营机构处于弱势地位。

农业保险市场层面存在的问题也相当多。迄今还没有找到充分发挥市场在配置农业保险资源作用方面的更好的途径和举措，面对不少地方无序竞争导致的市场乱象，违法违规，特别是"三虚一套"（虚假承保、虚假理赔、虚假费用，套取政府的财政补贴款）等侵害投保农户利益和非法攫取国家财产的行为，《指导意见》在努力寻求治理市场乱象、规范市场经营的良好路径。

第十四条"优化保险机构布局"就是这种努力的一部分。在这里，文件做了了四个层面的规定：

第一，鉴于有的经营机构经营服务网络不健全，服务不到位的问题，规定"支持保险机构建立健全基层服务体系，切实改善保险服务。经营政策性农业保险业务的保险机构，应当在县级区域内设立分支机构。"这就能较好防止没有服务网络，只依靠中介或者其他公司代理做农险业务的问题。很难设想，假如一家在广东的公司，遥控经营远在内蒙古的农业保险业务，规范细致和周到地做好从展业、承保、验标到防灾、防损、定损和理赔服务，显然是不可能的。

第二，针对目前各地农业保险经营招投标没有统一的章法和令人深恶痛绝的设租寻租问题，《指导意见》指出，要"制定全国统一的农业保险招投标办法，加强对保险机构的规范管理"。相比起县县招标、乡乡招标产生的问题，制定全国统一的农业保险招投标办法，只在省或者市一级招标，并且由政府之外的第三方招标，会在一定程度上遏制招标寻租而产生的不公平和腐败问题。

第三，针对众多保险经营机构在一地市场上激烈竞争而产生的寻租、重复投保、事先承诺赔付、在农户自交20％保费上大做文章等千奇百怪的问题，文件希望引导保险经营机构合法经营、规范经营，注重提高服务质量，并且逐步探索农险市场的退出机制，规定"结合本地区实际，建立以服务能力为导向的保险机构招投标和动态考评制度"，通过这种制度选优罚劣、抑制无序竞争，把农险这件好事办好。

第四，文件也想通过引入合作或者相互保险机构，适当改变目前的市场竞争窘境。所以提出"依法设立的农业互助保险等保险组织可按规定开展农业保险业务"。这里的意见或者想法，完全符合多年来中央1号文件的精神。我也很赞成在有条件的地方，适当允许建立一些真正的农业保险合作社或者农业保险相互社，或者像安信农业保险公司那样，通过制度创新帮助农业专业合作社发展合作保险。农业保险合作社或相互社虽然有其局限性，但也具有一些股份制保险公司不具有的独特优势。我也写过文章，联系我国实际，对这些组织的市场价值进行过分析和讨论。目前我国农险市场上，除了阳光相互保险公司外，还没有一家农业保险合作社和相互社，浙江现有的两家农村保险互助社（实际上是相互社）并不做农业保险业务，其他协会保险人，虽然名字里有"互助"字样，但并不是规范意义上的相互保险或者合作保险组织。如果能有这么几家自下而上的真正的农业保险合作社或者相互社，不仅有丰富农险组织制度的意义，也有提高农险市场效率的意义。

最近，银保监会就农险经营机构的两级管理和退出机制，起草了一个文件，正在征求意见，这是对《指导意见》的一个积极的回应和具体贯彻，通过审查、评估等手段，逐步建立起进场有把控，退出有规则，有助于把农业保险经营机构优化的措施落到实处。

当然，规范市场经营、完善市场机制，促进市场良性发展的问题，在其他条目中还有多方面的规定和要求，可以参见后续解读文章。

六、农业保险有了明确的努力目标

我国农业保险要怎样发展和达到什么目标，是政府所关心的，也是保险业界和学界所关心的。任何想要在农险事业上做长远打算的人，都想知道政府的长远规划，便于建立一个积极的预期。《指导意见》在第三条里，粗线条地描画了农业保险的近期（3 年）和中期（11 年）的发展目标。这里的目标分为两个层次，一个是制度建设层面，另一个是业务发展层面。

（一）2022 年目标解析

在制度建设层面，设立的三年目标是"到 2022 年，基本建成功能完善、运行规范、基础完备，与农业农村现代化发展阶段相适应、与农户风险保障需求相契合、中央与地方分工负责的多层次农业保险体系。"

这个目标是实事求是的，经过努力实现的目标，主要从完善业已确立的政府市场合作的制度模式的角度提出的。

1. 市场体系建设目标

就市场层面的建设来讲，就是要适应国家农村现代化发展和农户的风险保障需求。农村现代化就是乡村振兴的过程和目的，农户对其包括农林牧渔业、家庭财产和人身的风险保障需要，会随着农村现代化发展而愈发旺盛和强烈。因为农村现代化意味着农业财富积累加快，经营规模扩大，风险更多更高，我们无论从风险保障角度还是从农民福利角度，都必须尽力通过发展政策性农业保险来满足。

就制度体系层面来讲，其要求是功能完善、运行规范，基础设施完备和央地分工负责的多层次农业保险体系。这个要求不算高，但是就目前实际情况来看，也要花很大力气才能实现。这里，对于央地分工负责的问题，有必要多做一些解释。我在前面说过，我国选择的制度模式是类似美国现行的农业保险制度模式，这其实是从总体上来说的，但美国政府是"一竿子插到底"，基本上没有州县什么事。我国的政府，中央只提供制度和政策，现在又落实了另一项责任，就是统一管理协调和监督。具体的执行和操作的决策权在省、直辖市、自治区。因为基本原则是各地政府"自主自愿"。中央政府支持的保险项目与省级政府支持的保险项目可以不一致，各负其责。这种事权职责的分工，好处是可以充分发挥地方政府的积极性，缺点是地方政府的农业产业发展重点与中央的重点关注目标不完全吻合，这就与财权事权相匹配的财政原则有时候有冲突。当然，这是另外一个需要探讨的问题。文件在这里只是从总体上肯定和坚持央地分工负责的原则，表明这种体制是不会改变的，只会不断调整和逐步完善。

2. 业务发展目标

就业务发展而言，2022 年的目标确定为"稻谷、小麦、玉米 3 大主粮作物农业保险覆盖率达到 70% 以上，收入保险成为我国农业保险的重要险种，农业保险深度（保费/第一产业增加值）达到 1%，农业保险密度（保费/农业从业人口）达到 500 元/人。"这个目标并不高，小麦、水稻、玉米 3 大主粮作物，2018 年的播种面积是 14.487 9 亿亩，承保面积是 9.852 2 亿亩，覆盖率已经达到 68%。保险深度 2018 年也已经达到 0.88%，2018 年的保险密度是 286 元/人。相比之下，保险密度要达到人均 500 元，还要做一番努力。这里面关键是政策，适应农户需求、增加财政补贴的种类、提高保险金额等，都能较快推进农业保险的发展，都是提高保险密度的最重要的途径。

（二）2030 年目标解析

2030 年的目标主要是制度建设，那就是"到 2030 年，农业保险持续提质增效、转型升级，总体发展基本达到国际先进水平，实现补贴有效率、产业有保障、农民得实惠、机构可持续的多赢格局。"一方面是发展水平，另一方面是发展效果。就前者而言，一是就是通过持续的"扩面、增品、提标"来提质增效。二是由体制机制不完善向逐步完善转变，由外延型发展向内涵型发展转变，由无序市场向有序市场转变，总之，是由低质量发展向高质量发展[①]转型升级。经过 11 年努力，总体发展水平达到国际先进水平。就目前的实际情况看来，我们农业保险发展水平，与农业保险发达国家还有较大差距，比如保险经营非精细化程度，制度管理能力和水平，农民获得的保障水平，对整个农业发展的影响，都有较大差距。但是，只要落实包括《指导意见》在内的法规和政策，有效调整农业保险经济关系，不断完善制度和优化政策，就一定能"实现补贴有效率、产业有保障、农民得实惠、机构可持续的多赢格局"。

---

① 对于什么是农业保险的高质量发展，张峭教授有较好的概括，主要是产品和服务优，运行效率高，发展可持续。可以参见张峭《农业保险高质量发展的内涵、特征和路径》一文。

"扩面、增品、提标"是不断递进的发展方向[*]

——学习《关于加快农业保险高质量发展的指导意见》心得之六

在连续几年的中央 1 号文件里，对农业保险都提出了"扩面、增品、提标"的指导意见。在《关于加快农业保险高质量发展的指导意见》（以下简称《指导意见》）里再次将其作为未来 10 年发展农业保险的目标和要求。这既表明了国家对农业保险的决策方向，也表明了国家对农业保险在政策上持续发力，不断加大支持力度的决心。

一、"扩面、增品、提标"是对农险业务高质量发展业务目标的一个清晰概括

"扩面、增品、提标"不仅仅是一个平面的口号，而且是一个立体目标，从三个维度，即空间上的广度、深度和时间上的长度，概括了对农业保险高质量发展的目标和要求。

"扩面"是要求对现有中央和地方由财政支持"目录"里的农业保险标的和险种，特别是对粮、棉、油、糖等大宗农作物、林业和生猪、奶牛等重要畜产品生产的保险产品，要不断提高覆盖率（或参与率），努力实现应保尽保。

"增品"是两个层面的概念：其一，是在现有财政支持"目录"里，不断开发和增加适应国情、省情，适应政府和市场需求的农业保险承保标的和险种；其二，是适应乡村振兴和农业现代化发展的新需求，在种植业（含林业）、养殖业和涉农产业范围内，经过论证，逐步增添新的保险标的和险种，扩大财政支持"目录"。

---

* 本文载于《中国保险报》2019 年 29 日。

"提标"是要求提高农业保险服务的质量标准。而服务质量的标准也要从多个角度反映和评价。第一，看农业保险产品和经营，是否符合乡村振兴战略和农业现代化发展的需求，是否契合农村不同类型消费者的需求；第二，看农业保险产品和经营，是否真正实现了农业风险管理和救灾制度改革的目标；第三，看农业保险产品和经营，是否实现了预期的"农户满意、政府满意和企业经营可持续"的效果和效率。

无论是与农业保险发达国家相比，还是相对于我国农业现代化发展的需求，我国农业保险的"面""品""标"三个层面，都有巨大的拓展空间。

二、我国农业保险的宏大目标和现实发展的差距

虽然我国已经初步建立起政策性农业保险制度，农业保险在过去 12 年里有了突飞猛进的发展，保险费的市场规模自 2008 年起一直雄踞全球第二、亚洲第一。但是，我国农业保险的发展水平并不高，就保障水平、保障广度和保障深度来看，与美国、加拿大、日本甚至印度相比，都还有不小差距。保障水平是反映一国农业保险发展水平的综合性指标，保障广度涉及的就是这里所说的"面"，表明我国主要农作物保险的覆盖面（参与率）还不高，2018 年只有三大主粮作物保险覆盖面接近播种面积的 70％。而保险深度则反映的是"品"和"标"的主要内容。特别是反映保险产量（金额）在实际平均单产（收入）中所占比重。据张峭、王克等人的研究，2015 年我国农业保险的保障水平指数仅为 7.75％，而美国、加拿大、日本三国的保障水平指数在 2013 年就已经达到 52.97％、31.87％和 17.24％。在农业保险保障深度方面，我国的差距就更大了，2015 年我国农业保险的保障深度是 13.73％，而美国、加拿大、日本、印度 2013 年的该指标数据为 58.12％、38.59％、40.74％和 27.15％。我国的农业保险的保障深度甚至低于印度。（参见《中国农业保险保障水平研究报告》，中国金融出版社，2017 年 8 月版）。当然，即使在国内，各个省份之间农业保险保障广度和保障深度的差距也很大。

我国政府建立政策性农业保险制度，从国家层面来说是要为农业提供强有力的风险保障，保证国家的食物安全。同时也是通过财政支农惠农的手段，实现增加农民福利的效果。当然这种福利的分配，是采用间接的更为有效的市场化手段而已。我国农业保险发展的现实是，无论是从已有保险产品的覆盖面来说，还是从每种产品提供的保险金额来讲，都是非常低的，特别是后者。这种状况跟农险制度的要求和要通过农业保险真正解决的宏观目标相去甚远。这就是在"扩面、提标、增品"要求之下，近年开始试验"大灾保险""完全成本保险"的背景和动因。就是要通过持续不断的努力，在这三个层面有所突破，使我国农业保险的保障广度和保障深度得到较大提升。

三、"扩面、增品、提标"的速度和质量
有赖于财政、制度和企业

当然，这种保障水平的提升，速度有多快，取决于多重因素：首先是制度建设的进展快慢以及政策的完善程度，其次是政府的财力支持增长速度，第三是保险经营机构的努力程度。

毋庸讳言，政策性农业保险的最大"能源"基础是财政补贴，没有财政补贴就没有政策性农业保险，也基本上就没有农业保险。我国 12 年农业保险的巨大进步最重要的动力就是中央和地方财政持续增长的财政支持。从 2007 年到 2018 年中央财政和地方财政总共给农业保险补贴了 2 259.9 亿元，年平均增长 27%。这个增长速度在世界上是绝无仅有的。在未来的发展时期，中央的财政预算增长的幅度可能更重要一些。从某种意义上说，"扩面、增品、提标"的速度和质量，主要依赖于中央财政支持的增长状况。从政府财政预算的趋势来看，一直在贯彻加大对农业保险支持力度的精神，未来，这种财政支持的增长是无疑的。尽管在目前国家经济发展状况下，不少人担心农业保险的财政支持会不会弱化，但根据笔者的分析，即使在财政支农资金存量的盘子里，中央通过结构调整也能保证对农业保险持续增长的支持力度。《指导意见》第八条特别提到，要"优化农业保险财政支持政策，探索完善农业保险补贴方式，加强农业保险与相关财政补贴政策的统筹衔接"，表明有这种结构调整的巨大空间。

农业保险发展速度和质量还取决于农业保险制度建设的进展和政策的完善。制度建设进展快，政府与市场之间的关系处理得好，政府和市场两个方面都得到规范和协调，又有了统一的管理、监督和协调机构，基础设施建设也会得到加强，农险发展的市场环境就会得到改善，这对农业保险的发展是一个巨大的促进。特别是有利的政策不断出台，业务大步拓展有了依据。《指导意见》第四条提出，要努力"扩大农业保险覆盖面"，"在增强农业保险产品内在吸引力的基础上，结合实施重要农产品保障战略，稳步扩大关系国计民生和国家粮食安全的大宗农产品保险覆盖面，提高小农户农业保险投保率，实现愿保尽保。探索依托养殖企业和规模养殖场（户）创新养殖保险模式和财政支持方式，提高保险机构开展养殖保险的积极性。鼓励各地因地制宜开展优势特色农产品保险，逐步提高其占农业保险的比重。适时调整完善森林和草原保险制度，制定相关管理办法。"第六条还提出要"拓宽农业保险服务领域"，"满足农户多元化的风险保障需求，探索构建涵盖财政补贴基本险、商业险和附加险等的农业保险产品体系。稳步推广指数保险、区域产量保险、涉农保险，探索开展一揽子综合险，将农机大棚、农房仓库等农业生产设施纳入保障范围。开发满足新型农业经营主体需求的保险产品。创新开展环境污染责任险、农产品质量险。支持开展农民短期意外伤害

险。鼓励保险机构为农业对外合作提供更好的保险服务。将农业保险纳入农业灾害事故防范救助体系,充分发挥保险在事前风险防范,事中风险控制,事后理赔服务等方面的功能作用。"这些非常具体的意见和措施,必将引导农业保险在"扩面、增品、提标"上做好文章,做大文章。

剩下的问题就是运作农业保险业务的保险企业了。从农业保险供给一方来说,承保能力是绰绰有余的,只是需要在规范市场行为的基础上,采取包括制度创新在内的得力措施,消除无序竞争带来的负能量和负效应,充分发挥各家保险经营机构的积极性和创造性,"扩面、增品、提标"的局面一定会日新月异。

优化农业保险的运行机制是个大课题*

——学习《关于加快农业保险高质量 发展的指导意见》心得之五

政策性农业保险的发展，首先需要一系列政策、法律和法规来提供制度基础，其次需要与之相适应的、有效的运行机制来提供健康发展的保障。在政策和法律、法规确定之后，运行机制就是决定因素。我们目前已经建立起来的业务运行机制，有不少成功的地方，但也存在许多问题，需要从多个层面进行优化。作为高质量发展农业保险的重要目标之一，《关于加快农业保险高质量发展的指导意见》（以下简称《指导意见》）对优化运行机制提出了具体要求，给出了解决路径。

一、政策性农业保险的一系列运行机制

政策性农业保险虽然采取商业性保险的操作制度和方法，但是，一系列运行机制实际上与商业性保险并不完全一致，因此也产生了制度选择和优化的问题。那么政策性农业保险有哪些运行机制呢？

笔者认为，主要有产品开发和定价机制，展业机制，定损理赔机制，风险保障机制，外部协作机制和业务监督管理机制六大机制。

产品开发和定价机制涉及由谁和采取什么方式来开发产品，由谁来定价和如何定价的问题；展业机制涉及面对广大分散的小农户和正在蓬勃兴起的规模化经营主体的实际，如何能更广泛有效地展业，实现农业保险的政策目标；定损理赔机制涉及用什么方法和手段定损和理赔，才能更加科学合理和有效率地实现损失补偿的问题；风险保障机制是如何保证保险机构可持续经营、保证农业保险制度可持续发展，它不仅仅关乎保险公司业务运行顺畅，更涉及整个制度安全的问

---

* 本文载于《中国保险报》2019年10月22日。

题；外部协作机制是政策性农业保险特有的问题，作为农村金融改革的重要组成部分，如何根据农业保险自身的特点，与其他相关业务技术部门（例如农林、畜牧、气象、信贷、期货等部门）协调一致，影响到农业保险在乡村振兴和农业现代化过程中作用的发挥。至于监督管理机制就更加重要了，涉及农业保险业务、财政补贴、其他违法犯罪的监督和管理，这对于农业保险的健康有序发展至关重要。

二、今后一个时期重点需要解决的运行机制问题

《指导意见》对于优化运行机制问题，除了在目标里提出要求之外，针对现存的一些突出问题，专门做出了规定。

（一）产品精算定价要建立动态调整机制

鉴于我国实际，政府目前还没有开发农险产品和定价的能力，不能像美国、加拿大、日本那样主要由政府部门来开发产品和精算定价，而实践中，有些地方政府又不完全相信公司的产品；有些地方政府甚至根据自己的补贴能力，倒推农险产品价格，并要求保险公司按照这种定价降低现行价格；也有些地方政府不允许保险公司根据当地风险较大的实际，提高保险费率，否定了定价的科学性与合理性，这都给这些地方的农业保险运行带来了困难。

因此，《指导意见》第八条"明确政府与市场边界"明确指出，"地方各级政府不参与农业保险的具体经营。在充分尊重保险机构产品开发、精算定价、承保理赔等经营自主权的基础上，通过给予必要的保费补贴、大灾赔付、提供信息数据等支持，调动市场主体积极性。"就是说，在现阶段地方各级政府除了提供必要的保费补贴、大灾赔付、信息数据支持之外，不能干涉保险公司的经营。

但是，政府将在吸取其他国家的农险经验的基础上，逐步建立费率的动态调整机制，改变这种信息不对称的状况，使费率机制更加灵活，更加客观真实地反映损失率和成本率，更加公平和透明。《指导意见》第十二条指出，政府将组织各方力量，"加强农业保险风险区划研究，构建农业生产风险地图，发布中国农业保险纯风险损失费率，研究制定主要农作物、主要牲畜、重要'菜篮子'品种和森林草原保险示范性条款，为保险机构产品开发、费率调整提供技术支持。建立科学的保险费率动态调整机制，实现基于地区风险的差异化定价，真实反映农业生产风险状况。"

（二）大灾风险分散机制必须加快建设

政策性农业保险需要特殊的大灾风险分散机制，为农业保险运行提供风险保障，保证其可持续经营和发展。我国在这方面的建设已经有一些成果，例如，要

求公司层面建立大灾风险基金，组织了"农业保险共保体"等。但是在省级、中央层面的大灾风险分散机制还没有建立起来，其危害性已经在有的省份显现出来，完善财政支持的多方参与的大灾风险分散机制迫在眉睫。

因此，《指导意见》第九条强调，要"加快建立财政支持的多方参与、风险共担、多层分散的农业保险大灾风险分散制度。落实农业保险大灾风险准备金制度，增强保险机构应对农业大灾风险能力。增加农业保险再保险供给，扩大农业保险承保能力，完善再保险体系和分保机制。合理界定保险机构与再保险机构的市场定位，明确划分中央和地方各自承担的责任与义务。"

（三）外部协作机制需要不断探索

农业保险经营与外部的协作机制既是农业保险自身防控风险的重要举措，也是农业保险外延扩大的要求和产物。《指导意见》特别指出了两个方面的协作：一个是与外部相关部门密切协作做好防灾防损，减低保险标的的损失；一个是与相关金融部门协作，开发相关产品，完善农村金融市场。

《指导意见》第十一条指出："建立健全保险机构与灾害预报、农业农村、林业草原等主管部门的合作机制，研究将农业保险赔付资金与政府救灾资金的协同运用。推进农业保险与信贷、担保、期货（权）等金融工具联动，扩大'保险＋期货'试点，探索'订单农业＋保险＋期货（权）'试点。建立健全农村信用体系，通过农业保险的增信功能，提高农户信用等级，缓解农户'贷款难、贷款贵'问题。"这些机制的完善和优化，必将大大提升我国农业保险的服务能力和水平。

（四）业务监督管理机制要努力完善

上述运作机制能不能加快，能不能完善，能不能优化，还取决于业务监督机制的完善。目前的实际状况是，业务运行中违规问题各地都有发现，现有的监督管理规则虽然已经出台了一些，但经实践检验，有的规则需要修订（比如"五公开，三到户"），有的一直还没有制定出来（比如，进场和退出的规则、费用管理规则等）。同时，因为过去是分头保管多头监管，各种监管规则缺乏整合，执行起来缺乏协调，执行效果就受到影响。好在现在要建立统一的管理、监督和协调机构，有望加快制定统一的监督和管理规则，改进监督管理方式，提高监督管理效果。

实际上，还有一些运行机制的发展和完善问题需要探讨，例如，如何通过科技手段实现展业和定损的精准化问题，如何更好地贯彻"风险一致性"原则，制定各地风险区划和实行差异化费率的问题，要不要将现行的"成本保险"整合成"产量保险"的问题，广泛推行"基本险＋附加险"有无必要性和可能性的问题等。总之，优化农业保险运行机制是一个大课题，有太多的子课题，需要一步一步扎扎实实去做，才能有望在未来几年取得重要成果。

政策性农险要更好地发挥市场机制[*]

——学习《指导意见》心得之四

《加快农业保险高质量发展的指导意见》（以下简称《指导意见》），再次强调了"市场运作"的原则；并且对于"市场运作"，有针对性地进一步做了阐述。事实上，十多年市场运作的成就是毋庸置疑的。只是从理论和实践上如何准确把握农险制度中的"市场运作"，是需要不断探讨的问题。

一、我国农业保险为何选择"市场运作"

讨论"市场运作"，有必要简单回顾和了解其他国家的不同制度模式。世界上农险制度有多种制度模式，比如，加拿大、塞浦路斯、希腊、印度、菲律宾等国采用的是由政府部门专营的模式，阿根廷、南非、澳大利亚、德国等国采用的是完全商业经营的模式，美国、西班牙、葡萄牙、巴西、智利、法国、俄罗斯等国采用的是公私合作经营模式（也叫政府市场合作模式）（参见 Olivier Mahul, Charles. J. Stutley 所著《政府支持的农业保险》一书，2010 年世界银行出版）我国选择了政府市场合作模式，也就是"政府引导"和"市场运作"相结合的模式。

我国选择这种模式是由多种因素和条件共同促成的结果。在现行条件下，我们其实质有两条路可以选择，一条路是选择政府部门专营的制度模式，另一条是政府和公司合作经营的制度模式。如果选择第一种模式的话，一下要在全国发展农业保险还是很不容易的，何况我国正在大力进行市场化改革，特别是十八大以来，国家强调充分发挥市场配置资源的决定性作用，选择前一种模式显然与市场化改革步伐极不协调。而经过近 40 年的发展，我国的商业保险市场已经初具规模，具有长时间进行农业保险试验的综合性财产公司和专业性农业保险公司这些

---

* 本文载于《中国保险报》2019 年 10 月 15 日。

基本条件，在技术和人才资源上也完全能够胜任这项特殊的保险业务。所以，选择后一种模式既具备条件，也更符合经济发展规律。

二、"市场运作"的积极意义何在

从 2007 年开始的有众多商业保险公司经营政策性农业保险的试点，在这 12 年里表现不俗，受到农户和各级政府的赞许，充分显示出以商业性保险公司为载体做政策性农业保险是成功的，可以继续往前走。

什么是"市场运作"？市场运作就是"以经办机构的商业化经营为依托，充分发挥市场机制作用，逐步构建市场化的农业生产风险保障体系"（《中央财政农业保险保险费补贴管理办法》财金〔2016〕123 号）。市场运作的主体是商业化保险机构，市场运作的关键是运用市场机制来配置农业保险资源。市场机制就是运用供求机制、价格机制、竞争机制和风险机制，来调节经济运行的机制。政策性农业保险借助市场机制，才会使农业保险资源得到较好的较有效的配置，从事政策性农险的商业性保险机构，在政策指引下，会充分发挥主观能动性，积极调查和发现各类农户对农业保险的需求，在政府协助下有针对性地开发适合需求的产品，并提供比较科学合理的产品价格。这些年各类创新产品，例如，天气指数保险、价格指数保险、收入保险、"保险＋期货"等都是各家保险公司的创新之举，而竞争机制虽然在农险这个特殊市场上，一般来说对价格的影响不大（因为这个价格受到风险损失率的客观性的限制和政府的监管和限制，不可能像其他商业保险产品那样，有较大的竞价空间），但是对于改善农业保险的服务，会发挥重要作用。因为投保农户也好，政府也好，会根据对不同公司服务质量的评估，留下让各方满意的公司。至于对保险经营的风险控制，那是商业性保险公司出于风险防控和经济核算的本能。充分发挥出这"四大机制"的效能，相比政府行政性配置农业保险资源，必然会更有效率。

当然，通过市场运作，发挥市场机制在政策性农业保险中的作用，我们的实践还比较短，也有许多待解决的问题。比如，在政策性农业保险市场上，如何更好地处理政策性农业保险定价的问题，如何妥善处理市场竞争的问题等，都需要进一步探索。但是，农业保险坚持市场运作，充分发挥市场机制的作用，走市场化道路的方向是毫无疑问的。

所以，《指导意见》在说明"市场运作"时强调，要"与农业保险发展内在规律相适应，充分发挥市场在资源配置中的决定性作用，坚持以需求为导向，强化创新引领，发挥好保险机构在农业保险经营中的自主性和创造性。"这为我们进一步运用市场机制，完善市场运作指明了方向。

三、充分发挥市场机制的积极作用才能有高质量发展

《指导意见》的意思很明确，选择"市场运作"是既定的制度安排，不会改变和动摇。保险机构作为农险业务运作的主体，适应市场化经营的要求，在合规经营的前提下，有完全的经营自主权，包括产品开发和精算、承保理赔、业务发展等方面，可以充分运用自己的创造性，最大限度地把农业保险业务做好，同时建立有效的防控风险的体系，分散经营风险，保证农业保险的可持续发展，保证政策目标的顺利实现。

从另一个角度，也给各级政府提醒，至少在上述农业保险的经营范围内，只要经营主体合法合规经营，就不可随便干预企业的业务操作和管理，不能剥夺它们的自主权，不能干预它们买不买再保险买多少再保险，不能由行政机关讨论和决定"保险公司今年赔多少""怎么赔"等问题。国家要"建立科学的保险费率拟定和动态调整机制"，基层政府不能在没有依据的条件下要求保险公司降价，不能允许保险公司在招投标中进行价格竞争，也不能剥夺保险公司自愿退出一地市场的权利，等等。政府的责任和权限只是提供制度和政策支持，如建立完善的管理体制和大灾风险分散机制，协助经营机构做好宣传组织等工作就可以了。

这样做，就是尊重"农业保险发展的内在规律"，尊重保险经营机构的自主权，使保险经营机构能够根据市场机制原理和经营主体的保险经营经验，最大限度地发挥能动性，做好农业保险，最终"实现补贴有效率、产业有保障、农民得实惠、机构可持续的多赢格局"。

农业保险的管理协调机构有望建立[*]

——学习《指导意见》心得之三

《关于加快农业保险高质量发展的指导意见》（以下简称《指导意见》）对于农业保险体制机制建设方面，明确规定了要建立统一的管理协调机构，这对农险制度建设有重要意义。《指导意见》第十六条对中央层面和省级层面分别做出专门规定："财政部会同中央农办，农业农村部、银保监会、国家林草局等部门成立农业保险工作小组，统筹规划、协同推进农业保险工作。""各省级党委和政府要组织制定工作方案，成立由财政部门牵头，农业农村、保险监管和林业草原等部门参与的农业保险工作小组，确定本地区农业保险财政支持政策和重点，统筹推进农业保险工作。"对于这个亮点，有必要加以议论。

一、政策性农险制度需要一个统一的监督管理和协调机构

政策性农业保险既然是政府的重要农业发展政策，又是一套不同于商业保险的专门的保险制度，它的一个重要特点就是需要有一套专门的规则体系。而这套规则体系，涉及诸多的政策，涉及政府的许多部门。这就需要一个专门的部门或者机构来进行监督管理和协调，以保证法律法规和政策能够落实到位，顺利实现政策目标。

然而，在《农业保险条例》和其他政府文件中，对于这个重要机构并没有给予应有的重视。在中央层面只是提到各有关政府部门"协同推进"农业保险，笼统地提出了相关部门的责任："国务院保险监督管理机构对农业保险业务实施监督管理。国务院财政、农业、林业、发展改革、税务、民政等有关部门按照各自的职责，负责农业保险推进、管理的相关工作。""财政、保险监督管理、国土资

＊ 本文载于《中国保险报》2019 年 10 月 8 日。

源、农业、林业、气象等有关部门、机构应当建立农业保险相关信息的共享机制。"(《农业保险条例》第四条)在省、自治区、直辖市层面只是说"省、自治区、直辖市人民政府可以确定适合本地区实际的农业保险经营模式"(《农业保险条例》第三条)。只有这些十分笼统的要求,却没有统一的监督管理和协调机构,来制定更细致的操作规则,各个部门只能根据自己的理解来作为,"自由度"太高,"自由裁量权"太大,就使这些规定、要求流于形式了。各部门之间配合和协调也难了,部门之间都是平等的行政主体,谁听谁的呢?

如同一个交响乐团,要演奏一首优美的气势磅礴的交响乐曲,只有总谱(犹如我们现在的《农业保险条例》)是不行的。因为乐团有管乐、有弦乐,还有打击乐等,管乐里面还有铜管乐器、木管乐器,弦乐也有大、中、小提琴,贝斯等。必须要有一个乐团总指挥,并由总指挥给各种器乐写出配器和声的分谱,并统一指挥大家进行配合练习。政策性农业保险是一部宏大交响诗,比一首交响乐曲的排演和演奏复杂多了。不要说我们目前的政策法规(犹如演奏交响乐的"总谱")还不完善,就是有很完善的政策法规,没有统一的机构监督管理和协调,犹如没有指挥来写"分谱"并统一指挥进行合练。农业保险需要这个统一的有实际行政权限的统一机构,制定一系列实施细则,做出具体的可操作性强的规定,并在这个"指挥"的指挥棒之下协同配合,共同演奏好政策性农业保险这首宏大的交响诗。

二、缺乏统一的监督管理和协调机构弊病很多

12年政策性农业保险实践中暴露出来的许多问题,缺乏统一的管理、监督和协调机构是重要原因之一。没有这个机构,弊病不少。

农业保险不是临时性的阶段性的工作,而是一项长远实施的农业发展政策,需要设计和制定国家农业保险发展规划,也需要制定相应的法律法规和政策,而这些工作涉及众多政府部门、保险机构和广大农户,分别交由多家相关政府部门来共同管理和监督,分头征求其他各方意见,未尝不可。但是历史实践表明,这种方式协调成本太高,操作周期太长,实施效果不好。由一个部门牵头组成一个有实际权限的常设机构,能从农业保险的长远发展出发,考虑和制定发展规划,起草和完善法律和法规,效果和效率好得多。

从2002年《农业法》提出建立政策性农业保险制度,到2012年颁布《农业保险条例》经历了10年时间,才粗线条地制订了我国农业保险制度框架。又经历了7年时间,才产生了《指导意见》,对农业保险发展做了进一步的规划和规范。要是仍然没有一个专门机构来推动,我国的《农业保险法》还不知道要等到何年何月。各个省、自治区、直辖市因为没有固定的农业保险监督管理和协调机构,无法及时有效地给省政府决策提供方案和意见,现有的那些"领导小组办公

室"形同虚设，只起到"传话筒"的作用，具体事务很少负责处理和推进，省级规划和管理少有问津。在监督和管理方面也因为是多头管理，有了不同意见，要么各行其是，要么久拖不决。目前，农业保险市场许多乱象，与这种政府部门各自为政分割式的监督管理有一定关系。

还有，农业保险的持续和稳定发展，需要完善大灾风险分散制度，需要政府提供再保险支持，但是没有一个专门机构来操持此事，项目立项和未来的实施都会拖很长时间。何况农业保险的再保险需要有专门研究，不然难以起到它该起的作用。

三、借"他山之石"创中国之新

建设统一的监督管理和协调机构，其实也是其他农业保险发展先进国家的经验，像美国、加拿大、日本、印度、西班牙等国家，从农业保险制度建立的第一天起，就依法建立了专门的监督、管理和协调机构。这些国家的农险制度能在过去的80年（美国）、60年（加拿大）和72年（日本）里，得到持续快速发展，并不断完善和提高，得益于这个机构的规划、设计和推进。美国的《农作物保险法》自1938年颁布以来，平均差不多4～5年就修订一次，这个法律根据实践中的问题能及时修订和完善，得益于美国统一的管理、监督和协调机构"农业风险管理局"。这个机构有专门的行政和研究人员，不仅负责执行法律赋予的行政管理和监督的责任，还负责调查研究、风险评估以及产品开发和精算，该局每年向国会提交农险发展情况的报告，也不断提出修改法律的意见。加拿大、日本的农业保险专门管理和监督机构的职责也与美国的"农业风险管理局"类似，实践效果也很不错。

我国政策性农业保险制度从试点开始已有12年时间，"多龙治水"的分头管理、监督和协调体制弊病太多，协调成本太高，管理和监督效率较低。所谓"龙多不治水"大概就是这个意思。好在《指导意见》终于在总结国内外经验和教训的基础上做出了这个决定，就预示着我国政策性农业保险将要开辟一个管理体制和机制改革的新局面。

让我们期盼中央和地方的农业保险工作小组早日诞生并且实体化，建立一个集管理、规划、预算、协调、监督、执法责任于一身的机构，早日着手制定农业保险发展规划和实施细则，完善各种相关管理和监督规则，在真正建立信息共享机制的基础上，努力优化运行机制，加快完善条款费率拟定机制，完成全国的风险区划，迈出完善大灾风险管理制度的新步伐。这是整个农险界的共同愿望。

对政府在农险中的作为需要进一步规范*

——学习《指导意见》心得之二

2019

我国农业保险制度是采用很多国家都采用的所谓"PPP"模式，也就是政府市场合作模式。这种模式需要很好处理政府和市场的关系。我国12年的政策性农业保险的实践，暴露出来的突出问题之一，就是政府和市场的界限不那么明确。政府在农业保险制度中的定位和责任权限到底是什么，没有人回答得清楚。在有关文件和法规里，对政府参与农业保险的活动，也只是有原则性的规定。带来的问题是，要么各级政府及其相关部门无所适从，该做的不做，要么就是管的过宽，不该管的也管，即所谓"缺位"和"越位"同时并存，产生一系列严重后果。《关于加快农业保险高质量发展的指导意见》（以下简称《指导意见》）对这个问题有了比以往更加明确的指导意见，这对今后规范政府在农业保险中的责任和权限有重要意义。

一、政府需要在农业保险中发挥重要作用

任何一个国家的政策性农业保险（或者政府支持的农业保险）制度，政府都是最重要的内生变量之一。没有这个内生变量，农业保险这个方程式就将无解，就没有农业保险市场。或者更确切地说，不会有广阔的对现代农业化发展有重要意义的农险市场。因为政府需要农业保险为关乎国家粮食安全的农业提供支持和有效保护，也需要通过这种独特的保险再分配的方式为农户提供更公平合理的福利保障。这一点在我国农险界已基本上达成共识。

我国《农业保险条例》（以下简称《条例》）对于农业保险提出了16字"原则"。我理解，这就是我国农业保险的总体制度架构。《指导意见》进一步强调了这套原则。根据这套原则，政府在政策性农业保险中可以有两个方面的作为，即

---

* 本文原载于《中国保险报》2019年10月1日。

"政府引导"和"协同推进"。财政部曾经做过解释：所谓"政府引导"就是"财政部门通过保险费补贴等政策支持，鼓励和引导农户、农业生产经营组织投保农业保险，推动农业保险市场化发展，增强农业抗风险能力。"所谓"协同推进"就是"与其他农村金融和支农惠农政策有机结合，财政、农业、林业、保险监管等有关单位积极协同配合，共同做好农业保险工作。"（参见《中央财政农业保险保险费补贴管理办法》（财金〔2016〕123号），以下简称《补贴管理办法》）此次《指导意见》在上述解释的基础上，进一步做了有针对性的阐述，就是"更好地发挥政府引导和推动作用，通过加大政策扶持力度，强化业务监管，规范市场秩序，为农业保险发展营造良好的市场环境。"政府各有关部门"加强协同配合，统筹兼顾农业经营主体和小农户，既充分发挥农业保险的经济补偿机制和风险管理功能，又注重融入农村社会治理，共同推进农业保险工作。"这些阐释表明，政府在农业保险中的定位，就是提供包括保险费补贴在内的一系列政策支持，并且通过财政、保监、农业农村和森林草原等各相关部门的协同配合，加大政策支持，加强监管，强化监督问责，营造良好的市场环境，鼓励和引导农户投保，做好农业保险工作。《指导意见》相比《条例》和《补贴管理办法》，更加明确了政府在农业保险中所要发挥的作用，提出了政府既不缺位也不越位的原则，也强调了政策支持既聚焦新型农业经营主体又兼顾小农户，既充分发挥农业保险的经济补偿机制又注重融入农村社会治理的政策导向。

二、政府"缺位"和"越位"都难以
推动农险高质量发展

上述政策也好、法规也好，对政府在农业保险制度中和经营活动中的作为，只是给出了粗略的要求，在执行中，只能由政府各有关部门根据自己的理解来发挥，各级政府和政府相关部门执行起来都有相当大的"自由度"。

例如，《条例》第三条第三款规定："省、自治区、直辖市人民政府可以确定适合本地区实际的农业保险经营模式。"而不少省份并没有根据上述原则，制定本省的实施方案和选定适合本地的经营模式。《条例》第四条第二款要求："财政、保险监督管理、国土资源、农业、林业、气象等有关部门、机构应当建立农业保险相关信息的共享机制。"而时至今日，这种信息共享机制也没有很好建立起来，不仅监管效率不高，而且保险经营机构也得不到业务经营和发展所需的信息。精确承保、定损理赔和产品开发遇到很大困难。《条例》第五条规定："县级以上地方人民政府统一领导、组织、协调本行政区域的农业保险工作，建立健全推进农业保险发展的工作机制。"但是，迄今在很多地方，我们感受不到那里的政府建立健全了这种工作机制。这些现象，应该是《指导意见》中所说的"缺位"。

《指导意见》中所说的"越位"问题也不少。有的地方政府因为缺乏具体规则，通过不那么公正、公平、公开的"招标"方式，"有偿"分配农业保险市场资源；有的地方，一个乡（镇）就有好几家保险公司做业务，美其名曰"竞争出效率"，实则极大地破坏了市场规则；有的地方政府在没有研究机构也没有委托研究机构做调查评估、缺乏科学依据的情况下，就干预甚至强行要求保险经营机构降低保险费率，哪怕是风险极高的地区；有的地方政府"亲自"决定或者直接与保险经营机构就灾后如何赔、赔多少的问题讨价还价，扭曲了保险的运作机制；有的地方政府就连保险公司购买再保险也要加以干涉，以致最终造成理赔的被动；有的地方政府长期、大量截留、挪用甚至贪污中央、省、市财政拨付的农业保险保费补贴款，造成保险经营机构经营困难；有的地方政府消极对待建立科学合理的费率制度，反对根据不同地区风险大小实行差异化费率，助长逆选择和道德风险的发生，损害了广大投保农户的利益和低风险地区农户投保积极性。

鉴于这些"缺位"和"越位"问题的存在，《指导意见》在多处指出，要使"政府市场职责边界更加清晰"。这是根据上述实践中产生的问题概括出来的。

三、规范政府在农险中的作为最好有"负面清单"

为了明晰政府在农业保险中的行为边界，《指导意见》第八条，特别指出"地方政府不参与农业保险的具体经营。在充分尊重保险机构产品开发、精算定价、承保理赔等经营自主权的基础上，通过给予必要的保费补贴、大灾赔付、提供信息数据等支持，调动市场主体积极性。基层政府部门和相关单位可以按照有关规定，协助农户和保险机构办理农业保险业务。"这是迄今为止对政府和市场关系最具体的规定了，特别指出"地方政府不参加农业保险具体经营"。但是，要执行这一条，除了正面强调上述规定外，在若干方面仍然需要更具体的负面清单，这样才能使《指导意见》中有关政府作为的指导意见更具有可操作性。

例如：县乡级政府不能直接进行"招标"操作，也不能"黑箱"操作；基层政府可以协助保险经营机构查勘理赔，但不能干预或代替农民与保险经营机构"协议赔付"；省级政府可以在研究和评估基础上对费率调整提出建议，但没有科学依据不能强制保险经营机构降低费率；应该统一规划省、自治区、直辖市范围内的风险区划，而不能阻止保险经营机构根据本地风险差异进行风险区划和费率分区，实行差异化费率；可以根据财政预算规则、当地保险发展计划以及当年预算，在规定时期内分期拨付各级财政下拨的保险费补贴款，但不能截留、挪用和拖欠计划之内的保险费补贴款；相关部门的数据资料虽然有使用规定，但不能在部门之间相互封锁，应尽可能地为农险的风险区划和费率精算提供服务和提供方便。这些问题直接关系着农险经营的条件和环境，更决定着政策性农业保险的政策效能发挥的好坏。

相信在《指导意见》的指引和规范下，政府的作为将更加规范，在农业保险制度中的作用将得到更好发挥，政府和市场的关系处理得越来越协调，农业保险的高质量发展指日可待。

新时期发展我国农业保险的纲领性文件[*]

——学习《指导意见》心得之一

2019年10月，财政部、农业农村部、以保监会、林草局联合发布《关于加快农业保险高质量发展的指导意见》（以下简称《指导意见》），这是我国农业保险发展历史上继《农业保险条例》之后最重要的政策性指导文件。这个文件在我国政策性农业保险12年实践的基础上，针对政策制定层面、制度建设层面、业务操作层面现存的实际问题，对未来农业保险的发展提出了发展新目标，指明了发展新方向，提出了发展新举措。认真学习和努力贯彻《指导意见》必将推动我国农业保险迈向一个崭新的发展阶段。

一、12年的农业保险积累了丰富的实践经验

我国农业保险特别是政策性农业保险制度，从试验到普遍实施，已经顺利走过了12年。这个制度虽然还有些稚嫩，但已经显现出强大的生命力和蓬勃发展的势头。

政策性农业保险试验的前一年，2006年，艰难寻求突破之路的商业性农业保险，为我国农业提供风险保障只有2 000多亿元，保费收入仅有8.46亿元。但是在12年之末的2018年，全国农险保费收入已经达到571.41亿元，提供的风险保障达到3.46万亿元，是2006年的17.3倍。支付给受灾农户的赔款在2007年只有0.97亿元，2018年末总赔款423.15亿元，是2007年的436倍。这种发展速度在全球农业保险市场上也是绝无仅有的。它为推进我国农业现代发展，助力乡村振兴和国家的脱贫攻坚战略，都立下了汗马功劳。

在这12年里，农业保险的实践是异常丰富的，最初只有所谓"4＋2"共6家专业农险公司和综合性财产保险公司敢于进入这个有些冒险的农业保险试验行

---

* 本文原载于《中国保险报》2019年10月25日。

列，如今，进入农险经营的公司已超过 30 家；市场上的各类中央财政支持的政策性农业保险产品已经从最初的 10 多种，发展到 270 多种。还有各省财政支持的上千款特色农业保险产品。这些产品，既有大宗的成本保险产品，也有诸如天气指数保险产品、价格指数保险产品、收入保险产品，以及"保险＋期货"产品、"保险＋期货＋订单农业"产品、农业小额贷款保证保险产品、土地流转履约保证保险产品等。众多的创新，不仅在我国是首创，在其他国家也不多见。

农业保险的制度创新也是方兴未艾。各地在实践中逐步探索多家竞争型、独家经营型、联合共保型、相互合作型保险经营，"商业保险机构＋合作经济组织经营"等模式，逐步探索更加科学合理有效的经营制度。

总之，12 年的发展为我国农业保险长远发展打下了一个良好的基础，农业保险开始走进了一个新的时期。中央在这个关键时刻，及时发布《指导意见》这个纲领新文件，为今后五到十年农业保险的发展作出初步规划，明确阐述今后发展我国农业保险的指导思想、基本原则、发展目标，并就提高农业保险服务能力、优化农业保险运行机制、加强农业保险的基础设施建设和做好组织实施工作等方面，提出了比较具体的指导意见，这将揭开我国农业保险的新篇章。

二、实践提出了大量的待解决的课题

12 年丰富的农业保险实践，是前无古人的，我们的试验和发展，是在没有现成的适合中国国情的农业保险发展道路的背景下起步的。虽然，其他农业保险发达国家有长短不等的丰富历史、成功的制度和经营模式，但是，其他国家的经验不可能完全适应中国的国情。我们在探索农业保险的道路上，遇到了许多新课题。

实践初步证明，我们选择"PPP"模式是正确的。这种制度的运作是良好的，也是成功的。但正如《指导意见》中所指出的："农业保险发展仍面临一些困难和问题，与服务'三农'的实际需求相比仍有较大差距。"这些困难和问题，集中反映在如何恰当地有效地处理政府和市场的关系方面；我们所选择的这个政府市场合作的制度，其和政策目标应当如何设定，这些顶层设计的关键问题需要有进一步的解决方案。具体来说，政府如何定位，各级政府的作为如何界定和约束，如何有效发挥市场机制的作用，如何更好地规范市场组织及其业务经营；如何设置农业保险管理体制和机构，这个机构怎样才能更有效地行使管理、监督和协调职能；实施农业保险的政策效果如何体现和评价。市场层面的课题也不少，比如，如何加快完善大灾风险分散机制，给予农险制度一个制度上和技术上的保证；众多的农业保险产品如何整合和推广，产品的设计和精算要不要和怎样才能有更科学的解决路径，农业保险的保障广度和保障深度如何进一步提高；实现农业保险高质量发展还要补齐哪些短板，农业保险与其他农村信贷手段如何更好地协调推进；农业保险的基础设施建设如何加强，组织制度如何更好地配合，如何向广大干部和和农户进行风险和保险教育等，都是需要进一步探讨的课题。特别是有些问题涉及农业保险制度的顶层设计。

三、新时期我国农业保险的发展方向

这一系列问题都需要回答，更需要解决。能不能让我国的农业保险更上一层楼，从外延型粗放型发展推进到集约型高质量发展，取决于我们能不能和在多大程度上解决这些体制机制问题。

本来这些顶层设计和大的政策问题，需要通过立法或者修订《农业保险条例》来解决更好一些。鉴于我国立法和修法的进程较慢，而通过中央政府发布政策文件的方式来及时总结经验和提出新的目标和解决方案，不失为一种重要和有效的途径。

《指导意见》很及时地提出了新的时期我国农业保险发展的指导思想，那就是"按照党中央、国务院决策部署，紧紧围绕实施乡村振兴战略和打赢脱贫攻坚战，立足深化农业供给侧结构性改革，按照适应世贸组织规则、保护农民利益、支持农业发展和'扩面、增品、提标'的要求，进一步完善农业保险政策，提高农业保险服务能力，推动农业保险高质量发展，更好地满足'三农'领域日益增长的风险保障需求。"基于这个目标，对于业已基本确定的制度框架，特别是"政府引导、市场运作、自主自愿、协同推进"的原则，做了进一步明确和阐释，也把今后 3 年和 10 年的发展目标提了出来，那就是"到 2022 年，基本建成功能完善、运行规范、基础完备、与农业农村现代化发展阶段相适应、与农户风险保障需求相契合、中央与地方分工负责的多层次农业保险体系。""到 2030 年，农业保险持续提质增效、转型升级，总体发展达到国际先进水平，实现补贴有效率、产业有保障、农民得实惠、机构可持续的多赢格局。"除了体制和机制建设规划外，提出了具体的发展指标，"稻谷、小麦、玉米三大主粮作物农业保险覆盖率达到 70％以上，收入保险成为我国农业保险的重要险种，农业保险深度（保费/第一产业增加值）达到 1％，农业保险密度（保费/农业从业人口）达到 500 元。"这为在新时期我国农业保险的高质量发展指明了方向，也做出了具体的规划。有了这个规划和行动准则，农业保险参与各方——政府、企业、农户（和农业经营组织）就能在这个统一的计划里协力同心，共襄盛举，共同谱写中国农业保险的新篇章。

对农业保险性质的再认识*

——兼论回归经营农业保险的"初心"

摘　要：我们大规模开展的农业保险到底是什么性质的农业保险，2012 年《农业保险条例》颁布之后，有人就说，《条例》所说的农业保险就是"有补贴的商业性保险"。学界和业界一直没有进行认真讨论。站在 2019 年的今天，回头看看农险走过的脚印，我们才发现，按照"有补贴的商业性农业保险"运作，带来了一系列的有害结果。本文讨论了政策性农业保险与有补贴的商业性农业保险的主要区别，建议农业保险一定不能忘记国家建立政策性农业保险的"初心"。早日回归"初心"，农业保险才能实现高质量发展。

关键词：政策性农业保险；有补贴的商业性农业保险；法规；制度

最近，从媒体和监管部门那里，不时听到和看到农业保险经营违法违规的案例和公布的罚单，令许多同仁和朋友不解。如今农业保险发展环境和政策这么好，全国都在全力以赴地参与扶贫攻坚，农业保险界活跃在支农、扶贫第一线，理应遵规守矩，尽心尽意为农业和农民提供更多的风险保障、为实现乡村振兴做更多贡献，但这些问题却和我们的这些目标背道而驰。

农险经营中发生这么多问题，原因很多，其中之一就是我们不少公司及其员工，并不真正了解我国建立的农业保险制度，特别是在这个制度下所做农业保险的性质。不知道千辛万苦建立的这个制度的"初心"是什么。因此，有必要对我国农业保险的性质进行再认识，免得不知或忘记"初心"，失去农险经营的方向。

一、曾经发生的关于农业保险性质的讨论

在我国财政开始补贴农业保险保费的时候，曾在学术界、业界和政府各有关

---

* 本文原载《中国保险报》2019 年 7 月 25、26 日。

部门发生过一场关于我国有政府支持的农业保险的性质的争论。有人认为，我们的农业保险由商业性保险公司经营，有实际困难，"保费高了（农民）买不起，保费低了（公司）赔不起"。政府为了调动农户投保的积极性和保险公司经营积极性，"政府给一点补贴，撬动保险市场"。这种保险就是商业性保险。但另一种意见认为，我们要建立的是制度性的农业保险，要解决的是国家粮食安全和农民收入稳定的问题。政府补贴只是这个制度的一个部分，还需要一系列其他规则支撑。这种作为政府农业发展政策工具的农业保险是政策性保险。在这个制度中，政府的财政补贴只是其中一种支持政策。

这种争论的结果，虽然大多数人接受政策性农业保险的概念和认识，但是任由一些人不同意使用"政策性农业保险"的说法，认为要把我们的政府只是给点补贴的农业保险叫政策性保险的话，第一，会给财政带来很大负担，会不会在发生较大灾害的时候，让政府接受无限责任，将政府财政拖进"无底洞"；第二，当时我国政策性银行正在进行改革，而且改革的效果并不好，这又来一个"政策性农业保险"，没准又让政府背上包袱；第三，没听说外国有什么政策性农业保险，我们还是不要搞这些新名词为好。针对这些问题，我曾经在中国保险报上发表了一篇长文，阐述了"政策性农业保险是一个科学的概念"（参见 2011 年 10 月 17 日《中国保险报》）。对政策性农业保险的概念及其制度含义、依据，做了讨论，并针对一些不同观点阐述了我的观点。很多学者和专家也都发表了不少意见，认为农业保险是分为商业性农业保险和政策性农业保险的，政府要通过财政补贴来实现自己农业发展目标，这种农业保险已经不是商业性农业保险了。应该说，经过了这次讨论，大多数同仁认可政策性农业保险的概念，并且把我国政府补贴的这种农业保险及其一整套制度叫"政策性农业保险"了。

二、《农业保险条例》的产生过程及其理论探讨

但是，农业保险性质问题并没有完全解决，因为这个看似学术观点之争，进而引发了政策和法规之争，集中表现在 2007 年的《政策性农业保险条例》的起草和流产。这部集三部委之力，广泛征求了学界和业界意见，十八易稿的《政策性农业保险条例（草案）》，最终提交国务院法制办之后，就石沉大海了。该《政策性农业保险条例（草案）》被搁置，背后的原因虽多，但跟"政策性"三个字关系极大，至少部分人（或部门）不同意"政策性农业保险"的概念和命题，也就不会同意这个《政策性农业保险条例》了。但是，政策性农业保险发展势头很猛，国家领导人越来越强调政策性农业保险对于实现我国农业现代化和城市化，对于保证国家粮食安全战略的重要性。除了在一些讲话中阐述之外，在从 2004 年到 2011 年发布的中央 1 号文件里，有 7 个文件都强调了"建立和完善政策性农业保险"，有的有大段具体的意见和要求。

在这种背景下，2011 年末国务院指示再次启动农业保险法规起草。2012 年 9 月提交国务院法制办，并在网上公开征求意见，11 月就获得国务院通过，决定从 2013 年 3 月生效实施。不过，这个《条例》没有"政策性"的定语，叫做《农业保险条例》。而且，《农业保险条例（草案）》通篇没有"政策性"字样。但经温家宝总理签字公布出来的《农业保险条例》，很意外地增加了第三条第一款"国家支持发展多种形式的农业保险，健全政策性农业保险制度。"这应该是与我们 7 个中央 1 号文件相呼应的。当然，核心是将该文件的制度性意义提高了一个层次。该《条例》对于我国包括"政策性农业保险"在内的"多种形式的农业保险"（参见《农业保险条例》第三条）都做了全面的规划和安排，也提出了一系列的原则和政策。这个《条例》所说的"多种形式的农业保险"，就是政策性农业保险和商业性农业保险。但是，大部分内容是为政策性保险所做规范的。

三、"政策性农业保险"和"有补贴的商业性保险"有根本区别

不过，如何理解和解读这个《条例》，特别是对于《条例》中所说的接受政府补贴的农业保险，却有不同的声音。有人撰文说这个条例说的不是政策性农业保险，而是"政府补贴的商业性农业保险"。尽管当时也有人批驳了这种观点，但一直没有人认真讨论"政策性农业保险"和"政府补贴的商业性保险"有没有区别，如果有区别，有什么区别的问题。有的部门也一再强调，没有什么"政策性农业保险"，政府就是为商业性农业保险提供一点补贴而已。并且，对于有的省份设计本省的农业保险经营模式，政府参与农业保险经营的，也先后被叫停。有的人认为，经营农业保险，承担风险责任是商业性市场主体的事情，不能将农业保险的风险责任转移到政府身上。就是说，虽然《条例》第三条第一款说过"健全政策性农业保险制度"，但他（她）们认为，并没有什么"政策性保险"，只有商业性保险，只不过政府为了"撬动这个市场"，给了一点补贴。大概这 7 年就是在这种不明性质的状态下做农业保险，或者在口头上叫"政策性农业保险"，实际上做的是"商业性农业保险"。

那么，应当如何理解我国通过《农业保险条例》所规范的"政府提供补贴的农业保险"是什么性质的保险呢？站在 2019 年这个时间点上，结合《农业保险条例》，再来学习中央在过去 16 年的 16 个中央 1 号文件，就会发现，我们现在建立的农业保险制度就是为政府实施乡村振兴战略和农业现代化提供风险保障的政策性农业保险制度，其"初心"非常明确，虽然选择市场主体为政策性农业保险服务，但绝不是为了支持商业保险的增长，更不是为这些企业提供新的利润增长点。那种认为"没有什么政策性农业保险"，"就是政府出点钱撬动保险市场"的观点，并不能代表政府的立法意图，更不符合 16 个中央 1 号文件的基本精神。

因此，现在回过头再来讨论一下这种农业保险的性质依然很有必要。

回顾 7 年来理论研究和实践的结果，"政策性农业保险"和"有补贴的商业性保险"的区别至少表现在以下 9 个方面。

（1）政策性农业保险对于现代农业来说必须有，因为对于农业具有战略重要性的国家，这是实现农业现代化和发展现代农业条件下，政府管理农业风险最有效的工具之一，因为传统的非工程性农业风险管理方式和手段基本上失去应用价值（参见拙著《我国农业保险政策及其可能走向分析》，《保险研究》2019 年第 1期）。而有补贴的商业性农业保险可以有，可以没有，完全取决于商业保险公司的评估和决策。在国外，商业性农业保险虽然出现很早，但除了雹灾保险之外，对管理农业（特别是现代农业）风险有重要意义的多风险农作物保险只是在商业保险公司短暂试验之后就都销声匿迹了。在我国，自 1982 年到 2004 年的 23 年间，除了国有的中国人保和 1986 年建立的新疆生产建设兵团农牧业保险公司（只在兵团内做农险）之外，没有保险公司选择做农业保险，即使 2007 年开始政府补贴农业保险的保险费，但大多数保险公司仍然处于观望态度，没有参与农业保险的愿望和积极性，有的地方政府甚至请都请不进来。

（2）政策性农业保险有其政策目标，那就是保障国家的粮食安全，增进农户收入的稳定性，提高本国农产品的国际竞争力，有效推进脱贫攻坚等。因此，即使农户缺乏有效需求，也要努力去做，也不可能给经营主体很大的利润空间。而有补贴的商业性农业保险的主要目标，就是企业利润最大化，即使考虑国家的政策目标，也要首先服从企业的利润目标。因此，有钱赚就做，没钱赚就不做。公司可以将利润持续增长作为其业务的核心考核指标，可以用农业保险的利润补贴其他商业保险业务的亏损，实现商业业务之间的调剂和平衡。

（3）政策性农业保险需要专门的制度安排，专门的法律法规和其他监管规则。政策性农业保险可以为了政策目标不允许自由竞争或者限制自由竞争，也不要求经营机构完全实行自负盈亏，而由政府通过制度安排，通过完善的大灾风险分散制度，分散其经营中的超赔责任风险，为其经营提供"最后的风险保障"。而有补贴的商业性农业保险不需要专门的制度安排，只需要服从规范商业保险的《保险法》的规则就可以了，完全是自由竞争，自由交易，自负盈亏，经营的大灾风险要自己扛，扛不了可以破产。

（4）政策性农业保险需要政府多层面的参与，在其保险业务中，事实上是保险人、投保人和政府三方参与，特别是在发展中国家，需要政府帮助保险机构进行组织和动员农户参加保险，而且政府很关注这个保险经营的结果，并根据这个结果适当地调整某些政策。而有补贴的商业性农业保险不需要政府的多层面参与，政府仅仅是"出点钱"撬动保险市场而已，所有业务需要自己干，经营后果也与政府无关，政府也就不会特别关注。

（5）政策性农业保险是按照政府的农业发展计划实施的，中央政府和各省、自治区、直辖市都是根据国家和各地的计划安排来确定哪些种植、养殖或其他农业农村财产标的需要纳入全国或者本地政策支持的计划，才可能给予财政、税收等政策的支持。目前，我国中央财政支持的保险标的有 16 类 22 种。而有补贴的商业型保险，是根据商业性公司的目标开发的，虽然也可以争取政府的补贴，但不影响政府的宏观计划。

（6）政策性农业保险可以根据农业支持计划的要求，适应农户有效需求的实际，补贴大部分甚至全部保险费。例如我国纳入中央财政补贴的保险险种，保险费补贴大到 80% 甚至 90%。美国的 CAT 保险项目补贴 100% 的保险费。而商业性农业保险即使政府给予补贴，也不可能是大部分或是全部保险费。

（7）政策性农业保险由政府根据政策需要进行风险选择和被保险人选择，给保险经营机构的余地较少。例如，开始几年，保险经营机构对于可能产生系统性风险的旱灾，病虫灾害等风险责任，都不承保。几个部委联合发文（《中国保监会　财政部　农业部关于进一步完善中央财政保费补贴型农业保险产品条款拟订工作的通知》保监发〔2015〕25 号）大大扩展了保险的风险责任，限制了保险公司的逆选择，以维护农业保险被保险人的利益，也就保证了政策目标的实现。而有补贴的商业性农业保险，根据商业保险公司自己的经营目标和对风险的评估，完全有权选择承保风险和投保人，可以不考虑政府的政策目标。

（8）政策性农业保险以政策为中心，以农业和农户为中心，目标函数是国家利益和农户利益的最大化，不会也不允许侵犯国家利益和被保险人的利益。而有补贴的商业性农业保险其目标函数是个人和公司利益最大化，所以就容易采取投机取巧，采用各种非法和违规手段，套取财政补贴，不止一地出现所谓"三个没关系"（承保与农户没关系、理赔与灾害没关系、赔付与损失没关系）这种侵害国家利益、侵害投保农户利益的怪事也就不奇怪了。

（9）政策性农业保险需要按照政府设定的目标加以考核与评估，这种考核评估的依据也是围绕政府的农业发展目标和政策性农业保险的政策目标。通过评估，不断完善政策性农业保险的制度和政策，促进经营和管理的改进，使其更加符合政府的政策目标。而有补贴的商业性农业保险只是按照商业性保险经营的目标，特别是利润考核指标，虽然可以强调企业的社会责任，但企业责任毕竟不是企业的主要目标。企业考核评估的绩效也要落在企业的利润和发展上，不会以社会效益为主要落脚点。

其实，政策性农业保险和商业性农业保险完全是性质不同的保险制度。所以，我国保险法第 158 条专门说："农业保险由法律、行政法规另行规定。"2015年的最新版本 183 条仍然这样写。说明保险界非常清楚：政府支持的这种农业保险，是政策性农业保险，是为了实现政府的政策目标而建立的，需要一套专门的制度安排，包括专门的法律法规，跟《保险法》规范的商业保险不是一回事。商业性农业保险即使给点补贴，也完全可以根据商业逻辑在商业保险的法律法规体系之下运行。二者的目标完全不同，操作方式也不同。

四、按照"有补贴的商业性保险" 做农业保险的不良后果

我们不少保险公司实际上是奔着"有补贴的商业性农业保险"来的，由于根本没有明白我们国家通过制定专门法规建立起来的这套农业保险体系和制度的性质和目的，单纯从盈利性出发进行评估和决策，按照"有补贴的商业性保险"来经营农业保险，带来了一系列的恶果，表现为：

——假承保。假农民之意，不经农民知情，由协保员、甚至公司代垫农户应交的那部分保费，甚至与保险机构合谋，出具假保单，骗取各级财政补贴；虚构标的，承保的作物面积森林面积和养殖头数，超过实际播种面积、森林面积和养殖头数，实际上是虚假的保险合同。

——假理赔。因为有假保单，就需要利益分享，保险机构就做假赔案，没有受灾也要造出赔案，没有死猪的竟然可以"造"出死猪赔案来，该少赔也必须多赔；真正保险标的受了大的灾害损失，又会千方百计拒赔、少赔。

——假费用。为了竞争需要，不惜寻租，加大手续费佣金等不正当开支，这些开支只好以各种"合法"名义"报销"，使经营费率用大大提升。

——追利润。以利润为导向，甚至将利润递增指标作为考核农险机构经营成果的主要指标，"迫"使经营机构为了利润，不惜铤而走险，弄虚作假，违规违法，不惜损害被保险农民利益的方式压低赔付率，或者拒不支付共保摊赔款项。最近媒体报道的还有，某地农户为自己栽种的石榴投了保，交了费，发生了灾害损失后，大概是保险人觉得赔付责任太大，竟然以政府补贴不到位为由，要求农户退保，引起投保农户的不满和投诉。

而那些真正按照政策性农业保险来做的公司，处处考虑被保险农户的利益，考虑到政策目标，就很少有这些违规违法的行为，受到政府和农户的欢迎。

五、回归"初心"才能做好农业保险

政策性农业保险就是我国农业保险制度建立的初心，把"政策性农业保险"当作"有补贴的商业性保险"来做，这实际上就是离开了"初心"。坚持后面这种观点和实践的人，或许是不懂，也可能是无心，但后果很严重。

目前，全国都在进行"不忘初心"的教育，联系我国农业保险的实际，做一些回顾和反思，深刻理解党和国家建立农业保险制度的"初心"，让那些不明白这个"初心"或者遗忘了"初心"的农险同仁、做农险的公司回归"初心"，理解我国农险制度的政策性质，这对我们正确理解和坚决贯彻中央最近通过的《关

于加快农业保险高质量发展的指导意见》，有重要意义。

我曾说过，政策性"农业保险在一个较长时期里应当有适当的合理的利润。这才会使保险公司能维持简单再生产和扩大再生产，持续给农户提供农业保险服务。"（《农业保险发展中的几个要害问题》，《中国保险报》2017年1月23日)），不过政策性农业保险，虽然不要各家保险公司当做慈善来做，"但做农险也的确是需要一种情怀，一种为政府担责、为农业贡献、为农民分忧的情怀，对农业的风险保障有一种亲切的情感。"（《不能简单考核农险业务利润指标》，《中国保险报》2019年1月6日）只有回归建立农险制度的"初心"，正确对待"农险"和"企业"的关系，才可能负起这种责任，才可能有这种情怀，农业保险才可能做好，做长久，做出成效，才能实现建立这种政策性农业保险制度的政策目标。这不仅是一个理论问题，也是一个实践问题。

这个"初心"问题解决好了，辅之以监管，我国的农业保险才会旧貌换新颜。

我国政策性农业保险制度建立的来龙去脉

——漫谈我国农业保险制度的"初心"

摘　要：围绕我国《农业保险条例》的产生过程，实际上有一系列的分歧和争议。这些分歧和争议既有理论的，也有行政管辖方面的。这种分歧和争议持续时间比较长，导致后来实施过程的政策和操作偏离建立我国政策性农业保险的"初心"。本文对于这场旷日持久的分歧和争论做了一些回顾。

关键词：政策性农业保险；商业性农业保险；制度

我国建立的政策性农业保险制度走过了 12 年的历程，12 年发展成绩是有目共睹的。但其中也还存在不少问题，特别是把政策性农业保险当作所谓"有补贴的商业性保险"来做，产生了诸多弊病。为了更好发展这个制度，真正实现建立这个制度的初衷，有必要了解这个制度建立之初的背景和争论，明确建立这个制度的"初心"所在。

一、安徽大水灾和农业保险发展调查启动

2003 年安徽发生较大洪涝灾害，农业损失惨重，绝收农作物面积多达 700 万亩。因为政府的救灾资金十分有限，农业和农户损失得不到补偿。2004 年，安徽省政府给国务院打了一个报告，请求继续发展农业保险，使农业灾害损失能得到一定补偿。之所以请求发展农业保险，是因为，在安徽试办农业保险的唯一的一家保险公司——中国人保公司，因为要上市，坚决地停办了包括安徽在内的全国农业保险试验。此前，中国人保在安徽开办农业保险已经试验了 22 年，虽然从保险公司的角度并不成功，一直亏损严重[①]，试验规模不大，保险保障水平

---

① 发生严重洪涝灾害的 1992 年，人保安徽分公司在该省农业保险的赔付率超过 200%，当然，保险公司该年的赔付是严重不诚信的，因为城市灾害也很严重，公司赔不起，一亩地绝产也只赔给农民 4 元钱，保额是 70 元。

很低。但有这种低保障总比没有强。在人保退出农业保险试验的时候，时任保监会主席吴定富当机立断，于 2004 年、2005 年、2008 年先后批准设立安信、安华、阳光相互、国元等四家农业保险专业公司和法国安盟农业保险公司成都分公司，希望农业保险能够继续得到试验和发展。

温家宝总理看到安徽的报告后，就请吴定富同志组织力量对农业保险发展问题进行调研。调查组长就是原陕西省保监局的一位副局长。2006 年调查报告提交后，在国务院授权之下，由保监会牵头，财政部和农业部共同参加，启动了《政策性农业保险条例》的起草工作。

二、《政策性农业保险条例（草案）》被搁置原因

保监会指派时任政策法规部主任主持起草工作，农业部派来的是政策法规司一位副司长，财政部派来的是刚刚入职的一位女同志。起草工作进行了大半年，十八易其稿，才郑重地报给国务院法制办。法制办随后征求各部委的意见，中国人民银行、农业部、林业部等部门多以行、部名义回复同意，但是财政部以办公厅的名义，回复意见是"条件不成熟"。持反对意见的还有当时的发改委。于是，这个《政策性农业保险条例（草案）》就被搁置了。

这里面的原因说起来很微妙，需要返回到 1997 年的一场部委之争。

这一年，国务院在国内农业保险试验 15 年的基础上，想要建立中国的农业保险制度，请央行和财政部各拿出一个计划方案。当时央行行长是戴相龙，财政部长是项怀诚。两个部门拿出两个方案，都同意建立中国的农业保险专门制度[1]。但是，就谁来主管农业保险的问题发生分歧。央行的方案坚持农业保险归中国人民银行管，因为这是保险业务。财政部的方案坚持农业保险由财政部来管，因为这种保险要财政部拿钱，并且，自解放之初就是归财政部管的。在两方各不相让的情况下，朱镕基就把这件事搁置了。其实，当时财政部信心满满，他们建议成立政府出资和管理的"中国农业保险公司"，由该公司主办农业保险业务（可能是借鉴于美国的经验），并且起草好了《中国农业保险公司章程》。万事俱备，只欠东风。

2006 年起草《政策性农业保险条例》，其实是第二轮部委之间的争取领导权的"较量"。在保监会主持起草《政策性农业保险条例（草案）》期间，财政部突然拿出一个组建"中国农业再保险公司"的方案，在北京找了包括中国人保在内的几家保险公司征求意见，据参加会议的同志会后跟我讲，这家"中国农业再保

---

[1]　1995 年开始实施的《保险法》84 条就明确提出"国家支持发展为农业生产服务的保险事业。农业保险由法律、行政法规另行规定。"

险公司"不仅提供农业保险的再保险，而且要负责全国农业保险直接保险业务的管理工作。但这个方案并没有拿出来征求保监会、农业部等部门的意见，可能也没有上报国务院。到底是为什么，只能猜测了。但这表明，财政部否定了保监会牵头起草的《政策性农业保险条例（草案）》。

三、《农业保险条例》起草再次启动和迅速颁布

在中共中央、国务院自 2004 年以来的四个 1 号文件中，对建立政策性农业保险制度不断给出指导意见："加快建立政策性农业保险制度"（2004 年中央 1 号文件）；"扩大农业政策性保险的试点范围"（2005 年中央 1 号文件）；"积极发展农业保险，按照政府引导、政策支持、市场运作、农民自愿的原则，建立完善农业保险体系。扩大农业政策性保险试点范围，各级财政对农户参加农业保险给予保费补贴，完善农业巨灾风险转移分摊机制，探索建立中央、地方财政支持的农业再保险体系。"（2007 年中央 1 号文件）。2007 年，财政部终于决定，将"农业保险保险费补贴"列入财政预算科目，做了 10 亿元的财政预算，并决定在 6 个省选择小麦、水稻、玉米、棉花、大豆五种作物，进行政府补贴保费的农业保险试验。要求省级政府补贴 25% 保险费之后，中央财政配套补贴 35%。同年 7 月，因为生猪价格暴跌，能繁母猪大量减少，为了稳定能繁母猪的数量，国务院决定开展"能繁母猪保险"，由中央和地方政府补贴 80% 的保险费，因此这一年，中央财政的"农业保险费补贴"实际支付 22 亿元。

保费补贴型农业保险试验很快在全国推开，补贴的农牧业保险标的也不断增加，但是参与供给农业保险的保险机构不多，只是所谓的"4＋2"。"4"是指 4 家专业性农业保险公司，安华、安信、阳光农险和法国安盟成都分公司（2008 年"国元"进场，变成"5"），"2"是指中国人保和中华联合两家综合性财产保险公司。3 年多的试验实践中，大家觉得需要建立农业保险制度，特别是需要将农险政策系统化法律化，给大家一个长期预期，同时也需要规范农险市场，既维护保险机构的利益，也保护投保农户的合法权益。于是，2010 年下半年，保监会再次给国务院打报告，提出重新启动《农业保险条例》起草工作。温家宝总理欣然支持。可能是为了减少摩擦，国务院就让保监会一家主持起草。此次起草，为了快刀斩乱麻，只是修改了 4 稿，2011 年 9 月末提交国务院法制办，国务院法制办也雷厉风行，在征求各部委意见的同时，于 9 月 30 日就把《农业保险条例（草案）》在网上公布，在全国征求意见。该草案很快定稿，提交主管农业的副总理回良玉。据说，温家宝总理之所以抓得很紧，就是想在次年 3 月卸任总理之前，签发这个条例，了却一桩心事。《农业保险条例》于 11 月签发并公布，2012 年 3 月生效。

四、最初的关于农业保险的性质之争

我国想要发展的农业保险，到底是什么性质的保险，从财政补贴的第一天就提出来了。按照财政部主管此业务的金融司的意见，政府补贴的农业保险是商业性保险，政府"只是用一点补贴撬动这个市场"。但是，学术界的主导意见是，这种需要政府补贴保险费，并需要制定一系列政策支持和多种制度保障的农业保险，已经不是简单的商业保险，因为商业性农业保险不可能有市场。而且，如果政府单单是补贴一点保险费，而没有配套政策和制度的话，这种商业性农业保险是不可持续的，也无法达到政府发展农业保险的目的。

这个争论第一次发生在 2008 年春天财政部金融司召开的政府支持的农业保险一年成果汇报会上。争论有点激烈。包括北京师范大学副校长史培军在内的几位学者，没能说服财政部金融司的官员。

对于农业保险，财政部一直忌讳"政策性"三个字，直到今天，财政部也不许本系统使用这三个字，财政部的一位司长反复强调，我只是给一点保费补贴，你们去做，做好做坏都是你们的事。笔者理解：司长的具体理由有三点，第一，如果是政策性保险，会把政府陷进去，要是遇到大的灾害赔付，政府会掉进"无底洞"；第二，几家政策性银行的改革一直不大成功，已经让政府很头疼，再来个政策性农业保险，说不定带来更多麻烦；第三，国外也没有什么政策性农业保险的提法，我们也别制造这种别出心裁的概念。

作为行政官员，这些想法和顾虑也有一定的道理，或者说可以理解。特别是在这次汇报会上，听到吉林省汇报说，2007 年吉林遇到较大灾害损失，要赔 15 亿元，保险费收入只有 6.8 亿元，政府答应保险公司赔完全部保险费之后的责任由省政府承担，而实际上省里根本筹集不到那么多的钱，陷入麻烦。这足以让财政部门担心。

但问题是，一些官员不完全理解自 2004 年以来中央 16 个 1 号文件中坚持使用"政策性农业保险"的深远意义，他们站位有点低，把这件事情想得有点简单了。我们政府给予财政补贴的这种农业保险，远不是一点补贴的问题。因为要达到政府建立农业保险制度的政策目的，需要一套制度来保证。2011 年我针对财政部一些领导的观点，专门写了一篇文章，阐述了政策性农业保险概念的科学性（参见《"政策性农业保险"是一个科学的概念》，载《庹国柱农业保险文集》）。也批评了上面三个观点。即使 8 年后的今天来看，我的这些意见也是对的。

农业保险的性质之争一直持续到今天。

《农业保险条例》的起草，也是在这种争论的背景下进行的。为了减少阻力，保监会主持起草的法律法规部主任决定，在条例的名称前面，去掉了有争议的

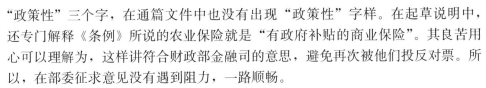

"政策性"三个字，在通篇文件中也没有出现"政策性"字样。在起草说明中，还专门解释《条例》所说的农业保险就是"有政府补贴的商业保险"。其良苦用心可以理解为，这样讲符合财政部金融司的意思，避免再次被他们投反对票。所以，在部委征求意见没有遇到阻力，一路顺畅。

戏剧性的情节发生在温家宝总理签字那一刻，据说，一位副总理对总理说：政策性农业保险中央已经在过去 7 年里反复提及，怎么《农业保险条例（草案）》中没有政策性的字样。于是在《农业保险条例》第三条，加上第一款"国家支持发展多种形式的农业保险，健全政策性农业保险制度。"

五、"政策性农业保险"和"政府补贴的商业性保险"之辩

讲这个话题，也可以说是不忘建立政策性农业保险之"初心"的需要。因为长时间以来，这个问题始终没有解决好，不少保险公司不是按照政策性农业保险的要求来经营农业保险，而是按照商业性保险的思维和套路经营农业保险，带来了不好的后果，而且广泛发酵。

2011 年主持起草《条例》的保监会政策法规部主任，在《条例》公布后专门发表了一篇文章，说我国有财政支持的农业保险是"政府补贴的商业性保险"，而不是政策性农业保险。一直没有人跟他认真讨论过。在《条例》实行 7 年后的今天，回顾农业保险中发生的许多问题，根源之一就在这里。说政策性农业保险是有补贴的商业性保险，不仅理论上说不通，而且实践证明也是非常有害的。有必要重新讨论这个话题。实际上，我觉得它们至少有九个方面的区别（参见拙著《对农业保险性质的再认识——兼论回归经营农业保险的"初心"》，《中国保险报》2019 年 8 月 5 日）。从 2002 年修订的《农业法》第四十六条第二款就明确提出"国家逐步建立和完善政策性农业保险制度"。此后在从 2004 年到 2019 年中央 1 号文件中也连续提到建立和发展政策性农业保险制度。可见，中央对政策性农业保险制度的概念和制度一直是非常清醒和明确的。

12 年的实践证明，凡是政府和企业对政策性农业保险理解得较深的地方，农业保险就做得好，问题也较少。反之，以为这就是有补贴的商业性保险的地方，自觉性就差，问题就比较多。

就财政部门来说，现在，虽然口头上坚决不说"政策性"农业保险，实际上《农业保险条例》颁布以来，也是在逐渐转变认识，在中央各项重要文件的指引下，不断加大支持力度，努力完善这个政策性农业保险制度。财政部当年提出和坚持这种观点和认识的个别领导也退休了，我想新任领导会有更务实和转变认识的条件。

六、回归该制度建设的"初心"，
才能实现高质量发展

我国最终没有选择财政部 1997 年准备提出来的，由政府自己成立农业保险公司举办农业保险的动议，而是选择由商业性保险公司来做政策性农业保险的组织制度。这既是借鉴美国经验的结果，也是国内部委间博弈的结果。但是对于农险性质的认识问题，始终没有完全统一。

原保监会政策法规部主任写的那篇论证我国农业保险是"政府补贴的商业性保险"的文章，不管是无心之作，还是为财政部当时的观点和理念背书，抑或是对任职公司农业保险业务的定位，实际上符合了大多数商业保险公司的商业心理，在此后这么长时间里，这个观点和理念发挥着业务指导作用。理论的误区，导致我们部分做农业保险的商业性保险公司，从一开始，就没有完全明白，进入这个制度之后，自己的理念、认识应该如何加以调整，使自己的商业性思维转变成政策性思维，让自己在政策性思维的指导下做政策性农业保险业务。他们在很大意义上是"跟着感觉走"，确切地说，是跟着商业保险的感觉走，而没有跟着政府的感觉走，没有跟着国家的政策目标走。虽然口头上都说做的是政策性农业保险。

2018 年，有家上市公司对其属下农业保险业务，规定每年 15％的利润增长的考核指标，这个小小的事情，却典型地反映出我们不少商业性保险公司进入政策性农业保险行业，却没有明白为什么要做政策性农业保险。

当然也有的公司没有丢掉政策性农业保险的"初心"，坚决按照国家的农业政策目标，专心为农业现代化服务，为农业生产安全服务，为农户服务。它们从不弄虚作假在歪门邪道上动心思，千方百计挖掘农民、农业、农村对于农业保险的需求，在政府支持下努力满足不断增加的农业保险需求，收到农户高兴，让政府满意的效果。

其实，经营政策性农业保险，就跟购买任何公共服务一样，政府不会不考虑经营主体的成本和利润诉求，但也不会让保险公司从中有较高利润，更不可能有持续的利润增长。过高利润和过低利润甚至亏损，政府都会通过一定政策手段加以调节。就如同，财政部门要求公司按规定建立"大灾准备金"一样，通过这种机制，使经营农业保险的利润不高于财产保险行业平均利润的水平。就经营主体而言，做政策性农业保险，不能不考虑这个保险的性质和政府的政策目标，不能不把公司的利益与国家的利益统一起来考虑。没有打算为国家政策，为农业的稳定发展做些实实在在的事情的公司，还不如退出这个市场。

我国政策性农业保险制度的建立过程有点曲折，由于国情所致，政府的想法有时与自己的部门的想法不完全吻合，会使一桩合情合理的决策，执行起来变得复杂费劲，需要长时间的沟通、协调和磨合，慢慢取得一致。但是，就政策性农业保险而言，对性质认识的混乱，带来的后果却是政府及其部门不愿看到的。实践已经证明，需要农业保险的各方，特别是经营者和政府两方，要坚决让这个保险"回归"到政策性农业保险的"初心"来，按照政策性农业保险的内在要求来规范和管理农业保险，才会使我国的农业保险实现高质量发展。

2019

农险经营中值得重视的几个问题*

——一个农险赔案引发的思考

庹国柱　韩志花

摘　要： 我国政策性农业保险发展很快，成绩斐然。该类业务受到越来越多保险经营机构的青睐，但是保险经营中也存在很多值得探讨的问题。本文就一个案例涉及的方方面面，讨论了"成本保险"引发的问题，再次提出了农业风险区化的重要性和"一省一费率"引发的严重逆选择问题，解释了"自主自愿"原则的正确含义，剖析了屡禁不止的"协议赔付"的危害，阐述了坚持诚信经营农业保险的重要意义。这些问题有某些普遍性，值得引起广泛关注和重视。

关键词： 农业保险经营　差异化费率　协议赔付　诚信

2019 年，某地发生了一起农险理赔纠纷，几个参加 2018 年当地小麦保险的被保险农户上访，引起广泛关注。大体案情是，2018 年一家保险公司承保某合作社种植的小麦近万亩，在苗期因发生严重干旱受灾，稀稀拉拉的麦苗被农户铲掉，然后要求保险公司按照全损赔付每亩 200 元（合同约定的保险金额是每亩 200 元）。保险公司只同意按照每亩 38 元赔付，被保险农户不同意，就搞起了维权。这个案子虽然在有关部门调解下得到妥善解决。但是其中涉及许多重要的农业保险理论和实际问题却值得我们研究和思考。

一、当前这种"成本保险"要不要改变？

成本保险是我国的独创。顾名思义，农作物也好，家畜家禽也好，为了控制保费补贴数额，也为了防范道德风险，保险金额一般都按照物化成本的一定比例确定。在大部分地区这个保险金额实际上都不能覆盖全部物化成本和劳动成本，

---

* 本文原载《中国保险》2019 年第 6 期。韩志花系内蒙古银保监局职员。

对预期收成（收益）来说，只占到30％～40％。所以为了适应广大农户的需求，近两年中央提出要逐渐将保险金额提高到包括地租的成本和覆盖劳动力成本的"完全成本"，开始了"大灾保险"和"完全成本"保险试点。

但上述赔案涉及的问题与上面过低保额的问题不一样，这个地区长期干旱少雨，小麦的产量不高，成本也很低，据当地农牧部门调查的数据，大体上一亩小麦的物化成本不过80元左右，如果签发"成本保险"保单，200元的保险金额就大大超过了物化成本。有人认为，这种保险就是"超额投保"。根据我国《保险法》的规定"保险金额不得超过保险价值。超过保险价值的，超过部分无效。"因为，要是按照每亩200元的保险金额赔偿，有违保险的"损失补偿原则"。这其实是在该地经营农业保险的公司一直感到困惑的问题，甚至在理赔上打折扣也有这方面的考虑，认为要是据实足额赔付，岂不是让投保农户有不当得利。

因此，不管是保额低于物化成本或者保额高于物化成本的农险产品，以及其操作规则，其实都是需要改变的。理由之一是保障水平太低（抑或太高），理由之二，这类产品不是直接根据产量损失或者收入损失的程度定损，而是根据成本的损失程度定损，还要根据产量或者收入损失进行比例折算，增加了定损和理赔难度，也难以让投保农户理解。如果采用产量保险，就根据最终产量低于合同约定的产量标准的差额确定赔付就行了。

当初推出"成本保险"，笔者理解是出于三个方面的考虑：其一，我国大规模推行农业保险缺乏经验，太高的保险金额，其经营风险太大，难以防控；其二，高保险金额对应高补贴金额，对于需要财政拿多少钱才能满足"应保尽保"的要求，心中无数；其三，保险金额太高容易引起道德风险。但是经过这十多年的实践，不仅农户对如此低的保险金额不满意，保险经营也积累了丰富的经验，财政对农险补贴盘子有多大，也已经大体明确。所以，财政部门安排的"大灾保险"和"完全成本保险"才得以启动。这是令所有参保农户高兴的事，笔者同样感到赞同。

但是，笔者希望这些提高了保障水平的保险不要再按照成本保险的方式运作和经营，而是以产量损失为依据，以产品预期价格和平均产量确定损失产量的赔偿标准就好了。这样都以最终产量的歉收与否及其歉收程度确定赔款，既直观好理解，也便于操作（对于改成本保险为产量保险的操作方式之优劣，此处不做详细论证）。

二、基于风险区划的差异化费率要不要提上议事日程

农业风险区划和农业保险费率分区的问题，学术界20多年前就已经提出（庹国柱、丁少群，1994），这些年也有很多关于其必要性和可行性的论证（邢

鹏，2004；丁少群，2009；王国军、赵小静，2015）。几年前，监管部门意识到并提出这个问题，也倡导各地逐步试验和实施。但迄今为止，基本上没有哪个省份实行不同风险区域的差异化保险费率。而因为没有基于风险区化的差异化费率，逆选择问题依然不同程度地在各地存在。本案就是一个典型的逆选择案例。

本案中，这个地区的气候、土壤等条件不是很好，干旱、冰雹等灾害频繁发生，生产风险很高，所以农作物产量较低且不稳定。在全省统一费率的条件下，这里的农户显然知道投保是占便宜的，所以投保非常积极，因为获得损失赔偿不是小概率，而是大概率。对于这一点，农户最了解，保险公司也是清楚的。据赵元凤和柴智慧的调查，在内蒙古中部地区的乌兰察布市和锡林郭勒盟，2010—2012年旱地玉米播种面积比例，远远高于其他四个盟市，且这两个盟市的旱地玉米保险的参保比例也远远高于其他四个盟市，2012年这两个盟市旱地玉米保险的参保率更是接近于100%[①]。

这种情况再次告诉我们，基于风险区化的费率分区迫在眉睫。风险一致性是保险的基本原则，在损失分布相同的条件下，保险标的损失风险大的地区就应该承担较高费率，低风险地区就应该适用较低费率，风险保障与其风险费率相匹配，才能公平，也才能有效防止逆选择。

有人认为，要是这样，像上述地区的农户在同样保险保障水平下，就得多缴保费，政府也要多补贴，问题是保险费率高到一定程度，当地的农户和政府恐难承受。这其实是问题的关键。那么，这里的农险产品费率高到农户和政府都不能承受的地步，怎么办？笔者认为，太高的费率就表明这里不适合发展农业保险。对于农户的风险损失只能用其他办法来解决，比如灾害救济。

类似的问题，其他国家早就遇到过。美国在试验和推行农业保险的过程中，就在多年实践的基础上，决定对那些高风险地区不再提供政府支持的农业保险，认为那里风险损失是大概率，不适合推行农业保险。也就是不鼓励这里的农户继续种植农作物，一定要种，政府不卖给他们有政府补贴的农业保险。这才是科学的态度。政策总是要实事求是，因地制宜。如果一定要对这些高风险地区收取跟其他低风险地区相同的低费率，这是在鼓励逆选择，也是在侵害其他低风险地区农户的利益，这种高风险地区的农业保险最终不可能持续，必将以保险公司退出经营而告终。

有的政府领导人，出于操作的简便考虑，不想把保费补贴的平均化改为差异化，甚至错误地认为，"保险公司在这里赔了，但在那里赚了，自己调整就好了。"岂不知，这种因为逆选择带来的"赔"和"赚"，与相同风险概率之下的灾害发生的偶然性造成的"赔"和"赚"，是性质根本不同的两回事，后者是持续

---

① 赵元凤，柴智慧. 道德风险与逆向选择研究——以内蒙古自治区农业保险为例 [M]. 北京：中国科学技术出版社，2018.

经营的基础，而前者则完全违背了保险的"风险一致性"原则，只能把农业保险引向歧途甚至失败。

三、该如何准确理解农业保险"自主自愿"的原则

"自主自愿"是我国《农业保险条例》确定的四大原则之一。其实，这一条原则的意思有三层：第一，农户参不参加农业保险是自主自愿的；第二，保险机构参不参加农业保险经营是自主自愿的；第三，地方政府愿意举办农业保险并给予农业保险哪些险别险种一定保费补贴，也是自主自愿的（中央财政只是在地方政府自主自愿的基础上，给地方政府确定的农业保险险别险种的保险费配套补贴）。

根据这条原则，保险机构做不做农业保险是完全自愿的，愿意不愿意接受农户投保也是可以选择的。农户参加不参加保险也是完全自愿的，而且选择哪家保险公司投保也是自由的。部分地区出现保险公司为了管控农险信访风险拒绝为个别大户承保或者主动压缩承保规模，农民的自愿参保没有问题，而令保险公司非常尴尬的是，因为不公平的费率机制，他们觉得某个地区的农险业务风险太大，不愿意在这里做业务时遇到了麻烦。因为他们在招标时中标，不能不继续在这里做业务，其他公司想在这里做业务也不行。有的信誉不好的农户，承保公司不愿意接受其投保也不被当地政府允许。这就有些不妥当了，有违"自主自愿"原则了。

当然，一般情况下，愿意做农业保险业务的公司是很多的，这里的问题比较特殊，保险公司中标后做了几年就发现，这里的风险太高，又不能按照风险大小来厘定公平合理的费率，农户逆选择严重，想退出这里的农业保险市场。从道理上说，保险公司对业务和投保农户有选择权，这是符合保险经营原则的。因为保险公司进行风险选择、对保户加以选择都是控制自身经营风险所必需的手段之一，特别是在那些高风险地区，公司如果不能根据风险一致性原则制定和要求合理高费率的情况下，不接受某些农户投保甚至退出这个市场是正确的选择，也是不能通过行政手段干涉的。

我相信，政府部门会进一步规范农业保险中的政府行为，杜绝政府插手保险机构的经营活动，因为那不是"PPP"模式中政府应该具有的行为规范。

四、如何正确理解禁止"协议赔付"的规定

上面的案例中，也涉及被前保监会坚决禁止的"协议赔付"的问题。之所以该案得以解决，不是通过诉讼，而是通过当地政府部门做了大量工作得以解决。

所谓"协议赔付"并不是指在定损时的协商和讨论，以便准确地确定实际损

失，而是指损失确定之后的讨价还价，不按照损失补偿原则进行理赔，而是由政府部门和保险公司讨价还价，确定最后赔付标准。有的地方今年灾害很小，赔付率比如也就 40% 多，政府部门觉得很"亏"，仅各级政府补贴的保险费就有 80%，怎么就给农户赔了这么一点，坚决要求保险公司多赔。公司迫于官方的压力，不得不支出多于实际损失的赔款。而遇到较大灾害的年份，比如要赔付 130%，保险公司也会以自身可持续经营为理由，跟政府讨价还价，只赔 100%，或者 80% 等。这时候，政府因为此前有理亏的地方，也就同意保险公司少给农户赔偿。在本案中，最后并没有完全按照合同约定赔付，政府同意让公司"通融"赔款。

根据不少地方调查的情况，"协议赔付"在不少地方都存在。其实 2015 年中国保监会、财政部、农业部联合发布的《关于进一步完善中央财政保费补贴型农业保险产品条款拟订工作的通知》第十条就规定"条款中不得有封顶赔付、平均赔付、协议赔付等约定"，就是针对当时发现的这类问题而做出的规定。问题是，有的地方在文件发出几年后还没有完全贯彻执行，这是令人遗憾的。笔者认为，并非个例的"协议赔付"，是我国这些年农业保险赔付并不能反映农业灾害损失真实情况的原因之一。

政策性农业保险的意义就在于通过保险再分配的方式，从一个普惠（同样得到保费补贴）的出发点，达到不相同的再分配后果，使真正遭受灾害损失的农户获得足额赔偿，使其能够迅速恢复生产。这也是它比财政的"救济"或者"补贴"能达到更好政策效果的重要机理。如果保险理赔都不按照实际损失来理赔，而是通过这种"协议"方式进行，农业保险就不是保险，而是撒"芝麻盐"式的财政救济或者损失补贴了，这种并不能很好实现保险再分配功能的保险就失去了存在的意义。因此，"协议赔付"看起来好像只是一个经营操作环节的小问题，实际上是关乎农业保险本身存在价值的根本性大问题。希望对这一问题，财政部门要明确，地方政府的官员更要明确，只有这样，我国农业的经营水平才能上一个台阶。

五、如何坚持诚信经营的原则

在保险中，我们有一个重要原则，就是"最大诚信原则"。农险经营也不例外，必须贯彻最大诚信原则。贯彻这个原则的直接体现，就是要按照合同约定的标准，根据认定的损失，足额赔付。在本案中，小麦保险金额是每亩 200 元，而合同约定作物生长期内，考虑到生产成本是逐渐投入的，所以一般情况下，如果发生绝产（全损），在不同生长期，只赔全部保险金额的一定比例，出苗到拔节赔保额的 60%，拔节到抽穗赔保额的 70%，抽穗到灌浆赔保额的 80%，灌浆到成熟赔保额的 90%，成熟到收获赔保额的 100%。就本案而言，在苗期发生严重干旱遭受全损，按合同约定，每亩应当赔偿 120 元（200 元×60％）。即使按照 2015 年中国保监会、财政部、农业部三部门联合下发的《关于进一步完善中央财政保费补贴型农业保险产品条款拟订工作的通知》第六条："原则上，当发生全部损失时，三大口粮作物苗期赔偿标准不得低于保险金额的 40％"的规定，也应当每亩赔偿 80 元。而保险公司赔付的依据是两个：第一，当时在苗期发生旱灾的损失率是 45.78％。第二，因为公司调查确定的物化成本是 83 元/亩。赔偿＝83×45.78％＝38 元。其实这个公式的乘数和被乘数都是难以成立的。对于前者，农户没有人认同部分损失，认为是全损，因为继续让稀稀拉拉的麦苗生长已经没有意义，就铲掉了。对于后者，保险公司在定损理赔的时候不是以合同约定的保险金额 200 元为计算赔偿的依据，而是根据自己的调查修改保险金额，投保农户没有同意，因为这显然有违保险的基本经营规则，保险公司怎么能按照 200 元的保险金额收取保险费，却按照 83 元的保险金额计算赔款呢。这样做，使得保险合同的严肃性完全丧失，投保农户有意见是很正常的。对此，监管部门也不认可。尽管公司当年的小麦保险赔付率已经超过 270％，亏损严重，但并不表明保险公司就在这里正确贯彻了最大诚信原则。

扩展到本案所涉地市，作为农业生产的高风险区域应该对应较高的保险赔付率才正常，但据有关部门提供的数据计算，该市历年农作物保险赔付率水平一直处于 60％左右，并未出现持续多年的超赔问题。笔者根据该地 2008—2018 年的数据做了计算，农险赔付率的变异系数仅为 6.3％，然而绝产面积的变异系数却达到了 97.8％，可见赔偿不足的问题相当严重。

赔偿不足的问题，其实在农业保险经营中不是个案，不止一地反映农业保险定损理赔缺乏公信力，不少被保险农户每每获得的赔款与他们的实际损失相去甚远（真正按照合同约定来执行的话）。其实，有的保险机构心照不宣的是，遇到较大灾害损失时，最好的办法是找政府，想办法减少赔付。例如，某市发生大面积小麦赤霉病，保险损失惨重，保险公司就去找市长，市长就让农业部门的干部下去给被保险农户做工作，降低保险公司的赔付额，把赔付率尽可能降到公司可以接受的程度。有一个省发生较大灾害，保险公司甚至去向省长求助，希望通过行政手段减少赔付，"帮助"保险公司"渡过难关"。在这种环境下，我国政策性农业保险做了十多年，年际赔付额的标准差一直不大，虽然也有个别省份、个别公司出现过一、二次亏损，但全国性的"赔穿"至今没有发生过（图 1、表 1）。

从图 1 和表 1 可看出，中国 12 年农业保险的赔付率，变动很小，而美国农业保险的赔付率变动较大。笔者计算，2007—2018 年 12 年间，中国农险赔付率的变异系数是 13.4％，没有一年的赔付率超过 100％，赔付率超过 80％的只有 1 年。简单平均一下，12 年的平均赔付率是 68.24％。而美国农业保险赔付率的变异系数是 42.2％，是中国的 3.15 倍。美国在这 12 年里，赔付率超过 100％的年份有 2 年，有 5 年超过 80%。简单平均一下，12 年平均赔付率是 77.9%。

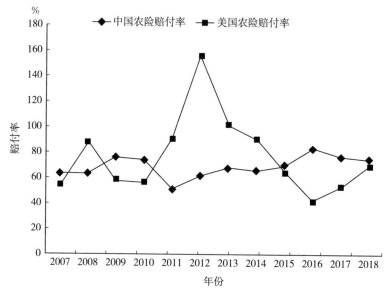

图 1　中美农业保险赔付率变动比较

表 1　2007—2018 年中美两国农业保险赔付率比较

单位：%

年份	2007	2008	2009	2010	2011	2012	2013	2014	2015	2016	2017	2018	变异系数
中国农险简单赔付率	63.3	63.2	76.2	74.1	51.2	61.5	68.0	65.9	69.4	83.4	76.6	74.1	13.4
美国农险简单赔付率	54.1	88.1	58.3	56.0	90.6	157.0	102.3	90.7	64.5	41.8	53.5	70.0	42.2

资料来源：中国的数据来自历年中国保监会发布的数据。美国的数据来自美国农业部。由范庆全博士提供。

　　赔付率的高低，主要是跟此间灾害发生的频率和程度有关。但我国农险赔付率变动很小的这种状况，并不表明我国的农业灾害在 12 年里都很平稳。据我国民政部 2007—2018 年间公布的每年"农作物绝产面积"的统计数据（表 2），笔者计算的变异系数是 38%（大约是赔付率的 3 倍）。一般来说，假如这些作物面积都投保，绝产都是会得到赔偿的，"绝产面积"和"农作物保险赔付率"是呈正相关的。"绝产面积的变异系数"大体上应该与"赔款的变异系数"接近，而我们计算出来的"绝产面积"的变异系数和"保险赔付率"的变异系数相差将近 3 倍，反映出赔付率波动过小。如上所述，这里的趋势和本案例所在地区的趋势是一致的，不过本案例所在地区风险更高。

　　农险赔付率波动过小无非是两个方面的原因：一方面是不该赔的赔了，另一方面是该赔的没赔或者少赔了。而多赔的可能性或者数额应该远远小于少赔的可能性或者数额。就是说，我国农业保险赔付率的变异系数很小，惜赔、千方百计少赔，没有赔到位，应该是主要原因。保险赔付不到位，损害的是投保农户的利益，对保险经营者的诚信现实，多少应该提出质疑。

表 2　2007—2018 年我国农作物绝产面积统计

单位：千公顷，%

年份	2007	2008	2009	2010	2011	2012	2013	2014	2015	2016	2017	2018	变异系数
农作物绝产面积	5 747	4 033	4 918	4 863	2 892	1 826	3 844	3 096	2 233	2 902	1 826	2 585	38

资料来源：2007—2017 年中国民政统计报告。2018 年数据来自《中国应急管理报》2019 年 1 月 8 日。

还有一个有趣的现象：美国愿意经营农险的财险公司不多，在超过 1 000 家财产保险公司中，只有 10 几家愿意做农业保险（2019 年是 14 家），而且每年有出有进。而我国愿意做农险的公司占了全部产险公司的近 40%，而且还有公司希望进入这个市场。其中原因虽多，做农险，很多经营环节不规范或者难以规范，定损理赔伸缩性很大，相比真正的赔付率，实际赔付率偏低，从而容易盈利是原因之一，所以无法做到诚信经营，成了不止一家保险公司农险经营的重要特征之一。当然这中间除了保险公司自身的原因外，还跟大部分基层政府比较"仁慈"，并不适当地干预理赔有很大关系。

最大诚信原则是保险的基本原则之一，保险经营者的不诚信，直接损害的是投保人和被保险人的利益。任何不诚信行为都是对市场公平性的一种挑战。对于政策性农业保险而言，因为不诚信而损害投保农户的利益，导致农户对农业保险失去信任，将会削弱政策性农业保险制度基础及其想要达到的政策目标。我们必须要认真对待。

我国政策性农业保险经营已经走过 12 年的历程了，对于我国农业现代化的和乡村振兴战略的稳步推进，发挥了重要的作用，也为我国粮食安全做出了重要贡献，在经营发展中我们已经积累了不少好的经验，但也有不少如同本文中提出的需要改进的突出问题。希望通过这个案例的分析，引起我们经营问题较多的公司的重视和思考。适应新的形势，按照中央《关于加快农业保险高质量发展的意见》的要求，把农业保险办得更好。

《现代农业保险产品机制创新研究》序言

　　呈现在读者面前的这本由南京农业大学林乐芬教授和他的团队完成的农业保险重要成果《现代农业保险产品机制创新研究》，是我国农业保险研究园地一株新鲜绽放的花朵。该成果为农业保险产品创新机制的完善和发展，拓展了学界和业界的视野。

　　我国农业保险的试验起源于 19 世纪 30 年代，新中国成立之后，曾进行过 6 年的试验，直到 1958 年停办。1982 年，农业保险试验得以重新展开。但由于缺乏科学合理的制度安排和法律支持，农业保险的试验一直没有取得成功。为解决这一困境，为逐步变革的中国农业提供有力的风险保障，2002 年修改的《农业法》提出了建立和完善政策性农业保险的目标，为此后的试验和发展打下了初步基础。

　　2007 年，财政部根据中央的政策指导意见，开始对农业保险费进行补贴，开启了我国政策性农业保险的新纪元。2012 年中国第一部《农业保险条例》颁布，政策性农业保险开始有法可依，农业保险的发展规模也急剧扩大。十多年来，我国农业保险取得了举世瞩目的成就，到 2018 年末，我国农业保险保费收入为 572.65 亿元，为 1.95 亿户次农户提供 3.46 万亿元的风险保障。

　　尽管我国农业保险的业务规模自 2008 年以来一直稳居全球第二，但粗放的经营和管理模式基本上没有改变。"低保障、广覆盖"的设计原则已不能适应农业现代化发展的要求，内外部环境快速变化对农业保险的创新提出了新的要求。从内部环境变化来看，城镇化的发展和农村劳动力转移催生出了农村土地经营权的流转，从而诞生出越来越多的从事农村土地适度规模经营的新型农业经营主体。新型农业经营主体的崛起，带领着我国农业向集约化、专业化、组织化和社会化的方向发展，但其规模化经营的特点也导致了新型农业经营主体更容易受到自然风险、市场风险的影响和融资约束；从外部环境变化来看，我国农产品市场化和国际化不断加深，使得农产品价格波动频繁，这不仅给农户的收益带来风险，还对宏观经济的稳定造成不利影响。除此之外，价格风险的存在，放大了自然风险的损失后果，同时也增加了农业经营主体融资的难度，对我国农业现代化的发展产生不利影响。农业保险制度的设计初衷就是为了分散农业生产经营中的风险，保障弱质的农业产业的可持续发展。因此，适应内外部环境变化的农业保险创新，就历史地必然地提到农业保险发展的日程上。

林乐芬教授承担的江苏省高校哲学社会科学重点研究基地重大项目"现代农业保险产品机制创新研究"，从制度创新角度针对江苏省农业保险的创新发展现状进行分析，并结合海内外各地区实践的经验与教训，探索我国农业保险创新体系机制优化设计。阅读书稿后，觉得该书主要有以下亮点：①理论分析了农户分化背景下不同农户的保险需求差异，尤其是新型农业经营主体对农业保险创新产品的强烈诉求。②分析了乡村振兴背景下农业发展的风险，对农业风险的新变化进行了梳理和探索；在农业风险出现新变化条件下，对供给侧结构性改革中农业保险创新机理进行了分析。③分别从自然风险、市场风险和融资风险角度出发，分析农业保险创新产品的形成原因和发展现状；并通过江苏省的实践经验来分析不同类型创新产品的试点情况；运用实证研究的方法，科学地对农业保险创新产品发展的试点效果进行评价。④基于其研究，对江苏省农业保险创新产品的试点经验进行梳理分析，找出了影响农业保险创新产品发展的有利因素和不利因素；针对试点发展缓慢的原因进行分析，从政策机制、市场机制和产品机制角度，对现代农业保险创新产品机制进行优化设计。

产业兴旺和生活富裕是乡村振兴战略的基础和目标，农业保险的本质和功能决定了其贯穿于乡村振兴的全过程，是金融助推乡村振兴的重要工具。如何对农业保险进行改革创新使其更好地服务于乡村振兴，是今后农业保险领域的研究重点之一。该书的研究成果，将丰富我国农业保险创新的相关研究，完善农业保险促进乡村振兴的相关理论。林乐芬教授多年从事农村金融领域的研究，在农业保险方面有许多成果与贡献。该课题作为阶段性研究成果已经在一类、二类等期刊发表论文12篇，其研究报告已经获得"2017年江苏保险学会应用课题优秀成果二等奖"、获得"2017年江苏保险应用课题一等奖"和"2018年江苏保险应用课题二等奖"等多个奖项。林乐芬教授现在将该研究成果整理成专著，由中国社会科学出版社出版，是一件非常值得庆贺的事。我是一个农业保险研究爱好者，看到南京农业大学的专家教授以及一批批学者专家，不断在农业保险研究领域有所斩获，能够为我国乡村振兴贡献更多力量，我很高兴。

林教授让我为她的这部专著作序，我也感到非常荣幸。期待《现代农业保险产品机制创新研究》一书能够引起该领域同行们的关注和讨论，也盼望林教授有更多的农业保险研究成果问世。

2019年5月6日于北京

农险招标该改改了[*]

这几年，农业保险经营主体越来越多。跟 10 多年前那种保险公司对农险避之不及的状况相比，如今农险市场之繁荣和兴旺已是今非昔比了。众多保险经营主体登陆农险"新大陆"，也使得热心发展本地农业保险的地方各级政府有了更多的工具选择。不过面对几家甚至几十家公司蜂拥而至到各地争抢农险"蛋糕"的"盛大"场面，说"几家欢喜几家愁"或许并不过分。

农险招标之喜和愁

喜从何来？有这么多的保险公司愿意为乡村振兴出力，愿意参与农业保险经营，为农业现代化做贡献，无论政府还是农户都是感到高兴的。

愁从何来？省省招标、市市招标、县县招标、甚至乡乡招标，给各家保险公司带来无尽的烦恼，也给各级领导带来不同的忧虑。保险公司为了得标，可谓劳心、劳力、伤财。除了精心准备标书，还要四处"公关"，而且尽可能要找上下左右能管事的领导和设计标书的政府部门或者保险中介，让他们尽量将本公司的"长项"选进指标，并给分值高一些，权重大一些。即使得到一"包"两"包"，也依然愁云难消，有位公司负责人说，前期中期已经破了不少财了，最后去领取"中标通知书"还要交一大笔钱。

那些设计标书的部门或中介，要挖空心思事先找好充分的指标和分值设计理由，既让"心仪"的候选投标者中标，还能给大家一个合理的交代。更有甚者，还制定拼价格（费率）的条款，想获得最低的报价。

当然，多数政府领导却为这所谓"公平"招标头疼：哪家公司都不容易，"来的都是客"，舍弃谁也不忍心啊。所以还不如当个"和事佬"算了，把"招

---

[*] 本文发表于《中国保险报》2019 年 5 月 10 日。

标"变成"磋商"，人人有份，各家公司分的这块"蛋糕"虽小，但不"挫伤"任何一家登门客人的积极性。

公平乎，不公也

招标是市场化机制的产物，据说是为了公平竞争。从理论上说，这话没错。招标方就同一个招标标的，进行公开透明招标，同类投标企业都志在必得，那就看谁开出的条件最优厚，服务最精心，价格最合理，就选谁。开始那些年，也真是这样。我也当过评标专家，认真负责地为招标方把关、评标。应该说那是公平的合理的，对招标方是负责的。可是，不知道从何时起，这招投标变"味"了，主持招标的部门或者中介人，出于某些目的，在招投标的前期、中期和后期都开始"做手脚"了，标书设计可以根据发标方或者中介人的倾向和意图来设计，招投标过程也成了"黑箱"，评标也就是走过场了。作为评标专家，已经不再是专业和公正立场的代表，而是成为实现招标方某些"目标"的随心所欲的工具了。好端端的公平的市场工具，变成了权力和"台面"之下的龌龊交易，哪里还有公平可言。所以，最近几年，虽然我还是各种保险"专家库"的专家，也不时被"抽中"，接到邀请参加评标的通知，不过，我基本上不再参加这类评标活动了。

没想到，农业保险招标也没有逃脱这种被异化的窠臼，令人伤心不已。最近，到各处走走，不少地方的农业保险正在进行如火如荼的新一轮经营主体的招投标。听到政府官员和保险公司经理大吐苦水，很是同情。不少同仁对这种又期待又愤懑的招标难以认同。因为不仅招标本身没有公平可言，拼价格更是匪夷所思，就是招标费用使用的地方也非常离谱。某县招标，不仅申领标书要收数千元甚至万元，就连领取"中标通知书"也要收取高达 8 万元之多的"中标费"，令人莫名其妙，甚至忍无可忍了。似乎这参与农业保险的公司都是"唐僧"，各方"神圣"都想吃一口。当然对于这种招标，有的县级领导面对如此众多保险公司的凌厉的"公关攻势"，也真的有点招架不住，只能躲躲闪闪，迟迟不敢拿出招标方案。即使招标结束，那些中标的公司也不满意，花了巨大成本，觉得自己没有得到应该分到的地盘，没有得到更多的"包"。没中标的公司，那种失望，那种落魄甚至愤怒更是无法言说。

招标改革之策

在当前这种市场和人文环境中，招标异化为不同人群获取不当得利的手段，所谓"公平"在很大意义上已经无公平可言，给各方平添诸多烦恼。招标乱象是与农险制度缺陷相联系的，这是没有有效限制竞争的必然结果。

农险招标改革势在必行。以笔者之陋见，农业保险招标制度改革可有上中下

三 "策" 可选：

上策：废除招标制度，对各地的政策性农业保险业务实行共保制度，根据各经营主体的意愿和其他条件，包括已有经营经验和服务质量评估，确定参与共保体中的份额。这种份额甚至参与资格在一定条件下也是可以变动的。为了调动参加共保的各家公司的积极性和主动性，不能由主承保商一家经营，其余公司只是跟随、分配保费和分摊赔款的做法，共保成员可以"轮流坐庄"，共保体内所有参与公司可都分配适当的经营范围，便于评估其服务水平和质量，作为共保中"坐庄"或者份额变动的依据[1]。

中策：只能允许市级或县级招标，一县只选择一家公司经营，便于中标公司中标后在服务网络建设上投资，提高服务质量和降低经营成本。不允许乡级招标。要让公正中立的第三方中介机构来独立进行招标，不能由政府部门或者官员指定招标单位，政府的各级领导不能以任何形式干预和影响招标活动。招标标书的设计制定要公平公正，杜绝指标的片面性（最好由省里统一设计制定）。招标费用也要由省里做出统一规定，不能让招标单位随意定价，巧立名目乱收费。

下策：维持目前的招标现状，县县招标，乡乡招标，领导指定招标公司，政府部门或者中介公司根据投标单位的"公关"水平（暗箱操作）制定不公正、有倾向性的评标指标。招标费用随意制定，巧立名目，漫天要价。

上面只是提出一个思路，希望大家关注农险招标和农险发展，群策群力，共同出主意想办法，做好招标改革，进一步加强农业保险制度建设，把农业保险做得更好更有效率，真正为乡村振兴做出应有的贡献。

---

① 参见：庹国柱，李慧：《完善我国农业保险制度的一些思考》，《中国保险》2019 年第 2 期。

《中国农业补贴改革：思考与探索——构建"险补结合"农业暨粮食补贴新体系》序言

姚蔚博士的专著《中国农业补贴改革：思考与探索——构建"险补结合"农业暨粮食补贴新体系》要出版了，有幸先睹，实为快事。我是一个农业保险研究爱好者，特别喜欢学习和阅读各位同仁朋友的有关农业保险的作品，每每读到这种很有见地的有创意的论文和著作都是异常高兴的。

姚蔚博士的这部著作，讨论的是农业特别是粮食的补贴问题。农业补贴是我国农业发展的重要政策，这类政策关系到广大农民的切身利益，也关系到农业的长期稳定发展。我国政府在过去几十年里，在农业补贴方面出台了一系列相关政策，采取了众多重要措施。财政在这方面的投入也不断增加。这种补贴，不仅直接补贴给农户，还要大量补贴给粮食流通企业。应该说这种普惠性补贴政策，对于鼓励农户从事粮食生产，保障城乡居民的廉价粮食供给，取得了一定的积极效果。但是，在我国农业现代化和城市化迅速发展和忠实执行 WTO《农业协议》的背景下，随着越来越多的农户将土地流转给其他经营者或者放弃种植，其正向激励作用越来越弱。同时，因为粮食收购价格保护，使国内粮食价格与国际市场价格倒挂，导致粮食流通领域产生巨大的亏损"挂账"，无论对于粮食流通企业还是对政府财政预算支出都增加了压力。因此，现行农业补贴政策的实施效率和效果日益递减，而且很多方面广受诟病；同时由于有些方面不完全符合 WTO 的某些规则，也受到来自其他国家的投诉。

姚蔚博士作为一个中国农业发展银行的员工，其部分工作跟农业补贴有关，也专门参与农业补贴政策的实施，对该政策越来越明显的缺陷体会良多，针对性地做过不少调查和研究，提出了用"以险代补、险补结合"的创新方案替代目前的农业补贴方式。我认为这是很有创新意义的研究成果。

对于如何合法有效使用农业补贴，是很多国家的政府都在不断探讨的问题。那就是在行政化补贴和市场化补贴两种政策手段并存的条件下，考虑到行政化补贴的低效率和世贸规则约束，更多地利用市场化的补贴手段补贴农业和农民，更容易在不犯规的条件下达到更好的补贴效果。这里所说的市场化补贴手段就是通过对农业保险的普惠补贴，更好地达成政府的农业政策目标的手段。

从世界范围内来考察，农业保险这种市场化的补贴工具或方式，之所以越来越受各国政府青睐，从原理上来说，它对真正达成多重农业和社会政策目标来说，效率是相对较高的。因为，与撒胡椒面式的行政化补贴相比，农业保险是从一个普惠的起点（每个农户都平等获得政府保险费补贴的权利），通过保险再分配机制，使真正需要获得损失（灾害风险损失和市场风险损失）补偿的农业经营户获得了比较充分的损失补偿。这种积极结果和较高效率是行政化的补贴无法企及的。

怎样更好地利用农业保险这种政策工具，使其更好达到政策目标，真正取得最优的政策效果，是农业保险学界和业界一直努力想做到的。姚蔚博士在仔细研究了其他国家特别是美国的经验之后，精心设计出了的这种"以险代补、险补结合"的方案，那就是，在完全放开粮食市场交易的背景下，基于有限政府和共同分担风险的理念，以扩大保费补贴资金来源为条件，以农业再保险为载体，对粮食作物的自然风险损失和市场风险损失都进行补偿，不过这种补偿不是通常单独采用的产量保险或者收入保险产品和操作方式，而是很好地将粮食补贴和粮食生产保险结合起来，将补偿和激励结合起来。这种巧妙的设计，将粮食流通领域低效率的间接暗补，变成生产领域高效率的风险补偿，并以此作为"以险代补、险补结合"农险体系的财政补贴资金来源。通过流通领域稳步推进的去库存策略，把当前的粮食流通领域低效率的高额补贴，通过这种方式调整到生产环节，既促进了粮食生产，又解决了政府在粮食流通领域一直头疼的巨额"挂账"问题。显然，这是一个两全其美的创新方案。

作者在介绍其方案设计原理的同时，还专门讨论了纳入本方案的重要农产品如何确定，风险补偿资金从哪里来，风险补偿补给谁，补偿价格如何定，补偿数量如何核等具体操作要点，还测算了经营规模和所需财政资金，大大提高了该方案的可操作性。该方案为决策部门提供了比较充分的决策依据，也方便实务部门试验操作。我想，这种理论与实际紧密结合的研究成果是非常有价值的，为农业政策和农业保险研究提供了一个很好的范例。

目前，我国正在致力于乡村振兴，农业供给侧结构性改革也在这个计划之下轰轰烈烈地展开，政策性农业保险是这个宏伟计划的重要组成部分。12年政策性农业保险的发展实践表明，农业保险做好了，将在多个方面达成社会、农业农村、金融等多个领域的政策目标。农业保险制度建设需要完善，农业保险的政策需要调整，农业保险的经营模式需要创新，农业保险需要更多像姚蔚博士的这类有创新意义的研究成果，极大丰富农业保险理论和实践，为实施乡村振兴战略做出更多贡献。

　　在姚蔚博士这本专著出版之际，我向姚蔚博士表示衷心的感谢和祝贺，也向各界推荐这部针对性和可读性都比较强的著作，期待著作中提出的方案能够被采纳和实施。

2019 年 4 月 20 日于北京

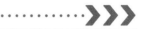

新科技在农险中介服务的应用尚待认可[*]

——三议发展农业保险中介服务

目前农业保险面临制度改革和技术创新的迫切需求。在现有体制下很多市场层面的问题仍然突出，例如分散小农户（散户）承保环节中的大量人工操作，导致高成本和低效率；查勘定损不及时造成理赔的不客观不公平；传统保险方式与众多分散承保农户的矛盾，使得保险公司容易产生承保档案不齐全、假承保以及谎报标的数量等问题，常常被监管部门查处，令保险人头疼不已。这些问题的存在是农险经营水平提升的重大障碍。好在近年来，以大数据、互联网、人工智能为代表的数字技术和其他信息科技的发展，以及利用这些新技术为农业保险做中介服务的机构，正在冲击传统的农业保险经营方式，推动农业保险创新发展，有可能破解其中的大部分问题。

一、传统农险经营方式之痛

农业保险几乎完全靠人工作业大家都习惯了。但是随着农险业务的不断"增品、扩面、提标"，农险规模越来越大，产品越来越多，无论是被保险人，还是各级政府，对农业保险的期望和要求越来越高。在这种情况下，传统农险经营和管理方式越来越显得不适应。

在有限人力资源和成本管控之下，人工验标、线下缴费、手工出单对保险公司来说，越来越难以把控质量，合规风险时刻"威胁"着保险人。每年因为承保理赔档案的残缺、不规范、不完整而接受监管处罚的公司有增无减。要说是保险经营机构不重视展业出单的规范和合规，那也不完全是事实。大户还好说，对于大量的分散的小规模农户（散户），保险公司的展业宣传、承保、缮制清单、收费、出单上报等工作，无法完全由自己的员工完成，需要依靠招聘的大量"协保

---

* 本文发表于《中国保险报》2019 年 3 月 25 日。发表时有删节。

员"。这些"协保员"因为各种原因，很难把承保业务做得完全真实，不仅投保人电话号码、身份证、户主签名出现错误，甚至投保耕地上种没种承保作物也没准头。投保农户位置不明、标的不清，特别是耕地的数量、空间的位置、种植的信息模糊或不准确，以及灾害发生后查勘定损逻辑不关联、信息不完全、不真实，不仅会遭受监管处罚，关键是会给保险人带来精准定损理赔的难题，完全依靠人工查勘定损、相互协议理赔、来回扯皮甚至久拖不决的理赔纠纷矛盾不可避免。

二、新科技给农险经营的改革创新带来希望

几年前，一些保险公司就认识到传统经营方式的这个痛点，也投入一定资金，依靠自己的力量建立自己的大数据库和电商平台，期望通过技术创新与应用，解决农险精准承保、精准理赔难题。甚至个别大的保险集团还在研究农业科技全面支撑保险的基础和条件，但多数经营农险的公司，出于人才、技术和成本的考量，特别是缺乏专业基础和对农村现状的理解，实际进展不大。

如今科技迅猛发展，以遥感技术（RS）、地理信息系统（GIS）和全球定位系统（GNSS）为代表的新一代信息技术在农业保险领域应用日益广泛和成熟，一些地理信息公司、大数据公司、卫星遥感公司，发现了农业保险这块待开垦的"新大陆"，正愁自己的技术和信息找不到用武之地，纷纷与保险公司合作，想为农业保险的发展贡献一份新科技之力。

最近，我和几位农业保险研究者，参加了一家科技公司组织的关于"3S"技术服务农业保险的研讨和论证会，了解他们建立的农业地理大数据平台和智慧农险系统方面的应用成果，非常令人鼓舞。他们将"3S"技术、人工智能、大数据、云计算、移动互联网技术相结合，集成了农业保险"空、地、物"等信息的采集、处理、分析、表达与管理，通过空间数据实现保单边界精准，利用图层叠置解决灾害范围，采用数据集成分析信息准确，也就是解决上面提到的农户耕地数量、地理位置和种植作物等问题，将"3S"技术应用于农业保险较好解决了精准定损和理赔的问题。

这家公司已经与某两家保险公司合作，正在做冬小麦全流程承保理赔试验。在"大户"承保上，依据自主开发的 APP，承保和验标无论是效率、准确性效果都很好；在"散户"承保上，通过农业地理大数据与保险机构历史承保信息的比对、撞库、落图，80％以上的农户可以实现在线承保；在准确性检查上，通过管理端分析与实时监控，不仅能对每一个保单进行准确性检查，而且还能够对承保业务进行风险预警；在理赔上，通过承保与查勘地块的空间信息关联，及时掌握灾害的范围。所合作的保险公司在这集中承保的季节，短时间内能准确无误地完成承保和验标工作。至于应用遥感、航拍等手段解决定损理赔的成功案例各家

公司都有。

小规模经营农户在我国占有大约 60％多的耕地，这部分农户不会很快消失，他们参与农业保险的问题不容忽视。曾经有人建议放弃这部分农户的承保，其重要理由之一，就是承保、定损、理赔都很费劲，成本也很高。在传统经营手段下，还特别容易发生合规风险。无论从加强农业风险管理保证国家粮食安全的角度，还是从保护农户生产积极性和稳定农户收入的角度，我们都不能放弃如此大数量的农户和他们经营的农作物，不能不为他们提供农业保险保障。保险经营的难题只能依靠新科技、新机制、新技术来解决，而且正在突破。这种突破，得益于还不大名正言顺的农业保险中介服务。

据我所知，已经有为数不少的科技公司在努力做类似的农业保险中介服务工作，甚至有的已经准备正式申请成立农业保险中介公司，信心十足地为农业保险和农业现代化服务。这是非常可喜可贺的。

三、发展中介服务尚缺两个"认可"

如火如荼迅猛发展的农业保险中介服务，很受保险经营机构的重视和欢迎。有的公司甚至投数百万元资金，要与科技公司合作攻克上述经营难题。在大数据、互联网、"3S"技术已经广泛应用于保险领域的背景下，农业保险经营迎接新的创新浪潮，已经是万事俱备，只欠东风。现在似乎还缺两个"认可"。

一是农业保险监管规则的认可

就目前笔者所了解到的不完全信息，监管部门对科技介入农业保险服务的发展势头之猛还没有完全反应过来。对利用新科技从事农业保险中介服务的成效也还没有了解清楚，所以，监管部门还有点墨守成规。有关农业保险的中介服务和相关经营方面的监管法规或者部门规章的修订还没有跟上，例如，关于禁止给专业中介支付手续费和佣金的规定，"惠农政策公开、承保情况公开、理赔结果公开、服务标准公开、监管要求公开和承保到户、定损到户、理赔到户（即五公开、三到户）"的要求等，在科技进步和广泛应用于农业保险和农险深化改革和创新的背景下，这些监管规则显得有些滞后。

我在《农业保险需要发展中介服务》（载《中国保险报》，2019 年 2 月 25日）一文中就说过，农险的中介服务早已是事实，保险公司使用了中介服务不能不付中介服务费，限于上述规定，只能让保险公司做"会计游戏"了。对于"五公开、三到户"的要求，目的是让保险公司合规经营，维护消费者的合法利益，没什么不对。但其中有的内容和形式要求在新科技越来越广泛应用的今天，已经无法适用了。比如，监管要求承保理赔公开，在村里公示，要让投保农户在分户清单上签字，很多农户的户主就不在家，村里也没人，即使张榜公示，在很多情况下也只是走过场，贴出去照张相就撕掉了，实际上很少能真正做到让农户知情。投保人和被保险人签字，无论在投保分户清册上签字还是在理赔的领款单上直接签字，也早已没有意义。就连财政部支付给农户的农业各项补贴都是直接打到农户的卡上了，要保险赔款签字画押早已失去"知情"和"确认"的意义了。有的同仁说，如今大家的工资都是打到卡里，没有哪个单位还让职工去财务处签字了，也没有不合法的地方。那么，出电子保单，或者通过银行把赔款打进被保险农户的银行卡里也应该没有什么不妥。如果有疑问，要检查也很方便快捷。

《农业保险条例》第十二条第二款规定："保险机构按照农业保险合同约定，可以采取抽样方式或者其他方式核定保险标的的损失程度"。这是在人工操作承保理赔条件下，没办法的办法。保险公司在发生大范围灾害的情况下不能一家一户、逐个田块进行查勘和定损，定损和理赔到户也就没有可能性，要求定损和理赔到户也与《农业保险条例》的上述规定不符。其实在应用3S技术的今天，定损理赔的准确性和公平性有可能实现，不用抽样定损，也能实现精准承保和精准理赔，减少承保差错和理赔纠纷。

二是基层政府的认可

通过中介的科技手段解决了农业保险精准承保和精准理赔的问题，便利了对农户的保险服务，维护了投保农户的合法利益，政府原本应该支持和认可。但是，实际并非如此：其一，精确承保需要依据一些国家的基础调查成果，但这些成果要么尚未正式公布，要么涉及数据保密问题，导致国家花巨资调查形成的成果不能为社会服务。尽管这些做中介服务的公司，目前还不能获得和使用政府组织完成调查形成的某些信息数据，那么，依靠科技公司的新科技手段获得的信息数据是否可以公开与合法使用，是否能被监管部门认可，也是有问题的。其二，依靠科技公司提供良好的承保和理赔服务，会动了基层政府某些人的"奶酪"，也会因此减少"协保员"的聘用。特别是在扶贫地区，聘用的一部分"协保员"本来就带有扶贫的性质，减少"协保员"，从某种意义上来说，会影响到扶贫，这也使这种中介服务多多少少会遭受冷遇。其三，因为农业保险制度的不完善，基层政府在支持和参与农险业务中的权力边界不清晰，在不少地方，灾害损失发生后，保险公司的定损理赔谈判对象，实际上是基层政府。如果使用新科技绕过了政府，限制和削弱了政府的"权力"，有关方面也会不爽。所以，以高科技为手段的农险中介服务不容易被这些地方政府认可。

看起来简简单单的农业保险中介服务问题，牵扯了这么多方面的矛盾和冲突，只有很好地解决了这些矛盾和冲突，让农业保险无所顾忌地热烈拥抱新科技，农业保险的创新发展才会跨上一个新的台阶。

要严格规范农险中介的市场行为[*]

——再议发展农险中介服务

我的拙文《农业保险需要发展中介服务》2019 年 2 月 25 日在《中国保险报》上发表之后，引起农险界同仁和朋友们的关注和议论。有的朋友打电话跟我说，他们基本同意我的意见，认为农业保险中介服务虽然一直存在，但是，在有些方面还不是名正言顺也是事实。特别是在保险科技蓬勃发展的今天，专业中介可能发挥重要作用，很可能促使农业保险业务产生重大变革。应该支持和发展农业保险中介组织和中介服务活动。

一、农险市场新的收"租"人

但是，有的同仁说，现在关键是要严格规范农业保险中介的市场行为和服务活动。某省的朋友说，在他们那里，现在就有保险经纪人活跃在农业保险市场上。但是令保险公司不无头疼的是，这些做农业保险中介活动的保险经纪人公司，变成了市场资源垄断者和市场资源的分配者。他们利用主持招标的机会，径直向参与招标的保险公司索要高达 20％的佣金。保险公司气愤地说，这等于是要求保险公司公开向他们行贿。过去，我们是被迫向政府官员交"租"，现在政府官员在反腐高压下，不敢再设"租"收"租"了，我们又不得不向新"东家"交"租"。

这些经纪人公司为何能有这等权利，直接或者变相垄断和分配农业保险市场资源？关键在于政府有关部门的授权。保险公司代政府部门设计标书，组织招投标本来并无不可。政府也有招投标的一系列相关规定。关键是他们这种招投标完全违背了招投标的规范，私下与投标的保险公司串通，做非法交易。同时指名道姓地聘请他们的"熟人"和"朋友"做所谓"评标专家"，让"专家"按照

＊ 本文发表于《中国保险报》2019 年 3 月 8 日。

他们的意图评标。这样一来，没有哪家投标公司不去想办法贿赂执行招投标的经纪人公司，忍痛也得"割肉"了。这些保险经纪人公司的中介服务活动，真正变成了农业保险机体上的"肿瘤"。朋友在电话那头无可奈何的陈述，令我非常难过也很气愤。怎么好端端的农业保险中介活动，在这些地方怎么又变了味呢！

我不知道这种现象在多少省份存在，但据说在某省范围内是普遍存在的。

二、"协保员"队伍参差不齐

不仅是专业中介机构有些不规范，"协保员"队伍问题也不少，也很需要规范。

"协保员"是随着政策性农业保险发展而诞生的一支农业保险的生力军。农业保险的业务都在村里，耕地范围广阔，投保农户和保险标的极其分散，保险机构没有那么多人手，也考虑到前期宣传、展业，发生灾害之后查勘、定损和理赔的难度，就从乡村农业技术干部或者乡村行政干部里面，聘请了大量的熟悉当地情况的保险业务兼业代理人。因为不可能一下子都给他们名正言顺地解决合法合规代理人身份，就给他们起了一个"协保员"的名称。这也算是农业保险特殊问题之一。在过去10多年里，"协保员"队伍扩展非常快，根据对9家保险公司的统计，2018年，这9家公司的"协保员"队伍已经达38万多人。

12年来，这支"协保员"大军为农业保险的发展壮大做出了突出的贡献。但是，因为业务发展猛，"协保员"队伍扩张快，而相对来说，"协保员"的文化水平和专业素养参差不齐，有的公司对"协保员"的培训不那么到位，对他们的保险知识和合规教育普遍欠缺，用人单位只满足于他们了解个大概，认为他们人熟地熟，上门收费、缮制清单、签订保险合同等工作没有什么问题。这种状况下，发生各种违规违法问题也就不奇怪了。在各地的保险监管检查中，发现的承保档案不健全，不规范，垫付保费，虚保承保面积或牲畜数量，虚假签名，欺骗本村农户，虚假投保，虚假理赔，赔款分发不公，甚至贪污保费等问题，多有发生。很多被查处的案件，都有"协保员"的责任，有的"协保员"甚至触犯刑律受到法律制裁。这些问题直接影响到农险服务的质量，影响到农业保险的顺利推进。

三、规范农险中介市场行为很有必要

管理好农业保险中介市场，就要很好地规范农险中介有关方面的市场行为，做好农险中介服务，这是推动农险深入发展的必由之路。农业保险监管者责无旁贷。

（一）严格规范农险中介的市场行为

在保险科技发展日新月异的今天，积极发展农险市场的专业中介，这对于让中介在农业保险发展中发挥积极作用，有其必要性和可行性。但是更重要的问题是要加强对中介市场行为的监管。中介必须遵守中介的规则，做符合中介身份的业务活动。例如真正发挥中介在展业、查勘、定损和理赔中的积极作用，有的中介公司利用其技术优势，还与保险公司一道开发出各类新产品，这都值得肯定和欢迎。与此同时，根据已经发现的各类问题，需要做出专门的监管规定。例如，不能允许中介公司直接和变相操纵和分配市场资源，获取不当得利。为此，有必要对农业保险的中介费用做出上限规定。不允许中介公司或其他兼职代理人（包括帮助做业务的政府部门）漫天要价。笔者认为，对农险中介费用的限制比起商业保险中的类似限制理由充分得多。农业保险在某种意义上说就是政府采购农险服务，对中介服务的费用上限做出事先规定理所当然，商业保险费用要由出售保单方自行决定。

（二）认真完善政府部门的各项相关规则

农险中介市场的规范也需要政府部门的积极管理和配合。在我国政府及其相关部门对于农业保险的参与度比较深，各省的经营模式又是由省里自行确定的。如果全国没有统一的规范，地方政府及其部门实际上并不完全明白自己的行为边界，包括对待中介市场活动，也会有各种不同的处理方式和后果。农险经营机构招标就是一例。

有不少省份对于本省农险经营机构的选择，是通过市场招标的方式进行的，这本来没什么不对。但让谁来组织招标，却很有文章。曾经，有个省发生过政府主管部门默许中介公司负责招投标事项，并且由中介公司来分配经营区域的问题。事隔几年，又出现类似问题，这都跟政府主管部门行为不规范有关。

第一，政府招标应该按照政府采购有关的规定来进行，使其低成本地公平公正地进行。据了解，大部分省份是这样执行的。可有的省份借口农险特殊，自己找保险经纪公司招标。此种选择，可不可以，谁也找不到依据。第二，找经纪公司组织招标，应该公开透明地选择中介公司，不能由个别政府主管领导决定，这样就能避免中介公司跟政府主管部门领导有猫腻。而评标专家也应当保密，避免私下行贿。第三，组织招标者无权决定中标公司的经营份额，并向投标公司索取高额佣金。招标手续费要有明文规定，而且合情合理。

因此需要做出相关管理规定，凡是通过招投标方式选择农险经营主体的省份，应当通过政府采购机构进行招投标，评标专家要在专家库里随机选人，不允许保险经纪公司或者代理公司组织招投标和自行选择评标专家。组织招投标，也必须严格按照政府采购招标的流程操作，不能向投标单位收取佣金，更不能以佣

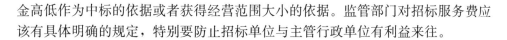

金高低作为中标的依据或者获得经营范围大小的依据。监管部门对招标服务费应该有具体明确的规定，特别要防止招标单位与主管行政单位有利益来往。

（三）有效提高"协保员"的业务代理水平

我们尽管有如此庞大的"协保员"队伍，他们也的确在农业保险经营中发挥着重要作用，但迄今为止，对于"协保员"的选拔、聘用、培训和开展业务，没有任何可以遵循的监管规则和资质要求。监管部门没有，保险公司也没有，这种选、聘、训的随意性带来的后果可想而知。有的公司负责人说，"我们有这么多的'协保员'，真正发挥作用的有多少，很难说"。倒是"协保员"帮我们做的一些承保、理赔工作，因为"缺胳膊少腿"，使我们受到监管处罚也是事实。看来，"协保员"队伍建设，服务质量的提高，也是各家公司关心的。如何建设这支队伍，值得研究。

笔者建议，监管部门需要对"协保员"队伍建设加强调查研究，是否有必要对"协保员"制度制定一个基本规则，提出相应的要求，最好能做些调研和讨论，还可以组织编写符合其业务需要的培训教材。把这些基本建设做好了，才能逐步提高"协保员"的素质和业务水平，减少和防止违规违法行为的发生几率。

2019

农业保险需要发展中介服务*

随着农业保险的迅猛发展，保险中介服务问题日益突出。但在政策规定上尚有模糊之处，需要加以关注和讨论，以便制定有利于农业保险发展的中介服务政策。

一、发展农业保险中介服务是个问题吗？

农业保险业务是否需要中介服务，似乎不是一个问题，但又的确是一个问题。

说它不是问题，是因为自从 2013 年原保监会发文（保监发〔2013〕68 号文），就明确规定"严禁从享受中央财政保费补贴的农业保险保费中提取手续费或佣金"。这个文件发布之后，对于接受政府财政补贴的政策性农业保险来说，保险中介服务就被明令禁止了。

说它是个问题，是因为这一条规定事实上执行起来有困难。大家都在购买中介服务，也都在支付中介服务费，但只能以各种方式回避，各家公司对于中介业务的手续费或者佣金，都在"变通"或者做"会计科目"游戏。所发生的中介服务费都是在"科技服务费""专家咨询费"等科目里记账。

在农业保险制度建设深化，农业保险经营和管理方式不断变化的今天，对于要不要中介服务，能不能支出中介服务手续费或者佣金问题，有加以讨论和重新修正的必要。

二、政策性农业保险一直存在中介服务

就我个人的观点，无论是商业性农业保险还是有财政补贴的农业保险，都同

---

* 本文发表于《中国保险报》2019 年 2 月 25 日。

其他寿险和产险业务一样，需要保险中介服务。

利用中介（代理人、经纪人和公估人）服务，在保险行业是很自然的事。我国加入 WTO 以来保险中介机构发展很快，现在市场上的保险代理人公司、经纪人公司和公估公司已经有几千家，它们为保险业的快速发展建立了巨大功绩。

在政策性农业保险中，中介机构虽然没有名正言顺地进入中介服务领域，但是不同层次的中介服务，实际上一直在发挥重要作用。做农业保险业务的各家保险机构都雇佣着几万甚至几十万"协保员"，这些来自农业技术推广队伍（农经站、农技站、畜牧兽医站等的兼职人员）或者乡、村行政机构的协保人员，或者生产资料的营销人员，他们帮助保险公司组织农户投保、签单、收费，他们实际上就是保险机构的合同代理人或者临时代理人，按照《农业保险条例》第二十一条的规定，都要给他们支付服务费用，这个费用也就是手续费或者佣金。

诸如各类科技公司、数据公司、地理信息公司等专业机构，也在以各种形式为保险公司做中介服务，特别是查勘、定损、理赔服务，很受保险机构欢迎。有一家公司，与林业保险被保险人就索赔问题发生巨大分歧，后来请一家科技公司派人用无人机飞了半个月，把森林损失搞清楚了，保险双方才达成一致赔款意见。现在，有众多的做卫星遥感或者地理信息方面的科技公司与保险公司合作，利用其掌握大数据、互联网以及卫星遥感数据信息，帮助保险公司完善展业、核保、定损和理赔。这些科技公司实际上做的是公估公司的营生。据我所知，已经有几十家科技公司有意或者正在努力进入这个有用武之地的领域。而保险公司也在评估，到底是自己建一套所谓"3S"系统合适还是利用中介提供的类似服务更合算，同时征求第三方损失评估的各方认可度，一旦使用外部服务更合算，也能获得各方认可，各级公司就会把展业、定损和理赔服务部分或者全部外包出去，这就是中介兴起和积极介入农业保险的外在和内在原因。

三、应当支持农业保险中介服务的发展

2013 年原保监会发布的《关于进一步加强农业保险业务监管规范农业保险市场秩序的紧急通知》（保监发〔2013〕68 号文，以下简称《通知》），其中有一条说："严禁从享受中央财政保费补贴的农业保险保费中提取手续费或佣金，违者对总公司相关高管监管谈话，并责令限期整改。"这个规定实际上是根据市场上出现的问题而做出的限制性规定。

当时发现，有的省有专业中介公司利用招投标的机会，垄断和分配市场资源，不正当向投标公司公开索取佣金，哪家公司在标书中给出的佣金率多，就给哪家公司分配较大业务地区，哪家公司报的佣金率低就给这家公司分配较小的业务范围，这件事影响很大，产生了恶劣的影响。原保监会本来做此规定，是为了禁止这种垄断市场资源的行为。但因为执行部门对此项规定有不同理解，就产生

了禁止任何保险中介服务进入政策性农业保险市场的理解。

近5年多的实践表明，随着农业保险的不断扩大和农业保险制度的不断完善，中介服务实际上是以各种形式存在着。而且随着保险科技的不断创新，政策性农业保险与中介"结亲"的理由越来越充分。笔者认为，农业保险展业、理赔如果能借助专业中介提供的高科技，低成本地推广使用，目前农业保险成本不断上升的势头会得到遏制，保险公司"协议赔付"的乱象也会得到制止，农险服务方面的某些短板就会得到改善或者弥补。

鉴于此，我个人认为，2013年原保监会上述《通知》中的这一条规定，可考虑修正，对市场资源垄断的禁止行为做出清晰明确的规定，从而支持正常的合规的农业保险中介服务促进农业保险的健康和快速发展，为乡村振兴做出更大的贡献。

我国农业保险政策及其可能走向浅析*

摘　要： 农业保险有商业性和政策性之分，只有商业性农业保险没有政策性农业保险的国家，没有专门的农业保险政策。有政府参与的政策性农业保险才有特殊的适用于这类保险的政策。我国由政府参与的农业保险也和其他类似国家一样，有我们自己的一套农业保险政策。这些政策包括商业性农业保险与政策性农业保险区别对待的政策，对农业保险实行统一管理的政策，财政政策，税收政策，监管政策，市场组织政策，市场化运作政策，多部门"协同推进"政策，农业保险经营的大灾风险管理政策等。我们这些政策将会随着乡村振兴战略、农业现代化发展、农村金融制度改革以及脱贫攻坚等重要战略的推进，将会不断变化、调整、丰富和完善。

关键词： 农业保险；政策

农业保险是一类特殊的保险，很多国家不将农业保险纳入《保险法》调整的范畴，而是单独制定政策和法律法规。特别是有政府参与的农业保险①，都专门制定了特殊的《农业保险法》《农作物保险法》《农业灾害补偿法》等（一般来说，《保险法》是私法，而《农业保险法》属于公法范畴）。之所以给农业保险单独立法，至少是在这些政府参与农业保险的国家，农业保险不单单是保险，本质上是国家农业发展政策的重要组成部分。当然，因为各国的农业重要性有很大差别，农业保险在一国的农业政策中的重要性也不一样。

对我们中国来说，农业不仅是经济和社会发展的基础，对国家来说具有非常重要的战略意义。我们有将近 14 亿人口，吃饭问题不能有问题，主要的农产品供给不能依靠国际市场，否则就会天下大乱，经济和社会发展就要受到重挫。所

---

*　本文发表于《保险研究》2019 年第 1 期。

①　本文将"政策性农业保险"和"有政府支持的农业保险"作为同义语使用。

以，习近平主席特别强调，"我们必须把饭碗牢牢端在中国人自己的手里，而且碗里要装自己的粮食"（中国网财经，2018 年 9 月 26 日）。这句话言简意赅，代表了国家重大的全局性战略意图。而农业的稳定发展离不开风险管理制度，在农业的风险管理制度中，农业保险是最重要的制度和工具之一。

本文讨论的是，我国的农业保险都有和应该有哪些政策，为什么需要制定这些政策，以及这些政策在以后可能会有什么变化和调整。

一、我国农业保险需要特殊的不同于商业保险的政策

所谓政策，就是党和政府利用行政强制力，就某类经济、社会等问题，通过文件、决议、法规确定和推行的方针、路线、原则和实施措施。政策不是法律，但往往包含了法律需要规范的内容，所以是更宽泛的范畴。农业保险政策也是如此。

农业保险 18 世纪在德国诞生的时候，没有什么特殊政策。农民自己组织雹灾保险合作社，为雹灾损失提供保险保障，跟其他财产保险一样，政府对农业保险没有特别关照。

事实上，直到农业保险在全世界风行的今天，有的国家的农业保险依然没有或者很少有特殊政策，这些国家只是将其作为一般财产保险业务，纳入《保险法》规范的范围。例如英国，政府至今就没有对农业保险给予特别的政策支持，农场主如果需要某些风险保障，就去商业保险公司购买就是了，跟其他财产保险没有两样。农业保险的发源地德国，大体上也是如此。

但是有些国家，例如美国、加拿大、日本、印度等，就专门给农业保险"吃小灶"，由政府制订了一系列政策和法律，对农业保险加以支持。这是为什么呢？

笔者认为，主要原因有三：

第一，不同国家的农业的重要性或者说农业在本国经济、政治、社会中的地位不一样。那些农业在其国民经济和社会发展中占有重要地位的国家，需要农业保险为其农业的稳定和可持续发展做后盾，需要制定专门政策支持农业保险。

第二，能提供广泛风险保障责任的没有政府支持的农业保险（多风险保险或者一切险保险）产品，对消费者来说，价格高、收益低，因此是市场失灵的。而没有农户广泛参与的农业保险，难以达成上面第一条。

第三，政府要有适当的，甚至是足够的财力。

就上面第一条来说，有的国家（例如上面提到的英国）的农业，在国内或者国际贸易中，没有特殊意义或者并不需要在一般政策之外加以特别保护。这些国家既不完全靠本国的农业为本国国民提供足够的食物，农业生产也无多大的风险灾害，农民有足够的支付能力。因此，政府就没有必要制定特殊政策，专门支持农业保险的发展。如果有了突发性的农业灾祸，例如，大规模流行疫病、地震、

海啸等重大灾害，政府会通过正常的公共政策来提供帮助和救济。

但是有些国家，农业在其国民经济中，甚至在其国际政治中都具有重要价值和地位。就像我国，我们的农业首先要解决将近 14 亿人口的吃饭问题。我们可以进口一些粮食，但是无法完全依靠国际市场。否则，把近 14 亿人口的饭碗端在别人手里，对于这么大一个国家来说是非常危险的。在我国，农业的成败直接关系到国家的稳定和国际影响力的大小。所以，不仅仅是很多农户（特别是规模农户）关心农业保险，政府更关心农业保险，使其为农业的可持续发展提供保障，特别是在实现农业现代化的过程中，要有效管理农业风险，这是较好的选择。我国从 2004 年到 2018 年每年中央 1 号文件，都是针对农业和农村问题的，足以说明农业对我国的重要意义。

再看美国，它的人口比我们少，只有 3.27 亿，耕地比我们多，有 1.97 亿公顷（我国是 1.28 亿公顷）（2016 年的数据）。尽管自然条件不是非常好，单单冲着农产品自给自足，完全可以像英国那样，不用对农业那么上心，也不会那么重视农业保险。但是美国政府对待本国的农业，无论是为保证其国民获得廉价食物，还是在国际贸易和国际政治中将农产品作为其"战略武器"，都是极其重要的。在国际贸易中美国农产品要保持其竞争力，同时政府需要足够多的农产品用于国际政治的需要。显然，美国的农业就跟英国大不一样了。

再说日本，日本有 1.27 亿人口，国土面积 37.8 万平方千米（2015 年的数据），耕地不到国土面积的 13%，虽然国内生产的农产品无法满足一亿多人的消费需求，但是日本政府还是一直坚持要保护自己的农业，提高自给率。日本对农业高度重视，保护程度极高。所以，日本对农业保险非常上心，70 年前政府就通过立法出手干预和支持农业保险了。

其他国家我就不一一分析了。总之，对农业保险制定特殊政策的国家，都是因为农业在该国有特殊意义和地位，而政府也有支持农业保险的财力。

没有上面第一条，就没有必要广泛发展农业保险，政府也不需要制定支持农业保险的政策。没有上面第二条，仅仅靠市场，不会有广泛参与的农业保险，也不会形成农业保险市场。没有上面第三条，即使政府想支持农业保险，也只能望洋兴叹。

近 50 年来的国际农业保险发展历史证明了上述几点。

至于为什么农业在一个国家重要，政府就一定会通过制定特殊的农业保险政策来支持农业保险呢？

如前所述，在现代农业广泛发展的条件下，农业的全面风险管理，虽然有多种途径和工具，但农业保险是一种比较有效和可行的风险管理工具，这已为国际农业和农业保险近 80 年的经验所证明。

联合国粮农组织从 1968 年就开始向各国呼吁，要大力发展农业保险，有效管理本国的农业风险。迄今 40 年时间，全球已经有 120 多个国家建立了本国的农业保险制度。很多国家花很大代价支持农业保险的推广和发展。

二、我国农业保险的现行主要政策

我国现行农业保险政策主要有以下 9 类：①不同性质的农业保险相区别的政策；②农业保险要统一管理的政策；③农业保险的财政政策；④农业保险的税收政策；⑤农业保险的市场组织政策；⑥市场化运作政策；⑦农业保险的监管政策；⑧农业保险的多部门协同推进政策；⑨大灾风险管理政策。

（一）不同性质的农业保险相区别的政策

我国在 2002 年颁布修订的《农业法》里面，第一次提到要发展"政策性农业保险"。之前，由于理论研究的进展较慢，在商业保险框架下的农业保险试验也没有成功经验可言。所以，在政策上不可能明确界定农业保险的性质，也没有区分政策性农业保险和商业性农业保险。

直到 2007 年的中央发布的 1 号文件，才提出"建立完善农业保险体系，扩大农业政策性保险试点范围"的要求。这是《农业法》之后，中央首次将农业保险区分为商业性农业保险和政策性农业保险最早的明确的政策意见。

2012 年，我国颁布了《农业保险条例》（以下称《条例》）。这个条例正式将政策性农业保险与商业性农业保险相区别。

《条例》第三条第一款说"国家支持发展多种形式的农业保险，健全政策性农业保险制度"。这表明中央政府在政策上将商业性农业保险和政策性农业保险区别开来。

当然，做这种区别是为了便于对不同性质的农业保险采取不同的政策。所以，《条例》第七条明确规定："农民或者农业生产经营组织投保的农业保险标的属于财政给予保险费补贴范围的，由财政部门按照规定给予保险费补贴，具体办法由国务院财政部门商国务院农业、林业主管部门和保险监督管理机构制定。""国家鼓励地方人民政府采取由地方财政给予保险费补贴等措施，支持发展农业保险。"这就明确地表明，国家对包括商业性农业保险和政策性农业等"多种形式"农业保险都支持，但特别强调"健全政策性农业保险制度"。

有的人不认为这是与商业保险相区别的政策，也不想区别这种界限，并且在《农业保险条例》颁布后，认为我国的农业保险就是"政府支持下的商业保险"。这其实没有原则问题，只要把政府支持的农业保险和其他类别的农业保险在政策上相区别就足够了。

（二）农业保险要统一管理的政策

如果说，商业性农业保险不需要在商业保险规则之外另外制定管理政策的话，政策性农业保险的管理政策则是需要明确的。因为，政策性农业保险需要一个综合管理机构，这个机构有以下事情要做：①制定政策性农业保险的规划和制度规则；②调查研究本地区农业风险的特点，制定风险区划；③确定和调整政策性农业保险的范围和种类；④协助政府制定财政支持政策，管理财政支持资金；⑤研究制定或主持制定各种险种的条款和费率；⑥协调各有关部门的关系；⑦规划、筹集和管理大灾准备金；⑧提供（或安排）农业再保险。这些工作不可能由保险公司或者哪一个单独政府职能部门担负起来。

从国际经验看来，政府层面统一管理农业保险是必要的。特别是那些农业保险发展较好的国家，例如美国、加拿大、日本、印度、菲律宾等，都是有统一的管理机构，便于统一执行各项农业保险政策，保证政策性农业保险的效率。

在我国农业保险要不要进行统一管理，还没有完全明确，《条例》也没有明确做出规定，一直处于模糊的状态。目前还是多部门共同管理，已经显示出许多部门之间不协调的问题。当然这里面既有认识上的原因，也有政府部门之间的协调问题。

这个问题，无论是在中央层面，还是在省级层面也都很突出。大多数省、直辖市、自治区都建立了一个松散的"领导小组"[①]，负责农业保险问题的组织、管理和协调工作，但这个松散的组织实际上形同虚设，起不到管理和协调作用。这些政策变动，对农业保险的实施和发展有不小的负面影响。

12年来的农业保险实践对这项政策和设置管理机构的要求日益迫切，估计不久的将来，就会有重要进展。

（三）农业保险的财政政策

对于农业保险制度的建立和健康运行，财政政策是最重要的政策之一。特别是政策性农业保险，不能没有强而有力的财政政策，特别是政府的财政补贴。这种补贴的理论依据主要是市场失灵，国内外许多研究已经证明，没有这种补贴就不可能有农业保险市场，通过农业保险管理农业保险风险就是一句空话。

这种补贴包括四个方面：直接保险费补贴，管理费补贴，再保险补贴，大灾风险条件下的财政支持。

至于财政补贴理念、补贴范围和补贴力度，因国家的农业保险政策目标和农业保险的发展实践而异。有的国家在长达几十年时间里，不断在研究和探索最佳补贴范围和补贴力度，为的是了解怎样让这种补贴最广泛地鼓励农户参与农业保险，与本国的农业保险的政策目标相匹配。

具体说来这几类财政补贴的情况是：

---

① 有的省份解散了这个"领导小组"，让各职能部门"各司其职"。

1. 直接保险的保险费补贴政策

给农作物直接保险保险费补贴，是农业保险发达国家政策性农业保险的通行做法。例如，农业保险发展较好的美国、加拿大、日本、西班牙、印度、菲律宾、智利等国，都是这样的。以美国为例，1938 年通过立法推行政策性农业保险之时，补贴的标的种类只有小麦、玉米、棉花等少数几种作物。到现在，补贴的农作物保险标的有 130 多种，基本上覆盖了所有的作物。补贴力度最初只有纯保险费的 30%，20 世纪 80 年代之后，逐步提高到 60% 左右，加上管理费补贴，总补贴率约有 78%（表 1）。加拿大和日本基本上也是这种补贴水平。

表 1　1990—2014 年美国农业保险有关补贴的数据

单位：百万美元

年份	纯保费总额	其中纯保费补贴	经营费用补贴	毛保费总额	纯保费补贴与管理费补贴合计	综合补贴率
	(1)	(2)	(3)	(5)=(1)+(3)	(6)=(2)+(3)	(7)=(6)÷(5)
1990	845	213	272	1 117	485	0.434
1991	749	196	245	994	441	0.444
1992	763	197	246	1 009	443	0.439
1993	761	198	250	1 011	448	0.374
1994	907	247	292	1 199	539	0.450
1995	1 424	774	373	1 797	1 147	0.638
1996	1 817	978	490	2 307	1 468	0.497
1997	1 822	945	450	2 272	1 395	0.614
1998	1 868	940	427	2 295	1 367	0.600
1999	2 214	1 295	495	2 709	1 790	0.661
2000	2 483	1 353	540	3 544	1 893	0.626
2001	2 896	1 707	648	3 544	2 357	0.665
2002	2 816	1 683	656	3 472	2 339	0.688
2003	3 222	1 874	743	3 965	2 617	0.660
2004	4 051	2 387	900	4 951	3 287	0.666
2005	3 697	2 070	783	4 480	2 853	0.637
2006	4 406	2 517	960	5 366	3 477	0.648
2007	6 206	3 544	1 341	7 547	4 888	0.648
2008	9 233	5 301	2 016	11 249	7 317	0.650
2009	9 051	5 430	1 602	10 653	7 032	0.660
2010	7 657	4 680	1 371	9 028	6 051	0.670

（续）

年份	纯保费总额	其中纯保费补贴	经营费用补贴	毛保费总额	纯保费补贴与管理费补贴合计	综合补贴率
	(1)	(2)	(3)	(5)＝(1)＋(3)	(6)＝(2)＋(3)	(7)＝(6)÷(5)
2011	11 549	7 376	1 383	12 932	8 759	0.677
2012	11 485	7 149	1 411	12 896	8 560	0.664
2013	11 805	7 279	1 350	13 155	8 629	0.656
2014	10 034	6 272	1 407	11 441	7 679	0.667

资料来源：美国农业部风险管理局。根据袁祥州等：《美国农业保险财政补贴机制及对我国的借鉴》（载《中国农业保险研究 2016》，中国农业出版社，2016 年 10 月版）中的数据计算。

注：再保险方面的政府投入按道理也应该算到政府财政补贴里去。因为没有具体的政府投入数据，这里没有计算。

与其他国家比较起来，我国财政的补贴范围比较宽一些，除了种植业保险外，也给养殖业保险提供保费补贴，虽然补贴种类还比较少，补贴力度还比较小。截至目前，我国由中央财政补贴的标的是 16 类，20 多种，种植业主要是粮、棉、油料、糖料、森林，养殖业主要是奶牛、育肥猪和能繁母猪，一些省区的藏系羊、牦牛等（表2）。

其他方面，包括水果、蔬菜、鸡、鸭、鱼虾的养殖保险，保险费主要是由地方政府补贴。涉农保险产品，包括渔船、农机、农房保险，也主要是由地方政府和部门提供财政支持（表2）。

表 2　我国中央财政和地方财政补贴农业保险的种类

保费补贴来源	保费补贴标的
中央财政补贴保费的种植业保险种类	水稻、小麦、玉米、棉花、青稞（青海）、大豆、油菜、花生、土豆（甘肃）、橡胶树（海南）、甘蔗、甜菜、森林、制种
地方财政补贴保费的种植业保险种类	大棚蔬菜及大棚、香蕉、苹果、梨、西瓜、葡萄、柑橘
中央财政补贴保费的养殖业保险种类	能繁母猪、奶牛、育肥猪、藏系羊（青海）、牦牛（青海、西藏）
地方财政补贴保费的养殖业保险种类	鸡养殖、鸭养殖、鹅养殖、淡水鱼、虾养殖、蟹、海水（网箱）养鱼、海参养殖
地方财政补贴保费的涉农保险种类	农房、渔船、农业机械、渔民（人身意外伤害）

资料来源：作者根据有关文件整理。

2. 管理费补贴政策

管理费补贴是其他农业保险发达国家的惯例。

美国的农业保险管理费补贴大概占总毛保费的 12%～18%，在加拿大，因为是政府所属公司，管理费完全来自联邦和省两级财政补贴。投保农民并不支付保险公司的这部分管理费，也不许公司从保险费收入中提取费用。不过加拿大农业保险全部管理费也不高，只占保费的 6%～8%。

在我国，没有管理费补贴。制度建立之初，北京曾经给在本地经营农业保险的公司以管理费补贴，后来因为多种原因取消了。

有的人认为，我国中央和省、地、县的农业保险保险费补贴加起来有 78%～80% 了，管理费补贴和再保险费补贴都有了。

这样讲也说得过去。美国的补贴数据也表明，纯保费补贴和管理费加起来差不多是毛保费的 67%。

需要说明的是，美国将保费补贴、管理费和再保险的补贴分开，既有历史的原因，也有现实的原因。在 1980 年以前美国的农业保险直保和再保业务，都统一由政府所属"联邦农作物保险公司（FCIC）"经营，FCIC 的管理费用都由政府财政预算支付，后来直保业务改由商业性保险公司经营，美国政府认为，保费补贴是纯保费补贴，管理费补贴应该拨付给做直保业务的保险公司。当然补贴比例一直在下降。现在，因为涉及 WTO 的"绿箱"和"黄箱"政策，管理费补贴这一块美国不作为保险费补贴上报，对美国政府有利。

3. 再保险补贴政策

再保险的补贴政策也是农业保险发达国家发明的。不过对于再保险的补贴，不是直接补贴再保险费，而是由政府提供价格比较低廉的再保险服务。

在美国是由"联邦农作物保险公司"，提供再保险，在加拿大是由联邦农业部提供再保险，在日本是由都道府县的农业保险合作联社，以及农林省为"农业保险合作社"提供两级再保险。

在《中国农业保险研究 2018》（中国农业出版社，2018 年 9 月出版）中有一篇介绍美国农业保险再保险的文章，详细介绍了再保险补贴情况和操作方式，这里不详细陈述。

4. 大灾风险管理的财政支持

农业保险的推行离不开大灾风险管理制度。其他国家的经验表明，遇到保险公司抵挡不了的大灾损失，政府必须出手。但政府出手的方式多种多样，比较有效的方式是给予农业再保险以财政支持。

在美国，农业保险有两类大灾风险管理政策：一类是通过上面说的"标准再保险协议"由政府和保险公司共同解决大灾损失的赔付，这个层次解决不了的赔款，保险公司可以根据《农作物保险法》规定，向"商品信贷公司"借钱。"商品信贷公司"是一家政策性银行。

在加拿大，政府参与大灾风险分散的层次比美国的要多，农业保险公司向联邦和省农业部购买再保险（也可以不向政府购买再保险，而直接找商业性再保险公司分保），再保险解决不了的赔款，再向财政借款，因为借款是有限度的，超过限额的部分可以向本省的"皇冠公司"申请赔偿。皇冠公司为了解决赔穿的问题，也购买再保险（这个皇冠公司实际上也是国家财政出资的一个公司，为的是不要因为农业保险的超赔责任再申请临时财政支持）。

可以看出，政府在大灾风险管理方面的财政支持政策非常完备。

我们国家的大灾风险管理制度正在建立，政府要不要在财政上给予农业再保险以支持，基本上取得了共识，至于具体支持方式和力度，有待后续政策的明确。

（四）农业保险的税收政策

为了减低经营成本，鼓励保险公司经营政策性农业保险，除了上述财政补贴之外，大多数国家对政策性农业保险都采取免税政策，免除一切税赋。

美国《联邦农作物保险法》1980 年第 12 次修订版本及其后的历次版本，都规定"联邦农作物保险公司的资本金、准备金、盈余、收入和财产免除所有国家、地方、属地或领地，或州、县、市政府，或当地税务部门课征的税负。"

这在道理上也比较好理解，既然给农业保险各种补贴，就没有必要再去征税。

加拿大的农业保险也是不交任何税的。

我国目前的政策也有一些税收优惠，主要是：①对农业保险业务免征营业税，"营改增"之后，也不征增值税；②所得税的应税基础按照 90% 计算；③对作为大灾风险准备金的积累，在当年保费收入的 25% 的范围内可以税前列支（即免征这部分大灾准备金的所得税，超过部分要交所得税）。

当然，对"渔业互保协会""农机安全协会"的保险业务目前还没有任何税收，因为他们是社会团体，按照有关规定不用交税。

（五）农业保险的市场组织政策

农业保险，特别是政策性农业保险，市场组织政策是比较特殊的。首先，农业保险的市场组织政策一般都有不同于商业保险的组织政策，而是适应农业保险市场特点的特殊政策。不仅中国如此，其他国家也是如此。

在美国，最初是政府设立农作物保险公司经营有政府财政税收政策支持的农作物保险，联邦政府成立了"联邦农作物保险公司"（FCIC）。一直到 20 世纪 90 年代之后，这个政策又有了新的变化。这种变化主要是 FCIC 逐步退出了直保业务，现在，95% 以上的直保业务都交由经过审查批准的商业保险公司来做，FCIC 只做再保业务。

在加拿大，联邦政府在 1959 年颁布了《联邦农作物保险法》，由政府支持农业保险。加拿大都是各省政府建立的农业保险公司独家经营农险业务，直到现在也不允许商业性保险公司和其他合作进行经营。

日本农业保险的市场组织政策，跟美国、加拿大都不一样，根据《农业灾害补偿法》的规定，日本的直保业务，都是由市、町、村的农业保险合作社（也叫做"农业共济组合"）经营，而都、道、府、县的"农业保险共济联社"和中央政府的农林省（部）则为农业保险直保业务提供再保险服务。

渔船保险实际上也属于农业保险的范畴，各国的市场组织政策也很特别。根据《日本渔船损害补偿法》的规定，由"渔船协同组合"这种合作组织做直保业务，都、道、府、县的总共49个"渔船保险组合"和更上一层的"渔船保险中央会"提供渔船再保险业务，"渔船保险中央会"可以向商业保险公司转分保。政府对渔船保险的直保业务提供保费补贴，并负责对渔船保险直保和再保市场进行指导和监管（包括条款审批）等。

我国农业保险市场组织政策，有一个发展变化的过程。从1982年到2007年，农业保险是由人保、新疆生产建设兵团农牧业保险公司，和后来新成立的安信农险，安华农险和阳光相互农险等公司经营。因为那个时候是商业性的，基本没有政府支持的农业保险。从2007年开始，政府财政部门开始对一些关乎国计民生的农牧业生产的保险提供保险费补贴。包括1993年建立的中国渔业互保协会和2009年以后诞生的"农机安全协会"等协会组织，成为被认可的农业保险的市场组织。因此，我国农业保险的市场组织，包括商业保险公司、合作保险组织和协会保险组织。

《条例》第二条第二款明确规定，"本条例所称保险机构，是指保险公司以及依法设立的农业互助保险等保险组织。"当然，"协会保险人"算不算"互助保险组织"，还有待政策进一步明确。

（六）市场化运作政策

市场化运作的政策，源于《农业保险条例》，在第三条第二款的16字原则中，明确提出中国的农业保险实行"市场运作"。市场运作的含义就是，在"政府支持"的条件下，由市场化保险经营主体来经营农业保险。从决策者的最初思路来看，政府只是提供保险费补贴和行政支持，至于农业保险如何经营，谁来经营，如何经营，包括准入和退出，都要按照市场规则来办。比如，保险经营机构自主选择经营农险种类，自行开发产品和定价，自负盈亏，赔款政府不兜底等。对于这个政策的最初想法，有的领导解释说，这"就是政府出点钱撬动农业保险市场"，有的人对这话注解说，这就是"有政府支持的商业性保险，而不是政策性农业保险"。

从形式上，鼓励商业保险公司加入农业保险的经营行列，可能是借鉴"美国模式"。但实践的发展不是那么简单，让商业保险公司纯粹按照自主加入，自由竞争，自负盈亏，除了保费补贴，剩下的都交给市场就完事了，其实这不是正确的政策，或者是把农业保险的市场运作政策简单化了。

我们要是仅仅从形式上学美国的商场化运作，似乎还没有学到精髓。实践证明，如果没有统一、完善、系统的由一整套规则组成的农业保险制度，没有一系列相应的政策，不可能有可持续的农业保险市场。远的不说，就是从1982年以后我国20几年的农业保险试验的失败，已经证明了这一点，这几年国际再保险人赔钱就走人的实例再次提供了佐证。

有的主管部门从农业保险经营中发现了问题，例如，开始几年，保险公司"赚钱了"而且赚的不少。有的财产保险公司甚至三分之一的利润来自农业保险，可该公司农业保险的保费在全部业务里只占5％。如此一来，本来对农业保险望而却步的财产保险公司纷纷加入农业保险经营队伍，加之在市场准入政策的取消，如今的农险经营主体已经有点"浩浩荡荡"的意思了。这可能是主管部门或者领导始料未及的。接下去的问题是众多市场主体的"热烈"竞争，引发一系列诸如寻租、假承保、假理赔、损害农户利益等屡禁不止的问题。与此同时，部分公司在最初几年的"好日子"之后，接下去的经营，风险大了，成本高了，有的省份全省性地赔穿了，有的公司也超赔了。市场的这种竞争，显然没有提高市场效率，反而使效率下降。

这里面的问题，不仅仅是监管政策问题，而是如何看待和完善市场化运作政策的问题。所以，调整农业保险经营利润的政策出来了，市场竞争的问题出来了，农业再保险以及进一步的大灾风险分散机制的问题也出来了。看来，我们需要反思最初的简单的政策思路，逐步调整市场化运作机制的政策，也就是要完整理解和实行农业保险"PPP"模式了。

（七）农业保险的监管政策

按照《条例》精神，农业保险业务现在归银保监会监管，涉及财政补贴的有关事项由财政部监管，其他违法犯罪归"有关部门"处理。

《条例》第四条说："国务院保险监督管理机构对农业保险业务实施监督管理。"第三十条说，"违反本条例第二十三条规定，骗取保险费补贴的，由财政部门依照《财政违法行为处罚处分条例》的有关规定予以处理；构成犯罪的，依法追究刑事责任。"就是说，就监管而言，执行部门就是保险监管部门和财政部。

《条例》还称："违反本条例第二十四条规定，挪用、截留、侵占保险金的，由有关部门依法处理；构成犯罪的，依法追究刑事责任。"这表明，除了保险监管部门监管保险机构的保险业务，财政部门监管财政资金使用有关方面以外，涉及其他犯罪的问题，将由包括监察部门在内的司法部门负责。

迄今为止，农业保险的监管政策和规则建设有了很大进步，但无论是保险业务还是财政补贴，具体监管政策还不完善，许多监管规则还处于缺位状态。

首先，是不是也按照市场行为监管、偿付能力监管和公司治理结构监管"三支柱"的监管框架，对农业保险机构（包括协会组织）和经营行为实行监管还不明确。

其次，基层政府是农业保险的重要参与者，在农业保险组织和管理中发挥着重要的作用，对它们在农业保险中的活动的规范性如何监管，由谁来监管，并不明确。"协会组织"虽然不归银保监会监管，但是从国家层面不能将协会所作农业保险排除在政策之外。但遗憾的是，迄今没有明确和适用的政策和规则，需要探讨和明确。

第三，对于农业保险业务监管和财政补贴方面的监管政策先后出台不少，包括农业保险市场的准入和条款审批政策，承保理赔的"五公开，三到户"规定，禁止套取财政补贴，禁止给操纵市场的保险中介支付任何手续费的规定等。但这些监管规定，有些规定不够细致，有些规定显然无法适应农业保险业务的发展，需要进行修订和完善。

2014 年发布的《农业保险大灾风险准备金管理办法》和代理费用支付办法等财政方面的政策，对做各类农业保险业务都有重要意义，但还没有完全到位。

第四，农业保险基层代理的相关政策问题也需要加以完善。

在《条例》第二十一条中，对基层代理问题作了专门规定："保险机构可以委托基层农业技术推广等机构协助办理农业保险业务。保险机构应当与被委托协助办理农业保险业务的机构签订书面合同，明确双方权利义务，约定费用支付，并对协助办理农业保险业务的机构进行业务指导。"在商业保险中是没有这种规定的。按照《保险法》，商业保险只允许专门的保险代理机构代理保险业务，政府和其他事业单位是不允许做保险代理业务的，也就不能拿佣金。当然这项政策的实施具体规定还有待进一步落实。

（八）农业保险的协同推进政策

"九龙治水"，多部门"协同推进"，这是我国农业保险中的特殊政策。

我国农业保险的投保农户经营规模较小，而且高度分散，考虑到农业保险的组织和协调工作的复杂性，以及交易成本较高等特点，保险企业在展业、防灾、定损、理赔等重要环节，光靠保险公司自己是有困难的。

同时，我们推行的农业保险项目范围，比起其他国家都要广泛得多。所以，做农业保险需要打交道的政府部门比较多，除了财政部门、税务部门，农牧渔业保险涉及农业部，林业保险涉及林业部，农房保险涉及民政部，而要搞天气指数保险，离不开气象部门，等等。

所以，《条例》第三条第二款规定："农业保险实行政府引导、市场运作、自主自愿和协同推进的原则。"

第四条规定："国务院保险监督管理机构对农业保险业务实施监督管理。国务院财政、农业、林业、发展改革、税务、民政等有关部门按照各自的职责，负责农业保险推进、管理的相关工作。""财政、保险监督管理、国土资源、农业、林业、气象等有关部门、机构应当建立农业保险相关信息的共享机制。"

第五条规定："县级以上地方人民政府统一领导、组织、协调本行政区域的农业保险工作，建立健全推进农业保险发展的工作机制。县级以上地方人民政府有关部门按照本级人民政府规定的职责，负责本行政区域农业保险推进、管理的相关工作。"明确了基层政府在农业保险中要做什么工作。

第六条规定："国务院有关部门、机构和地方各级人民政府及其有关部门应当采取多种形式，加强对农业保险的宣传，提高农民和农业生产经营组织的保险意识，组织引导农民和农业生产经营组织积极参加农业保险。"

除了上述部门，《条例》还在第九条第三款规定"国家鼓励金融机构对投保农业保险的农民和农业生产经营组织加大信贷支持力度。"这就是说，农业保险还需要金融部门给予支持。

这样，不仅对监管部门、财政部门的监管责任，而且对所涉及的各级政府、相关政府部门及其管理责任和政策目标全都做了规定。

当然，这些规定在实践中也出现一些问题，对政府部门，特别是对基层政府干预农业保险市场的边界缺乏明确界定，该管的、该"协同"的没有管，没有"协同"，不该管的又管得太多，不利于保险市场的健康发展，也不利于市场效率的提高。

（九）大灾风险管理政策

这里的大灾风险，不是指农业大灾风险，而是农业保险经营上的大灾风险。尽管，这方面已经有一些政策，但是还远远不够完善。近两年部分省份的赔付形势不大乐观，有的省区已将本地建立的大灾风险准备金用完，保险机构仍然有巨大的赔款压力。对于加快这方面的政策的制定提出了更加迫切的需要。

农业保险经营的风险比较大，我好几次引用过美国教授 Miranda 和 Glauber 1997 年所作实证研究结果，即，一般保险公司赔款的变异系数为 8.6%，而农业保险公司赔款的变异系数是 84%。这表明，农业保险经营的风险是普通财产保险的将近 10 倍[①]。在这种条件下，为了保障农业保险的稳健经营和可持续发展，农业保险经营除了再保险保障，一般还要建立"大灾准备金"（商业性财产保险没有这个准备金）或者事先做出在保险之后的融资安排。前面说了，保险公司建立大灾准备金有税收优惠。

2014 年 2 月，财政部出台了《农业保险大灾风险准备金管理办法》，对公司级大灾风险管理制度做出了安排。下一步将对省级和国家级大灾风险分散制度做

---

① 参见：Miranda. M. & Glauber. J. W. Systemic Risk，Reinsurance，and the Failure of Crop Insurance Markets [J]. American Journal of Agricultural Economics，1977，79 (1).

出具体安排。据悉，已经决定成立中国农业再保险公司，除此之外，也可能还会有再保险之后的其他融资安排。

三、我国农业保险政策的可能走向

我国政策性农业保险的政策，一直都处于调整和完善之中。

我们探讨农业保险政策的可能走向，先要考察农业保险发展所处的环境变化。这种变化就是农业保险进一步调整和完善的依据。

那么当前和以后一个时期农业保险可能有哪些环境变化呢？我觉得主要是：

第一，农业和农村正在发生深刻变革，中央部署乡村振兴战略，并持续进行农业供给侧结构性改革，推动农业现代化步伐在加快，凸显农业保险的重要作用。

这里面比较重要的方面包括：①随着土地流转的加快，农户经营规模在扩大，新型农业经营主体快速增加；②农户已经不满足成本保障的农业保险产品；③农户已经不满足于只保生产环节风险的保险，因为农业的产业链已经逐步从生产领域延伸到农产品初加工和流通领域；④农业现代化需要强有力的金融支持，而提升金融服务的瓶颈在于信贷风险，农业保险可以做出贡献；⑤扶贫攻坚的战略任务，不仅仅需要资金和项目，也需要风险保障。

第二，我国农业保险的政策目标有可能调整，在最初"提高农业的抗风险能力"这种单一目标基础上，可能会向包括粮食安全、农业现代化、农民收入、农产品市场竞争力，农业供给侧改革等多目标扩展[①]。

这一条，我们从 2004—2018 年 15 年发布的中央 1 号文件中，可以看得很清楚，中央对农业保险的要求在不断增多。例如，配合农村金融体制改革，要求农业保险提供配套服务；配合林地制度改革，要求加快发展林业保险；配合加快土地流转的目标，要求农业保险提供相应的土地流转履约保证保险；根据新型农业经营主体发展需要，试验完全成本保险；配合大宗农产品定价机制的改革，要求探索试验农业价格保险、收入保险；配合脱贫攻坚，要求积极开展农业扶贫保险，等等[②]。

可见，中央越来越重视农业保险在农村振兴和农业现代化发展中的积极作用。

这两个方面是我们判断国家农业保险政策走向的主要依据。所以，我不揣冒昧地预测一下，在今后几年我国农业保险政策可能的重要发展和变化如下：

（1）进一步发挥农业保险在乡村振兴和农业现时代化、市场化建设中的重要

---

① 参见：庹国柱，张峭．论我国农业保险的政策目标［J］．保险研究，2018（7）．
② 参见：庹国柱，冯文丽．一本书明白农业保险保险［M］．郑州：中原农民出版社，2016：45-55．

功能和作用，要将加大对农业保险的财政补贴，作为调整财政支农惠农政策的首要选择，调整现行农业直补方式，将很大一部分直接补贴变成农业保险的间接补贴。一个时期的主要政策要求是"扩面、增品、提标"。

（2）把物化成本全覆盖作为现阶段农业保险的首要目标，确保农民一旦遭受灾害受到损失之后，能够具备兜底性保障和恢复基本再生产能力。完全成本保险是在完全保障物化成本保险的基础上，将地租和劳动力成本纳入到保障范围，就是在现行政策性保险和大灾保险试点基础上做加法。随着农产品价格形成机制改革的不断深化，为确保种粮农户收入稳定，必将加快探索建立大宗农作物保险制度，由传统的政府通过保底价收购直接干预大宗农产品市场，向用保险等市场化手段调整大宗农产品市场转变，通过合理设定收入保险的保障水平，构建种粮收入的安全体系。

（3）逐步增加中央财政补贴的农业保险标的种类，不断适应新的发展要求。在现有主要粮棉油糖作物和奶牛、肉猪、能繁母猪等保险的政策支持基础上，其他种植和养殖业生产保险，例如肉牛饲养、肉羊饲养、家禽饲养、水产养殖、水果种植、蔬菜种植等保险，会逐步纳入中央财政支持的视野。

（4）将创新完善"基本险＋附加险"多层次农业保险，满足小农户和新型经营主体多元化的农业保险需求，为小农户提供基本免费的低保障的"基本险"，为新型农业经营主体增加提供较高保障水平的"附加险"，并且有不同保障水平档次的选择。

（5）在农业保险制度建设方面，至少在中央和省级将设立农业保险的统一管理机构，同时将进一步支持农业保险制度创新，适当发展合作保险，将农业保险的市场化经营与合作组织经营的不同机制有机结合起来。

（6）农业保险经营的大灾风险管理制度将加快建设，在目前公司级别大灾风险管理制度的基础上，国家层面的大灾风险分散制度将加速建立，筹建农业再保险公司的意见已经得到批准，再保险之后的最后"屏障"也会逐步消除。

（7）从监管政策来说，尽管目前保险业务监管规则缺项（例如，市场准入规则、市场竞争规则、费用管理规则、市场退出规则等）还很多，但随着实践的发展，包括保险业务监管的政策和法规将会进一步完善。这将使整个农业保险的市场监管不断加强，逐步完善市场竞争规则，使市场乱象得到有效治理，投保农户的权益进一步得到保护，农业保险的经营效率也将得到提升，农业保险的多重目标将能够顺利实现。

总之，我国农业保险政策体系在实践中不断总结，不断探索，会越来越丰富，越来越完善。

五部门文件对农业保险
体现了怎样的支持方向 *

摘　要：新年伊始，央行、银保监会、证监会、财政部、农业农村部共同发出了《关于金融服务乡村振兴的指导意见》，其中对于农业保险问题，提出了一系列指导意见，主要包括：农业保险要持续提高农业保险的保障水平，要科学确定农业保险保费补贴机制，探索开展地方特色农产品保险以奖代补政策试点，落实农业保险大灾风险准备金制度，逐步扩大农业大灾保险、完全成本保险和收入保险试点范围，引导保险机构到农村地区设立基层服务网点，要求农业保险要进一步与期货市场配合，逐步提高农村居民的现代金融意识和应用水平，建立农险机构服务乡村振兴考核评估制度等。本文对这些指导意见阐述了一些个人理解。

关键词：金融；乡村振兴；农业保险；指导意见

新年伊始，中国人民银行、银保监会、证监会、财政部和农业农村部，联合发出《关于金融服务乡村振兴的指导意见》（以下简称《指导意见》）。该意见在整体讨论金融支持乡村振兴宏观和微观问题的同时，专门对农业保险服务提出了一系列指导意见。认真学习领会这些指导意见，对于我们进一步加强农业保险制度建设，拓展农业保险的发展空间，改善农险服务，促进农业保险沿着可持续发展的道路快速前行，为乡村振兴做更多贡献，有重要意义。

关于做好农业保险服务的指导意见，除了与其他金融机构共同的问题外，专门有条文指导。这些金融服务的共性和个性问题，其实也都涉及当前农业保险发展的许多重要方面。这些指导意见表明了中央政府对农业保险支持的方向和对农业保险发展的殷切期望。据笔者学习后的理解，主要有九个方面。

---

* 本文发表于《中国保险报》2019 年 2 月 27 日、3 月 5 日。

一、农业保险要持续提高农业保险的保障水平

在"建立健全多渠道资金供给体系，拓宽乡村振兴融资来源"项下，《指导意见》集中对农业保险当前的一些重要问题提出了要求。

为什么将农业保险问题放在"拓宽农村融资来源"这个命题之下呢？我的理解是，在金融体系中，农业保险有双重功能：第一个，也是主要的功能，是为农业生产提供风险保障，这种风险保障越充分，农业保险的保障水平越高，农村信贷和其他融资活动风险才越小，才有更大的安全保障，也就是我们常说的，农业保险越发展对农户的增信作用越大。第二个，农业保险在提供保险保障的同时，因为有一定的保险基金积累，可以直接或者间接地为农户提供融资。虽然目前农业保险的资金大部分久期较短，保费收集滞后，影响到这个基金的积累速度和数额，但是各家直保公司还是有可能为乡村振兴提供部分直接融资的。

无论是上面提到的第一个功能还是第二个功能，要能充分发挥作用，关键在于把农业保险做大，特别是提高农业保险的保障水平。

农业保险保障水平[①]的提高，主要是把农业保险的总金额做大，保险总金额就是风险保障的总金额。因此，需要做两方面的努力：一是提高承保面积（数量），一是提高单位保险产品的保险金额。前者决定着农业保险保障广度，后者决定着农业保险保障深度。根据张峭、王克等人的研究，我国的农业保险保障水平虽然比印度、菲律宾等国家要高一些，但是与日本、加拿大和美国的水平有较大差距。就种植业而言，2013 年，日本的保障水平是 17.24%，加拿大是 31.87%，美国是 52.97%，而我国只有 7.27%。用全部农业保险的保险金额来计算，稍高一些，2015 年是 18.58%，我国这几年农业保险发展比较快，根据 2017 年的数据计算，我国农业保险保障水平已经提高到 24.8%。即使如此，我国与加拿大、美国的农业保险保障水平还有很大差距。相比较而言，对于反映单位保险产品保险金额而言的保障深度来说，我国的农险保障水平与农险发达国家的差距更大一些，2015 年，我国农业保险深度只有 13.73%，而美国则达到 59.79%，我国不及美国的四分之一。

只有农业保险保障水平提高了，农业保险整体的风险保障能力才能提高，农户和各种新型经营主体的信用水平才能真正提高，融资能力才能增强。同时，保险经营能力的提高，保险基金规模的扩大，也才能增加乡村振兴的融资来源。

---

① 参见《中国农业保险保障水平研究报告》（中国金融出版社 2017 年 8 月版）对农业保险保障水平的定义。农业保险保障水平＝保险金额/农业总产值。这个保障水平可以分解为两个指标，即农业保险保障深度和农业保险保障广度。农业保险保障深度＝农业保险单位保额/单位农产品产值；农业保险保障广度＝农业保险承保面积（数量）/单位农产品产值。

二、科学确定农业保险保费补贴机制

农业保险保费补贴机制一直是各方都十分关注的问题。主要是如何科学确定这个保费补贴，由谁来补，补给谁，补多少，也就是怎样补，才能更加合理和有效的问题。《指导意见》对这个问题，实际上提出了两个层次的问题：

（一）为何提出科学确定补贴机制的问题

之所以提出这个问题，我觉得，主要是因为在十多年的政策性农险实践中，这几方面都还存在不少值得探讨的问题。

谁来补？不同国家财政补贴的层级模式是不一样的。有的国家是只有中央一级补，有的是由中央和省（州）两级补。在我国财政税收体制的实际背景下，为了鼓励和调动地方积极性，我们采用的是中央、省、市、县四级的补贴层级模式。这几种补贴模式各有利弊。我国这种补贴层级模式的弊病在于，在那些财政不大宽裕的省份，难以实现"应保尽保"，不少农户得不到或者不能充分得到这种普惠"阳光"。因为地方政府要根据自己的预算来确定补贴品种和补贴比例，特别是那些中央不提供补贴而对于本省来说又具有重要支柱性作用的农产品生产的保险，无法做到充分的财政支持。这无论对农户对市场都是遗憾。当然，这方面我们已经有一些改变，例如，根据产粮大县的财政实际情况，不再让它们出钱补贴了，这些地方变成三级补贴了。

补给谁的问题似乎很简单，就是补贴给投保农户。但实际上并不简单。由于一些地方补贴资金运行方式和流程设计有缺陷，并没有完全到位。主要是两个方面：第一，补贴资金大多数情况下到位滞后，使经营企业不得不垫付资金运行和理赔，这就会使保险机构在一定程度上有资金的时间价值损失。在流动性不充足时，可能延误理赔时间。第二，在很多地方是将四级补贴资金集中在县级财政，最后由县级财政与保险公司结算，因为县级政府的政策执行水平的限制或者其他原因，这个补贴资金可能会被县里截留、挪用甚至贪污，形成不小金额的所谓"应收保费"，影响到保险合同的顺利执行，伤害被保险农户的利益。

补多少？是政府、公司和投保农户各方都关心的话题。很显然，补贴多大范围，补贴多大比例适度、科学，以及这个补贴如何更好地在各级政府财政之间分担，是需要持续研究的课题。站在政府立场上，主要是三个方面的问题：第一个方面是，补贴保险标的的种类和范围多大合适。第二个方面是，如何才能将费率订得科学合理，符合风险损失水平实际和合理利润水平。第三个方面是，在最大限度鼓励农户参保的前提下，补贴比例越低越好。我的理解，能把这三个方面做好了，做到家了，费率机制就是科学的合理的。现在的问题是，因为定价权主要在保险公司方面，政府目前还没有能力准确评判费率机制的科学性和合理性。同时对补贴比例的高低和在四级政府之间如何分担，还缺乏客观依据，这也是困扰政府的问题。当然，这是一个需要长时间研究和动态解决的复杂问题。

（二）当前在"费率机制"方面主要解决什么问题

在该《指导意见》中，在"科学确定""保费机制"问题项下，主要强调了两个当前需要解决的问题，即"鼓励有条件的地方政府结合财力加大财政补贴力度，拓宽财政补贴险种，合理确定农业经营主体承担的保费水平。"鼓励"有条件的"省、地、县，增加补贴的保险标的和险种。也就是希望那些财力比较充裕的地方，加大对农业保险的支持力度。我理解，目前中央财政给予补贴的农业保险标的目录不打算扩大。但是，为了鼓励和支持地方政府的积极性，将给予地方政府所开展的特色农业保险产品给予"以奖代补"的财力支持（后面专门评论这个政策）。

合理确定农业经营主体承担的保费水平的问题，主要是要进一步研究投保人承担多大比例合理。这里实际涉及的也是三个问题：第一，投保人承担多大比例合适（这一条与上面政府补贴多少最好的问题是一个相对应的问题）。第二，各类投保农户是否应该负担相同比例的保险费。第三，每一个险种是否保额水平上可以有不同档次的选择，农户对于不同的保额选择，需承担不同的保费负担比例。

实际状况是，各类投保农户（"散户"和各类新型农业经营主体）的费率承担比例都是相同的，保单设计对于保险金额方面也基本上是千篇一律的，无论是新型经营主体还是"散户"都没有区别，没有投保人的任何选择权。从我们调查的情况看来，不同类型的农户对保险需求和投保动力是不同的，他们对保险费的负担能力也是不同的。那些农业经营大户，希望有保险金额更高的产品，他们也愿意支付较多份额和数额的保险费。

我们费率制度的设计，要能考虑到上述区别，给予投保人多种选择，保费机制的合理性才能解决，在相同保费补贴总量的条件下，必然取得比现在更好的效果。

三、探索开展地方特色农产品保险以奖代补政策试点

《指导意见》中的"以奖代补"政策，今年开始要落地了。

对于地方开发和推行的"地方特色农产品保险"实行鼓励的政策早在2017年的中央1号文件中就提出了，文件中说要"持续推进农业保险扩面、增品、提标，开发满足新型农业经营主体需求的保险产品，采取以奖代补方式支持地方开展特色农产品保险。"这项政策的意思很明白，在中央财政层面，主要支持关乎全国粮棉油糖和生猪、奶牛等大宗农牧产品的保险，地方政府可以根据本地的实

际，开发对本地有重要意义的所谓"特色"农产品生产的保险。考虑到各地的积极性和财力，中央虽然不承诺给地方特色产品给一个固定的补贴比例，但是可以通过"以奖代补"的方式，给予适当补贴支持。但是两年过去了，"只听楼梯响，不见人下来"，一直没有"以奖代补"的具体实施政策，各地都非常关心和期待这项政策的落实。

这个《指导意见》给出了明确的回应，表明 2019 年会拿出具体办法"探索开展地方特色农产品保险以奖代补政策试点"，就笔者理解，虽然还不会全面实施，但是肯定会开始试点。在试点基础上才会产生全面实施的政策意见。当然，我们还不知道将在哪些地方和哪些特色保险产品上给予"奖励性"补贴，但对各省来说总是有盼头了。

四、落实农业保险大灾风险准备金制度

对于建立农业保险大灾风险准备金制度的问题，中央一直高度重视，因为这是一个关于农业保险制度能不能可持续的重要制度性安排。这个问题最早是在 2007 年的中央 1 号文件里提出来的，中央要求"完善农业巨灾风险转移分摊机制"，其后，又在 2008 年、2009 年、2010 年、2012 年、2013 年、2014 年、2016 年等 7 年的中央 1 号文件里，7 次指示，要健全农业再保险体系，逐步建立中央财政支持下的农业大灾风险转移分散机制。

在中央政策指导意见的推动下，政府相关部门这些年里做了一些落实工作，一步一步推动这个大灾风险分散制度建设。2013 年年末，财政部出台了《农业保险大灾风险准备金管理办法》，要求和规范了公司级别的大灾风险准备金制度，在建立和完善由中央财政支持的农业保险大灾风险管理制度方面迈出了重要一步。两年之后，在前保监会的促成下，多家保险公司和再保险公司参与，组建了"农业再保险共同体"，对于较好解决农业保险的再保险不充分不稳定问题走出了一条新路。这些实际步骤将中国农业保险的大灾风险管理制度建设推上一个新台阶。

《指导意见》提出，要"落实农业保险大灾风险准备金制度"，实际上是要在前几年建设大灾风险分散机制的基础上，采取新的更重要的步骤，也就是将"组建中国农业再保险公司，完善农业再保险体系。"

这是什么背景呢？在我国十多年的农业保险实践中，再保险问题日益显得突出。这是因为，一方面，农业保险经营近几年有较大波动，使不少国际再保险人退出了中国农业保险市场，再保险的经营主体和承保能力受到考验；另一方面，我国由再保险人和部分直保公司共同参与建立的商业性的"农业再保险共同体"，遇到了一些不大好解决的实际问题，运作两年，一直处于亏损状态，作为一个缺乏政策支持的商业性经营机构，面临着可不可以持续经营的困局。中央适时做出果断决策，准备组建由政府主导或者控股的中国农业再保险公司，期望通过政府的支持和良好的市场化运作，完善农业再保险体系，更好更稳定地支持农业保险。至于如何组建，这个农业再保险公司以何种机制以及如何运作，将会另作讨论。

当然，即使成立了专门的农业再保险公司，农业保险经营的大灾风险管理制度也还将需要进一步完善，可能还要走一段路。比如，还需要确定，是不是建立省一级和国家一级的大灾风险准备金。如果建立，如何执行和操作，如果不建立（一级或者两级）准备金，又将如何设计再保险之后的融资通道等问题①。这是后话。

五、逐步扩大农业大灾保险、完全成本保险和收入保险试点范围

政策性农业保险走过了 12 个年头，2019 年进入第 13 个年头。迄今为止，我国的农业保险产品主要还是保险金额比较低的物化成本保险，还不能完全解决农林牧渔业的简单再生产的风险补偿问题，更谈不上为阔步走在农业现代化大道上的新型农业经营主体提供扩大再生产甚至部分利润的风险保障。鉴于农民和新型农业经营主体的旺盛需求，提高农业保险保障水平的呼声很高。这实际上是乡村振兴和农业现代化发展之需。

因此，从 2017 年 5 月，财政部发出了《关于粮食主产省开展农业大灾保险试点的通知》，2018 年 8 月财政部、农业农村部和银保监会联合发出《关于开展三大粮食作物完全成本保险和收入保险试点工作的通知》，正式部署提高保险金额的工作，要使农业保险的保障水平能覆盖完全成本。

2019 年是真正投入试点的第一年，《指导意见》要求"逐步扩大农业大灾保险、完全成本保险和收入保险试点范围"，就是要在"增品、提标、扩面"上加快步伐，不要让好好的强农惠农举措迟迟不能到位，落不到实处，尽快尽多地让农户得到风险保障的实惠。但愿从试点到全面推行之间的间隔不要太长。

六、引导保险机构到农村地区设立基层服务网点

农业保险服务网点建设的好赖快慢，事关农险服务是否到位、是否及时、是否能让投保农户满意的大问题。

要不要在农村地区设立基层服务网点的问题上，在保险界一直有激烈的争

① 这个问题实际上存在分歧意见，有的人认为没有必要进一步考虑再保险之后的超赔安排问题，提出了一些理由。这需要做专门研究和讨论。

论。监管部门曾经起草一个文件，对经营农业保险机构的条件做出要求。在征求意见时，遭到一些保险公司的反对。该文件要求，在任何一省开展农业保险业务，必须有一定数量的县级农业保险服务的分支机构，使农业保险的展业宣传和组织、定损、理赔等业务，有必要的人力物力保证。但是有的公司认为，在现在互联网时代，金融保险的信息化程度很高，电子商务在农村发展也很广泛，没有基层服务网点也一样能很好地为被保险人服务，没有必要在县级设立分支机构，限制某些金融服务创新做得好的公司发展农业保险业务。

《指导意见》在这里所作的要求或规定，强调"引导保险机构到农村地区设立基层服务网点，下沉服务重心，实现西藏自治区保险机构地市级全覆盖，其他省份保险机构县级全覆盖"，我觉得至少在当前是正确的，有较强的可操作性。

农业保险业务毕竟不同于城市业务，农业保险的投保人和保险标的都在村里，在广阔的农村空间上。远程操控虽然从理论上是可以在一定程度上做到的，但在现有的技术水平条件下，对大部分公司来说，还不能像在互联网上出售退货险、航班延误险那样简单。远程操控下进行农业保险的精准承保、精准理赔，尤其存在技术的、社会的和文化的障碍。同时，这个要求也是针对目前存在的实际问题，在保险监管过程中，在承保、定损、理赔中发现的不少问题都与一些地方基层服务机构不完善有关。而农户和当地政府对农险服务比较满意的地方，为农险服务的基层机构也比较健全、给力。文件特别提到的西藏，有其特殊性，那里的农业保险发展比较晚，服务网点建设滞后，从实际出发，当前只要求那里经营农业保险的公司在地市一级有服务机构。

当然，在保险技术和其他技术，例如，互联网和电子支付等新的金融手段在农村广泛应用和普及之后，投保人都能如今天城市年轻人那样，自如运用互联网和移动支付手段，保险机构也可以使用电子支付手段，和其他卫星遥感等技术进行远程承保和理赔，到那个时候，是不是还一定要求在县级设立服务机构？我想，也许会放松或改变目前的这个要求或规定。

七、农业保险要进一步与期货市场相配合

"保险＋期货（期权）"近几年在各地的试验方兴未艾，取得了一定的成效，成为在农产品定价机制改革条件下，帮助农民规避农产品价格风险的良好工具和途径，受到保险界和证券界的关注和青睐。不少省份不少公司都积极寻求与期货公司合作，设计和申报试验项目。

"保险＋期货（期权）"虽然是保险界和期货界合作的创新产物，但实质上是期货（期权）买卖，保险只不过是以一个期货中介人的角色，并以"价格保险单"的形式组织农户做了一把农产品期货交易。虽然保险公司与农民签订的是价

格保险合同，保险公司并不承担农产品的价格风险，最终赚到手的只是中介费。在美国加拿大等发达国家，农场主一般是通过正式的期货交易中介商来进行农产品期货期权交易，保险公司一般不参与。

《指导意见》里，在"发挥期货市场价格发现和风险分散功能。加快推动农产品期货品种开发上市，创新推出大宗畜产品、经济作物等期货交易，丰富农产品期货品种"的项目下，对"保险＋期货（期权）"提出了指导意见。要求稳步扩大"保险＋期货"试点，探索"订单农业＋保险＋期货（权）"试点，探索建立农业补贴、涉农信贷、农产品期货（权）和农业保险联动机制，形成金融支农综合体系。

在这个农业补贴、农村信贷、农业保险、农产品期货"四位一体"的金融综合服务体系之中，需要将"农业补贴"问题多言几句。我理解，涉农信贷、农产品期货和农业保险，虽然可以从多方位为农业生产、加工、运销提供很好的服务，但不能完全取代农业补贴。因为按照市场运作的原则，对农业来说，这后"三位"还有不能覆盖和补偿的风险损失，就是说"三位"不能完全取代农业补贴。理解这一点，对保险人来说或者对政府来说都很重要。

八、逐步提高农村居民的现代金融意识和应用水平

无论信贷、期货还是农业保险，都是现代金融体系的重要组成部分，这些现代经济活动的重要工具，并不是我国农民都很熟知和运用自如的，至少在很长时间里，农村居民应用现代金融保险手段技能的提升，都是信用、期货、保险的快速发展的必要条件之一。所以，《指导意见》强调要"大力推动移动支付等新兴支付方式的普及应用，鼓励和支持各类支付服务主体到农村地区开展业务，积极引导移动支付便民工程全面向乡村延伸，推广符合农村农业农民需要的移动支付等新型支付产品。"还要加快推进农村信用体系建设，推行守信联合激励和失信联合惩戒机制，不断提高农村地区各类经济主体的信用意识，优化农村金融生态环境。

除了努力提升农民现代金融工具和手段（例如移动支付）的应用能力和水平之外，这里面特别需要强调的是，对投保农户诚信意识和风险意识的培养和教育。保险业需要与其他金融服务业一起，做很多扎扎实实的工作。因为，这是农村金融服务包括农业保险服务的基本建设之一。对农户来说，虽然一代一代都生活在各种自然和经济风险中、在缺乏信贷支持的环境下，从事生产和生活，但是要让他们学会利用信贷工具和现代风险管理工具，而且是乐意花费成本，讲求诚信地取得和利用这些资源和保障，那可不是一蹴而就的事情。无论信贷也好，保险也好，或者更加陌生的期货交易活动也好，都不仅仅是服务提供者一厢情愿或者一方努力就能做好的事。

九、建立农险机构服务乡村振兴考核评估制度

《指导意见》还对乡村振兴的农村金融保险服务提出了考核要求。指出要"建立金融机构服务乡村振兴考核评估制度，从定性指标和定量指标两大方面对金融机构进行评估，定期通报评估结果，并作为实施货币政策、金融市场业务准入、开展宏观审慎评估、差别化监管、财政支持等工作的重要参考依据。"对这一重要举措，我是非常赞成的。

在一些地方，农户和政府对当地的保险经营机构的服务质量很不满意。违法违规问题比较突出，侵犯投保农户利益的问题并不鲜见，必须对农业保险的服务建立一套切实可行的考核评估制度，将普遍性的评估和临时性的监管检查结合起来，考察和监督各农险服务机构的服务水平和质量，实行奖优罚劣，把那些服务到位受到各方认可和称赞的经营机构留在农险市场里，而把那些评估和监管考察不合格，累累吃"黄牌""红牌"的经营机构清出市场，才能杜绝"劣币驱良币"的现象，才能取得市场的效率，真正把金融保险服务乡村振兴的事业做好做出实效。

限于个人认识水平，对《指导意见》的上述理解，不一定正确，不当之处请读者不吝赐教。

2019

完善我国农业保险制度的一些思考*

庹国柱　李　慧

摘　要：我国农业保险制度主要有九套规则构成。在 2007 年以来 12 年的实践中，这个制度虽然显示出它的成功一面，但也暴露出不少缺陷和问题。这些缺陷和问题集中反映在两个层面，即政府和市场。对政府层面，由于缺乏具体规范，政府，特别是基层政府掌管和分配农险市场资源的大权，带来较多设租寻租、重复建设、成本推升，以及侵害投保农户利益的问题。在市场层面，缺乏规范的行为准则和约束手段，造成了市场秩序的某些混乱、监管体制不顺、力量分散和监管力量薄弱，大大影响了市场的效率。有必要从政府和市场两个方面采取措施，不断完善农业保险制度。

关键词：完善；制度；政府；市场

新年伊始，气象万千。我国政策性农业保险制度阔步走进了第十三个年头。

我国专门为农业保险设计的制度，是从 2007 年开始试验，并于 2013 年正式在全国实施的。实践表明，这个正对农业和农村产业的灾害补偿制度，对于我国农业现代化发展和乡村振兴伟业的风险保障，至关重要，已经和正在继续发挥积极和重要的作用。它取得的成就是有目共睹和毋庸置疑的。2018 年，全国农业保险费总收入达到 571.41 亿元，为农业提供的风险保障总额为 3.46 万亿元，参保农户 1.95 亿户次，支付赔款 423.15 亿元，分别是 2007 年的 11 倍、105.6 倍、152 倍和 12.9 倍。

从这 12 年实践的情况来看，我们这个具有中国特色的农业风险补偿制度，虽然在总体上是合理的、正确的，也是符合我国国情的，但也逐步暴露出一些缺陷。这些缺陷正在逐渐"腐蚀"着这个好不容易建立起来的制度，不断提高运行成本，负面影响着这个制度的效率提升，而且越来越困扰着制度中的博弈各方。

---

* 本文发表于《中国保险》2019 年第 2 期。李慧系《保险研究》编辑部编辑。

有必要探讨这个制度的建设和革新，使其能克服弊端，更上一层楼。

一、现行农业保险制度的若干"构件"

制度是什么？"制度一般指要求大家共同遵守的办事规程或行动准则，也指在一定历史条件下形成的法令、礼俗等规范或一定的规则。在不同的行业不同的部门不同的岗位，都有其具体的做事准则，目的都是使各项工作按计划按要求达到预计目标。"（百度百科）制度就是社会的博弈规则，并且会提供特定的激励框架，从而形成各种经济、政治、社会组织。制度由正式规则、非正式规则及其实施效果构成。实施可由第三方承担，也可由第二方承担，或由第一方承担（行为自律）。

我国的农业保险制度，就是一套主要由政府、保险机构和投保农户参与的博弈规则。在这套制度里，政府身兼三重身份，一是"裁判员"，一是"运动员"，一是"教练员"①。

我国农业保险制度，主要由下面九方面规则构成。

（一）商业性农业保险与政策性农业保险相区别的规则

《农业保险条例》（以下简称《条例》）说："国家支持发展多种形式的农业保险，健全政策性农业保险制度。"

如果说，《保险法》一直强调的"国家支持发展为农业生产服务的保险事业。农业保险由法律、行政法规另行规定。"（第184条），还没有明确商业性保险和政策性保险区别的话，《农业保险条例》将其明确了。不同性质的保险，肯定运行规则是不一样。这里的区别不仅仅是政府给不给补贴那么简单。

（二）建立统一的农业保险管理和协调机构的规则

为了使农业保险资源得到最优利用，最大限度发挥这种特殊制度的优势，政策性农业保险是需要统一管理的。包括公共政策的规划和执行，以及农业保险业务的统一监督和管理都需要在同一部门之下操作才更有效率。这是其他农业保险发达国家的成功经验。我国在这方面做了一些努力和改变，部分监督功能由监管商业保险的保险监管机构执掌，但其他部门，例如财政部和农业部等也承担了部分管理和监督责任。在各省都成立了多部门组成的职权或大或小的"农业保险领导小组"。当然，其管理、监督和协调功能和作用发挥的情况不完全一样。

---

① 在我国商业保险市场上，政府有双两重身份，即"裁判员"和"教练员"。在其他国家的保险市场上，政府只当"裁判员"。

（三）财政要给农业保险一定额度补贴的规则

农业保险的财政补贴规则，是农险制度的最重要的规则之一。这套规则要解决的主要问题是：补不补，补给谁，补多少，怎样补。也就是解决财政补贴的补贴理由、补贴强度、补贴原则（公平与合理）、补贴程序和路径，以及如何提高补贴效率的问题。补不补的问题在 2007 年就解决了。这几年财政部门主要是在研究、调整和解决补给谁、补多少、怎样补的规则。

（四）对农业保险税赋减免的规则

我国农业保险税收方面现有规则是，给予农业保险业务部分"优惠"政策，也就是有减免（比如，免增值税，免除部分准备金的所得税），有课税（当年经营盈余要在一定扣除后课以所得税），这是中国不同于其他国家的重要特点。

一面给予财政补贴，一面又收税，似乎有些矛盾。其中的缘由之一，大概是，担心在现行不完善的农险制度下，商业性机构经营农业保险会有"不当得利"。

《条例》中所说"政府引导"原则，据笔者分析，包含两层意思：一层意思是上面第二项规则所包含的政府来统一规划和组织实施；第二层意思是，这第四项和第五项规则所体现的"激励"政策。

（五）农业保险的市场化运作的规则

《条例》说农业保险是"市场运作"。《中央财政农业保险保险费补贴管理办法》第三条第二款对市场运作给出的解释是："财政投入要与农业保险发展的市场规律相适应，以经办机构的商业化经营为依托，充分发挥市场机制作用，逐步构建市场化的农业生产风险保障体系。"

市场化运作的概念都包括哪些内容？没有具体说明，但利用市场组织，采用市场机制应该包括自主经营、自由竞争、自负盈亏、优胜劣汰、自愿购买、供需均衡等规则。

（六）农业保险的特殊监管规则

既然政策性农业保险不同于商业保险，监管规则肯定有其特殊性。特殊监管规则应该很多，市场行为（市场准入、市场退出、产品设计和审批等），偿付能力监测，财政监督，公司治理结构监管等。没有这些规则，无法保证市场的公平交易，也没有办法有效维护投保农户的合法权益。

（七）农业保险的"协同推进"规则

根据《条例》的规定，"国务院保险监督管理机构对农业保险业务实施监督管理。国务院财政、农业、林业、发展改革、税务、民政等有关部门按照各自的职责，负责农业保险推进、管理的相关工作。""协同推进"的含义是，与农业保险相关的各个政府部门（有十多个）都要参与农业保险的实施、操作或者配合工作。

（八）农业保险经营的大灾风险管理规则

农业大灾和农业保险经营的大灾不是一回事。

这类规则，跟我们建立农业保险制度的目标有关。如果是商业保险，我们政府不用操这个心，保险经营机构按照市场规律和市场规则去经营就是了。要不要再保险，要不要提留技术准备金（总准备金）都由市场主体自己操心，公司可以"打得赢就干，打不赢就走"。

农业保险需要可持续发展，没有大灾风险管理制度，保险公司赚了就继续干，赔了就走人，那不行。农业保险制度对于经营遇到困难时要有解决路径，要事先安排好融资通道，以便在发生大灾条件下，被保险农户能得到足额赔偿。

（九）农业保险财政资源合理配置规则

前面第三项规则，讲的主要是财政给农业保险补贴的对象、方法、途径和效率问题。这里讲的是在公共财政，特别是财政支农和农村救助资源，如何有效配置的问题。

这个问题才刚刚引起我们的注意。每年我国财政支农和救灾预算很分散，有一部分作用是重合的，或者使用目标有替代性，所以需要研究如何更有效地配置给农业保险的财政资源。

二、不协调现象及其背后的制度原因

现行农业保险制度虽然有其国情和实践依据，也参考借鉴了国外的各种制度模式，它集中体现在 2012 年颁布 2013 年 3 月开始在全国实施的《条例》中，该《条例》为我们确立了基本的农险制度框架和基本的规则体系。但 12 年实践中，我们逐步发现，这个制度框架很粗糙，由它和其他一系列规章所构成的规则体系不完整，不细致，甚至有不少缺陷，产生了不少问题，不同程度反映出与制度目标不那么一致或者不那么协调的地方。下面一些问题或者现象，即是不协调的部分反映。

——开始时没有几家公司愿意做农业保险，现在却是趋之若鹜，为什么？

——《条例》说"政府支持""协同推进"，那么，中央、省、市、县、乡五级政府，政府里多达 13 个政府"相关"部门参与和支持农业保险的具体要求是什么，"按照各自的职责，负责农业保险推进、管理的相关工作"的边界在哪里？

——各地政府都在进行农业保险招标，有的是省级招标，有的是市级、县级招标，这种政府采购是不是政府在分配市场资源？会有副作用吗？如果不由政府来分配农业保险的市场资源，那又该怎样有效处理市场竞争？

——政府在强化农业保险这种市场化风险补偿机制上，如何合理或者优化财政资源配置，才能促进农业保险的发展合乎农业政策的目的？

——《条例》说我们实行的是市场化运作，但是对市场运作到底该如何理解和执行？目前不少地方存在的无序竞争乱象，为何难以遏止？

——有的财产保险公司把农业保险作为利润增长点，还把逐年的利润增长率作为考核指标，这是在追求农险经营效率，还是反映出农业保险制度的管理缺陷？

——有的保险公司被"应收保费"所困扰，从县级政府那里就是讨不回来各级政府的保费补贴，反映出什么问题？

——为什么总是有少数保险公司对于农户的保险损失不好好赔，不时发现侵害投保农户利益的事情？为何"协议赔付"总有市场？

——为什么在别的国家的农业保险很少听说的"假承保、假理赔"的问题，而在我们国家屡禁不止？

——"垫付保费"问题，为何也屡解不决，屡禁不止？

……

对于一个制度来说，如果某类"疾患"久治不愈，就不可能是"随机事件"，而是"确定性事件"了，那就可能是这个制度有需要修复的漏洞了。

以笔者之陋见，这些缺陷和漏洞最关键的是，在我们农业保险制度中，政府和市场各自的职责和边界，及其相互关系有待修补和完善。下面就集中讨论一下这两个方面的问题。

（一）政府不完全明确自己在农险中的定位和职责

1. 政府为何热衷招标？

政府是农业保险的重要参与方，在某种意义上就是"投保人"，因为它为投保农户补贴了80％左右的保险费。同时，政府还作为"教练员"管理着这个市场上的投保人（被保险人）、承保主体和其他市场资源。因为农业保险做的好不好，跟各级政府，特别是基层政府的政绩都有密切关系，实际上也与某些官员的个人利益有某种联系。所以政府，特别是基层政府在这个市场上往往会巧妙利用这个难以约束的权力，不仅以其丰富的信息数据资源影响着农业保险的产品开发、承保和理赔，更可以利用权力掌控和分配这个市场的承保资源，划分本地的农业保险经营地盘。在这种条件下，农业保险的管理权就可能自然异化为"租"，谁要来我这里做农险就要交"租"，交"租"多者得地盘，甚至得到较大地盘。设租和寻租就有可能在这种不完善的制度设计中产生。招标本来是好事，可以为投保方选择服务更好、价格更便宜的市场主体。但调查表明，不少地方热衷于招标，乐意在一个县甚至一个乡，招好几家保险机构来经营农业保险，不管这些地方网络和渠道的重复投入是不是有必要，也不管这种在小范围里竞争性经营是不是经济。官方给出的比较"正当"的理由是，"有竞争才有好的农险服务"。其实并非如此。事实表明，有竞争不一定对投保农户的服务有多少改善。大家都明白这一点。国外的经验表明，政府一家独立经营或者多家公司共同经营的不同模式，因为规则明确，约束到位，都是有效率的。有的国家虽然有多家公司经营，但在一个省（或州）很少设立几家公司。事实是统一经营和规模经营，才能减少竞争带来的不必要漏损。

2. 为何青睐"协议赔付"？

在不止一个地方发生的屡禁不止的"协议赔付"问题，也与政府的这种角色有关。"协议赔付"固然有农业保险精准定损、精准理赔本身的理由，而内在原因实际上是保险公司和政府双方博弈的结果：政府不想在灾小的年份让保险公司多"赚"钱，通过"协议赔付"多拿回一些赔款。同样，保险公司也会在大灾年份通过"协议赔付"少赔，免遭超赔之累。从这种"协议赔付"讨价还价的博弈中，减少一些成本损失。自然，这种"协议赔付"一般不会惠及被保险农户。在省一级、市一级、县一级，我都听到过保险公司遇到大的灾害，把赔款的"皮球"踢到省长、市长和县长那里，为的是不承担或者减少超赔责任。这种对于保险来说匪夷所思的事情，在农险市场上却见怪不怪。

3. 不具体规范政府行为行吗？

政府作为农险市场重要的不可或缺的参与者，应该承担哪些责任，有多大权利，该做什么，不该做什么，如果只靠"政府引导""协同推进"这八个字来界定，显然太粗糙了。政府及其部门在这种模糊定位条件下，具有无穷大的自由解释权和裁量权，那么，这个制度不可能有真正的效率，农业保险的目标也难以实现。因为基层政府部门不仅收保险公司的"租"，推高保险经营成本[①]，还可以随意截留、挪用上级政府下拨的农业保险补贴，给保险机构造成巨大的"应收保费"账务"窟窿"，严重影响农业保险公司的正常经营。

4. 政府行为不靠规则约束行吗？

当然，大部分地区的基层政府，在推进本地农业保险事业中，还是自觉地全心全意地协助和支持农险经营，为投保农民服务的，很少做"设租""收租"的违法买卖，但这靠的是"觉悟"、靠的是"党性"。问题是农险的经济活动，不能仅靠"觉悟"靠"党性"，而要靠完善的制度约束。这跟中央提出"把权力装进

---

① 根据统计数据分析表明，实施政策性农业保险12年来，随着进入农险市场的经营主体的增多，竞争的加剧，市场集中度的降低，农业保险经营的成本是持续上升的。2007—2010年，农险的管理费用成本（不算保费准备金提取，再保险支出、税收等费用）大约是10％多一点，而近年来已经上升到22％以上，而且还有进一步上升的趋势。根据有的公司提供的2018年数据计算，如果赔付率超过65％，综合成本率就超过100％。

"笼子里"的道理是一样的。

在那些农业保险比较发达和成功的国家，政府的权力是被严格限制的，而且在法律中界定得很清楚。一般来说，只有中央和（或）省（州）级政府介入农业保险，而且只是按照财政预算，执行财政和税收政策，依规审查和结算补贴，为农业保险履行超赔责任提供支持或者铺设融资通道，同时监督承保和理赔。没有听说过有哪个农险成功的国家，是由政府来分配农业保险资源的。

（二）农险的"市场运作"缺乏操作性强的规则

我国农业保险选择"市场运作"有我的客观条件，符合我国国情，特别是符合国家经济市场化转轨和发展的实际。

1. 什么是市场运作？

什么是农业保险的市场化运作？在有关法律法规中没有明确的解释，更没有制定"规定动作"。对于《中央财政农业保险保险费补贴管理办法》（2017年1月修订印发）第三条第二款关于"市场运作"的解释，据笔者浅陋的理解，其要义在于，使用市场化的保险经营主体，按照市场规则（例如自主决策、依规准入、自由竞争、自主定价、自担风险、自负盈亏、违规或者破产退出等）经营农业保险，并在合规条件下平等获得政府的有关保险费补贴。

2. 市场竞争"一争就灵"？

但是实践表明，因为没有准入限制性规定，进入农业保险市场的经营主体太多太乱，带来无序竞争。而与城市的其他保险业务不同的是，农业保险的承保资源相对分散和有限，面对大规模小农户（下面简称"散户"），竞争越激烈，单位保单的成本越高。当人们津津乐道于市场集中度降低的同时，市场效率损失越来越严重。尽管农户，特别是"散户"的参保积极性不那么高，但仍然造就了一个不折不扣的买方市场，主要买方其实就是政府。在这种条件下，上述设租、寻租的环境条件就完全具备了。本来提出"政府引导、市场运作、自主自愿、协同推进"原则是为了助推农业保险有效率地发展，结果却走向它的反面，违背了制度设计的初衷。

公司在这种竞争环境中，保费不得不被侵蚀，"开源"是不可能的（如果要"开源"就只能扩大地盘，花更大的代价），那么，自然的反应就只能在"节流"上做文章了，也就是在节约赔款上费心思。假承保、假理赔、假凭证、假数据、惜赔、拒赔就不可避免了。作为企业，它需要利润，需要生存。生存不了，还做什么业务。

3. 监管效果为何不好？

其实监管部门制订了不少监管规则，通过这些规则规范农险经营活动，保证农险经营公司治理井井有条，有足够的偿付能力，市场行为符合规范。监管机构年年也花不少力气进行抽查，对上述问题也不是不了解，只是苦于无良计可施。

面对市场乱象，只能象征性地执法，也不忍心制定和执行严厉的处罚规则，更不能把那些严重违规的公司罚出场，或者把所有违反财经纪律和法律的政府工作人员绳之以法。对于保险公司来说，即使有几个基层以致高层的管理人员被处罚，也无所谓，公司都有一套成熟老到的应对措施，在这里受罚撤职，换个地方依然任职。无非是破点财而已，明年违规依旧。公司觉得，毕竟这些受处罚的经理人和员工，垫付保费，档案不规范，虚假投保，虚假理赔等，都是为了争抢地盘，完成业绩任务，给公司做贡献，违规违法也可以理解或者可以原谅。对于政府部门来说，大部分违规违纪者也并不是把公家的钱装进自己的腰包，又怎能把这些官员严厉处置？

且不说对涉农险政府官员的监管，单就农险经营监管中的这些问题而言，与整个保险市场持续发生的现象大同小异，监管部门只管"生"不让"死"，还要追求市场的"歌舞升平"。想治理市场乱象，想通过不断增加市场主体，降低市场集中度来提高经营效益和市场效率，只是依据某种理论而产生的一种良好愿望而已。这种违背市场规律的市场监管只怕是越管越乱，某些领域的市场化改革老是不那么成功就是一例。农险市场如果只感叹无法控制进场，而不用力解决出场，也难以找到出路。"只进不出"是市场乱象根源之一。

4. 费率市场化要不要统起来？

市场运作，按道理要让经营主体自由定价。可是农业保险到底是自由定价还是统一定价，实际上在市场运作过程中一直困扰着我国的农业保险。

作为政策性农业保险，其他发达国家都是由政府统一定价，或者由中央（联邦）统一经营（或管理）的机构定价，或者由省级公司统一定价，也鼓励经营业务的公司定价，但要经过管理机构的精算审查。当然这种定价都是在风险区划基础上，根据各地不同区域的风险经验数据精算出来的。

鉴于我国的实际情况，无论是中央政府还是各省政府都暂时无力承担农险定价之任，交由参与农险经营的保险公司定价是正确选择。但后来觉得完全由公司定价不妥，就要求保险公司厘订费率需征求当地政府的意见。于是在市场化自由定价基础上，就有了政府和公司的讨价还价，尽管政府砍价的科学依据不足。其实，直到今天，政府依然质疑保险公司定价的合理性。特别是在 2015 年之前的七八年里，除了个别省份外，全国平均赔付率和综合成本率都不算低，赔付率多在 60%～70%，综合成本率约为 90% 左右。没有大幅波动。近两年的赔付率上升到 80% 左右，综合成本率上升到 95% 以上。[①] 2015 年前后，政府觉得保险公司的农险经营有不当得利，于是就有了降低费率的官方诉求，做出了费率升降和建立利润准备金的规定。公正地讲，至少 12 年平均算起来，保险机构经营农业保险总的盈利水平比全国财产保险的利润水平要高一些，有的年份高出一倍还

---

① 参见：庹国柱. 从 40 年政策变化喜看我国农业保险蓬勃发展［J］. 保险研究，2018（12）.

多。这可能是众多财产保险公司对农业保险趋之若鹜的主要原因。其实，从全国整体费率水平来说，我国农险费率并不高。根据笔者对多省费率的收集和计算，作物或者牲畜的保险费率一般在 4％～6％，只有个别特色作物保险的费率在 7％以上。而美国的作物保险费率平均在 6％～11％[①]。当然，这样比较也不很公平，因为毕竟两国的农业风险状况有很大不同。而且，几年的风险损失状况也不能代表长期风险损失状况，所以才需要建立大灾风险准备金。当然，保费水平总体上基本合理，并不表明某些地区或者部分险种的费率不该调整。主要的问题是，至今实行一个省一个费率，很不科学也很不公平。多数省份没有风险区划或者即使有风险区划的也执行不了。

所以，费率的要害不是"分"或"统"的问题，也不是有"不当得利"的问题，而是怎样建立一套既科学合理，又让政府放心的定价和评估机制的问题。

（三）制度效率到底应该如何评价

本来，采取"市场运作"是为了发挥市场在配置资源的决定性作用，实现最优或次优的经济效率和社会效果。在农业保险这个因为市场失灵才由政府出面支持的特殊领域中，是不是完全放任市场主体的竞争就能达到这个目的，上面说过，那是不可能的。要想达到目的，还是要在统一的管理之下，通过合理的评价体系加以约束，同时配合严厉的监管规范。

农业保险制度如何评估是一个需要专门研究的课题。应该从哪些方面来评估，有的地方已经做了一些尝试，提出来了一些服务绩效的评估指标和方法。财政部预算评审中心也从中央财政保费补贴政策绩效的角度设计了一套评估指标。这都是有参考价值的。

总之，没有一套兼顾政府和市场两方的考核评估体系，无法恰当地评估我国农业保险制度的得失利弊，对于完善农业保险制度是不利的。不论财政部门还是业务监管部门都需要评估制度和体系。有些地方农业保险监管中反映出来的重点不重的问题也说明，科学合理的考核评价体系对于判断农险业务服务的好坏优劣是不可缺少的。

三、完善现行农业保险制度的一些思考

（一）必须规范和约束政府特别是基层政府的权力

规范农险市场的秩序，首先要在政府配置市场资源上做文章，这不管在理论

---

① 笔者根据全国保费收入和保险金额统计数字粗略计算了一下，假如 2016 年、2017 年我国的风险保障金额按 2.1 万亿元和 2.9 万亿元的话，全国平均费率水平（总保险费收入/保险金额）只有 1.9％和 1.7％，似乎不那么真实。原因是我们的森林保险所占保险金额比较大，而森林保险的费率只有 1‰～2‰，这样费率就被拉下来了。这里说的美国的费率是根据 2007—2017 年 11 年的保费和保额数据计算的。

上和实践上都是必要的。毫无疑问，农业保险需要政府的支持和配合，但是这种支持和配合，除了财政税收政策支持之外，主要是协助做好农业保险的组织和宣传工作，尽管财政主管部门对基层相关部门人员协助做农业保险相关工作的报酬至今还有争议，实际上拿这个劳务费（佣金）是应该的。

关键是要解除基层政府的市场资源配置权。在理论上，招投标制度在理论上是合理进行市场竞争、提高资源配置效率最好的办法。但实际上，招投标选择保险供应商的办法，早已异化为谋取某种非公利益的工具。城里保险业务的招投标如此，农业保险的招投标也是如此。过去我还愿意接受邀请参加颇为公平公正的保险评标活动，为那些购买车险、工程保险的投保单位把把关，主持个公道。后来发现，招投标已经变味了，我参加这种"傀儡式"的评标活动，简直就是对一个学者良心的亵渎。因此，我有好几年不再接受招标评审活动的邀请了。取消农险市场上这种貌似公平的招投标制度，至少在一定程度上可以遏制寻租活动，拯救可能违规违法的官员，也拯救有可能异化的农业保险制度。

对于政府官员支持和协助农业保险活动，也要划定具体的行为边界，只限于在承保宣传、组织、定损和理赔活动中发挥积极作用，但绝不能干涉经营机构的业务决策，包括直保和再保，特别是通过"代表投保农户"与保险机构"协议赔款"，要求公司无故多赔和允许公司少赔。因为这都是有违农业保险的本质和目标的不恰当行为。

（二）从根本上改革现行农险市场竞争格局

对于市场而言，应该结束目前这种"自由竞争"的农险市场格局。正如上面所言，这种竞争带给农险的并不是效益和效率，而是成本推升和寻租竞赛，而非服务升级。监管部门对于日益增加的市场主体和混乱的市场有点束手无策，也想过很多遏制的办法，比如，希望不在一个县或者一个市有多于一个主体经营农险的动议，尽量说服新的想进场的公司不要来"凑热闹"，等等。不过，没用。

我的想法是，学习西班牙的模式，用共保方式全面结束竞争。有必要简单介绍西班牙农业保险的共保。这里引用郑伟、贾若等人在一个研究报告中关于西班牙农业共保体的一段介绍[①]。

西班牙成立了国家农业保险局（Entidad Estatal de Seguros Agrarios，简称ENESA），这是该国主要的农险决策机构，负责草拟农业保险年度计划，确定补贴标准和比例，隶属于农业、食品及环境部。负责管理国家农业保险局的总务委员会（The General Committee）由农共体（Agroseguro）、区政府、合作社、经济与财政部代表、食品及环境部等代表组成。农共体由 35 家保险公司（包括 28 家民营保险公司，6 家相互制保险公司和 1 家国有保险赔偿集团）参股组成的共

---

① 引自：郑伟，贾若，等．农业大灾风险分散机制的国际经验与启示［R］．2019.

保联合体，负责制定农险价格、建立农业保险微观数据库并管理农险业务，农业保险局和区政府对其进行补贴。保险与养老基金监管总局隶属于西班牙经济与财政部，负责审批农共体成员公司的准入及制定监管框架以确保农业保险体系的偿付能力。保险赔偿集团（CCS）是一个隶属于西班牙经济与财政部的一个公共企业，也是西班牙农共体的股东之一，是代表国家农业保险业务的最终再保险人。西班牙专门成立农业管理和环境风险研究中心，利用农共体的数据库进行农险研究。

其实，我国有几个省也实行农业保险共保模式，有的省已经实行了 10 多年。这种模式的好处是避免了多家主体竞争性经营的上述弊病。但是根据我粗略的了解，这几个省共保制度有不少需要改进的地方，最主要的就是实行共保条件下，制度比较僵硬，多是主承保商跳"独舞"，其他跟随公司的积极性得不到发挥，久而久之，主承保商的懈怠使得不少地方政府和投保农户对其服务不满意，共保体就变得死气沉沉。有的省实行多年之后准备解散农共体，这种情况主要是共保体制度设计不完善，缺乏活力。

以笔者之见，共保体虽然有份额之争，最终也必然会有因份额不同的主次之分。但是，以省为单位所建立的共保体，要想发挥大家的积极性，有两个途径可以选择：①在农共体内，实行"轮值主承保商制度"，一定份额以上的承保人轮流"主政"，充分发挥不同公司的创造性和积极性。②在共保体内部，各个公司适当划片经营，经评估，业务做得好的公司次年可以适当提高在共同体内的份额。所有业务成果都在农共体内统一核算，先统后分。这样，既调动了共同体内各家公司的积极性，又避免了渠道和网络重复建设造成的资源浪费。这两个途径也可以结合采用。

还可以设想，共保体只经营本地几种大宗作物和牲畜，例如，小麦、玉米、水稻、棉花、油菜、森林和育肥猪、奶牛等，其他有地方特色的小宗作物和畜禽保险业务，不纳入共保体经营，而由共保体内的公司根据自己的实际情况，自由开发特色险种和经营，适应农业保险多需求多方位发展的需要。

这种创新经营模式的选择和构建，既利用了现有的农业保险市场主体，又避免了无序的竞争，节省了大量的无效劳动和成本，也会大大压缩寻租空间，为反腐倡廉做出积极贡献。一举多得，何乐而不为。

总之，在自由竞争弊病太多、由政府建立政策性农业保险公司不现实的背景下，学习西班牙模式和我国已有经验的上述设想，或许是走出目前"市场运作"困境、提升农险市场活力的较好出路。

（三）中央和省级需要建立和完善统一的管理和协调机构

建立和完善统一的农业保险管理和协调机构，已经喊了十多年了，还是有必要继续呼喊。这是适应农业保险的发展，完善农业保险市场建设，降低协调成本的最佳方案，也是国际和国内的成功经验。因为，下述工作没有这样一个机构是不容易实现或者完成的。①制定政策性农业保险的规划和制度规则；②调查研究不同地区农业风险的特点，制定风险区划；③确定和调整政策性农业保险的范围和种类；④协助政府制定财政支持政策，管理财政支持资金；⑤研究制定或主持评审各类险种的条款和费率；⑥协调各有关部门的关系；⑦规划、筹集和管理大灾准备金（如果建立的话）；⑧提供（或安排）农业再保险等。这个机构也可以行使对农业保险的全面监管，避免多部门分头监管带来的低效率弊病。

笔者在这里还是要强调，这个管理协调机构建立之后，如果能逐步建立中央或者省一级风险和费率研究、评估机构，在较大范围积累农险的大数据，将会使我国农业保险的科学性和公平性大幅度提升，也会彻底消除政府对公司定价的不放心。

可见，这样一个管理机构是保险机构和某一个政府部门无法替代的。但是，鉴于我国的实际情况，在中央层面和省级层面，可以将这个机构设立在某个政府部门内部比较现实，只要中央和省政府授权就行。

（四）在评估基础上严格市场的退出机制

市场退出机制对整个保险市场都是需要的，遗憾的是至今没有真正建立起来。对于农业保险市场来说，退出机制有特殊意义。2016 年《条例》修改之后，取消了对农业保险的进入门槛规定，监管机构一下子无所适从，不管不行，管也不行。只能依据《条例》第十七条的要求，变相进行准入监管。但是，熟知《条例》修改含义的某些公司悄悄进场，监管机构也没有脾气。

笔者认为，农业保险进场可以放松监管，但完全有必要，通过适当的监管机制（非传统思路），降低农业保险的市场集中度，使农业保险服务升级。那就是通过建立有效的评估机制，结合其他监管制度，将不合格的保险机构罚下场。某公司在一地严重犯规，评估不合格，就取消该公司在该地区的业务经营资格，在多地严重犯规，评估不合格，就完全取消该公司在任何地区的农险经营资格。有这个"杀手锏"才能较好治理市场乱象。而不是像现在这样，仅仅罚点款，撤几个省、市、县经理的职就完事。因为谁都心知肚明，罚款、撤职的违规成本太低了。这种低成本处罚的后果就是违规违法屡禁不止。

这里提到的评估，如前所述，需要设计哪些评估指标和如何进行评估，需要专门的研究，就不在这里讨论了。

当然，监管机关有没有这种魄力和勇气，就不好说了，监管机构有自己的利弊权衡。

学术道德问题杂谈[*]

摘　要： 学术研究是很严肃的和受人尊重的事业。没有哪个国家不重视学术研究，我国也不例外。几十年来我国学术界欣欣向荣，成果累累。学术研究要发展，需要有一个良好的环境和内在机制，特别是做学术研究的人要有良好的道德修养。近些年来，在学术道德方面有不少值得重视的问题。本文不是全面论述学术道德问题，只是选择几个角度，根据作者的观察和亲身体验，陈述一些学术研究"交响乐"中的"不和谐音"，批评了一些学术研究中不道德的现象。希望社会各界重视学术道德建设，创造更好的学术生态，在规范中努力自律，净化学术空气，促进学术的健康和蓬勃发展。

关键词： 院校学术；官员学术；企业家学术；学术江湖；学术自律

百度百科对学术是这样定义的："学术是指系统专门的学问，也是学习知识的一种，泛指高等教育和研究，是对存在物及其规律的学科化。"显然这个定义太严格也太学究化了，只把学术限定在高等教育和研究上。事实上，除了高等院校和专门研究机关的研究以外，社会各界只要是探讨"存在物及其规律"的，研究理论、研究政策以及研究实践问题的大规律、小规律、长远规律、短期规则的，都可以称为学术研究。尽管学术期刊强调的学术性主要是所谓"学院派"学术，很讲究什么范式，强调数理模型，但是任何领域都有其理论、政策和实践，这些都是"存在物"，都需要寻求其运行规律，不可将学术学院化、学究化。

学术研究，可以有不同视角的分类，我这里根据做学术研究的主体、目的和手段，将其划分为院校学术、官员学术和企业家学术三大类。

院校学术主要是指高等院校和专门研究机构的学者们所做的学术研究。官员学术是指官员们根据自己从事"领导工作"的实践所做专门领域的研究。企业家

* 本文发表于《保险职业学院学报》2018 年第 6 期。

学术是企业家和企业高管对在创建和发展企业的实践中所作的学术探索。虽然从职业分工的角度，高等院校和科研机构的学术研究是学术研究的主体，但这三类不同类型的学术研究原本是相互补充的，共同构成了学术研究生态。

一、院校学术之累

院校学术对那些要吃教职这碗饭的大学教师和专业研究机构的科学研究人员来说，是职业所在，是饭碗。且不说它的职业要求和重大意义。就其本身而言，是很严肃和受人尊敬的事。一般来说，能进入高校和科研机构来做学术，也是挺不容易的，至少要念差不多20年以上的书，获得做学术的专门知识和技能。所以在世人眼里，这些在高校和科研机构做学术的大小学者，都是令人敬仰和羡慕的"天之骄子"。学者们也自然有一种神圣感。那些科学技术每每有了成就，或量子卫星上天，或5G技术问世，或一个成熟的改革方案出台，都会令学者们自豪一把，所以大多数学者很珍惜这个做学术研究的机会和岗位。当然，每年院校和科研机构出产的论文和专著数以万计，不断推动着科学技术的进步和经济、社会的发展。

鉴于学术研究和科研成果的重要性，现在教育领导部门评价院校指标更多的是向科研倾斜（专业科研单位暂且不论），院校排名很大的权重是按照拿到国家自然科学基金项目（简称自科项目），社会科学基金项目（简称社科项目），教育部的科研项目的数量，发表在国外国内"权威期刊"（A刊）"核心期刊"（C刊），以及所谓SCI、CSSCI等期刊的文章多少来评定的。因为这是"硬尺子"，而教学质量和水平因为太"软"，就提不到议事日程上了，即使强调一下，也是空洞无物，或者虚晃一枪①。所以，高校学术研究这如此神圣的事业，在很大程度上被异化了。站在教育主管部门的立场上，这也无可厚非。可这样一来，高校的教学就成为良心活了。一位朋友说，他的孩子在某大学念书，孩子一心想学点东西，可令他失望的是，给他们上课的大部分老师都是"瞎混"，其中一门重要的专业课，一周一次，每次3个小时的课，有两个半小时是天南地北的"侃大山"，剩下半小时草草说几句课程内容，叫人气愤至极。这位副教授直到学期末了才告诉学生主要是使用哪本参考教材。自己不好好教书，学生就想用上课的时间去图书馆自学，但是他要点名，几次不到就取消学生的考试资格。对学生来说，那叫一个痛苦！他们听说，这位副教授做学术很卖力。学校不主要是看学术吗？

---

① 当然，有些学校开始重视教学，理直气壮地表彰那些教学上贡献突出、受学生欢迎和称赞的教师，例如北京大学最近就重奖了一批教学成果卓著的教师。保险界的著名青年学者郑伟教授就在授奖之列。

就学术本身来讲，也令人揪心。不知从何时开始，随着国家和企业的科研课题立项和投资数十倍甚至上百倍增长的同时，学术伦理和学术道德问题突出起来，并有恶化之势。论文抄袭剽窃，实验数据造假，科研成果掺水、谎报。有一学校的院领导，竟然将其他老师的学术成果以他自己和女儿的名义出版，原作者只字没提。还有，不仅在国内有这类无耻现象，甚至有的人把一些无才无德的东西拿到国际学术界，令国人蒙羞，国誉受损。

教师的责任之一是指导学生做学术研究，而有的地方不少教师指导学生做学术研究的工作也变得敷衍起来，甚至师德沦丧。这些教师，既不认真指导学生做学术，也放弃对学生做学术的检查和评阅，"放羊式"的管理，反正指导一个学生就有一份报酬。我曾经参加过有的学校博士硕士研究生的学位论文答辩，曾不止一次发现，学生提交的论文竟然指导教师没看过，我问他的指导老师怎么回事，他（她）说，一个人指导几十个研究生，一年就十多个，哪里看得过来呀！而学校又对学生做学术的要求越来越不切实际，非要其在读研期间，硕士生发表一篇文章，博士发表多篇至少是C刊文章，说起来这是"逼"着学生做学术，似乎也是必要的，为的是有这样的庞大军团发表论文，这个"论文数"多的话，在高校评估时要多得不少分数啊！可问题是，招生如此扩容，好大一部分学生不会做研究写论文！学生无奈，要毕业就要发表规定数量的论文，就只能动计算机和网络的脑子，动动鼠标，十分钟、二十分钟，就可以搞定一篇得意的学位论文，好在也有愿意赚这份钱的学术杂志，只要花几百上千的人民币就可以发表。还有的本科和研究生，连在网上搜索、抄袭和拼凑都懒得动手，就在网上找中介"订购"一篇论文交差，以满足学校"通过毕业论文"和"发表论文"的要求。这也催生了生意红火的"论文市场"，叫人好不心酸。

作为一个曾经当过几十年高校教师的我，看到教师学生皆为学术而累，既为高校学术的繁荣高兴，也为高校学术氛围的改变而忧虑。

二、官员学术之殇

这些年，学术已经走出了深宅大院，在其他领域蓬勃生长。官员学术园地就是其中之一。

改革开放以来，随着干部年轻化、知识化、专业化的要求不断提高。官员做学术在某些方面有蓬勃发展之势。官场里掀起一股小小的"学术风"。官员搞学术本来不是什么坏事，我党向来提倡调查和研究，从生动的实践中认识和探索事物发展的规律，以指导我们的领导工作，何况有不少学历高的官员也有这个能力。但是自从组织部门强调升官要有学历之后，没有学历或者学历不高的官员就着急了，急着使自己"学术化"。要发表文章，要读硕士博士，写硕士博士论文，还要出专著。一时间"学术"在官场就有了神秘而强烈需求的"市场"，加剧了各种"学术交易"的蓬勃发展。官大的，可以令下属捉刀代笔发表学术论文和学位论文，官小的就只能"破费"买学术了，学术市场更加扩大，学术"中介"也空前活跃。我的一位在某研究机构工作，学术研究做得很好的学生，有一次，被"学术猎头"猎中，出价十万元为某位官员写一篇博士论文，我的学生还是恪守学术道德的，想了一下还是拒绝了这十万元的佣金诱惑，虽然研究机构清苦一点。"猎头"说："看你学术水平不错，给你十万，你还不接，搁别人，五万块钱就干。"也有些官员，自己写不了文章，但又想有点晋升的"资本"，或者是真有那么点学术热情，写了一两篇文章，无奈水平有限，缺乏学术，便亲自或请上级领导出面，硬要本部门主管的学术杂志发表他那不学术的"学术"文章，这叫编辑部好不为难。最后，文章倒是发表了，可经手的几个责任编辑，谁也不愿意在那篇文章发稿单上签字，你说这叫什么事！

还有一位朋友，曾经帮助不少大大小小的官员写论文发表论文。这位当时从一所名牌大学经济系毕业的高材生，头脑灵活，出手很快，写出来的文章又多又快又好，深得相关领域领导的喜欢，加之他的踏踏实实，能力过人，后来当了大官，成就了一番事业（当然他当大官也不一定是因为给各色领导写论文，主要还是才能过人，有魄力有胆识，能文能武）。

还有一些官员不缺"学术资本"，也有了较高学位，仍然醉心于学术，苦于没有时间和精力，怎么办呢？那就使用手里的权力，出题目，立课题，让下属或者院校的专家学者代劳，洋洋洒洒的论文和专著一篇又一篇，一本又一本地发表了出版了。发表出版也就罢了，一遇科研成果评奖的机会，赶紧申报。这个名头是不能错过的，不然哪天不当这高官了，或者赋闲了，就没有这"便利"了。对于高官申请奖项，评委们虽然私下里有看法，不乐意，但心知肚明是怎么回事，不能让官员们脸上挂不住，无论如何要把"特等奖""一等奖"奉送给这些高级别官员，不管这论文、专著是不是质量上乘。有人说，就给个二等奖、三等奖算了，照顾一下情绪。其实，那是馊主意，真要评个"二等奖""三等奖"，官员没准会公开放弃。那，这些评委就会很"尴尬"。

当然，也有一些官员不拘一格地做了不少真正有见地的学术研究，结合自己的工作实践，业务中出现的问题，勤于思考和总结，做了很多演讲，发表了不少论文，也出了不少有一定学术价值的专著。就我所知在，保险界就有这么几位中层官员写了不少好文章，出的书也有看头，他们站得高，又了解实际情况，可读性很强。这两年，我还看到有的基层的年轻的监管官员，勤于思考，笔耕不辍，对保险市场上的各种政策和业务问题加以研究和评论，出了好几本文集。这些东西都是亲身感受，亲自调查和思考写出来的，读起来还是很亲切的。

现在，至少在高级别领导机关，是不许官员们随便写作和发表文章了，要发表文章是需要层层报批的。一些有思想有能力的官员也就不再去动那个脑筋了。

究其做这种禁止性规定的原因，我猜测无非是：

第一，怕官员随便发表文章可能会在一不留神之际泄密。现在的社会舆论太强大了也太可怕了，官员的文章一句话不慎，就会引起"舆论风暴"，给工作带来被动，所以除了大官，需要的时候有专门的班子替他写作比较严密的署名文章发表，这是"职务"所需。不过中小"将士"都不写了，就把学术交还学校和研究机关了。至于上面提到的小小官员在报纸杂志上不断发表一些意见和评论，会不会也被禁止，还不好预测。

第二，官员们，大官小官，需要学历的任职者也都已经有了硕士、博士头衔，发表那些自己都不大明白或者没有多少兴趣的论文，也感觉没有什么意思。而大学里，那种毒化社会空气弄虚作假的"奉送学位"给各级官员并为学校创收，赚点辛苦钱的损招，已经受到广泛诟病和讨伐，实在声名狼藉，有损高校的良好社会形象，也需要"正正风气""改改形象"了。高校的唯上媚上的不良风气实在需要改变一下，所以，在职官员读学位这类招生形式，在很多高校已经被取消了，高校博士研究生现在只招收脱产学习的学生。至于在职读 MBA 或者EMBA 的研究生都是企业界的在职员工，官员不当主力军了。对官员拿"学位"，搞"学术"采取一些禁止性规定，于官于民都是皆大欢喜的好事。

只是苦了那些真心热爱探究和擅长写作的官员了，他（她）们除了特殊的专业会议、论坛发言之外，有想法也不容易有机会拿出去跟大家交流。当然，禁止性规定虽然有可能限制官员某些才能的发挥，但毕竟爱琢磨爱写作的官员不是很多，无关大局。

三、企业家学术之痛

企业家、职业经理人做学术研究，本来也是顺理成章，无可厚非的事。很多善于思考的企业家、职业经理人，有良好的理论素养，也有丰富的实践经验，只要有兴趣也足够勤奋，做学术研究是有条件的。保险界有一位知名学术"大咖"，就是这样一位典型代表。这位被称为"儒商"的公司高管，是从保险公司基层做起来的，他在精于业务之余，很喜欢钻研和写作，就被一层层提拔起来，最后做到公司副总裁。不同层级的实践锻炼，使其精通各类保险业务，他也很善于将经营和运筹中的问题加以提炼和概括。他老老实实地读完在职博士，凭着自己的真本事写出了出色的博士论文。而后，他的研究和写作愈发不可收拾，其研究，在保险领域有广泛涉猎，发表了不少有影响的论文，出版了几百万字的专著。从基本理论到保险市场，以及保险科技前沿问题，都能读到他的精辟见解，受到保险界的广泛关注和称赞，是大家公认的既懂理论又懂实践的货真价实的"儒商"，或者"商儒"。有一次他跟我聊天，说到发表文章，他说："我以后不再跟同事合作发表文章了。"我问，"为什么？"他说："尽管每次联名发表的文章，无论观点构思还是文字写作，大部分甚至全部都是我做的，但人们总是觉得，他是老总，合作发表的文章'肯定'是别人或者属下写的。"其实，这样老老实实做学术的企业高管还是很多的。我的几位在企业做高管的学生，他们就是在工作中注意总结，利用业余时间挑灯夜战，发表了不少有见地的论文，也出版了几本货真价实的专著。

人们觉得企业家发表的文章和演讲，不会是本人的杰作，而是他人代劳的认识，也可以理解，并不是有偏见，在很多情况下是顺理成章的。人们太了解企业的"领导讲话"或者"署名文章"是怎么回事了。对某些大佬来说，有权力就有智慧，有权力就有学术。

一般来说，企业家的使命是做好企业，让企业兴旺发达，长盛不衰。但不知道从何时开始，企业家钟情于学术，只是想给自己这个"企业家"增加一点文化色彩，总觉得，企业家如果没有学术，就会被认为是"暴发户""土豪"，这和自己的身份地位太不相称，还是要有点学术，有点"书卷味"，更有甚者，能成为"儒商"就更上档次了。就像某些官员做学术是想成为"学者型官员"，显得高贵，有尊严一样。

企业家学术，跟官员学术有相同的地方。拿时兴的话来说，商品和企业都需要包装。顺理成章的是，自己也需要包装。企业做得很好，有了成就，领军人物如果没有学历，没有几篇论文，几本专著，还是觉得不爽，"不够档次"。尽管他们请来的写手为他总结了几本历程和经验，但总还是觉得我这个"成功企业家"还是缺乏厚重感。就想来点高雅的，至少披件学术外衣，给人以"学者型企业家"或者"儒商"之美名。所以，有的企业家很看重学术，不管自己有没有兴趣和能力，也要千方百计地利用自己的权力和地位，或请高校老师代劳，或者组织专门的班子为他自己写书，反正公司有的是钱财，有的是人才。对于这种企业家专著的学术水平姑且不论，就书说书，聪明一些的企业家，出版专著时，在书的前言后记里还提到这些"合作者"的名字，有的企业家生怕别人说这不是他的作品，干脆对该著作的所有真实贡献者只字不提。其实，谁都知道这不可能是他自己写的，他的这点能耐外界不清楚，圈子里的人，都有耳闻。几年前，坊间传说，有一位书生气十足的企业写作班子的作者，虽然拿岗位工资，主要就是做文字工作，但是总觉得给董事长写书，出版专著，与给单位写报告、讲话稿不一样，这样出版的个人专著是一种不诚实，不正当，就想出来揭发这种欺骗，于是生出许多事端，闹得沸沸扬扬。

我的一位在基层公司就职的朋友，平生好琢磨也热爱写作，发表过不少文章，也出版过一本不错的专著。遗憾的是他的官运不佳，一直得不到提拔，后来想想算了，不再去努力谋求一官半职了，专门替包括公司领导在内的各种需求者写文章，干脆把学术当成生意来做，升不了官就发点小财也好。所以，有领导需要，他就来者不拒，发表出来，领导是不会亏待他的。他不仅给企业领导写论文，中介介绍给他代写硕士学位论文的"买卖"，他也做。我说，这样做不合适吧，你这是败坏学术风气。他说，现在大学生研究生多如牛毛，而学校里除了整天修课挣学分和考证之外，根本不做写作训练，到毕业时他们有几个会写论文的？而如果论文成绩不好，出国啊，求职啊，都很难看。所以如今"学术市场"已是如火如荼，"供需两旺"，这岂是我等能回天的。再说这学术界只有"风"哪有"气"啊！听了他的话，虽然我想劝他"从我做起"，净化学术风气，重塑学术伦理和学术道德云云。但这些话我还是没有说出口。

四、学术江湖之困

我总觉得，这种也许可以叫做"学术腐败"的现象有点积重难返的味道。院校的学术蒙灰，变的我越来越不认识了，某些官员和企业家的学术虽然有真货，但也有不少是欺世盗名之作。大千世界，森林茂密，各种鸟都有，原本不足为奇。但我作为一个做过一点蹩脚学术的"过来人"，又总觉得这种学术腐败不应该成为常态。有些事应该加以正确规范和引导，大胆地进行抵制和惩罚。上面提到的我那个学生，他就保持了学者的"清高"，对学术腐败做了坚决抵制，捍卫了学术的尊严，也捍卫了自己的尊严。人人都不抵制，那就只能眼睁睁地看着世风日下了。

前些年，我曾在一家大学的某学院当副院长，省厅一位处长来找我，说是他们设计了一套有 15 本的丛书的选题，请我们系的老师选择承担研究和写作，每本书给一万元的经费。这些经费在那个时候也不算少，我觉得能给老师们找来课题是很好的事。因为当时无论是国家自科基金课题还是社科基金课题都很少，申请起来很难，我院 70 几号老师每年就能拿到一两项，省里的课题也不容易拿到，所以我很高兴，就选了我们能承担的 7 本。在签合同的时候，我发现，合同里载明，这些书的主笔都要写他们厅领导和处领导，从事写作的老师只能是个"副手"，当第二第三作者，我当即表示拒绝。我们不干，有的是人干，后来听说他们找某科研所承担了，这个研究所的所长跟我很熟，他说："我们不是全额拨款，大家工资发不全，需要这笔钱。权当卖文为生吧！"

很多主管部门的厅长、处长们都热心于科研项目，高校和科研院所申报科研课题，要是把他们这些官员拉入课题组，容易中标。很多情况下，省一级的课题都是由他们这些部门主管"批发"和"零售"的。课题中标了，虽然他们根本不会参与任何研究工作，不会去做什么实验，也不会去做调查，但最后的成果报奖时，主管部门的官员都有份，甚至是排位第一，反而是撅着屁股做实验做调查的研究人员没名没分，因为报奖只能报 5 个人呐。我在这个省作为科研项目评委，也参加过不止一次科研成果的评审。看到这样的现象，心里很难过，但还得违心地给他们投赞成票，因为官员虽然不是评委，没有投票权，但他看着你，向你微笑致意。后来我就不愿意当评委接这类痛苦的差事了。用鲁迅的话说："躲进小楼成一统，管它冬夏与春秋"！我这个手无缚鸡之力的文弱书生，对于多层次深层次学术腐败的遏止无力回天，那就只能管住自己的人格和操守吧。

五、国外学术之鉴

我在国外待过不长时间，了解些许国外的学术。一般来说那里也很重视学术研究，他们做学术都是很严谨的。虽然学术很重要，教授们的竞争也很激烈，但大家还是中规中矩地老老实实地做学术研究。哪怕三年只发表一篇像样的论文，也能生存和晋升。而他们对教学可是"一票否决制"。我曾做过访问学者的一所加拿大大学规定，教授们教学的评价基点，如果低于2.9（满分是4分），就要被校董会警告，如果有第二次低于2.9分（包括2.9分），就请另谋高就。

当然也有教授带领学生做课题，主要是指导学生做实验写论文的，但差不多论文发表都是与学生联名。而且"学术圈子"里有个不成文的规定，导师带的研究生和导师共同发表的论文，不管排名先后，导师都是"通讯作者"。"通讯作者"的含义，我的理解是，导师要为这篇论文负责。在那里，没有见过也没听过"官员学术"和"企业家学术"。官员如果做学术，都是凭借自己的能耐，发表自己的见解，一般与官场职务无关，也不会借属下之力做什么学术。"组织上"也不会有这方面的要求和考量，即使有兴趣写作和发表论文、出版专著，完全跟职务晋升无关。众所周知的美国著名前国务卿基辛格就是位学术做得很好的官员，他就来自于大学，本身就是这样的一位有独特见解的学者。除了记者们为他写的传记之外，凡是以自己名义发表的文章都是自己的所思所想。

国外的企业家有不少没有显赫的学历和学术成果，但他们并不怎么在乎。他们在乎的是如何把自己的企业做好做强做大，不会用学术来包装自己。我读过一本《乔布斯传》，这位只是个大学本科生，成为名扬全球的"苹果"公司创始人和多年的CEO的乔布斯，把"苹果"做得风生水起，没有听说过他读过什么在职硕士博士学位，也没见有报道说他搞过什么学术，发表了多少篇论文或者署名文章（也许有，是我孤陋寡闻），我只是见到过不同作者撰写的好几个版本的《乔布斯传》。我听过他的一些视频演讲，都是即兴讲话，精彩风趣，不乏文采，毫不装腔作势，但他对"苹果"的每一款产品的内核、功能、外观甚至包装，都非常挑剔，一定要做到尽善尽美。他对个人的外表装饰似乎也没有兴趣，每值发布新产品这么重大的活动，也依然穿着那身黑色T恤衫，一点也没有所谓的"绅士"风度。对这样的企业家来说，做出一款顶尖产品，胜过发表一打论文。微软的创始人，比尔·盖茨也是这样，退休前，他和同伴们努力开发出数以亿计人使用的操作系统，退休后他用自己绝大部分收入创设了慈善基金，对很多领域的科研项目的资助都很慷慨，可没见过或者听说过比尔·盖茨发表了几篇"核心"或"权威"期刊论文，写过几本专著。看来这些企业家注重的是实业而非虚名。

六、学术规范之律

我的一位在高校里教保险的教师朋友，数十年里，爱做学术研究，也爱写文章。但是他说，他老老实实地努力了，并从学术研究中获得了快乐和享受。他的一番做学术的感受，我还是很认同的。

他说："恪守做学术的伦理和道德规范，必须努力去践行这些规范。"当然，他说他也不是什么完人，学术道德也有瑕疵。据他介绍，在他单独与合作者发表的几百篇文章里，单独和以第一作者发表的有二百多篇。这些作为第一作者发表的文章，也有个别论文是在他不知情的情况下，学生自作主张投的稿，其他所有单独或以第一作者署名的文章，从选择题目、设计思路到执笔写作，全部或大部分文字是他自己写的。"当然也有一两篇是在特殊情况下主要由学生执笔的。"他实事求是地说。

他认为"这种做学术的伦理道德规范的遵守和实施，要靠我们做学术的人自己自律。没有办法靠别人监督。"说的俗一点，就是做学术也要讲"学者良心"。除了研究的认真，论证的严谨，结论的谨慎之外，就像上面讲到的，让别人写文章写书，自己署名，有的以合作方式出版，至少在很多情况下，执笔人都知道是怎么回事。而那些单独署名的专著或文章，有的就根本没有经过作者同意，就像江洋大盗那样，岂止是偷偷摸摸地盗窃，根本就是肆无忌惮地掠夺。掠夺者的下属，限于掠夺者掌握的权力，敢怒而不敢言。抢掠者既然敢于这样做，就知道你不敢去投诉他。他说："正直的学者，这种事万万不能干。"

学术道德的自律也是不容易的。他说："我的女儿和儿子，先后在职读MBA，在写作学位论文的时候，因为工作太忙，也是在选题、梳理、概括论题和脉络方面，遇到一定困难。他（她）们因为写的都是金融方面的题目，我自己也了解一些。当时，我很替他们着急，也曾经想帮他们的忙，甚至捉刀代笔。放在有的人那里，觉得帮自己子女写文章，也许是天经地义。有一位文友跟我说，她女儿的硕士论文就是他给写的，连答辩时要准备些什么问题和如何回答，都给女儿列出详细的提纲，生怕女儿答辩时出什么意外。对于我的孩子我却做不到，我也很爱我的儿女，但是他（她）们自己的事我不能代劳，特别是这种读书写作的事。我要是替他们哪怕写一章，都是不可以容忍的过错。要是这样弄虚作假，就毒害了他（她）们，也有违自己一生坚持的原则。我能给他们的帮助，就是在他们指导老师指导的基础上，补充一些修改意见，他（她）们遇到问题时，可以和他（她）们讨论，帮助他（她）们分析。好在他（她）们并不笨，也从没跟我提出那样不实际的请求。最后，还是他（她）们自己通过挑灯夜战，昼夜加班，甚至通宵达旦，最终都顺利地完成了他（她）们的学位论文，并顺利地通过答辩。女儿的论文还在他们学院当届 40 多位毕业生里，获得优秀论文奖。我很欣慰，为他（她）们高兴，也为自己的坚守感到内心的安宁。"

学术研究和写作，对我们高校教师和专门研究机构的研究者，虽然是一种职业要求，但更是一种个人偏好。学者做学术，和官员、企业家做学术虽然环境不同，在"职场"里的角色不同，但只要做学术研究，这种工作就基本上是个体劳动（歪门邪道除外）性质。理科、工科的学术研究需要依靠团队，并在实验室里做大量实验和分析，但是跟人文社科研究一样，成果的产生需要研究者个人的独立思考和艰辛写作。在这些特点之下，如上所述，学术伦理和道德主要靠自律，自己约束自己。投机取巧，抄袭剽窃，有多少人来监督你、揭发你呢？除了实在让他（她）忍无可忍的情况下才会站出来举报之外，大多数情况下没有人管你，虽然行政主管部门也制定了若干遵守学术伦理和道德的要求和规定。用作家梁晓声的话说就是"修养就是根植于内心的自觉"。我们无法约束别人，却可以自觉地约束自己，这就是修养，学者、官员和企业家都需要这种学术修养。对社会而言，人人都需要按照社会规范、公共道德来约束自己，但最好的约束是自觉和自律。

在写完这篇关于学术道德问题的拙文之时，适逢国家科技部、教育部、人力资源社会保障部、中科院、工程院等五部门联合发文[①]，决定开展清理"唯论文、唯职称、唯学历、唯奖项"的专项行动，表明中央已经意识到"四唯"指挥棒已经把学校、社会、学术界以及其他领域，引导到一个错误的方向，已经到了不治理不行的地步。这是民心所向，也是学术界之大幸。它将对学术道德建设产生重要影响，我感到由衷的高兴！

[①] 参见《科技部　教育部　人力资源社会保障部　中科院　工程院关于开展清理"唯论文、唯职称、唯学历、唯奖项"专项行动的通知》国科发政〔2018〕210 号。

农险"应收保费"难题盼解[*]

最近到农村去调查农业保险发展问题，看到农险事业阔步发展的大好形势，令人鼓舞，心情特别愉快。不过，也了解到一些农险经营中有普遍性的问题，其中最令保险经营机构头疼的就是"应收保费"的问题。基层公司员工和公司高管莫不愁眉苦脸，怨声载道。因为这个老大难问题，一年又一年，不但没有解决，而且有"节节攀升"愈演愈烈的趋势，公司快要转不动了。

头　疼

"应收保费"就是投保人没有如期交纳的保险费挂账。具体到农业保险，主要是指基层政府拖欠保险公司的各级财政（中央、省、市）已经拨下来的保险费补贴。"应收保费"的问题，在农业保险业务里已经是令人头疼的"顽疾"，笔者找了几家分布在各省的保险公司了解，或轻或重，都存在这个问题。有一家公司甚至说，我们公司农险业务十多年前的"应收保费"还挂在账上呢！在某地一家保险公司调研时，他们一个市级分公司的负责人告诉我，该市几个县从 2015 年到现在，"应收保费"总共有 8 100 多万元，仅 2018 年的"应收中央"、"应收省级""应收市级"和"应收县级"的保险费欠款就有 3 089 万元。搞得该市分公司和各县支公司快"揭不开锅"了。已到年末，市公司总经理对我们说：我都不知道该怎么给总公司交账！其实，他们总公司也是一筹莫展，该公司三年累计"应收保费"累计 4 亿多元。按照监管部门的财务规定，"应收保费"超过一年就要按呆坏账处理。这必然影响到公司的正常经营。

---

* 本文发表于《中国保险报》2018 年 12 月 25 日。

何　故

"应收保费"本来是中央财政、省级财政和市级财政拨到县一级的保险费补贴，大部分省的这几级保险费补贴资金，都是下拨到县财政那里，由县财政跟保险公司支付和结算。根据财政部门有关规定，专款专用，不能随便占用。按道理说不应该有保费拖欠的问题。可为什么有这么多地方政府"截留""挪用""强占"层层财政拨付的保险费补贴呢？我觉得主要原因有三：

第一，在县里，有的县级财政吃紧，缺钱，抓住啥钱花啥钱；有的政府官员觉得，花保险公司的钱再顺手不过了，反正是政府的财政拨款，你能"赚"，我为什么不能花？官员们知道，你在我的屋檐下，我给你拖着甚至赖账，保险公司也不敢把我们怎么样，只要你还想在我们这里做业务。所以尽管保险公司"低声下气"地恳求"县太爷"把各级"应收保费"交给保险公司，仍难以"感动上帝"。有的公司实在没辙了，就去请"钦差大臣"财政专员吃饭，想劳烦他们发挥财政监督职能，替公司"做主"。但是他们这样做管不管用且不说，搞不好得罪了"县太爷"，又会给公司带来新的"风险"。

第二，产生这么多的"应收保费"还有一个原因，就是财政监管不到位。使某些地方官员有机可乘，无视"组织纪律"和"法律规章"。

第三，财政部门的农业保险费补贴的专项资金拨付程序也有瑕疵。很多省的主管农业保险的处室，无权直接支配这个补贴款，只能下到县里，由县财政根据各家公司所做业务量的大小与保险公司结算。这种财政管理体制，既延长了财政资金流动的链条，降低财政资金操作效率，又给不守"纪律"的基层财政提供了违规的"空间"。

期　盼

党中央和国务院对农业保险在中国农业风险管理、农村金融制度改革、乡村振兴、农业现代化的发展，以及目前正在持续开展的农产品定价机制改革和脱贫攻坚中所发挥的积极作用给予高度肯定，也寄予厚望，每年给农业保险的补贴预算逐年增加，2007—2018 年累计 560 多亿元，仅 2018 年中央财政就补贴了 200 亿元。之所以给予农业保险保费补贴，就是为了促进农业保险的持续经营和动员更多的农户、农业合作组织和各种新型经营主体积极参加。如果基层政府普遍截留、占用这些保险费补贴，说小了，是违反财政制度和规定，影响了农业保险公司的正常经营；说大了，就是对如此重要的农业保险事业的健康发展的阻碍。所以，此风绝不可长！

笔者期盼能很好解决农业保险"应收保费"的顽疾，多方出手，共同治理。要完善相应的法规制度，改革现行财政补贴保险费的拨付方式，中央和省级资金不要再往下拨，就由省级财政掌管，直接与公司结算，杜绝农业保险的财政补贴资金"跑冒滴漏"，让这些宝贵的财政资源发挥更好的作用和更高的效率。

2018

从 40 年政策变化喜看我国农业保险蓬勃发展*

在改革开放四十年后的今天，回顾农业保险的政策变化和农业保险的巨大变化，令人心潮澎湃。

在 20 世纪 30 年代，我国就开展过农业保险的试验。20 世纪 50 年代，为了帮助农民迅速恢复生产能力，我国通过保险公司大规模展开了农业保险业务，到 1958 年再度停办。

改革开放之初，我国既没有国内保险业务，更没有农业保险业务。直到 1982 年，中国人民保险公司在中央政策的支持下，拉开了农业保险试验的序幕。至今 36 年，随着农业保险政策的探索，农业保险业务逐步展开，历经了恢复发展、逐步萎缩、制度探索、高速发展四个阶段。

1982 年 2 月，国务院批转中国人民银行《关于国内保险业务恢复情况和今后发展意见的报告》中指出："为了适应农村经济发展的新形势，保险工作如何为八亿农民服务，是必须予以重视的一个新课题。要在调查研究的基础上，按照落实农村政策的需要，从各地的实际情况出发，积极创造条件，抓紧做好准备，逐步试办农村财产保险、牲畜保险等业务。"当时的政策只是鼓励作为国有专业性保险公司的中国人民保险公司（以下简称"人保公司"）积极支农，为农民分忧，并没有其他特殊的政策。在商业保险制度框架下，农业保险的试验并不顺利，由于农业保险的经营风险较大、成本较高，农民对农业保险的有效需求不足，累累发生超赔，公司的农险业务多数年份是亏损的。特别是 1996 年，作为试验的主力军人保公司开始向商业化保险公司转型，农业保险跌入低谷，业务范围大幅萎缩，多地的经营陷入困境，承保的农作物面积和畜禽数量大幅减少。到 2002 年，我国的农业保险保费收入仅 5 亿元，经营农业保险业务的公司仅有 2 家，农业保险已经不能满足农村发展和农民日益增长的保险需求了。

---

* 本文发表于《保险研究》2018 年第 12 期。

2002 年修订的《中华人民共和国农业法》第四十六条规定:"国家逐步建立和完善政策性农业保险制度"。作为重要政策,中央开始提出建立和完善政策性农业保险的目标。我国的农业保险开始走上了制度探索的轨道,这条法律也为后续一系列政策的出台打下了重要的制度基础。

从 2004 年开始,农业保险出现在了每年的中央 1 号文件里。国家"十一五"规划、2006 年《国务院关于保险业改革发展的若干意见》(国发〔2006〕23 号)都对农业保险的发展提出了要求。然而直到 2007 年之前,连续四年的中央 1 号文件里,也主要是要求商业性保险公司依然在商业性保险制度框架下进行试验和探索。

2007 年,财政部根据中央的政策指导意见,第一次将"农业保险保费补贴"列入财政补贴预算科目,并制定补贴办法,开展了农业保险保费补贴的试点工作,走上了完全不同于商业性农业保险的"政府支持的农业保险(政策性农业保险)"之路,将我国的农业保险一步一步推上了高速发展的轨道。我国农业保险保费收入从 2006 年的 8.48 亿元发展到了 2017 年的 477.70 亿元,将农业风险保障金额从 2006 年的 160 多亿元,提高到 2017 年的 2.79 万亿元,保费每年的增长速度达到 41.8%,风险保障水平年均增长 650%。农业保险已经覆盖了我国所有省份,承保农作物达到 200 多种,玉米、水稻、小麦三大粮食作物承保覆盖率已经达到 70% 以上。2018 年至今,我国农业保险的规模跃居全球第二(表 1)。

2018

表 1　1982—2017 年农业保险经营情况及财政补贴情况

年份	保费收入(亿元)	财政提供的保费补贴(亿元)	赔付金额(亿元)	农业保险简单赔付率(%)
1982	0.002 3	—	0.002 2	95.65
1983	0.017 3	—	0.023 3	134.68
1984	0.100 7	—	0.072 5	72.00
1985	0.43	—	0.53	122.4
1986	0.78	—	1.06	135.88
1987	1.00	—	1.26	125.65
1988	1.16	—	0.92	79.52
1989	1.30	—	1.07	82.52
1990	1.92	—	1.67	86.76
1991	4.55	—	5.42	119.11
1992	8.17	—	8.15	99.77
1993	5.61	—	6.47	115.33
1994	5.04	—	5.39	106.94
1995	4.96	—	3.65	73.59

（续）

年份	保费收入（亿元）	财政提供的保费补贴（亿元）	赔付金额（亿元）	农业保险简单赔付率（%）
1996	5.74	—	3.95	68.82
1997	5.76	—	4.19	72.76
1998	7.15	—	5.63	78.77
1999	6.32	—	4.86	76.86
2000	4.00	—	3.00	75.00
2001	4.14	—	3.27	78.99
2002	4.76	—	3.60	75.63
2003	4.46	—	3.46	77.58
2004	3.95	—	2.96	74.94
2005	7.11	—	5.50	77.36
2006	8.48	—	5.98	70.52
2007	51.84	40.6	32.8	63.27
2008	110.70	86.3	69.1	62.42
2009	133.80	106.8	101.90	76.16
2010	135.70	115.4	100.60	74.13
2011	173.80	138.0	89.00	51.21
2012	240.13	184.9	142.20	59.22
2013	306.70	229.6	208.60	68.01
2014	352.80	250.7	214.60	60.83
2015	374.70	287.8	260.10	69.42
2016	417.12	317.8	348.02	83.43
2017	477.70	362.7	366.10	76.64

资料来源：历年《中国统计年鉴》、《中国保险年鉴》以及财政部关于农业保险保费补贴政策的《绩效评价报告》。

注：1997年以前的农业保险数据为中国人民保险公司的数据。

2012年，我国有史以来第一部《农业保险条例》（以下简称"《条例》"）颁布，对农业保险的制度条款做出了初步设计。农业保险结束了部分地区的试验，按照《条例》确定的基本规则，在全国普遍展开，掀起了波澜壮阔的农险巨浪。

回顾改革开放之后农业保险的发展历程，我们欣喜地看到，在中央正确政策的指引下，我国的农业保险留下了一个个坚实的脚印。

一、农业保险从无到有从小到大

改革开放之初，我国还没有恢复国内保险业务，更没有农业保险业务。从 1982 年实验农业保险开始，至今 36 年时间，我国的农业保险从无到有，从最初 23 万元保费的市场规模，发展到 2017 年的 477.70 亿元。这种发展速度在全球绝无仅有。我们试验和开展的农业保险种类，从 2007 年中央财政支持的水稻、小麦、玉米、棉花和大豆 5 种，发展到 2017 年包括粮棉油糖作物、马铃薯（甘肃）、森林、制种等 10 类以及奶牛、能繁母猪、育肥猪、藏系羊（青海、西藏）、牦牛（青海、西藏）、天然橡胶 6 类。而且，主要农作物保险的覆盖率很高。

二、农业保险业务升华为国家的重要农业政策

在 2007 年之前，农业保险一直是在商业保险框架下试验的，也就是把它当做商业保险的一个分支或者部门来经营的。这时候的农业保险也只是农业保险。但是 2007 年中央财政开始增加预算科目"农业保险保险费补贴"，对关系国计民生的农畜产品生产的保险，给予比例不低的保险费补贴，把这部分农业保险变成"政府支持的农业保险"，也就是 2004—2007 年连续四年中央 1 号文件一再提到的"政策性农业保险"。就是说，从 2007 年起，虽然还是由商业保险公司经营的农业保险，已经不再是原来意义上的财产保险险种，而是作为国家农业政策重要组成部分的农业保险了。从这一年开始，在政府支持下，接受各级政府财政补贴的农业保险项目由最初的 5 种作物扩展到数十种作物、五种牲畜和两类森林等，从最初的 6 个省份扩大到全国所有省、直辖市、自治区，推出的农业保险产品也有几百个。随着我国农业的快速发展，农业保险的政策效应在急剧扩大，它在促进农业农村发展、提高农民福利的作用不断显现出来，在国民福利政策体系中也发挥了越来越重要的作用。

三、商业的保险规则发展成专门的农业保险制度

在政府支持和参与农业保险之后，农业保险已经与"商业保险"渐行渐远。事实上 1995 年诞生的我国《保险法》第一百四十九条就早早就指出了农业保险的特殊性，该条说"国家支持发展为农业生产服务的保险事业。农业保险由法律、行政法规另行规定。"直到 2009 年《保险法》第三次修订之后，第一百八十六条第一款仍然这样坚持。表明农业保险的性质和适用法律与一般商业保险是不同的，适用商业保险的法律，不适用或者不完全适用于农业保险，至于把农业保险叫"政策性保险"还是叫"政府支持的农业保险"都没有关系。所以，几经努

力终于在 2012 年 11 月诞生了我国第一部《农业保险条例》，开始了建立独特的农业保险法律制度的旅程。根据这个《农业保险条例》，之后 6 年中，财政部、保监会先后出台了一系列的规章和监管规则，初步勾画出农业保险的法律制度规则体系。

四、普通的农业保险业务扩展到广阔的保险保障领域

2007 年之后的 12 年中，农业保险业务在众多保险经营机构的共同努力下，得到了充分的发展，其产品从最传统的承保多种灾害责任的成本保险起步，逐步从四个维度进行深度和广度的扩展：第一个维度是平面的扩展，将其展业和保险覆盖面积不断扩大，2007 年时只承保了 2.3 亿亩，到 2017 年，一年共计承保农作物 21 亿亩，已覆盖农作物播种面积的 84.1%，这个比率接近甚至超过某些发达国家农业保险的参与率水平。第二个维度是保险责任的扩展，逐步将最初没有纳入农作物和牲畜保险的保险责任，如干旱、洪水、病虫害、地震和牲畜在发生流行疫病时的政府捕杀等灾害责任，都纳入合同保障范围，满足了投保农户的愿望。第三个维度是适应投保农户的需求，不断提升保险保障水平，由物化成本的保险保障向包括地租和劳动力成本在内的完全成本的保险保障推展。第四个维度就是由传统的一家一户承保理赔的保险，根据每个典型地区的气象特征，开发出多种多样的不用逐户定损理赔的气象指数保险和区域产量保险产品等。至 2016 年农业保险品种已增加至 211 个，基本覆盖农、林、牧、渔各个领域，不仅提高了以往逐家逐户展业和理赔的效率，也在一定程度上降低了经营成本。

五、单一的农业保险供给延伸为综合的多元化的金融服务

12 年中，农业保险的供给主体及其服务在两个方面发生了深刻变化：第一个方面是，主供应商也就是那些商业保险公司，2006 年只有 5 家，当时几家大公司都不愿意参与农业保险的试验和供给，曾几何时，这种"避之不及"的赔钱业务，现在已然成为众多财产保险公司踊跃进入的市场领域。第二个方面是，随着农业保险的创新和保险业务的多维度发展，银行机构、担保机构和期货市场都纷纷参与农业保险这座"富矿"的开发。保险机构通过经营机制和保险产品的创新，自然而然地与银行、担保、期货连接起来，多方参与共同为农户提供保险和金融服务。保险机构为农户提供的贷款保证保险产品，通过"保险＋信贷"的模式，既保证了农户获得银行贷款的便利，也将银行和担保机构纳入保险经营的风险管理体系。期货市场与保险公司共同参与开发和试验的"保险＋期货"产品，不仅推动了农业保险的创新发展，也为国家农产品定价机制改革提供了新的服务

领域和机会。保险机构也开始试验"险资直贷",更进一步为农户降低融资成本和获取便利的资金融通做出了初步贡献。保险机构还联合其他金融机构配合政府部门,在国家的脱贫攻坚战略中显示出独特的功能和作用。

六、基本的保障功能赢得了广泛的社会认可

我国农业保险的大规模开展,是史无前例的。在起步阶段,风险评估和保费精算几乎都是从零开始。在这种条件下,保险业界边实践边调整,逐步探测风险暴露水平,不断积累风险损失数据,努力求得农业保险长期经营的精算平衡,走出了可喜的第一步。2007 年,全国农险的简单赔付率是 63%,支付赔款 32.83 亿元,受益农户是 451.21 万户次。2016 年,农险赔款支出超过农作物直接经济损失的 10%,是国家农业灾害救助资金的 10 倍,首次出现总赔款超过财政补贴总金额的情况,简单赔付率达到 83%,支付赔款 348.02 亿,受益农户 4 575.51 万户次,有 11 个省份赔付率超 100%,赔付率最高的福建省,达到 186.6%。这对于因灾受损的农户来说可是雪中送炭啊!

2015 年有关部门在某省调查政府数十项强农支农惠农政策的满意度时发现,农业保险在这些政策的满意度排名第一,成为农民最满意的强农支农惠农政策。这个结果其实才是对全国农业保险界以及相关支持与协作部门的最大奖赏。

在开始试验到全面推展农业保险的 36 年里,中国的农业保险已经迈开坚实的步伐,取得了可喜的成就。但是,随着国家农业现代化和乡村振兴战略的快速推进,无论是国家还是农户都对农业保险有着越来越强烈的需求,而我们初步建立起来的农业保险制度还很稚嫩,很多方面还不完善,农业保险制度走向成熟尚需时日。为此,各级财政需要加大投入,保险监管需要进一步加强,市场化运作的规则需要不断完善,农业保险经营的大灾风险管理制度需要加快构建,保险的实施效果和运作效率需要逐步提升。现在已经有了一个良好的开始,通过农险战线上的政府、企业和农户协调配合、共同努力,农业保险在中国乃至世界上必将创造出新的更大的辉煌。

2018

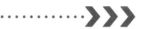

财政巨灾保险值得实验和探索*

感谢刘玮院长邀请我来参加这个会，而且有机会和大家一起讨论巨灾保险的问题，我很荣幸。上午听了大家的发言得到了很多重要的信息，下午作为一个巨灾风险管理的重要案例，专门来讨论黑龙江省所从事农业巨灾财政指数保险这样一个项目。对这个项目我了解一点，虽然我没亲自去那儿调查，但是很多朋友都跟我讲过这里面的过程。就这个问题我主要讲三点：

一、黑龙江省财政农业巨灾指数保险是一个开创性的实验和探索

上午魏刚先生在发言中特别强调了从政府角度对农业巨灾风险进行管理要采取保险的方式的原理。我觉得讲得非常好，实际上这是对我们财政观念的一个巨大冲击，因为财政在历史上就是按照一年的财政的收入预算支出，该留多少后备，留多少灾害补助金，至于够还是不够，那就不知道了。尽管每年或者每个时期都困扰着财政，但是还是只能按照这个预算按部就班地操作，就会像遇到上面提到的问题，灾害比较大的时候财政捉襟见肘，造成的后果就是老百姓、社会、个人、企业，他们的财产损失，不仅直接损失而且间接损失，都没有办法得到足够的补偿，对整个经济的发展肯定是有重大影响的。所以，将巨灾的财政预算纳入灾害风险的管理，是政府财政预算思维的重要改变。同时对巨灾条件下的财产损失分担概念也要大大地扩展，我们不仅要考虑对于任何一次灾害带来的直接经济损失，也要考虑这个直接经济损失带来的间接经济损失，连锁的、后续的损失，要考虑间接的损失和影响，间接的影响往往没有或者没有全部纳入保险的视野，即使纳入财政的视野也是无能为力的，所以采取这种财政购买巨灾保险的方

---

* 本文是我在 2018 年 5 月南开大学举办的一个关于巨灾保险的论坛上的发言。

式，是一个非常好的途径。据我所知，有很多比较小一些的国家，就是用政府的财政资金向再保险公司购买巨灾保险，所以我的看法就是在中国一些省份的实验，实际上是在国外实验的基础上的引进。因为有很多国家财政财力有限，在无法面对巨灾的条件下购买这种再保险，就是平时把财政灾害救助资金交给你，到了大的灾害时你成十倍、百倍的给我拿钱来，这个思维我觉得是正确的。刚才几位都讲过了这个实验的过程，对成就和问题打几分先放在一边，我认为我们坐下来已经在逐渐地改变各方面对风险管理的认识，对财政风险的认知，这本身就是一个成功。这是我讲的第一点。

二、农业保险和财政农业巨灾保险的关系

农业财政巨灾保险和农业保险是没关系的，因为有人提出来说你们有农业保险怎么还要买农业巨灾保险？这是什么意思呀？提出这个问题他是有道理的，因为农业保险所承保的保险责任包括了几乎所有的农业自然灾害！就是说包括大灾风险，不管是台风，不管是地震、洪水、干旱等等，这些重大的灾害所造成的损失都是在农业保险的保险责任之内。那么现在又搞一个财政巨灾保险有没有必要呢？如果有必要它们之间到底是重复的关系？还是一个互补的关系？我觉得这个问题是非常好的。

其实这两种保险虽然在某些保险责任有重复的，但它们是不一样的保险种类。农业保险承保的保险责任包括几乎所有的农业灾害，但有两个问题是农业保险目前无法回避的。第一个问题是保险金额是非常低的，第二点就是农业保险所承保的农业灾害损失它只是一种直接的损失，对于与农业灾害造成的一系列其他重大损失，包括搬迁、异地安置、房屋等其他财产损失，没有办法补偿，不覆盖。所以农业企业、农户即使买了农业保险，很多次生灾害损失没法覆盖。而农业巨灾保险相对来说可以把农业财产的直接损失和间接损失，包括救灾的其他财政需要都可以覆盖，所以我认为它们是相互补充的。

另外，农业保险的目标和巨灾保险是不完全一致的，就像上午魏总讲的，他说我们从财政的角度来看，农业巨灾风险保险保的是巨灾风险，不是大灾，也不是普通灾害。从目的性来看，农业保险的目标是要解决国家粮食安全，要解决比如说农产品价格、收入等目标，这是农业发展目标。而农业巨灾保险还要解决农业意外的风险损失，解决财政目标，解决确定的财政救灾预算与巨灾风险损失不确定时间矛盾的目标。当然，农业保险也确实要财政拿钱来补贴，不然的话农业保险是不存在的，或者说农业保险基本上是没有市场的。那就是说财政拿两部分钱，一部分钱是支援农业保险，一部分钱是做财政保险。

这就是说财政巨灾保险的目标，是解决财政资源不能够应对它应该承担的财政救灾责任的不时之需，农业保险的目标是解决农业生产和相应的经济问题，首

先是吃饭的问题，就像习近平主席讲的"中国人的饭碗要牢牢端在自己手中，而且饭碗里主要装中国粮"。这两句很通俗的话实际上讲了国家的农业发展战略。所以两类保险视角不一样，目标是有区别的，且不说是直接保险还是再保险。

三、财政巨灾农业保险还需要继续探索和发展

农业巨灾保险具有重要的意义，它是我们经济发展到一定条件下的产物，如果我还没有这个钱的时候，财政上没有这个能力的时候，不会考虑这个问题。

要把农业保险和巨灾保险的保险责任做合理的区分，如果区分得比较好，不管从认知上，从责任上，还是从整个资金的安排上就有一个更充分的理由。

我国至今没有完善的巨灾风险管理制度，还处于一种比较原始的财政应对巨灾风险的情况，还是用头疼医头、脚疼医脚的办法来应对巨灾损失，包括自身的财政风险的问题，如果在经济发展的低级阶段还算说得过去，而在今天巨灾风险对我国经济社会的影响越来越大，国家又有一定的财力和条件，就需要预先对一种灾害的防范和补偿做安排，这个风险管理的综合性决定了在农业保险的基础上发展农业巨灾保险是有道理的，也是可行的。

由于保险信息不对称，带来的一些困惑，作为保险公司，你说有巨灾模型，给投保人算了一个价钱。可能财政部门会觉得，我没有那么大的风险，没有必要为这点风险支付这么大一笔钱。这是一个非常现实的问题。不同于个人购买财产保险，政府要花这笔财政资金购买农业巨灾保险，合不合适，合不合算，得给上级交代，要给同级交代，还可能要面对老百姓的质问。这种情况下，政府很关心这个钱花了以后在多长时间能看到一个比较平衡的结果。当然谁也不能给这种不确定性事件说出一个确定的结果。也许买的第一年就遇上巨灾，保险公司赔个底朝天，也许做三年、五年、十年，也没遇到一个大的自然灾害，即使是象征性的或者是通融赔付，仍然有可能让政府觉得"吃亏"了，财政资金似乎就有了"损失"。这会出现一个认知上的差异，由信息不对称造成的认知差异。我觉得这也是可以理解的。这个问题是需要通过一定的途径来解决，不然的话政府官员谁也不愿意担这个"责任"。这里面要做很多工作，我们政界要做工作，学界也要做工作，不管是直接保险还是再保险都要做很多细致的工作，尽可能让更多的人认可，在认知统一的条件下，财政才能接受这样一个巨灾保险条款和价格。官员或者个人自己不一定懂巨灾模型，不一定懂巨灾风险损失的发生概率分布，但政府可以在保险公司报价之前，委托第三方替政府做一个研究，看保险公司、再保险公司的报价是不是合理的。至于今年没赔够，后年没赔够，交出去的保费都没赚回来，就比较好接受每年赔多赔少不能作为衡量参加和购买农业巨灾保险成功与否的判断依据。

其实农业保险也存在这个问题，农业保险现在各个省都和保险公司在博弈，

讲价钱，说你保险公司凭什么要 5%、6% 的费率，这是政府在掏钱啊，政府除了 80% 的保险费，政府心里没底啊！这就是我们国家的特殊情况。当然农民不可能都找第三者研究一下，看看保险公司报价合理不合理，公道不公道。美国就没有这样的担忧和怀疑，因为美国的农业保险费率大都是政府制定的，它们有一个庞大的机构作农业风险研究，在这些研究基础上厘定费率。这样农业保险无论是赔了赚了，政府都不会以此判断赚了还是亏了。农户和政府今年交了 100 亿元的保险费，今年就赔了 30 亿元，政府认为是合理的，如果明年交了 100 亿元，赔了 150 亿元，政府也会觉得是合理的，因为政府已经算好了，这也是公平的。但是我国的农业保险，现在是政府无力定价，费率都是各个保险企业定的，所以都面临着和政府讨价还价的问题。双方不断地博弈，有的保险公司报 6%，政府说 2%，把保险公司搞得哭笑不得，不同意吧，政府不给钱，同意吧，这又是赔钱的买卖。所以，无论是财政农业巨灾保险也好，农业保险也好，还是要从多方面入手解决这个信息不对称的问题。

（后续：黑龙江财政购买的农业巨灾保险，只投保了两年，每年保险费 1 亿元。因为前两年的赔付率不高，据说第一年赔款 7 000 多万元，第二年赔款只有 3 500 多万元，第三年财政厅就没有再投保，主要是对花财政的钱买这个保险，没有先例，也没有政策依据，心里没底。同时，买了两年"亏"了两年，架不住有各种议论。但恰恰就是第三年，黑龙江省遇到较大灾害，假如继续购买这种巨灾保险，按照前两年的条款来计算，第三年应该获得超过 5 亿元的赔款。这就是保险的"奥妙"之处。）

不能简单考核农险业务利润[*]

近一个时期以来，笔者不时听到农业保险行业传来的好消息，也听到一些坏消息。经营绩效不错的公司欢欣鼓舞，经营绩效不好的公司垂头丧气，这本来也都很正常。但是有一个问题倒是引起我的好奇，那就是如何看待利润考核指标和考核办法。

一些做农业保险的公司的股东和经营层对该问题多有不同看法。甚至政府有关部门的利润考核办法也引起"体制内"当家人的困惑。因为有的股份公司的董事会将当年农险利润指标作为年终奖金发放的主要依据，有的公司要求利润逐年增长。因为这样，做农险业务的部门或者公司完不成利润指标的，工资发不全了，奖金更没有了。有的"体制内"的当家人，不仅今年的"限薪工资"拿不全，去年发的工资还要"吐"出来一半。这种问题，令人自然联想起近年来农险市场的某些乱象：假承保，假理赔屡禁不止；出了险，惜赔赖账；招投标中拼费率等问题。这些乱象多少跟利润指标考核有点关系，不免令人担忧。

一、经营农业保险可以有利润

任何企业要可持续发展，不断扩大再生产，必须要争取利润，这是常识。作为经营农业保险的公司，努力创造利润也无可厚非。我曾在《农业保险发展中的几个要害问题》（见 2017 年 1 月 23 日《中国保险报》）也专门论述过，农业保险在一个较长时期里应当有适当的合理的利润，才会使保险公司能维持简单再生产和扩大再生产，持续给农户提供农业保险服务。

我国财政部在《农业保险大灾风险准备金管理办法》中规定，将这种承保利润水平限制在财产保险行业的平均水平，是有道理的。但因为农业风险比较大，

　＊　本文发表于《中国保险报》2019 年 1 月 24 日。

会在年际之间发生较大波动，不仅不能对利润有过高预期，而且不可能保证农业保险经营盈余（我不称它叫利润）能逐年增长。道理其实很简单，农业保险的赔付在年际之间变动的离差很大，差不多是一般财产保险的近 10 倍[①]因此，要求利润逐年增长，在农险政策规定和农业风险特点的双重约束下，是不切实际的，也是不可能做到的。

二、农险不可能为其经营者提供较大利润空间

进一步说，做农业保险虽然不是要各家保险公司当做慈善来做，也要保险机构能有适当利润。但做农险也的确是需要一种情怀，一种为政府担责，为农业贡献，为农民分忧的情怀，对农业的风险保障有一种亲切的情感。

农业保险作为政策性保险（或者政府支持的农业保险）最单纯的目标也是要为保障国家的粮食安全保驾护航的。财政部门之所以通过建立"大灾风险准备金"的办法限制利润，就是因为农业保险保险费有差不多 80％的财政补贴，而政府又难以约束某些经营主体的投机动机。

当然，政府会合理地调整公司的盈利水平，如果一个时期平均下来，农险公司有超过财产保险行业平均水平的利润，就可能有不当得利，也说明定价可能过高，就需要加以调整。当然，一个时期经营盈余过低甚至大面积亏损，政府也会调高费率让农险经营可持续。我想这其实也是政府出钱为农户购买农业保险的出发点之一。如果不明白这一点，进入农险经营要追求利润增长，至少是与建立农业保险制度、发展农业保险的政策目标相背离的，也与政府的期望不一致。各家农险公司的利润决策和对经营的要求，必须要考虑这个出发点和落脚点。不然的话，像上面提到的保险公司惜赔、赖账等侵害投保农户的问题就难以杜绝。

三、农险能作为财险公司的利润增长点吗

有的公司说，我们的股东就是冲着农险好赚钱才投资的，而事实上也有不止一家公司农业保险业务 10 多年来一直是其"利润的增长点"。虽然农业保险的保费收入在总保费中只占不到 6％，但是农险贡献的利润是全公司的三分之一。这大概是事实。的确，在 2007 年、2008 年的时候，全国做农险的公司也就四五家，有的省动员那些财产保险公司来做农险，都不愿意来。如今，做农险的公司在全国就有 30 多家。还有不少省一直在努力申请成立本省的农险公司。虽然不能说那些想进来做农险的财险公司和申请设立农险公司的股东们，都是冲着农险

---

①　参见：Miranda. M. & Glauber. J. W. Systemic Risk, Reinsurance, and the Failure of Crop Insurance Markets [J]. American Journal of Agricultural Economics，1977，79 (1).

好赚钱来的，但是很多股东的主要动机就是来这里开掘"金矿"的，它们拿利润指标"逼"管理层大干快上也不奇怪。

如果是这样，未来也许会使股东们失望的。到时候，恐怕转让股权也没有当初期待的那么美好。有股东曾经以比较高的价格买来不少股份，如今想按"原价＋利率"的价格出让，就是没人接盘。是不是那些资本大佬们也慢慢"悟"出点什么，估计农业保险成不了未来的摇钱树。

不过，我听说一家公司，还真不是想从农业保险赚取承保利润，多年来做农险的承保利润率一直都不高，而且因为风调雨顺和大灾之年的交替出现，使其承保业绩大起大伏，基本上没赚钱。这两年因为灾情严重，承保业务是亏损的。他们老总说的好，做农业保险就别打农民口袋的主意，也别想着从财政口袋里掏钱，我们主要是给农民办事，给农业办事，不想在农险业务上赚钱，该赔就好好赔。这家公司虽然没挣多少承保利润，但是多年平均下来业绩也不错，公司获得的利润主要来自他们比较成功的投资。

如果农险公司的投资者不在股权溢价上有过高期望，无论是专业农险公司还是做农险业务的财产险公司，把利润的要求"单列"，放弃"逐年增长"的奢望，恐怕对农险经营者正确决策的干扰会少很多，基层员工利润指标的压力也会少很多，积极性会更高，农险经营质量或许会有较大提高，理由不充分的惜赔、拒赔肯定会减少。当然，政府考核国企"当家人"的相关要求是不是也要对农业保险的"当家人"区别对待呢？我觉得是应该的。

四、莫把农险承保盈余当承保利润

按照财产保险业务的经验和财务核算规则，承保业务"综合成本率"低于100％的部分就是公司的利润。按照原理上说，这部分盈余都叫"利润"是不确切的。因为一般财产保险业务年际风险事故发生率波动较小，大体上可以将当年综合成本之外的盈余当作利润。但是对于农业保险必须明白当年"盈余"不都是利润。至少很大一部分应该是准备应付以后年份大灾、巨灾风险条件下赔付的责任准备金。所以，其他保险业务都不要求公司建立"大灾风险准备金"，独独农险要求建立"大灾风险准备金"。不仅要建立"保费准备金"，还要把超过财险行业平均利润的那部分盈余拿出来建立"利润准备金"①。这在理论上和实践中都是正确的。有位总裁说得好："做农业保险，今年大赔、超赔，表明农险真正派

---

① 财政部《农业保险大灾风险准备金管理办法》第五条说："保险机构应当根据本办法规定，分别按照农业保险保费收入和超额承保利润的一定比例，计提大灾准备金（以下分别简称保费准备金和利润准备金），逐年滚存。"严格说来，这里不应该叫"超额承保利润"和"利润准备金"，而应该叫"超额承保盈余"和"盈余准备金"或者"备付责任准备金"。那真的不是或者不完全是利润。

上了用场。明年赔付率很低，也不完全是因为我们经营有方。"虽然这位总裁是谦虚，但说得很有道理。财政部的上述规定，也说明税务部门把农业保险当年盈余作为"所得"并对这部分"所得"征收所得税，就没有道理了。因为文件上把概念搞错了，也使某些股东或者董事长产生错误认知，导致在赔付率较低的年份，误以为公司"业绩突出""利润丰厚"。赔付率高的年份就认为"经营失败""没法给股东交代"。在业绩指标上要求"利润递增"也就不足为怪了。

快到年末，各家保险公司都在盘点今年的业绩和做明年的预算，下达明年的任务。我希望做农业保险的公司能恰当地看待农业保险的利润和盈利能力，特别是不能要求农险业务逐年利润递增，这样会使农业保险的路越走越窄，越来越摸不清方向，可能会贻误农险，也贻误公司，挫伤"干部"的积极性。

2018

《农业保险中的道德风险与逆选择研究：以内蒙古的实践为例》序言

当 2018 年到来的时候，中国政府支持的农业保险（政策性农业保险）走进了第二个十年。如果把前十年的中国农业保险叫做 1.0 版本的话，我们的 2.0 版本的升级已经开始。1.0 版本已经取得了辉煌的成就，并且在全球都带来了重要影响。当然，除了保障责任的不断扩大，保费规模数十倍的增长，保险机构及其队伍日益扩张，在支持农业现代化，在加快适应现代农业的风险管理制度建设方面发挥了重要作用之外，农业保险经营中出现和积累的问题也不少，其中道德风险和逆选择的问题也很突出。这些问题，对农业保险发展质量的提升和推进速度的加快有显著的负面影响。对道德风险和逆选择的研究也就具有非常重要的意义。而在这方面迄今为止我见到的研究不多。

赵元凤与柴智慧的新作《农业保险中的道德风险与逆选择研究：以内蒙古的实践为例》，在对内蒙古自治区十年政策性农业保险发展状况做深入细致考察的基础上，多角度多层面地研究了农业保险中的道德风险和逆选择问题。从这本书里我高兴地看到，两位作者带领研究生们深入农业保险的第一线，对种植业和养殖业保险中的道德风险和逆选择问题，做了众多的田野调查，收集了大量的数据和实际资料，作者介绍了调查到的多方面多层次的道德风险和逆选择的表现形式和案例，在此基础上进行了理论的和实证的分析，披露出一般政府管理者和研究者所不完全了解的重要问题。

道德风险和逆选择问题既是一个理论问题也是一个实践问题，在任何人身保险或者财产保险业务中都存在，只是表现形式不同。它们都与保险中的信息不对称有关。但农业保险中的道德风险有自己的特点。本书的分析表明，在我国农业保险业务活动中，道德风险问题不仅仅在投保人和被保险人一方存在，而且在保险人一方和政府部门一方也都存在。这是由政策性农业保险的本身特点决定的。因为政府是政策性农业保险的重要参与方，不仅要为农业保险支付大部分保险费，而且要帮助保险人做宣传、组织投保，并参与和协调保险定损和理赔工作，政府在农业保险中，发挥着独特的作用。而政府部门与保险人之间的"微妙"关系，可能成为产生道德风险的外在原因。在一些情况下，这种道德风险对农业保险的效率和效果会产生多方面不良影响。对于这些方面，本书给出了详细的讨论，也提出了相应的解决办法。

逆选择其实也有两个方面的问题，它不仅存在于投保人和被保险人一方，也存在于保险人一方。本书的作者就投保方逆选择的主要表现、产生机理、深层根源和相关危害给予系统梳理，而且立足于内蒙古现行"低保障、广覆盖、低保费、低赔偿"的农业保险制度，通过对数百位农户进行入户调查以获得第一手资料，运用比较分析、非参数估计和计量经济模型等方法，从主观风险特质和客观风险水平两个方面对现行农业保险政策下农户的保险参与决策做出解释，据此检验农业保险市场中农户逆向选择行为的存在性。但在内蒙古自治区的调查地区，逆选择的影响并不明显。作者也分析了影响不明显的原因。我认为这种实证结果和对原因的解释，对当地目前的农业保险实践是有说服力和有意义的。至于在其他地区，在不同规模农户中，在保险金额提高之后，是不是仍然能得出这种结论，我们还需要做多方面的考察和研究。就我自己在中部某省的调查，种田大户在较差或者较好的不同生产条件下，面对全省一个费率，都表现出明显的逆选择倾向。

另外，逆选择在保险人一方并不是不存在。在 2015 年中国保监会、财政部、农业部联合发布《关于进一步完善中央财政保费补贴型农业保险产品条款拟订工作的通知》（以下简称《通知》）之前，不少保险机构因为对农业风险的选择性承保，保险责任中不包括旱灾、病虫灾害、地震等风险责任，引起过不止一地的强烈不满。该《通知》实际上抑制了保险机构在政策性农业保险中的某些逆选择行为。目前，在该层面上的逆选择问题不大明显了。

政策性农业保险中道德风险所涉及的问题不完全是"道德"问题，有些问题实际上已经是法律规范问题。在许多情况下，保险人与投保人合谋，实际上是利用"保险合同"套取政府的补贴资金。在这些情况下完全不是道德问题，也已经超出了保险范畴。逆选择在很大程度上是保单设计的"技术"和保险"经营和管理"问题引发的后果。而由于政策性农业保险的特殊性，在商业性保险中保险人对风险做出有利于自己的选择，有其经营管理上的合理性与合法性。在政策性农业保险的条件下，保险公司的这种风险选择就不符合政府举办政策性农业保险的政策目标，所以就采取法律法规措施加以干预和纠正。其他国家也是这样。不少农业保险比较发达的国家（例如美国、加拿大、日本等）对于保险标的和保险风险都在其农业保险法或者实施细则里做了详细规定，这在任何商业保险法里面都是没有的。为了防止投保方的逆选择所必须推行的风险分区和差异化费率制度，早已是那些农业保险发达国家农业保险经营制度的一个组成部分。而目前我国大部分省份都还没有足够的认识，也有一些具体困难，所以没有实行，本书已经给出了部分答案。随着我国农业保险的深入推进，特别是在农业保险的保险金额提高、新型农业经营主体增多和农林牧业经营规模扩大的环境下，这个问题将会突出起来，需要引起我们的关注，也希望能进一步研究，寻求可行的措施，共同为推进农业保险的科学化和公平化不懈努力。

赵元凤教授和柴智慧副教授所做成功的和有创意的研究，为农业保险研究园地提供了新鲜的富有价值的成果。作为同仁和朋友，我对本书的出版表示祝贺，同时期待他们有更多的农业保险研究的创新成果问世。

2018 年 1 月 7 日于北京

玉米定价机制的改革创新要有周全考虑*

——某省取消对玉米保险费补贴政策的案例分析与建议

虞国柱 冯 琦 王 萍

摘 要： 自 2016 年开始，继棉花、大豆之后，国家对玉米作物开始进行定价机制改革，通过"价补分开"的政策，改革玉米收储制度，引导农户根据市场供需，调整种植结构。某省为了较快引导农户调减玉米种植面积，决定对玉米种植保险不再给予中央和省级保费补贴，全省实际上停止了该种保险业务。实行该政策两年来，调控效果并不明显，反而使种植玉米的农户因为保险保障的缺失，遭灾受损后得不到补偿，损害了农民的利益。本文根据调查，分析了农户调整种植结构积极性不高和该项地方性政策实施未达预期的内在原因，提出了改变这种考虑不周全的地方性政策，发挥农业保险对于农业可稳定发展和促进农业现代化的重要作用，顺利进行玉米定价机制改革的建议。

关键词： 玉米保险；收储制度；定价机制改革；政策建议

我国于 2016 年开始改革玉米收储制度，将实行了 10 年的最低保护价收购和临储收购政策调整为以"市场化收购"为主、以"补贴"为辅的新机制，标志着玉米价格开始由"政策价"走向"市场价"，同时政府会根据因为市场价格波动造成玉米种植农户收入损失给予一定补贴。这种补贴可以通过财政直接给予农户的方式，也会通过农业保险的间接方式实现。

玉米收储制度改革，作为农业供给侧改革的试金石，其运行效果不仅与玉米产业结构调整息息相关，更关乎农业发展大局和供给侧改革的成败。某省为了取得改革成效，取消了业已实行多年的对玉米保险的保费补贴，希望通过此举，引导农户减少或者取消玉米种植，达到迅速调整本省种植结构的目的。将近两个种

* 本文发表于《中国保险》2018 年第 9 期。冯琦系中原农业保险股份有限公司河南分公司总裁助理；王萍系中原农业保险股份有限公司河南分公司职工。

植季过去了，我们做了一些调查，根据调查结果，似乎此举收效甚微。而继续种玉米的农户，因为没有保险保障，受灾之后得不到补偿而倍感沮丧。

笔者这里就如何保障粮食安全、保护农民种粮收益、进一步巩固改革成果，做了一些思考和分析，也据此提出了几点建议。

一、改革效应初显，衍生问题凸现

众所周知，自 2010 年之后我国对玉米采取最低收购价和临储收购政策。在实施这种保护性最低价格和临储收购价政策期间，玉米最低收购价从 1 480 元/吨上升至 2 220 元/吨，形成供过于求形势下国内价格逐年攀升，而此间国际玉米价格不断走低的扭曲局面。[①] 在高库存现状和市场化改革趋势的背景下，中央决定采取"价补分开"政策，进行玉米定价机制改革，各省出台不同政策积极贯彻中央改革精神。自 2017 年起，某省采取调整、完善部分险种补贴政策，不再将玉米种植保险补贴纳入该省中央财政和省级财政补贴范围，以实现推进农作物种植结构更趋合理和供给侧改革向纵深发展。从整体来看，尽管玉米保险补贴的取消有利于引导农户根据政策变化调整种植行为，但是农户种不种玉米，种多少玉米，尊崇的是自己的逻辑，似乎没有受此政策导向的影响。尽管玉米价格剧烈波动下行，结构调整的收效甚微，反而因为该政策强制性实施，使受灾害影响的农户收益保障缺失，实际上没有促进种植结构平稳调整和稳定农户预期收益，并带来一些衍生问题。

（一）主要产区种植结构调整的成效甚微

优化种植结构是着力解决"供给侧"和"需求侧"矛盾的重要方式，而玉米种植保险补贴的取消是助推种植结构优化的主要手段之一。在该省玉米补贴调整政策实施两年之际，笔者对部分玉米主产地市进行了调研，并结合当地农业局或统计局数据，将 2016—2018 年玉米种植面积进行了逐年比对。经比对、分析发现，该省玉米主产地市种植面积变化态势类同。以某地市的 5 个玉米核心县区为例，相较 2016 年，2017 年有一县种植面积无缩减，其余四县面积浮动不足 5 万亩；相较 2017 年，2018 年有两县玉米种植面积无缩减，其余三县面积浮动均较小。另有一地市某县农业局，每年将花生种子发放给扶贫户和种粮大户，期望倒逼农户调整种植行为，结果是相较上年，该县 2018 年玉米种植面积不降反增。更有甚者，村委会针对不按照村里指示种辣椒、而种上了玉米的农户，用旋耕机将正在生长的玉米苗全部铲除。

---

① 李娟娟，黎涵，沈淘淘. 玉米收储制度改革后出现的新问题与解决对策 ［J］. 经济纵横，2018 （4）.

可见，玉米种植保险补贴取消后，该省核心产区绝大多数农户种植行为变化较小，种植面积消减甚微。为什么好好的想法和新政没有收到预期效果呢？我们觉得，主要原因有：

一是就该省的地区资源禀赋而言，玉米种植适宜性更高。该省主要秋粮作物有玉米、花生和大豆，相较玉米，在土质方面，花生的要求更高，疏松的沙质土将更利于其出苗、齐苗、壮苗和结果；收益方面，大豆的收益较低，花生收益较高，同时人力投入成本也高；抗灾能力方面，花生易遭旱涝和病虫害等自然灾害，耐受力较差。因此，从土质、收益、抗灾三方面综合来看，玉米具备土质要求相对较低、抗旱抗病性相对较强且产量稳定等优点，致使花生和大豆对玉米的替代效应并不明显。

二是就传统农户种植意愿而言，主观上缺乏结构调整的主动性。其一，该省是劳动力输出大省，多数农民不再以务农为主要收入来源已成常态，玉米种植作为家庭的补充收入，补贴的取消对农民改变种植意愿的影响较小；其二，该省农民长期从事玉米种植，种植习惯、技术和经验均更适宜玉米种植；其三，玉米种植机械化程度较高，而其他秋粮作物种植的人力需求更高，将导致成本增加；其四，为了方便外出打工，减少田间管理的人工投入是农户的一个重要考量，而玉米种植从种到收不需要花很多功夫，在田地里投入劳动的收益大大小于在城里务工的收入，种辣椒或者种花生替代种玉米肯定得不偿失。所以对农户来说，"机会成本"太高。

（二）新型农业主体经营的发展受限

伴随农业现代化水平的提高和供给侧改革的持续深入，中等规模的家庭新型农场将逐渐成为种植主力军，意味着农业生产对风险保障的需求将更高、层级将更多元。随着该省玉米补贴的取消和收储制度改革的深入，恐将造成价格收益呈下行趋势而种植风险呈上行态势的无序局面，导致经营主体收益大幅下降却无法得到政府兜底保障，而直接补贴难以预期，必然影响其生产积极性，进而影响供给侧改革的推进。

（三）农业生产风险保障与合理收益的缺失

玉米收储制度改革后，随着由政府高价收购带来的外溢效应的消失，玉米价格开始下降，且价差将难于收敛。统计数据显示，相较 2015 年，2016 年玉米价格下降了 0.17 元/斤，农民的人均农业净收入增速降至 1.1%，低收入组农民的可支配收入下降了 2.6 个百分点。[①]

结合该省实际，在玉米收益下降的市场背景下，玉米种植面积并未出现预期

---

① 李国祥. 深化我国粮食政策性收储制度改革的思考 [J]. 中州学刊，2017（7）.

的锐减态势，而玉米保险保费补贴的取消，带来了三个"不利于"问题：一是不利于满足农户及规模化主体的现实风险保障需求，进一步降低了农户的合理种植收益。二是不利于为低收入人群兜底的扶贫战略的推进。贫困户对于扶贫保险来说，依赖性更强一些，那些继续种玉米的贫困户遇到灾害，就是雪上加霜。三是不利于促进农业再生产的长远、稳定、可持续发展。调整种植结构并不是要取消玉米种植，实际上尽管一个时期玉米库存较大，但玉米还是需要种植的，调减非规划区的玉米种植面积要用市场化手段，让农户根据市场价格变化和自身状况自动实施。为了调减玉米种植面积而让所有种玉米的农户失去风险保障，从而影响整个玉米种植生产的稳定性，肯定有违该政策制定者的初衷。

二、适时恢复玉米种植保险政策，助力农业供给侧改革

按照"市场定价、价补分离"的政策，中央要求稳妥推进玉米收储制度改革，一是要坚持玉米价格反映供需关系的原则；二是要坚持保障农户的预期合理收益原则。我们常说"谷贱伤农"，而考虑不周的政策也会进一步伤农。总体来看，如何保障各类种植主体的利益，尤其是兜底贫困农户收益，成为当前该省进一步深化玉米收储制度改革必须解决的问题。基于此，笔者建议如下：

（一）明确补贴调控价值，调整玉米保险政策

保险补贴是政府支持农业发展的重要政策工具，玉米种植保险补贴取消后引发的衍生问题，说明对其定位的考虑有待斟酌。

一是要明确玉米保险补贴的调控价值。农业保险补贴既是补偿农民损失的高效策略，又应成为保收益、稳安全、固大局的前瞻性、持续性政策，成为政府在宏观调控中实施风险保障的有力抓手。

二是要恢复玉米种植保险补贴政策。中央财政自 2007 年开始，实行对农业保险的保费补贴，并且逐年大幅增加。我们需要完整领会这种农业和财政政策的含义。这种财政补贴实际上也是通过保险这种特殊再分配手段，更有效地为农业现代化和市场化发展服务，这种间接的农户补贴手段也是一种转移支付手段。就是要依托保险保障着力提高种植主体抵抗自然风险和市场风险的双重能力，为玉米收储改革的持续深入保驾护航，从而助力农业供给侧改革持续推进。

（二）采取多维措施，引导农户创新种植思路

鉴于长期以来该省农户对政策收购的依赖性过高，而市场化能力过弱，因此，我们需要在市场化改革思维指导下，合理引导农户种植意愿。

农户种什么作物，种多大面积，在市场化改革深入发展条件下，他们会根据

市场需求和市场价格做出理性选择，政府也只能顺势引导才能实现调控目标。有的省市在指导性地为农户提供市场需求和价格信息的基础上，也给出了其他政策。例如，在农户没有选择更好的作物时，可以继续种植玉米，但种植玉米也要提供有政府补贴的保险，只要玉米的市场价格农民觉得可以接受。对于还没有找到更好种植项目的农户，也支持他们采取休耕或者种植绿肥、饲草的方式培肥地力，既给他们选择的时间，还可以有适当收益，政府对这种选择可以给予适当补贴加以支持，也可以通过创新保险的方式加以支持，政府还准备给这类有关种绿肥作物的保险给予适当保费补偿。

通过为农户提供市场化、全流程化的信息支持，创新农户种植思路，适当引导农户形成较为科学、合理的种植行为。这才是上策。

（三）依托政策支持，鼓励保险公司强化创新

2016年中央1号文件指出，支持稳定扩大"保险＋期货"试点，试验开发收入保险产品，为玉米等大宗农产品定价机制改革和调整种植结构保驾护航。笔者建议，该省应在重新将玉米保险补贴纳入财政范畴的前提下，鼓励各家保险公司加强创新、优化服务、提升保障、积极践行社会责任。要鼓励各家农业保险经营机构积极研发玉米收入保险。依托玉米收入保险，兜底农民收益，同时减少价格形成的干扰因素，助推农民发挥主观能动性，迎合市场变化而合理调整种植行为。此外，为政府提供调控存量的有效抓手，通过差异化补贴手段实现对玉米重点种植区域的支持倾斜。通过提供全方位技术支持，着力解决好农户在新作物生产过程中遇到的操作难题。鼓励保险公司积极开发除玉米以外的保险产品。鼓励积极设计涵盖育种、农机作业、小额信贷、质量保证等产品，为农户提供全流程、可追溯的链条化配套保险服务，引导农户种植其他作物，以实现种植结构趋向平衡。鼓励积极研发"保险＋期货"模式下的价格保险产品。依托"保险＋期货"价格保险产品，建立分散农户与期货市场的风险转移机制，最大化发挥财政资金的杠杆效应，为玉米定价机制的改革提供有力保障。

从供给侧改革趋势来看，我国正处于农业经济转型和加快发展的关键阶段。对于该省来说，更大范围和更深程度上深入收储制度改革显得重要且迫切。因此，该省需要更多的责任与担当，同时需要更多的思考与谋划，在全国农业供给侧结构性改革的"大盘"中有更加积极的举动。

《农业风险管理和政府的作用》序^①

由张路雄先生担任顾问、李军和段志煌（Francis Tuan）先生主编、罗帅民先生和张丽君女士副主编的《农业风险管理和政府的作用——中美农业保险交流与考察》一书，在我国农业保险迎来早春阳光的时刻出版、可谓适逢其时。当我拿到这个书稿时，尽管其间的不少文章此前也曾阅读过，但今天读起来却完完全全又是一番新的感受。这种感受也许是同我国农业保险试验和发展的历史性转机联系在一起的。

一

我国农业保险的试验经过了 20 世纪 40 年代、50 年代和 1982 年至今三个重要阶段（或者说三轮），特别是第三个阶段，试验持续时间之长，试验范围之广，参与人数之众，探索课题之多，获得成就之丰都是空前的^②。

尽管如此，从总体上说却无法遏制农业保险在商业保险框架下经营日益衰落之颓势。在 2003 年商业保险公司热火朝天地进行股份制改造的时候，始于 1982 年的我国第三轮农业保险的试验基本上走到了尽头。我国不同时期所进行的三轮农业保险的试验一再证明：农业保险（更确切地说是保障范围广泛的多风险或一切险农业保险）的纯商业性经营是不可能有出路的，它的出路在于在政策性框架下的经营。2002 年 12 月 28 日颁布新修订的《中华人民共和国农业法》第四十六条第一次提出"国家步建立和完善政策性农业保险制度"，这表明政府终于接受了上述事实和结论，并且以法律的形式肯定下来，这对我国的农业保险制度的

---

① 该书由中国金融出版社 2004 年 12 月出版。在编辑《庹国柱农业保险文选》第一卷的时候遗漏了。

② 对这些成就的概括，请参见：庹国柱，李军. 我国农业保险试验的成就、矛盾及出路 [J]. 金融研究，2003（9）.

建设来说是一个重要的里程碑。

农业保险的政策性质这个结论不仅是从我国的实践经验中得出来的，也是从美国、加拿大、日本、欧盟国家、亚洲国家等在内的许多国家农业保险的实践经验中得出的。这其中，美国的经验尤其值得重视。

美国从 19 世纪末就有商业保险公司到农村去开辟农作物保险市场、出售以农作物产量为保险责任的多风险农作物保险，但是无一例外地失败了，有的保险公司甚至因此破产。这个事实最终使私营保险公司放弃了对农作物保险的商业性经营的尝试。直到 1939 年在罗斯福总统的主张下，通过立法，政策性农作物保险才开始在美国的一些州进行试验。这种逐步扩大的试验持续了 41 年，从 1980 年起这种政策性农业保险在美国普遍推行。在从试验到全面推行的 65 年中，美国农作物保险的政策性经营并不是一帆风顺的，因为农作物保险经营的高赔付率和政府的巨额补贴，多次受到国会议员们的质询，在国会的激烈辩论之中，要求政府终止农作物保险经营的提案一个接着一个。1943 年这种提案获得通过，使美国政策性农作物保险经营中断了将近一年，但最终这种政策性农作物保险在美国得到持续发展并取得了丰硕的成果。

美国政策性农作物保险十多年的制度创新对于开始建立政策性农业保险的我国很值得借鉴。在此前，美国的农作物保险一直是政府主办，政府经营，1980 年以后也允许少量经批准的私营保险公司和再保险公司参与经营或代理其业务，美国联邦政府的农业保险公司（FCIC）则按照规定给予保险费补贴。但实践表明，政府经营的低效率和高成本即使是在美国这样的发达国家也难以避免。而高成本和低效率成为高赔付和经营亏损以及超计划财政补贴的重要原因，这就是美国农作物保险在 20 世纪 80 年代后期特别是 90 年代进行了一系列市场化改革的背景。这一改革的核心是政府从直接经营活动中逐步退出，很少由自己出售保单、管理风险和组织赔偿。取而代之的是越来越多的商业保险公司和再保险公司直接面对农场主、参与农业保险的直接经营、进行有关现代农业风险管理的宣传、讲解各种相关政策和险种，与购买该类保险的农场主们签订农作物保险合同，承担保险责任，发生保险事故后进行损失查勘和理赔。政府从直接经营中解脱出来，专门从事制度改进的调查研究、开发新的险种，对私营保险公司的经营业绩进行审查和监督。从目前我们所了解到的情况来看，这一改革或者制度创新是成功的，90％以上的直接经营业务现在都不是由 FCIC 来做了，整个 FCIC 的财务状况也大大改善了。这些有益的经历和经验读者会从本书的多篇文章中了解到。

本书是一本文集、编著者的主要意图是从中国人和美国人的不同视角来审视美国的农业保险，对于美国的农险制度，从政策设计到组织制度、从宏观到微观，本书都作了有一定深度的介绍，希望本书能对我国的相关制度设计提供借鉴。同时，本书也向美国同仁介绍了中国的还不算成功的农业保险试验情况。从

2018

美国的同仁那里，我们会看到他们对农业保险的意义的诠释，进而解读为什么政府要"掺和"到这种常常是"出力不讨好"并且屡屡受到抨击的业务中来。尽管美国政府花费了相当长的时间和动员了巨大的财力人力来建设这种农业保险制度，但他们并不认为农业保险是管理农业风险的唯一工具，因为从实证研究中他们发现，农业保险只是与其他灾害救济措施相互补充的一种风险管理制度。这些观点和结论相信都会给我们一定的启发。

在本书中，编著者还特意将美国农作物保险的再保险标准合同翻译介绍给我们，这对我们将来设计再保险制度与合同非常有意义。因为迄今为止我们的农业保险既没有考虑过寻求再保险保障，再保险公司恐怕也还没有想到要向农业保险提供再保险保障。但从国外的经验看来，没有再保险提供风险转移和分散的机制而全面推行政策性农业保险是很危险的。

本书虽然只是中美有关方面的专业人士介绍双方农业保险发展的"一瞥"，但这"一瞥"，对我们从事农业保险实践和关心农业保险制度建设的朋友来说，具有相当宝贵和积极的意义。因为这"一瞥"是中美两国从事农业风险管理和农业保险的人们一百多年的艰辛实践和理论总结的一部分。

二

中国的政策性农业保险作为一种强制性制度安排，在 2004 年 3 月终于破题，上海安信农业保险股份有限公司被批准筹建，表明我国农业保险制度建设在新一届政府的特别关心下，终于掀开了崭新的一页。当然，被大家称为"上海模式"的安信，是在上海 22 年的实践特别是在 1992 年以来的实践基础上产生的，读者会从本书有关附录中，找寻到上海进行政策性农业保险试验的脚印，它既反映出上海农业市场经济发展的迅捷步伐、对现代农业风险管理制度建设的较早认识和较多理解，也反映出上海市政府在建设政策性农业保险制度过程中的远见卓识①。在我国的实践中除了人保公司及其分公司之外，中华联合保险公司在新疆生产建设兵团自 1986 年以来所做的政策性农业保险的试验，黑龙江农垦系统自 1992 年以来所进行的带有相互性质的农业保险的试验，也都给我国的农业保险制度的建立和发展留下了宝贵的经验。中国保险监督管理委员会在对国内外各种制度模式（包括美国的模式和我国各地的试验模式）总结和论证的基础上，提出了发展我国农业保险的五种制度模式，这便是在政策性的原则下：①与地方政府签订协议，由商业保险公司代办农业险；②在经营农业险基础较好的地区如上

①　事实上，上海市政府对农业风险管理制度的建设，不仅仅反映在农业保险上，上海在十多年前就在全国率先建立了奶业风险基金，保障奶业的持续稳定发展，特别是奶农的利益不会因为饲料、奶牛等投入因素的市场价格波动而受到大的影响。这是上海奶产业成为全国奶产业"领头羊"的重要条件之一

海、黑龙江等设立专业性农业保险公司；③设立农业相互保险公司；④在地方财力允许的情况下，尝试设立由地方财政兜底的政策性农业保险公司；⑤引进法国安盟保险等具有农业保险经营的先进技术及管理经验的外资或合资保险公司①。这将是我国新一轮试验中可供各地参考和选择的比较可行的方案。尽管本书所提供的信息主要只涉及中美两国的经验，而且并不那么广泛和全面，但对从事农业保险的研究和准备进行新一轮试验的地方来说都有重要参考价值，特别是对于某些模式的操作帮助会更大、更具体。

三

　　本书的主编和副主编们都是多年从事农业保险实践的辛勤耕耘者和研究者。特别是原中国人民保险公司农业保险部副总经理李军及其前任总经理刘恩正、陈宪洲、吴春圃先生，以及罗帅民、王亚明、林长青、王大军、张丽君等精干的处长们，在原中国人民保险公司领导层的支持下，他们带领中国人民保险公司系统农险部门的广大员工在国有保险公司向商业保险公司转轨的背景下，按照商业保险公司的经营要求和原则，艰难地进行了一系列农业保险制度创新的尝试，也对如何在商业性保险框架下从事准政策性农业保险业务做了大量的调查研究，规范了一批条款，制定和完善了一系列的规章，积累了丰富的经营和管理经验。作为多年的朋友和研究合作者，我由衷地敬佩他们这种对农业风险管理事业的满腔热忱、探索勇气及创造精神。段志煌（Francis Tuan）博士是美国农业部经济研究局的资深研究员、中国农业经济问题专家，对中美两国的农业问题有着广泛深入的研究，在农业保险方面有丰富的经验和研究成果。我们也见过几面，就一些课题进行了交谈，他提供的报告向美国同行们介绍了中国的农业保险开展情况，我国读者也会从中看到美国人看待中国事务的视角。

　　李军先生约我为《农业风险管理和政府的作用——中美农业保险交流与考察》一书写一篇序言，我写了上面这些话，既表示我对主编们和中国金融出版社所作奉献的敬意，也抒发自己对我国农业保险新开篇的喜悦之情。愿我国农业、农村和农民能切实从中国的政策性农业保险中大受其益！

2004 年 5 月 1 日于北京

---

① 见《中国保险报》2004 年 2 月 10 日。

《中国农业政策保险论文选》序[①]

半年前，中国渔船船东互保协会的孙颖士副理事长就跟我说，打算将近十几年的关于农业保险方面的研究成果选编结集出版，我觉得这是一件十分有意义的工作。在接下去的日子里，他在异常繁忙的工作之余，搜索、收集了从 1994 年到 2005 年期间关于农业保险的论文 439 篇，逾 200 万字，经过仔细阅读，选择有代表性的文章 50 篇，加以整理和编辑。他还在前言里将我国农业保险研究成果作了一个系统性的归纳。与我和加拿大曼尼托巴大学 C. F. Framinham 教授以及中国人保农险部前副总经理李军等人在 20 世纪 90 年代编辑的两本农业保险论文集相比，颖士编辑的这一本所汇集的论文，无论是其学术水平、研究问题的深度广度，还是代表面的广泛性都大大提高了。当看到这个凝结着颖士先生和众多农业保险的实践者、研究者心血的文集的时候，感到非常高兴，也有不少感慨。

一

我国农业保险的试验近几年受到从中央到地方各级政府以及商业保险部门的空前重视。2002 年全国人民代表大会修订颁布的《中华人民共和国农业法》有史以来第一次确定农业保险的政策性质之后，中共中央和国务院在多个重要的政策文件中提出试验和建立政策性农业保险制度的要求。2003 年，《中共中央国务院关于促进农民增加收入若干政策的意见》提出，"加快建立政策性农业保险制度，选择部分产品和部分地区率先试点，有条件的地方可对参加种养业保险的农户给予一定的保费补贴。"接下去三年的中央 1 号文件都提出了扩大试点，加快建立政策性农业保险制度的要求。2006 年 6 月，《国务院关于保险业改革发展的若干意见》进一步提出要"认真总结试点经验，研究制定支持政策，探索建立适

[①] 该书由中国农业出版社 2007 年 1 月出版。在编辑《庹国柱农业保险文选》第 1 卷的时候遗漏了。

合我国国情的农业保险发展模式，将农业保险作为支农方式的创新，纳入农业支持保护体系。"并对各级政府部门提出了一系列促进农业保险试验和发展的具体要求。在这些法律和文件精神指引下，保监会、农业部、财政部、发展和改革委员会等中央政府的众多部门数度派调查组进行了大规模的调查研究。上海、吉林、黑龙江、江苏、浙江、北京等地陆续开始进行政策性农业保险的系统性试验，或已经制订出组织举办政策性农业保险的方案，不少商业性保险公司也积极配合，开发出许多新的农牧渔业保险险种。这个时期中央对农业保险重视之程度，出台政策文件之密集，支持力度之大，农业保险对农业、农村发展的重要意义被认知的范围之广泛，各地试验政策性农业保险之积极性，都是空前的。理论是科学决策和制定政策的依据，农业保险目前这种可喜的试验实践局面与近些年农业保险理论研究的广泛深入开展是分不开的。

二

在较长时间里，与人身保险、一般财产保险的理论研究相比，农业保险不大受到保险学界和保险业界的重视，在实践中也只是将农业保险视同一般财产保险，就像企业财产保险、家庭财产保险一样，农业保险的本质特点没有被充分认识和把握。尽管早在 1986 年著名保险学者郭晓航教授就发表了《论农业政策性保险》的论文，指出农业保险不是一般的商业保险项目，而是政策性保险项目。一些学者沿着郭教授的思路进行了大量的论证。但这些学术思想并没有引起学界和业界的足够重视，更谈不上获得广泛的认同。没有理论的指导，实践可能会盲目。因此在 20 多年的时间里，农业保险就一直在商业保险的框架下"摸爬滚打"。不可否认，商业保险公司为了寻求农业保险试验的突破，使出了浑身解数，花费了巨大的成本，做出过不可否认的贡献，也有过短时期的光亮和彩虹，但进入本世纪之后农业保险的试验最终不得不"刹车"，试验农业保险的主力军甚至打算退出农业保险试验经营。新进入市场的财产保险公司也几乎没有一家敢于贸然涉足农业保险，农业保险的试验跌入了低谷。合乎逻辑的，是与此同时，学术界研究农业保险的人多起来了，许多专家学者从商业保险公司试验农业保险不成功的实践中，从国外举办农业保险的经历和经验中，深入探求农业保险的一般规律，寻找在中国发展农业保险的道路和制度模式，农业保险的特殊性质被多角度地揭示出来。在这个过程中，大家从生动的实践出发，不断总结经验并一步步将经验上升到理论高度，广泛的讨论已经使农业保险的外延拓展了，农业保险的性质比较明晰了，农业保险的制度含义廓清了，对于建立农业保险制度所需政策和环境的认识也比较一致了。这样，宏观决策和制定相关法律、政策的依据也就有了。当然在这个过程中，也有争鸣。有的学者甚至认为在中国没有必要建立农业保险制度。不过多数人还是认为，我国应当建立制度性农业保险，用现代风险管理的方法手段来管理我国的农业，恐怕是世界潮流。至于如何建立我国的农业保险制度，以何种思路、模式、政策、通过什么路径发展农业保险，还需要在实践中进一步讨论和总结。收入本书中的论文，真实记录了农业保险理论和实际工作者的研究步伐，留下了他们艰辛的理论探索的一个个坚实的脚印。

三

当然，始于 2003 年新一轮的政策性和商业性农业保险的试验虽然有了一系列"红头文件"的支持，也有了一个好的开局，但对农业保险制度建设来说仅仅是有了一顶合适的"帽子"，或者说只是刚刚破题，理论工作者的工作并没有结束，任重而道远。无论宏观问题还是微观问题还有很多没有解决，一些省市的试验虽然已经起步，但因为指导思想还不大明白，特别是没有总体的"游戏规则"，所以还不敢放手去做，已有的局部方案还需要根据实践结果加以总结和完善。因此，对于宏观、中观和微观决策来说，当前有许多问题还需要深入研究。例如，制度模式和经营模式问题、立法原则和内容问题、政策性农业保险的范围和补贴问题、资金筹集问题、农业保险规划问题、具体操作规则问题等。这些问题在制度建立之前就需要解决，就需要有一个完整的哪怕是初步的框架和方案，使农业保险特别是政策性农业保险的试验有所依据和操作规程，这是实实在在的求是态度、真真正正的科学发展观。否则，不仅会增加制度成本，而且试验还可能出现混乱，就不会有好的试验效果，也无法积累有效的经验。这方面我们有了太多的经验和教训，已经交了不少学费，但愿这些学费没有白交。

上面这些意思我在有的文章中曾表达过，还说过，在没有政策之前商业性保险公司可以做商业性农业保险而不要过多涉足政策性农业保险，不然会给自己带来不良后果。有的学者误会了我的意思，说我反对商业性保险公司参与农业保险。其实我的意思很明确：公共或准公共产品的生产是有别于私人物品生产的。市场经济有其运行规律和"游戏规则"，我们不能用商业性公司大规模的持续亏损来衡量保险公司的社会贡献，体现保险的社会管理功能。如果这样的话可能就会有违我们"动员"保险公司参与农业保险制度建设的初衷，甚至会对农业保险的扩大试验产生实质性的不良影响。我敢说，中国的政策性农业保险绝对离不开商业保险公司的参与，他们肯定是政策性农业保险的主力部队。

四

《中国农业政策性保险论文选》出版了，虽然这本书在每年出版的千千万万种图书中，只是普通的一种，但她在不算繁茂的农业保险的图书园地里还是比较引人注目的，对我国即将蓬蓬勃勃发展的农业保险来说是弥足珍贵的。我们应当感谢颖士先生所做的很有意义的工作。

我和颖士认识好几年了，最初他邀请我参加一次政策性渔业保险的研讨会。在那之前我在研究农业保险时，只是把农林牧渔作为一个整体来研究，或者专门讨论农作物保险，没有特别关注过渔业保险。打那以后，我才注意到这个领域，并且发现颖士对渔业保险已经研究了很长时间，其研究很深入，成果很多，他将研究的关注点从传统的作为养殖业的渔业的保险，扩展到捕捞渔业、小型渔船和渔民的保险，提出这个特殊领域和特殊群体的保险也是政策性保险的观点和结论。他的这些令人信服的论证完整地详细地展现在他的多篇论文之中，特别是系统地反映在他和关锐捷研究员共同主编的学术专著《中国渔业保险制度论纲》（中国农业出版社，2004 出版）一书中。颖士是造船专业出身，后来长期从事渔船安全、海事处理工作，同时因为他对船舶、渔政、海事处理的专业背景，使其成为一位渔船保险的积极实践者和卓越的经营管理者。他参与管理的中国渔船船东互保协会，本身就是适应众多渔船和广大渔民分散风险需求的一个创新，这一块保险业务因为风险大利润小，成为保险市场上的"真空地带"。颖士关于渔业保险的有深度的研究也得益于他的专业背景、工作经历和对保险业的钟爱和执著。他勤奋写作的精神每每使我感动。我想，如果所有同仁都像颖士这样勤奋和执著，我国农业保险业必将迎来新的发展局面。

2006 年 11 月于北京